高等院校小学教育专业
融媒体教材

蒋　蓉◎主　编
曾晓洁　李金国◎副主编

小学语文课程与教学论

第 ② 版

北京师范大学出版集团
BEIJING NORMAL UNIVERSITY PUBLISHING GROUP
北京师范大学出版社

图书在版编目(CIP)数据

小学语文课程与教学论/蒋蓉主编，曾晓洁，李金国副主编. —2 版. —北京：北京师范大学出版社，2023.6(2025.10 重印)
高等院校小学教育专业融媒体教材
ISBN 978-7-303-28793-2

Ⅰ. ①小⋯ Ⅱ. ①蒋⋯ ②曾⋯ ③李⋯ Ⅲ. ①小学语文课－教学研究－高等学校－教材 Ⅳ. ①G623.202

中国国家版本馆 CIP 数据核字(2023)第 021851 号

出版发行：北京师范大学出版社 https://www.bnupg.com
　　　　　北京市西城区新街口外大街 12-3 号
　　　　　邮政编码：100088
印　　刷：天津旭非印刷有限公司
经　　销：全国新华书店
开　　本：787 mm×1092 mm　1/16
印　　张：23
字　　数：450 千字
版　　次：2023 年 6 月第 2 版
印　　次：2025 年 10 月第 13 次印刷
定　　价：46.00 元

策划编辑：王建虹　　　　　责任编辑：林山水
美术编辑：李向昕　　　　　装帧设计：焦　丽
责任校对：陈　民　　　　　责任印制：马　洁

前 言

教育是国之大计，党之大计。党的二十大报告把教育科技人才单独成章进行布局，吹响了加快建设教育强国的号角。中共中央、国务院印发的《教育强国建设规划纲要（2024—2035 年）》指出：全面把握教育的政治属性、人民属性、战略属性，落实立德树人根本任务，为党育人、为国育才，全面服务中国式现代化建设，扎根中国大地办教育，加快建设高质量教育体系，培养德智体美劳全面发展的社会主义建设者和接班人。

语文课程在培育时代新人、增进中华民族文化认同感、增强凝聚力和创造力等方面具有不可替代的优势。小学语文课程与教学论是小学教师培养相关专业课程中能充分体现专业特色的核心课程。为适应基础教育课程改革对小学教师的新要求，根据《义务教育语文课程标准（2022 年版）》，在 2015 年编写的《小学语文课程与教学论》的基础上，我们着手编写了本书。本书以习近平新时代中国特色社会主义思想为指导，全面贯彻党的教育方针，遵循语文教育教学规律，落实立德树人根本任务，力求培养和造就热爱小学语文教育事业，具有现代教育思想观念，能积极发展社会主义先进文化、弘扬革命文化、传承中华优秀传统文化，有较强的小学语文教育教学能力及一定的小学语文教研能力，适应终身教育及社会发展变化的"研究型小学语文教育者"。

全书共分九章，具体涉及语文课程标准、小学语文课程资源、识字与写字教学、阅读与鉴赏教学、表达与交流（口语交际）教学、表达与交流（习作）教学、梳理与探究教学、小学语文教学评价、小学语文教师专业发展等内容。全书立足学生核心素养发展，内容上注重理论的系统性、研究的前沿性、教学的实用性，既注意保持课程理论学习的深度，又十分关注理论与实践的有机结合。同时，本书将纸介文本与数字资源有机融合，打造融媒体教材，力求推进教与学方式的变革。

在编写体例上，各章均包括学习目标、正文、资料链接、思考·训练、研究选题、参考文献六个部分。其中，"学习目标"概要指出学习本章内容所应达成的目标与基本要求，不仅关注知识与技能、过程与方法，还关注正确价值观的形成，以培养学习者良好的学科素养；"正文"是本章内容的主体部分，理论与实践相结合，阐述基本概念、原理、规律和方法，该部分还特别注重呈现小学语文教材内容，选用形式多样、典型丰富的案例，融入我国优秀小学语文教师成长录，以适应学习者的需求，激发学习者的热情；"资料链接"精选了与该章内容相关，能进一步拓宽视野并引发思考的文献、视频资料，推荐给学习者，将课内学习向课外探究延伸，满足学习者进一步学习与研究的需要；"思考·训练"中有理论的思考，也有实践的操作训练，力求提高实际教学与研究能力，具有适应性与开放性；"研究选题"给学习者提供了一些研究课题，目的是培养学习者的研究意识，为学习者提供研究方向上的导引，这些选题可作为课后小研究，也可与见习、实习调查研究乃至毕业论文结合起来，为培养研究型的未来教师奠定基础。

本书撰写者均为从事小学语文教育教学研究、有着丰富的小学语文课程与教学论教学经验的教师。主编是蒋蓉，副主编为曾晓洁、李金国。主要编写人员及执笔章节如下：第一章由蒋蓉撰写；第二章由周杨林撰写；第三章由曾晓洁撰写；第四章由袁利芬撰写；第五章由蒋蓉、李金国撰写；第六章由周杨林、刘济远撰写；第七章由黄朝霞撰写；第八章由莫崇芬、黄朝霞撰写；第九章由李金国、贾峰撰写。同时还遴选了一线优秀教师共同组成数字资源建设团队。

本书是国家级精品资源共享课程配套教材，是教育部小学语文课程与教学论课程虚拟教研室、湖南省高等学校哲学社会科学重点研究基地"小学教师教育研究基地"、湖南省高校教改项目"基于新课标的小学语文教学设计数字化教材建设研究"的成果。本书在编写中，参考了国内外有关论著和教材，吸纳了部分专家学者的研究成果，采用了相关小学教师的优秀案例，在此一并致以深深的敬意与谢忱！限于编写水平，书中难免有疏漏之处，敬请专家和广大读者不吝赐教。

《小学语文课程与教学论》编写组

2025 年 1 月

目 录

第一章　语文课程标准

学习目标

1. 理解课程的含义，了解我国语文课程发展的概况，增强对语文教育的文化自信。

2. 理解语文课程标准的内涵、功能，初步了解新中国成立以来语文课程标准的颁布情况，整体把握《义务教育语文课程标准（2022年版）》的框架与内容。

3. 理解语文课程的地位与性质。

4. 正确把握语文课程的基本理念。

5. 掌握语文课程目标体系的构成。

课程集中体现了学校教育目标和教育内容，在学校教育中处于核心地位。语文课程是学生学好各门课程的基础，也是学生全面发展和终身发展的基础，对于提高民族素质有着重要的意义。正因如此，不论现代课程内容如何分化，课程结构如何变化，各国的基础教育都始终将语文教育置于最重要的位置。考察语文课程的设置与发展，研读语文课程标准这一由国家教育行政主管部门颁布的具有法规性质的文件，从而对语文课程的性质与地位、课程基本理念、课程目标有整体把握，可为语文教育教学工作奠定坚实的基础。

▶第一节　语文课程标准概述

我国语文课程有一个不断发展的过程，指导其教学的纲领性文件课程标准（教学大纲）也在不断发展变化中。

一、我国语文课程设置

（一）课程

"课程"是一个不断发展变化的概念。随着时代的发展以及教育观念的变化，人们给课程下的定义也有所不同；即使是同一时期，由于人们对课程认识的角度不一，课程的定义也不尽相同。

在我国，"课程"一词始见于唐宋时期。唐代孔颖达在《五经正义》中为《诗经·小雅》中的"奕奕寝庙，君子作之"一句作疏时最早使用了"课程"这一称谓。他说："以教护课程，必君子监之，乃得依法制也。"此处"课程"的意思即以一定程序来授事。宋代朱熹在《朱子全书·论学》中也多次使用"课程"一词，如"宽著期限，紧著课程"，又说

"小立课程，大作工夫"，这里的"课程"已有课业、进程的意思。

在国外，"课程"一词是从拉丁语"currere"一词派生出来的，意为"跑马道"，指赛马场上的跑道，后转义为"学习过程"。1861年，英国教育家斯宾塞在他的《教育论》一书中把"教学内容的系统组织"用"curriculum"一词指称，后被翻译成汉语"教育课程"。

在我国课程研究早期，对课程的认识比较具有代表性的是朱智贤在20世纪30年代给课程所下的定义，他认为："学校的课程，是使受教育者在学校里规定的期限内，循序继续得着各种应得的知识和训练，以求达到一种圆满生活的精密计划。"①

新中国成立后，我国教育学界长期把课程与学科等同或看作是学科的总和，课程被定义为学校为学生学习而开设的各门学科的总称。

随着课程理论研究的深入及其实践的发展，人们对课程的认识也在不断发展。特别是20世纪80年代中期以后，人们把活动纳入课程的教学实践，素质教育明确提出并实施，人们认识到，过去被忽视的教育环境同样具有多方面的教育功能，是整个课程体系的有机组成部分。这样，"课程"的内涵进一步丰富起来。我们不妨列举几种有代表性的观点，从中可见一斑。

课程是为实现学校教育目标而选择的教育内容的总和，包括学校所教各门学科的有目的、有计划、有组织的课外活动。②

除了学校的课程所表示的正式课程之外，还有作为课外实践特别计划并实施的课外活动，以及在整个学校生活中潜移默化地影响儿童的心理形成的学校传统或校风，亦即支配学校的教师和学生集体的价值观、态度、行为方式等学校文化中的非制度侧面，也包括在内。③

课程是"学习者在学校指导下获得的全部经验"。这样解释课程是把受教育者在学校范围内所引起的文明行为的养成、思想品德的提高、知识技能的增长、身体素质的改善等等都包括在课程概念之内；而且不限于课内活动，也包括课外活动。这是对课程的一种比较广义的理解。④

上述定义虽然语言表述不同，但都肯定了课程不仅指学科教学内容及其进程，而且包括活动课程在内。有的甚至已认识到了潜在课程在育人过程中的价值和作用，在改革学科课程、研究活动课程的同时，开始关注潜在课程的开发。这说明现代课程的三维结构——学科课程、活动课程、潜在课程的"大课程"观开始形成。

课程问题的实质是教育思想问题。对课程的不同认识，反映了教育思想的不同；教育思想的发展，必然引起课程观念的发展，从而导致课程实践的变化。

---

① 朱智贤. 小学课程研究[M]. 北京：商务印书馆，1931：2.
② 顾明远. 教育大辞典[M]. 上海：上海教育出版社，1990（第1卷）：257.
③ 钟启泉. 课程的概念[J]. 外国教育资料，1988(4)：43-46.
④ 陈侠. 课程论[M]. 北京：人民教育出版社，1989：4.

综上所述，我们可对课程作如下表述：课程是学校使受教育者在规定的时间内，循序渐进地主动获取各种应得的知识和技能，掌握相关学习方法，形成正确情感态度、价值观而设计和进行的一切活动的总称。它包括学科课程、活动课程，国家课程和地方课程、校本课程，显性课程和隐性课程等。

(二)我国语文课程的发展

我国的语文教育源远流长，积淀深厚。早在两千多年前的先秦时期，开始教学"六艺"——礼、乐、书、数、射、御。其中的"书"大体相当于现代的语文课程。两汉以后，教学就是诵习儒家经典四书五经。当然，其中有识字、写字、阅读、作文等教育因素。可见，在我国漫长的古代，语文与经学、史学、伦理学融为一体，没有严格意义上的语文课程。

鸦片战争以后，当时的资产阶级改良派主张向西方学习，提出"废科举、兴学校"的口号，提倡"中学为体，西学为用"。1901年清政府明令各地兴办学堂，次年颁布《钦定学堂章程》规定：蒙学、小学、中学均设"读经"科，此外，蒙学再设"字课"和"习字"科，初等小学再设并行的"习字""作文"科，高等小学再设"习字""作文""读古文词"科，中学再设"词章"科。这里的"读经""习字""作文""读古文词""词章"，大体也相当于我们现在的语文课程，以分科形式存在的语文课程初见端倪。但由于种种原因，这个章程公布后未能在全国实际推行。

1904年，清政府颁布《奏定学堂章程》并在全国推行。该章程在课程设置上规定：初等小学堂、高等小学堂和中学堂均设"读经讲经"外，初等小学堂另设"中国文字"(教学内容包括识字、读文、作文)，高等小学堂和中学堂另设"中国文学"(教学内容包括读文、作文、习字、习官话)。该章程将识字、写字、读书、作文、说话等科目合为一科，语文课程独立设科。

1907年，清政府颁布《奏定女子小学堂章程》，不再设置"读经"课程，而设置"国文"课程，这标志着学科意义上的语文教学开始进入学校课程。

1912年，南京临时政府教育部制订的《普通教育暂行课程标准》规定，废止读经，将清末以来的"中国文字"和"中国文学"改称为"国文"科，并将该科分为读法、作法、书法、语法(练习语言)四项。

这一时期，语文与经学、史学、伦理学分离，作为一门独立的课程在中小学开设，尽管人们对它的认识还未深入到学科领域内部，但使语文在中小学教育中取得了一定的位置，为以后的语文课程的发展奠定了基础。

1919年，五四运动中的新文化运动提倡白话文与新文学，反对文言文与旧文学，并倡导把国语作为全国统一使用的共同语言。在全国文化教育界的一致呼吁下，1920年北洋政府教育部通令全国，将国民学校一二年级的国文改为语体文，并规定至1922年止，此前编写的文言文教科书一律废止，改为语体文。中学各科教科书，也逐渐用语体文改编，实现"言文一致"，"国语"科诞生。1932年国民党政府颁行《中学法》《师范学校法》，初中、高中、师范学校均设"国文"，形成小学设"国语"、中学设"国文"的语文课程体制。

1949 年，华北人民政府教科书编审委员会召开会议，决定将"国语"和"国文"统而称之为"语文"。1950 年，由中央人民政府出版总署编审局编写的全国通用语文教材明确指出："说出来的是语言，写出来的是文章，文章依据语言，'语'和'文'是分不开的。语文教学应该包括听话、说话、阅读、写作四项。这套课本不用'国文'或'国语'的旧名称，改称'语文课本'。"显然，"语文"这一课程名称避免了过去"国语"只指口头语言，"国文"只指书面语言，甚至只指文言文的误解，使课程名称更加科学、规范，体现出听说读写并重的思想。"语文"这一课程名称自此命名。

20 世纪 50 年代初，受苏联的影响，国内普遍认为语言和文学混在一起教，两败俱伤，提出文学、汉语分科教学，为此，制定了中学文学、汉语教学大纲和小学语文教学大纲，还制定了《暂拟汉语教学语法系统》。从 1955 年到 1958 年，中学实行文学、汉语分科教学，小学虽没有分编文学和汉语课本，但在语文课本中充实了语言方面的内容，并且除课本之外还编写了系统的、着重进行语言训练的《语文练习》。这是新中国成立后语文课程第一次有计划有组织的大规模改革，对语文课程产生了较大的影响。但它过于强调汉语与文学的系统，偏重纯文学教学，忽视综合运用语言能力的培养和思想政治教育。文学、汉语分科教学实行不到两年，两科又重新合并为"语文"，并一直发展至今。

(三)语文的含义

对于"语文"这一课程名称的含义，不同的人有不同的理解，有的理解为"语言文字"，有的理解为"语言文章"，还有的理解为"语言文学"甚至"语言文化"，可谓众说纷纭。

要正确理解这一概念，得追溯"语文"始用之时。前面已讲到，这一名称最早见于华北人民政府教科书编审委员会和中央人民政府出版总署编审局编辑的语文课本。对此，曾主持过这项工作的语文教育家叶圣陶先生有过几次权威性的阐释。

1962 年，叶圣陶先生在一次讲话中明确指出："什么叫语文？平常说的话叫口头语言，写到纸面上叫书面语言。语就是口头语言，文就是书面语言。把口头语言和书面语言连在一起说，就叫语文。"[①]这简明扼要地揭示了"语文"的本质含义。

1964 年，叶圣陶先生在一封书简中又作了进一步阐释："'语文'一名，始用于1949 年华北人民政府教科书编审委员会选用中小学课本之时。前此中学称'国文'，小学称'国语'，至是乃统而一之。彼时同人之意，以为口头为'语'，书面为'文'，文本于语，不可偏指，故合言之。亦见此学科'听''说''读''写'宜并重，诵习课本，练习作文，固为读写之事，而苟忽于听说，不注意训练，则读写之成效亦将减损。原意如

---

① 叶圣陶. 叶圣陶语文教育论集[M]. 北京：教育科学出版社，1980：138.

是，兹承询及，特此奉告。其后有人释为'语言''文字'，有人释为'语言''文学'，皆非立此名之原意。第二种解释与原意为近，惟'文'字之含意较'文学'为广，缘书面之'文'不尽属于'文学'也。课本中有文学作品，有非文学之各体文章，可以证之。第一种解释之'文字'，如理解为成篇之书面语，则亦与本意合矣。"①

据此，我们可以得出如下结论：语文＝语＋文＝口头语言＋书面语言＝语言（广义）。语文课应当是广义的语言课。实际上，从语文教学内容来看，应该是"文字""文章""文学""文化"都包括在内。正确认识语文的内涵，有助于我们对语文课程的准确定位。

现代课程论认为，语文课程是根据国家的教育目标，为指导学习者的语文学习活动，发展学习者的语文素养而制定的语文教育内容的系统组织。广义上，小学语文课程的结构由三大部分组成：一是学校课程表内开设的语文的各项内容，它包含了"识字与写字、阅读与鉴赏、表达与交流、梳理与探究"等；二是学校计划并实施的语文课外活动，如结合语文课的学习，可以组织报告会、演讲会、辩论会、研讨会、戏剧表演等活动；三是学校中的隐性课程，如优美的校园环境、良好的校规校风以及融洽的人际关系等对学生的影响。

二、语文课程标准的内涵

在我国，指导中小学课程的纲领性文件，新中国成立以前和新中国成立初期叫作"课程标准"，此后，因为学习苏联，把指导中小学课程的文件叫作"教学计划"，把各门学科的课程标准改称为各科"教学大纲"。进入21世纪后，重新启用"课程标准"这个名称。

不过，课程标准和教学大纲在内涵上有所区别。教学大纲，一般对它的界定是：根据教学计划，以纲要形式规定有关学科教学内容的指导性文件。它规定学科的目的任务、知识范围、深度及结构、教学的进度和教学法上的基本要求。

课程标准，顾明远主编的《教育大辞典》（第一卷）界定为：确定一定学段的课程水平及课程结构的纲领性文件。对此，我们可以从以下几方面加强理解：②

1. 课程标准主要是对学生在经过某一学段之后的学习结果的行为描述，而不像教学大纲是对教学内容的具体规定；

2. 课程标准是国家（或地区）制定的某一学段共同的、统一的基本要求，而不是最高要求；

3. 学生学习结果行为的描述应该尽可能是可理解的、可达到的、可评估的，而不

---

① 叶圣陶. 叶圣陶语文教育论集[M]. 北京：教育科学出版社，1980：730.

② 钟启泉等. 基础教育课程改革纲要（试行）解读[M]. 上海：华东师范大学出版社，2001：172.

是模糊不清的、可望而不可即的；

4. 课程标准隐含着教师不是教科书的执行者，而是教学方案（课程）的开发者，即教师是"用教科书教，而不是教教科书"；

5. 课程标准的范围应该涉及作为一个完整个体的发展的三个领域——认知、情感与动作技能，而不仅仅是知识方面的要求。

总之，语文课程标准是由我国教育行政部门根据教育方针和课程计划制定的一定学段语文课程水平及课程结构的纲领性文件。

三、语文课程标准的功能

语文课程标准作为纲领性文件，在语文教育教学中具有多方面、重要的功能。

（一）规范教师教学的指南

语文课程标准阐述语文课程的地位、性质，明确语文课程的基本理念，规定语文课程的目标、内容，对语文教学提出实施与评价建议，体现出语文教学的指导思想，具有法规性、权威性、依据性，对认识语文课程及语文教学实践起着全面指导和制约作用。每一位语文教师都应树立课标意识，认真学习并贯彻其精神，把语文课程标准中的基本理念融会贯通，转化为自己的教育教学思想，并贯彻到课程实施之中，从而使自己的教育教学活动朝着正确的轨道运行，顺利达到预期的教学目的。

（二）编选教材内容的依据

教材是教学要素之一，教材编写的质量直接影响到教师教和学生学的效果。课程标准是语文教材最重要的编写依据。教材是课程标准的具体化，教材的编写应根据课程标准中有关规定进行，并将课程标准中的课程总目标、学段分目标等分解落实，形成环环相扣、螺旋上升的体系。也正因为如此，语文课程标准每一次修订，语文教材也会随之发生变动。

（三）评估教育质量的标准

教育评估是整个教育活动系统的一个有机组成部分。无论是评定学生的学业情况还是教师教育教学的质量，都须以课程标准中有关规定为依据。因此，语文课程标准又是评估语文教育教学质量的参考标准。

四、我国现行语文课程标准

语文课程标准既有一定的稳定性，又在不断地变化与完善中。一般来说，一段时期内，要相对稳定，以保证教学秩序的稳定，使教师的工作有章可依，有规可循。另外，随着人们对语文课程性质及其教育教学规律认识的不断深入，随着社会和时代的发展，语文课程标准又需做必要的修订，使其与时俱进。

新中国成立以来，我国基础教育共进行了多次课程改革，我国的语文课程标准（教学大纲）也几经变动。小学与中学语文课程标准（教学大纲）有时是分列，有时是合二为一。就小学阶段说，国家教育行政部门先后颁布了小学语文课程标准、小学语文教学大纲(有的是与中学的合一)。它们是 1950 年《小学语文课程暂行标准(草案)》、1956 年《小学语文教学大纲(草案)》、1963 年《全日制小学语文教学大纲(草案)》、1978 年《全日制十年制学校小学语文教学大纲(试行草案)》、1986 年《全日制小学语文教学大纲》、1992 年《九年义务教育全日制小学语文教学大纲(试用)》及 2000 年《九年义务教育全日制小学语文教学大纲(试用修订版)》、2001 年《全日制义务教育语文课程标准(实验稿)》以及《义务教育语文课程标准(2011 年版)》《义务教育语文课程标准(2022 年版)》。每一部课程标准(教学大纲)均为当时小学语文教学的指南，反映了当时人们对小学语文教育教学的要求，具有鲜明的时代特点。

当前实施的是《义务教育语文课程标准(2022 年版)》(以下简称《语文课程标准》)，其内容包括课程性质、课程理念、课程目标、课程内容、学业质量、课程实施、附录七部分。

1. 课程性质。这部分简要说明了语言文字是人类社会最重要的交际工具和信息载体，是人类文化的重要组成部分，指明了语言文字运用存在于人类社会的各个领域。阐述了语文课程是一门学习国家通用语言文字运用的综合性、实践性课程；工具性与人文性的统一，是语文课程的基本特点；并特别指出语文课程的多重功能和奠基作用，决定了它在九年义务教育中的重要地位。

2. 课程理念。这部分简要说明了"立足学生核心素养发展，充分发挥语文课程育人功能；构建语文学习任务群，注重课程的阶段性与发展性；突出课程内容的时代性和典范性，加强课程内容整合；增强课程实施的情境性和实践性，促进学习方式变革；倡导课程评价的过程性和整体性，重视评价的导向作用"五个课程理念，这为后续的课程目标确定、课程内容组织、教学实施建议编写定下了基调，是理解课程标准精神的钥匙。

3. 课程目标。这部分由核心素养内涵、总目标和学段要求三方面内容组成。首先简要说明了核心素养是学生通过课程学习逐步形成的正确价值观、必备品格和关键能力，是文化自信和语言运用、思维能力、审美创造的综合体现。基于核心素养的四个方面凝练关键要素，提出了 9 条总目标。学段目标主要依据"六三"学制设定，按四个学段(1~2 年级为第一学段、3~4 年级为第二学段、5~6 年级为第三学段、7~9 年级为第四学段)从识字与写字、阅读与鉴赏、表达与交流、梳理与探究四个方面做了明确、具体的规定。

4. 课程内容。这部分由主题与载体形式、内容组织与呈现方式等内容构成，以具体内容描述的形式明确了"教什么"和"学什么"。其中"主题与载体形式"强化课程内容的以文化人，突出中华优秀传统文化、革命文化、社会主义先进文化方面的主题和载体，并指出还应选择反映世界闻名优秀成果、科技进步、日常生活特别是儿童生活等方面的主题和载体。在"内容组织与呈现方式"上，按照内容整合程度不断提升，分三个层面设置学习任务群：基础型学习任务群主要有"语言文字积累与梳理"；发展型学习任务群包括"实用性阅读与交流""文学阅读与创意表达""思辨性阅读与表达"；拓展型学习任务群包括"整本书阅读""跨学科学习"。可见，这六个学习任务群分属于三种在语文学习上处于不同功能层次的类型。每个学习任务群均贯串四个学段，分学段概述其"学习内容"，并列出"教学提示"，体现了课程内容的结构化。

5. 学业质量。这部分由学业质量内涵、学业质量描述等内容构成。语文课程学业质量标准是以核心素养为主要维度，结合课程内容，对学生语文学业成就具体表现特征的整体刻画。学业质量标准整合识字与写字、阅读与鉴赏、表达与交流、梳理与探究等语文实践活动，按照日常生活类、文学体验类、跨学科学习类语言文字运用情境，分别描述了四个学段学生语文学业成就的关键表现，体现学段结束时学生核心素养应达到的水平。

6. 课程实施。这部分包括教学建议、评价建议、教材编写建议、课程资源开发与利用、教学研究与教师培训等内容。其中评价建议明确了过程性评价和考试命题要求，突出了评价和命题的导向性。

7. 附录。附录共五则：优秀诗文背诵推荐篇目（共推荐 135 篇/段古诗文，其中1～6 年级 75 篇，7～9 年级 60 篇/段）；关于课内外读物的建议；关于语法修辞知识的说明（包括词的分类、短语的结构、单句的成分、复句的类型、常用标点符号、常见修辞手法）；识字、写字教学基本字表（所收录的字构形简单，重现率高，其中的大多数能成为其他字的结构成分，要求这些字作为第一学段教科书中识字、写字教学的重要内容）；义务教育语文课程常用字表（共收常用汉字 3500 个，根据它们在当代各类汉语阅读材料中的出现频率和汉字教学的需要，又分成两个字表，字表一收录汉字 2500个，字表二收录汉字 1000 个）。

下面我们将着重结合该部《语文课程标准》，进一步探讨语文课程性质、课程基本理念、课程目标等问题。

▶ 第二节　语文课程地位性质

语文课程性质也就是语文作为一门课程，同数学、科学、音体美等课程有什么根本不同的地方。只有明确了语文课程的基本性质，才能使教学方向更加明确，教学目标更加准确。语文课程的性质与其地位是紧密相关的。

一、语文课程的地位

《语文课程标准》指出："语文课程致力于全体学生核心素养的形成与发展，为学生学好其他课程打下基础；为学生形成正确的世界观、人生观、价值观，形成良好个性和健全人格打下基础；为培养学生求真创新的精神、实践能力和合作交流能力，促进德智体美劳全面发展及学生的终身发展打下基础。语文课程在推广普及国家通用语言文字、增强凝聚力、铸牢中华民族共同体意识、建立文化自信、培育时代新人，实现中华民族伟大复兴等方面具有不可替代的优势。"

语文课程有着重要的地位。从学校教育来看，语文课程是基础性课程，是学好其他课程的重要前提和基础。小学各门课程的教育教学活动要正常地开展起来，先决条件就是要让学生能正确理解和运用祖国语言文字，掌握听说读写的基本方法和基本技能。语文素养高的人，可以迅速而且准确地理解各科的知识内容，并运用准确的语言来表达自己的见解；而语文素养低的人，则可能在阅读和表达上出现各种障碍，进而影响到知识的理解和思维的表达。因此新中国成立以来，语文课程课时数的绝对值和相对比例虽呈下降趋势，但相比小学的其他课程来说，语文课程的时数仍高居榜首。

从学生的发展来看，基础教育的基本任务是为每个学生的发展打好基础，而人的语言发展无疑是人的一切发展的基础。语文课程所培养的包括识字与写字、阅读与鉴赏、表达与交流、梳理与探究在内的理解和运用语文的能力，构成了学生学习能力的基本要素，为人的继续学习、全面发展和终身发展奠定了基础。语文学习可以为培养学生正确的世界观、人生观、价值观，为形成良好的个性和健全的人格打下基础。同时，语言文字是人类文化的重要组成部分。在学习语文课程的过程中，能让学生认识到汉语汉字源远流长的光辉历程，体会到中华多民族的文化认同，感受到中华文化的博大精深，进而建立文化自信，铸牢中华民族共同体意识，增强民族凝聚力。这对学生的终身发展都将产生深远的影响。

可以说，小学语文课程的多重功能和奠基作用，决定了它在九年义务教育阶段的重要地位。

二、语文课程的性质

关于语文课程性质的探索，由来已久。古代教育史上，有"文以明道""文以贯道""文以载道"等说法，强调文道不可偏废。语文独立设科以来，语文课程性质长期成为人们争论的焦点。新中国成立，有文字与文学、国语与国文、技术训练与精神训练等之争。新中国成立后的争论更是激烈，主要观点有：语文是工具性课程；语文是工具性和思想性兼具的课程；语文是工具性、思想性、文学性、知识性等综合性课程。语文课程的性质之争，说明语文课程是一门具有多质性的极为复杂的课程，同时也说明人们在对语文课程的性质不断地进行思考和探究。

随着教育改革的深入，人们的观念也不断发展。《语文课程标准》指出："语言文字是人类最重要的交际工具和信息载体，是人类文化的重要组成部分。""语文课程是一门学习国家通用语言文字运用的综合性、实践性课程。工具性与人文性的统一，是语文课程的基本特点。"可以说，人们认识到：语文课程是综合性、实践性很强的课程。语文课程的基本性质是工具性，而工具性和人文性的统一是语文课程的基本特点。语文的工具性源于"语言文字是人类最重要的交际工具和信息载体",语文的人文性源于语言文字是"人类文化的重要组成部分"。

(一)语文课程是学习语言文字运用的综合性、实践性课程

语文是"学习语言文字运用"的课程。在这门课程里,学生要学习的不只是"语言"和"文字",更重要的是"语言文字的运用";要学会语言文字的运用,需要掌握一定量的字和词,包括它们的读音、含义、字形、结构、用法,在此基础上,还需掌握一定量由字词构成的言语运用范例,通过它们熟悉语言文字及其"作品"的构成方式,掌握语言文字运用的规律,从而学会根据表达目的、对象和语境的特点获取信息和表达交流的技巧。①

《语文课程标准》中说:"语言文字的运用,包括生活、工作和学习中的听说读写活动以及文学活动,存在于人类社会的各个领域。"这就是说,"语言文字运用"既包含生活、工作和学习中的实用性语言文字运用活动,也包含运用语言文字的文学活动。学生要学习如何通过语言文字准确、熟练地从别人的语言材料中获取信息,学习如何运用语言文字恰当地表达自己的想法进行交流沟通。此外,文学的阅读、创作和评论,也是语言文字运用的一个重要方面。文学是通过语言文字来表现的艺术,文学的阅读需要从语言文字中去体悟,文学的创作要通过语言文字来表现,文学的评论要通过语言文字来进行。

语文课程具有很强的综合性,体现在:一是语文知识多样,字词句篇、语修逻文无所不包;二是语文能力多极,不仅包括听、说、读、写基本能力,还牵涉到观察、记忆、联想、思维、想象等一般能力;三是语文内容丰富,语言形态上不仅有文言文也有语体文,文章体裁上既有记叙、说明、议论、应用等实用文章,又有诗歌、散文、小说、剧本等文学作品,选文范围上古今中外,上下三千年,纵横几万里;四是学科涉及广泛,文史哲、数理化、音体美、工医农、天地生等,无所不包,它正如乌申斯基所说:"涉及其他一切学科,并把各种学科的结果集中在自身里"。

语文课程还具有很强的实践性,体现在:一是语文社会功能的广泛性,从个体到群体到整个社会,都有赖语言的交际和交流来维持和发展,人类文明也有赖语文得以流传。二是学习训练途径的广泛性,读书阅报、逛街旅游、看电视听音乐,都可学语文,说话演讲、写信作总结,都是在用语文。正如华特·科勒涅斯所说:"语文的外延与生活相等。"学生生活在母语环境中,生活中处处都是语文学习的资源,时时都有学习语文的机会。语文课程这种广泛的实践性,是其他课程难以比拟的。语文课程是一门学生学习运用祖国语言文字的实践性课程,不是要培养语言学家,而是要让学生学会"运用"或者说"驾驭"语言文字这种工具。所以,要充分发挥其社会功能广泛性和学

---

① 教育部基础教育课程教材专家工作委员会. 义务教育语文课程标准(2011年版)解读[M]. 北京:高等教育出版社,2012:91.

习训练途径广泛性的优势，通过语言文字运用的范例和实践，切实学到如何在生活中、在本课程和其他课程的学习中并准备将来在各种不同工作领域中，运用好语言文字。

(二)工具性与人文性的统一是语文课程的基本特点

1. 工具性

语文课程的工具性，首先表现在语文是彼此交际和交流思想的工具。如前所述，语文就是广义的语言。列宁指出："语言是人类最重要的交际工具。"斯大林也说："语言是手段、工具，人们利用它来彼此交际，交流思想，达到互相了解。"语文教育，实质上就是帮助学生学习和掌握语言这个人类交际和交流的工具。

教学设计：《芙蓉楼送辛渐》[①]

其次表现在语文是进行思维和开发智力的工具。语言与思维的关系甚为密切。一方面，人类的思维活动一般要凭借语言进行，通过语言符号即不出声的内部言语，思考问题，认识事物的本质属性、内在联系及客观规律性，然后，又通过外部言语将思维成果表达出来；另一方面，人的智力发展与语言的发展关系十分密切。爱因斯坦就说过："一个人的智力发展和他形成概念的方法，在很大程度上是取决于语言的。"实践证明，语言的发展能够很好地促进人的观察力、记忆力、想象力、思维力的发展。

语文也是表达文化、传承文化的工具。文化通常包括三个层面："第一个层面，文化指的是人类全部的创造物，即人们通常所说的物质文明和精神文明的总和；第二个层面，文化指的是人类精神领域的创造物，其中包括人文科学、社会科学、自然科学和艺术等；第三个层面，文化表征的是人的主体精神世界，在此层面，文化作为匡正人类行为的内在整合力量，它是人的自由追求、创造能力和超越意识的集中体现。"[②]文化在很大程度上要依赖语言这个载体得以整理、保存、传播和发展。

语文还是学习其他课程的工具。各门课程的学习，都要以祖国的语言文字为媒介，通过听说读写开展教学活动。因此，语文是学习其他课程的基础和前提。如果说小学开设的各门课程都是基础课程的话，那么，语文课程便是基础的基础。学生学习语文，不仅可以增强听说读写能力，而且可以提高分析问题和解决问题的能力，增长才干。

2. 人文性

(1)人文的概念

"人文"一词，最早出现于《周易·贲卦》。"刚柔交错，天文也。文明以止，人文也。观乎天文以察时变，观乎人文以化成天下。"这里的"人文"指的是人际关系的准则。在西方，人文主义起源于欧洲文艺复兴时期，是相对于"神文主义"提出的。它推崇人，反对神，提倡以人为本，反对神的绝对权威，重在恢复人在世界中的地位，是对人的一种复归。第二次世界大战以后所提倡的"人文主义"，则重在恢复人的完整性与多元

---

① 张莉莉，广州知识城第一小学。

② 邹广文. 人文精神及其当代价值定位[J]. 哲学研究，1996(4)：61.

性。它强调人不仅具有工具理性层面，更有文化与精神层面；不仅有社会性，更有个体性；重视地域文化，重视个人文化，重视提升个人的生命价值，重视个人潜能，重视个人的人格尊严。

(2)语文课程的人文性

各门课程都具有人文性，都包含着人文精神，并从各自课程特点出发，散发出人文思想的光辉。而语文与人文更是有着难以割舍的整体关系。虽说语文是工具，但它与锄头、刨子等一般意义上的工具又有不同，它是人们表情达意的工具。语文一经人们掌握和运用，也就自然地会产生思想和情感。

语言是传承文化的工具，但其本身也是一种文化。语言文字不仅仅是一个符号系统或一种交际工具。俄国著名教育家乌申斯基在《祖国语文》中说："人民一代跟着一代传下去，但是每一代生活的成果都保留在语言里，成为传给后一代的遗产。"可以说，语言文字中有社会文化的深厚积淀。国家通用语言文字中就蕴含着积淀丰厚的文化，包括中华优秀传统文化、革命文化、社会主义先进文化等。

同时，学习语言的过程也是人的生命、心灵、精神律动的过程，是人实现自我成长的过程，是激发人创造力与生命力的过程。语文教育不是概念的分析、概括，也不仅是工具的掌握，同时还在进行精神的熏陶和人格的养成，所以说其人文价值是不言而喻的。

语文课程的人文性，是以对人的理解、信任、尊重、宽容为基本特点，以人性、良知为价值支撑，包含着对生命的敬畏，对个性解放的追求，对自由发展的渴望，对社会理想的向往，对民族命运的关心，对祖国前途和人类未来的关切。[①]

对语文课程人文性的内涵，《语文课程标准》在"总目标"第 1、2、3 点中作了精辟的概括。

①在语文学习过程中，培养爱国主义、集体主义、社会主义思想道德，逐步形成正确的世界观、人生观、价值观。

②热爱国家通用语言文字，感受语言文字及作品的独特价值，认识中华文化的丰厚博大，汲取智慧，弘扬社会主义先进文化、革命文化、中华优秀传统文化，建立文化自信。

③关心社会文化生活，积极参与和组织校园、社区等文化活动，发展交流、合作、探究等实践能力，增强社会责任意识。感受多样文化，吸收人类优秀文化的精华。

(3)工具性与人文性的统一

需特别强调的是语文的工具性和人文性不是相互对立的，也不是"工具"与"人文"的简单相加，而是相互渗透、水乳交融的。工具是就其形式而言，人文是就其内容而言；工具性是躯壳，人文性是灵魂。张志公先生就说过："学习语文这个工具的时候，

① 杨再隋等. 语文课程的目标·理念·策略[M]. 长沙：湖南教育出版社，2012：22.

学习怎样用语文来交流思想的技能，跟学习语文所表达的思想本身，是不可分割地结合在一起的。"没有语言这个工具，人文内涵无以依托；舍弃人文，语言也失去了存在的价值。只在语言文字形式上兜圈子，必然导致只强调语文工具而看不到使用语文工具的人，语言文字就因此失去灵魂、失去生命而黯淡无光，步入排列组合文字游戏的死胡同；脱离语言文字的运用，架空讲人文性，这又步入了另一个误区。语文课程应在兼顾语文教学人文性的同时，扎扎实实抓好语文基础知识的传授和语文基本能力的培养。语文课程应在引导学生热爱国家通用语言文字，在真实的语言运用情境中，通过积极的语言实践，积累语言经验，体会语言文字的特点和运用规律，培养语言文字运用能力；同时，发展思维能力，提升思维品质，形成自觉的审美意识，培养高雅的审美情趣，积淀丰厚的文化底蕴，继承和弘扬中华优秀传统文化、革命文化、社会主义先进文化，增强对习近平新时代中国特色社会主义思想的理解和认识，全面提升核心素养。也就是说，语文应是这样的课程：在发展语言的同时，发展思维，传承文化，培养学生的人格，发展其个性，培养其高雅的审美情趣，积淀丰厚的文化底蕴，全面提升其核心素养。

我们来看一案例。

[案例1-1]　　　　　《小毛虫》(第二课时)教学设计(二年级下册)

长沙师范学院附属创远小学　黄晓林

【教学目标】

1. 会写"纺、编、织"三个生字；认准多音字"尽"。

2. 了解小毛虫的生长变化过程，紧扣词句，理解"每个人都有自己该做的事情""万事万物都有自己的规律"的含义。

3. 能借助提示用自己的话讲故事。

教学视频：《小毛虫》(第二课时)①

【教学重难点】

1. 了解小毛虫的生长变化过程，理解"每个人都有自己该做的事情""万事万物都有自己的规律"的含义。

2. 能借助提示用自己的话讲故事。

【教学方式】

基于移动教、学终端的交互式智慧课堂教学方式

【教学准备】

1. 师生智慧平板。

2. 教学课件。

3. 生字书写卡。

---

① 作者：黄晓林，长沙师范学院附属创远小学。

【教学过程】

一、激趣导入

引导学生观察图片，明确蝴蝶与小毛虫的关系，激发探究兴趣。

1. 小朋友们好！欢迎大家来到奇幻森林。今天老师给大家带来一位新朋友。看！来，与它打声招呼。（出示蝴蝶的图片）

2.（出示小毛虫的图片）这是蝴蝶小时候的样子，人们叫它"小毛虫"。大自然就是这么神奇，外貌完全不同的昆虫之间竟然有这样的联系。小毛虫是怎么变成蝴蝶的呢？让我们带着这个问题开始今天的学习。

二、生字学习

1. 学习会认字和多音字

（1）出示平板朗读作业大数据分析情况，针对读得不准确的词语进行正音。（"小老师"带读生字。）

（2）出示"尽管、尽心竭力"，学生观察并交流自己的发现。

（3）"小老师"带读多音字。

（4）实时测评，学生用平板接收多音字测试题，在规定时间内完成并提交。

（5）根据学生实时答题情况进行讲解，请选错的学生齐读题目例句。

2. 学写"纺、编、织"

（1）出示"纺、编、织"，学生观察这三个字的共同特点。

（2）教师范写绞丝旁，边写边强调：绞丝旁，第一笔撇折，第二笔也是撇折，注意折要向右上倾斜。第三笔要注意：提的右边与第二笔撇折的右边几乎保持在一条直线。（一生协助教师用平板拍摄微课，既方便全班同学在大屏幕看清楚教师的范写，又可作为微课推送给学生，供有需要的学生课后自主学习。）

（3）指导学生观察"纺、织、编"三字的书写，除了要注意绞丝旁，还要注意什么？（学生在教室平板上边圈画边讲解书写要点。）

（4）运用教室平板屏幕广播功能，将汉字书写视频推送至学生平板，学生跟写。

（5）学生在自己的课本上将"纺、织、编"写一遍，然后用平板拍照上传。限时三分钟。

（6）教师选择学生作品推送至学生平板，请学生仔细观察并分别说说他们的优缺点。

三、精读课文

1. 可怜又笨拙的小毛虫

（1）学生默读全文并思考：小毛虫经历了哪些变化？

（2）教师结合学生回答，相机板书：小毛虫→茧→蝴蝶。

（3）学生自读课文的第1、第2自然段并思考：这是一条怎样的小毛虫？

①预设一：

这是一条可怜的小毛虫。因为它既不会唱，也不会跑，更不会飞。（板书：可怜）

引导学生将小毛虫与文中其他昆虫作对比，用红色笔迹在平板圈出关键词"唱、跳、跑、飞"，并引导学生想象：小毛虫可能看到谁在唱？谁在跳？谁在跑？谁在飞？

教师小结：这热闹生动的场面，真是到处生机勃勃。让我们将这轻松欢快、生机勃勃的场面读出来。（生齐读）

过渡：其他昆虫可以唱、跳、跑、飞，可小毛虫却只能做些什么动作呀？

找出写小毛虫动作的词："趴、挪、爬"与"唱、跳、跑、飞"对比，再次体会小毛虫的可怜。

②预设二：

这是一条笨拙的小毛虫。（板书：笨拙）

学生找出体现小毛虫笨拙的关键词句。教师根据关键词句进行朗读指导。

品读：小毛虫费了九牛二虎之力，才挪动了一点点。

引导：从"九牛二虎之力"你能体会到什么？（小毛虫用尽了全身的力气。）

从"挪动"和"一点点"你又体会到了什么？（小毛虫移动的距离很小。）

小结：是啊，费了九牛二虎之力才挪动了一点点，小毛虫是多么"笨拙"呀。

品读：当它笨拙地从一片叶子爬到另一片叶子上时，它觉得自己仿佛周游了整个世界。

引导：它是周游了整个世界吗？（不是，它只是从一片叶子爬到另一片叶子。）

可小毛虫为什么觉得自己是周游了整个世界呢？（因为对于它而言，从一片叶子爬到另一片叶子太难了，由此更可见它的笨拙。）

小结：真是一只可怜又笨拙的小毛虫啊！

2. 尽心织茧的小毛虫

（1）学生自由读第3自然段，研读第1句。

过渡：当我们都向它投去同情的目光时，它自己是怎么想的呢？请自由读读第3自然段。

（2）研读第1句，小毛虫对什么不悲观失望？不羡慕谁？它为什么能不悲观失望，不羡慕任何人呢？（因为它懂得：每个人都有自己该做的事情。）

（3）出示：蜜蜂、七星瓢虫、蜘蛛、青蛙（生练习说话："……该做的事情是……。"体会"每个人都有自己该做的事情"，并明确小毛虫该做的事情就是学会抽丝纺织，为自己编织一间牢固的茧屋。板书：茧）

（4）出示茧的图片，体会用纤细的丝织茧的困难。

引导：瞧，用这样纤细的丝，要织成牢固的茧屋，难不难？面对这样的困难，小毛虫是怎么做的呢？

（5）学生自读文段，圈画字词。体会小毛虫织茧的艰辛。

①学生交流小毛虫是怎样织茧的。（板书：尽心竭力）

创设情境，引导学生展开想象说：

天还没亮，小毛虫就起床了，它＿＿＿＿＿＿＿＿＿＿＿＿＿＿＿＿＿；

中午到了，烈日炎炎，小毛虫＿＿＿＿＿＿＿＿＿＿＿＿＿＿＿＿＿；

天黑了，小毛虫＿＿＿＿＿＿＿＿＿＿＿＿＿＿＿＿＿＿＿＿＿；

蚱蜢邀它去玩，小毛虫说＿＿＿＿＿＿＿＿＿＿＿＿＿＿＿＿＿；

小毛虫腰酸背痛，但它心里想＿＿＿＿＿＿＿＿＿＿＿＿＿＿＿；

它织呀织呀，真是"尽心竭力"呀，最后＿＿＿＿＿＿＿＿＿＿＿。

②运用教师平板聚焦功能，聚焦第5、第6自然段，师生合作读文。（教师读问句，学生回答。）

引导：进入了与世隔绝的茧屋，又会发生什么呢？

③播放小鸡破壳、种子发芽、蝌蚪变青蛙等视频。

引导：万事万物都有自己的规律，由虫变成茧，就是小毛虫的生长规律，那其他事物呢？

④学生根据视频谈自己的感受，体会"万事万物都有自己的规律。"

3. 破茧成蝶

(1)时间到了，尽心竭力、耐心等待的小毛虫，最终变成了什么？（板书：蝴蝶）

(2)学生读课文第7自然段，体会小毛虫变成了一只怎样的蝴蝶，并将自己的感受通过平板发到讨论区。（平板发布讨论）

(3)教师小结学生讨论的关键词，同时板书：轻盈、灵巧、色彩斑斓。

4. 回顾前面的内容，再次对比

(1)分组朗读描写小毛虫"笨拙"和描写小毛虫"灵巧"的句子，对比感受小毛虫的变化。

(2)播放蝴蝶飞舞视频。

教师朗读：从一只可怜又笨拙的小毛虫，到织就一间牢固的茧屋，再到破茧成蝶，小毛虫不悲观失望，也不羡慕任何人，它尽心竭力工作，终究愉快地舞动于天地之间。让我们用优美的朗读来祝福这一只坚强勇敢的小蝴蝶吧。（引导学生读第7自然段。）

四、讲故事

1. 播放"小毛虫"的录音，请学生听一听"小毛虫"的心愿。

2. 学生试着借助老师的板书讲这个故事，先同桌互讲，再指名讲。

五、课后作业

请同学们向身边的人讲讲这个故事，并录成视频分享到班级圈。同学们可以相互学习，相互点评。

附板书设计：

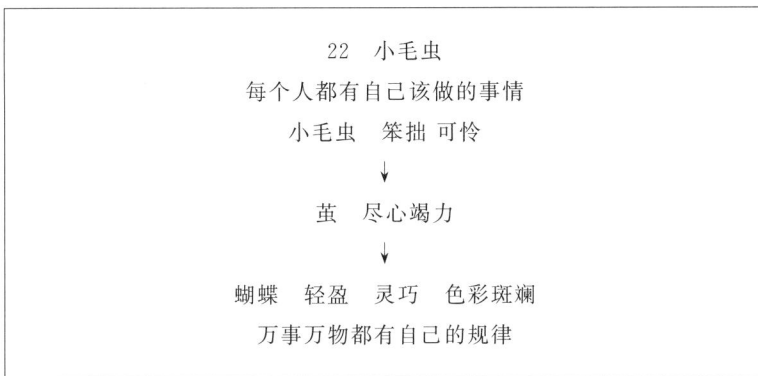

22　小毛虫
每个人都有自己该做的事情
小毛虫　笨拙 可怜
↓
茧　尽心竭力
↓
蝴蝶　轻盈　灵巧　色彩斑斓
万事万物都有自己的规律

【评析】

运用信息技术　紧扣单元主题　凸显学科特点
——《小毛虫》智慧课堂教学评析

长沙师范学院附属创远小学　聂良红

《小毛虫》一课是统编版教材二年级下册第七单元最后一课。本单元是童话单元，人文主题是"改变"。课文讲述了一只小毛虫由结茧到破茧羽化成蝶的过程，充满了人文气息和童趣。黄晓林老师的课堂以学定教、因材施教，紧扣单元主题，凸显语文学科语言文字学习的特点。我们能看到，教师在教学中将语文的人文性和工具性有机结合，二者相辅相成。在这样的课堂上有语言的训练、心灵的触动、情感的陶冶、思想的碰撞，凸显了语文教育应有的丰富内涵，展示了语文自身的魅力。教师还充分运用现代信息技术，学生学习热情高涨，教学效果良好。具体说来有以下亮点。

一、信息技术，助力教学

黄老师充分运用信息技术辅助教学，恰到好处地使用智慧课堂平板实现了师生之间、生生之间的实时互动交流，让教学更具针对性和实效性。在导入部分，利用朗读作业大数据确定学生读得不准确的生字，有针对性地进行纠正。在多音字教学部分，利用互动答题，实时测评出掌握不到位的知识点和没有掌握这个知识点的学生，有针对性地进行指导。在生字教学时，利用实物展台，更加清晰地在大屏幕上展示教师的书写过程，并且将过程录成微课，实时分享，方便学生课后复习。在理解课文关键语句"每个人都有自己该做的事情""万事万物都有自己的规律"时，使用多媒体播放视频，给学生更加直观的感受，加深印象，更有助于理解句子，突破难点。在教学第7自然段时，利用互动中的讨论功能，让学生畅所欲言，在大屏幕上展示学生发言，形成了热烈的讨论氛围，让学生在发表讨论和观看其他同学的发言时进一步激活了思维。

二、巧抓对比，感受变化

课文巧妙地运用对比手法来表现角色的形象。黄老师教学本课时，抓住只能"趴"着的小毛虫和"唱、跳、跑、飞"的大小昆虫进行对比，让学生在找词语和读句子的过程中，感受小毛虫的貌不惊人，体会它的可怜和笨拙。最后一个自然段，学生发现，小毛虫变成了一只"灵巧、轻盈"的蝴蝶，黄老师又引导学生回忆小毛虫从前的样子，将描写"笨拙"与"灵巧"的段落放在一起对比朗读，使学生更加深入体会小毛虫的变化。

三、紧扣独白，体会内心

文中有两处对于小毛虫独白式的心理描写，含义深刻，凸显文章主旨，也让小毛虫的形象更加鲜明丰满。只是句子深奥，学生体会起来有一定难度。因此，在理解"每个人都有自己该做的事情"时，黄老师先用图片引导学生说说其他昆虫该做的事情是什么，如，蚂蚁该做的事情是搬运食物，蜜蜂该做的事情是采蜜，蜘蛛忙着结网，然后顺势引导学生体会，这就是"每个人都有自己该做的事情"，再通过读课文了解小毛虫该做的事情是什么。如此，学生更加形象地感知了这句话所含的意义，也懂得了小毛虫为什么能做到"不悲观失望，也不羡慕任何人"。理解"万事万物都有自己的规律"这一句是小毛虫在与世隔绝的茧屋中的内心独白，也是它在漫长等待中的自我鼓励，指导学生理解此句时，我们能在案例中看到，教师在教学中将语文的人文性和工具性有机结合，二者相辅相成。在这样的课堂上有语言的训练、心灵的触动、情感的陶冶、思想的碰撞，凸显了语文教育应有的丰富内涵，展示了语文自身的魅力。黄老师播放了反映事物变化规律的短视频，并让学生根据视频说一说其中包含的事物变化规律，让学生直观感知这句话所含的意义。黄老师巧妙运用图片和视频等教学资源，引导学生联系生活实际，拓宽、加深对文本的理解，突出了重点，突破了难点。

一堂真实的课，总是会有遗憾。本单元的训练重点之一是"借助提示讲故事"，黄老师在教学中虽然安排了此环节，也布置了讲故事的课后作业，但是课堂上给学生预留的讲故事时间较少，讲述故事的方法指导还可更加细致。

如同小毛虫破茧成蝶需要经历尽心竭力地织茧，完成一堂好课也需要历经千磨万击。教学教研永无止境，唯有心无旁骛风雨兼程。

▶第三节 语文课程基本理念

什么叫理念？理念就是指导思想，是从教育实践中提炼出来的，对教育教学具有指导意义的重要思想、基本观念、理性认识。要搞好语文教学，必须树立正确的课程理念。下面我们来看一个案例。

[案例1-2]　　　　　　《圆明园的毁灭》教学片段实录（五年级上册）

清华大学附属小学　窦桂梅

师引导学生"走进圆明园"，体会圆明园"不可估量"的价值

师：（课件：五幅圆明园废墟图）这是——

生：圆明园的废墟。

师：这一座座废墟已经在风雨中伫立144年，然而它却只是圆明园的一角。看着画面你有什么感受吗？（学生举手要说）

师：把这种感受带到诗歌中读一读。

生：（低沉、缓慢）"圆明园里，荒野的风，呜咽地讲述着——一个古老的故事；残留的柱，痛苦地书写着——一个国家的耻辱。"

师：让我们走进这个古老的故事。打开书，齐读课文第一段。

生："圆明园的毁灭是中国文化史上不可估量的损失，也是世界文化史上不可估量的损失！"（提示学生读时注意"文化"一词）

师：有不可估量的损失，就说明它一定有不可估量的价值。请用"……是……也是……"这个句式，说一说。

生：圆明园的毁灭是中国文化史上不可估量的价值，也是……（没等该生说完，学生都笑了。）

生：毁灭怎么能说是有不可估量的价值呢？应该把"毁灭"去掉，这样说："圆明园的价值是中国文化史上不可估量的价值，也是世界文化史上不可估量的价值！"

生：词语重复了，应该简洁点："圆明园的价值是中国文化史上不可估量的，也是世界文化史上不可估量的！"（同学们表示同意，听课老师面露微笑。）

师：昔日圆明园究竟有些什么，使我们说它有不可估量（板书"不可估量"）的价值？结合课文第2、3、4自然段说一说。请同学们注意：这一段描写，用上了好多连接词，说的时候尽量用上它们。

生：读了2～4自然段，我体会到了圆明园当时的辉煌。圆明园中有金碧辉煌的殿堂，也有玲珑剔透的亭台楼阁；有象征着热闹街市的"买卖街"，也有象征着田园风光的山乡村野。（板书"有……也有……"）

生：有象征着热闹街市的"买卖街"，也有象征着田园风光的山乡村野……还有根据古代诗人诗情画意建造的景物，如蓬莱瑶台、武陵春色。（板书"有……也有……还有……"）

生：园中不仅有民族建筑，还有西洋景观。（板书"不仅有……还有……"）

生：圆明园不但建筑宏伟，还收藏着特别珍贵的历史文物。上自先秦时代的青铜礼器，下至唐、宋、元、明、清历代名人书画，各种奇珍异宝。

教学实录：《圆明园的毁灭》①

―――――――――――――――

①　执教者：窦桂梅，清华大学附属小学。

师：从先秦到清朝大约多少年？

生：可能 800 年吧。（学生又七嘴八舌猜 1000 年、1200 年等。）

生：我估计怎么也得两千多年吧。

师：你很会说话，"两千多年"的"多"就要多出好几百年，经历秦、汉、隋、唐、宋、元、明、清，是 2300 多年的时间。想想会有多少名人字画和奇珍异宝。

生：在 2000 年 4 月，北京保利集团以将近 4000 万港元将其中的虎首、牛首、猴首买回，使它们重又回到了祖国的怀抱。

（教师相机选择几幅名画和几件珍宝让学生目睹感受，学生流露惊奇神色。然后让学生带着感受读第 4 自然段。）

生：我了解到圆明园中有许多小园。我对海晏堂最了解。在海晏堂门前的水池内，有 12 只生肖铜像。

生：圆明园在北京的西北郊，由圆明园、长春园、近春园组成，此外还有许多小园，众星拱月般地环绕在圆明园周围。

师：有谁查过资料知道圆明园的面积有多大吗？

生：好像 5200 多亩，350 公顷。

师：据老师了解占地面积有 458.9 公顷。一公顷有多少平方米，大家会算，那么我们就估算一下，看看我们这个大会堂。大概估计一下圆明园相当于多少个大会堂。

生：起码 800 个。（学生纷纷猜测 1000、1500 多个等）

生：我看得有 9000 个这么大的面积呢！

师：是的，圆明园的面积相当于一万多个会堂这么大。（学生发出感慨）可见圆明园有多大。你想，这么大的面积上，这些大园以及小园众星拱月般地环绕在圆明园周围，是多么壮丽的景观！

师：圆明园里所拥有的国宝用一个词来概括那就是——

生：应有尽有、不计其数、成千上万、数不胜数……（学生依次说出。）

师：所以我们说"圆明园不愧是举世闻名的最大的博物馆、艺术馆"。（让全体学生读这句话。）

师：那好，请回过头来再读课文，通过你的读让我们感到，它的的确确是当时世界上最大的博物馆、艺术馆。（引导学生注意体会连接词，读出一种自豪感。学生读。）

师：继续谈——

生：圆明园著名的景点就有 40 处呢。这 40 处景观也是"众星拱月"般地环绕在圆明园周围。比如有"平湖秋月"，有"西峰秀色"，有"曲院风荷"。

生：圆明园中有"观澜堂"，有"君子轩"，还有"关帝庙"。

生：圆明园中不仅有"映水兰香"，还有"南屏晚钟"。

师：下面我们只选 20 处景观的名称，请大家读一读：正大光明、天然图画、上下天光、杏花春馆、坦坦荡荡、长春仙馆、万方安和、武陵春色、山高水长、月地云居、汇芳书院、映水兰香、北远山村、西峰秀色、四宜书屋、平湖秋月、蓬莱琼台、别有洞天、坐石临流、曲院风荷……

生：光读这20景的名称就需要这么长时间，如果一景一景参观得需要多少天啊。我看得一个月。

师：下面，我们就到三处风景名胜参观。你可以选择一处说说感受。

生："蓬莱瑶台"在云端里若隐若现，仿佛人间仙境！

生："平湖秋月"在夜晚的灯光映衬下感觉很朦胧，住在那里一定会做美梦。

生："雷峰夕照"中的雷峰塔真高，直冲晚霞，真壮观啊。

师：这美丽迷人的景色只是圆明园的冰山一角！法国大作家雨果眼中的圆明园是怎样的呢？拿出雨果写的文章，有选择地读一读。

生："请您用大理石，用玉石，用青铜，用瓷器建造一个梦，用雪松做它的屋架给它上上下下缀满宝石，披上绸缎，这儿盖神殿，那儿建后宫，造城楼，里面放上神像，放上异兽，饰以琉璃，饰以珐琅，饰以黄金，施以脂粉。……再添上一座座花园，一方方水池，一眼眼喷泉，加上成群的天鹅、朱鹭和孔雀……总而言之，请假设人类幻想的某种令人眼花缭乱的洞府，其外貌是神庙、是宫殿，那就是这座名园。"

生："过去的艺术家、诗人、哲学家都知道圆明园，伏尔泰就谈起过圆明园。人们常说：希腊有巴特农神庙，埃及有金字塔，罗马有斗兽场，巴黎有圣母院，而东方有圆明园。要是说，大家没有看见过它，但大家也梦见过它。这是某种令人惊骇的杰作，在不可名状的晨曦中依稀可见，宛如在亚洲文明的地平线上瞥见的亚洲文明的剪影。"

师：好，我们再一起读雨果的话——

生："有一座言语无法形容的建筑，某种恍若月宫的建筑，这就是圆明园。"

师：书中概括地说——

生："圆明园是园林艺术的瑰宝、建筑艺术的精华。"

师：现在，回过头来再读课文，让我们一起陶醉在这恍若月宫的圆明园中。（读课文第2~4自然段。）

师：谁把书上概括圆明园的两句话也用"是……也是……"连起来变成一句话？

生：圆明园是当时世界最大的博物馆、艺术馆，也是园林艺术的瑰宝、建筑艺术的精华！

师：面对这人间奇迹，你心中一定升腾起一种情感，正如雨果形容的那样——"虽然是皇家园，可是岁月创造的一切最终都属于人类的"。此刻在你心中，圆明园拥有的是什么？

生：劳动人民艺术、智慧的结晶。

生：一种无比的自豪感。

师：带着这种感受再读这句话。（生读："圆明园是当时世界上最大的博物馆、艺术馆，也是园林艺术的瑰宝、建筑艺术的精华！"）

师：那么，圆明园所拥有的浓缩成一个词是什么？

生：我想是结晶。（生也有说是智慧、创造等）

生：是文化！（在互相议论中，学生脱口而出。）

师：对，是"文化"，而且是价值不可估量的中国文化！（回扣"不可估量"）请理直气壮地告诉自己以及天下所有的人——"圆明园的价值是中国文化史上不可估量的，也是世界文化史上不可估量的！"（学生朗读时语气各有不同）

在窦老师的课堂上，教师注重学生核心素养的发展，注重学习情境的创设，注重引导学生体会、运用语言文字，并在引导学生语言理解与运用的过程中，让学生的思维能力、审美创造、文化自信等都得以培养。学生学得生动活泼。窦老师教学的成功与其教学理念的正确与先进是分不开的。

《语文课程标准》明确指出课程的基本理念是：立足学生核心素养发展，充分发挥语文课程育人功能；构建语文学习任务群，注重课程的阶段性与发展性；突出课程内容的时代性和典范性，加强课程内容整合；增强课程实施的情境性和实践性，促进学习方式变革；倡导课程评价的过程性和整体性，重视评价的导向作用。语文课程的这五个基本理念，分别侧重阐述课程目标、课程结构、课程内容、课程实施、课程评价，既各有侧重，又互相联系。它们是在大量教学实践和理论研究的基础上，总结中国语文教育的成败得失，借鉴各国母语教育改革的经验而得出的成果。可以说，它是实施语文教育的"总纲领"。

一、立足学生核心素养发展，充分发挥语文课程育人功能

这一理念主要针对语文课程目标提出。立足学生核心素养发展，充分发挥语文课程育人功能，这是语文课程的核心理念。培养学生的核心素养是课程的核心目标。这实际是要回归教育的育人本质和课程的育人功能。

(一)立足学生核心素养发展

素养与知识不同，是知识、技能、态度的超越和统整，是人在真实情境中做出某种行为的能力或素质。《语文课程标准》清晰地表述了核心素养的定义：核心素养是学生通过课程学习逐步形成的正确价值观、必备品格和关键能力，是课程育人价值的集中体现。义务教育语文课程培养的核心素养，是学生在积极的语文实践活动中积累、建构并在真实的语言运用情境中表现出来的，是文化自信和语言运用、思维能力、审美创造的综合体现。核心素养正是语文课程育人价值的集中体现，换言之，语文课程最终要达成的目标，就是提升学生的核心素养。

应特别注意的是，核心素养是通过课程学习逐步形成的，这里所说的"课程学习"不是指单一的知识传授、技能训练，而应是识字与写字、阅读与鉴赏、表达与交流、梳理与探究等语文实践活动。学生在这些语文实践活动中不断积累、建构，并在真实的语言运用情境中表现和提高核心素养。这个"真实的情境"可以是个体所处的各种日常实践，

也可以是师生创设的、符合生活真实、贴近学生已有生活经验、在其中运用的语言是能体现个体体验的情境。

（二）充分发挥语文课程育人功能

义务教育阶段的学生正是形成正确的世界观、人生观和价值观的重要阶段。教师应超越"教书"，走向"育人"，从学科本位、知识本位走向学生素养本位。语文课程应以核心素养为纲，通过识字与写字、阅读与鉴赏、表达与交流、梳理与探究等语文实践活动，综合构建素养型课程目标体系；应面向全体学生，突出基础性，使学生初步学会运用国家通用语言文字进行交流沟通，吸收古今中外优秀文化成果，提升思想文化修养，建立文化自信，德智体美劳得到全面发展。

《语文课程标准》指出应重点关注社会主义核心价值观、中华民族共同体意识、中华优秀传统文化、革命文化、社会主义先进文化以及中华民族自尊心、爱国情感、集体意识、文化自信等，增强对习近平新时代中国特色社会主义思想的理解和认识。这些内容在课程性质、课程理念、课程目标、课程内容、教学建议、评价建议、教材编写建议、课程资源开发与利用建议等部分都有体现。教师在教学中要特别关注育人导向的具体落实，也要关注如何在教育教学当中，将育人转化为真切的、真实的教育教学行为，转化成学生正确的世界观、人生观、价值观形成的完整过程。

二、构建语文学习任务群，注重课程的阶段性与发展性

这一理念主要针对课程结构和课程内容组织与呈现方式提出。

（一）了解学习任务群的构建

教学设计：讲好中国民间故事《牛郎织女》[①]

长期以来，语文教学知识化、碎片化、抽象化的问题突出。单纯传授语文知识、脱离生活实际的单一语文技能训练情况较普遍存在，较大程度上影响了教与学的效率。为克服此倾向，《语文课程标准》指出主要以学习任务群来组织与呈现课程内容，遵循学生身心发展规律和核心素养形成的内在逻辑，根据不同学段学生语文学习的特点，整体规划六个学习任务群的学习内容，按照内容整合程度不断提升，分三个层面设置学习任务群：基础型学习任务群主要有"语言文字积累与梳理"；发展型学习任务群包括"实用性阅读与交流""文学阅读与创意表达""思辨性阅读与表达"；拓展型学习任务群包括"整本书阅读""跨学科学习"。每个学习任务群均贯串四个学段，根据学段特征，突出不同学段学生核心素养发展的需求，体现课程的阶段性和发展性。

（二）明确学习任务群的要素

《语文课程标准》明确指出："以生活为基础，以语文实践活动为主线，以学习主题为引领，以学习任务为载体，整合学习内容、情境、方法和资源等要素，设计语文学

① 作者：俞红，江苏省南京市摄山星城小学。

习任务群。"具体说来，学习任务群包含七种要素：指向生活中语言文字运用真实需求的学习情境；识字与写字、阅读与鉴赏、表达与交流、梳理与探究等语文实践活动；引领性学习主题；综合性、整体性、结构化的学习任务；包括语文知识和典型语言材料等学习内容；语文学习的基本方法；多种多样的学习资源。[①]

(三)把握学习任务群的实施要点

语文学习任务群由相互关联的系列学习任务组成，共同指向学生的核心素养发展，具有情境性、实践性、综合性。在实施中要把握以下要点。

一是要把握各自特点。不同的任务群作为类型，通常是有其相同属性才组合到一起，因此要注意把握其特点，以使教学具有确定性。如"实用性阅读与交流"，大致包括应用文、说明文、新闻类作品等。当然，问题与任务群的划分不是一个维度，具体问题应具体分析。这样，学习方式也应大体贴近学习任务群特点，可以采用活动体验、文本研习、问题探讨等方式，以更深入地引导学生以学习任务群为载体开展语文学习活动，培育学生核心素养。

二是要把握内在关联。学习任务群是以学习任务为载体，整合学习内容、情境、方法和资源等要素设计的。因此，学习任务群注重整体规划，强调多方面要素的有机整合。为此，我们不仅要关注其内容的丰富性，更要关注聚合、整合的有机性，要在把握内在关联上下功夫。

三是要进行大单元教学。学习任务群对应具体单元时，往往采用主题情境的方式，以一个核心学习任务引领一个单元，构成一个学习的单位。所以要强化大单元教学意识。如先引导学生初步感知整个单元，明确核心学习任务；然后引导学生通过积极主动的语文实践逐"课"学习，"入乎其内"，深入感悟体验；最后进行整合学习，从主题、结构、语言、风格等方面对单元进行整体梳理与探究，迁移与运用，"出乎其外"。如此，使学生经历一个相对完整的从具体到抽象、从认知到运用的学习过程。

三、突出课程内容的时代性和典范性，加强课程内容整合

这一理念主要针对课程内容特点提出。

(一)课程内容要凸显时代性

一是强调充分吸收语言、文学研究新成果。二是关注数字时代语言生活的新发展，体现学习资源的新变化。在数字时代，人们的语言生活变化迅猛，图像阅读、超链接阅读、非连续性文本阅读、跨媒介阅读等，成为人们的阅读常态。要关注新生活，开发新资源，切实提升课程适应社会生活的意识。

(二)课程内容要凸显典范性

具有丰富人文内涵的语文课程对人们精神领域起作用，而且对人们精神领域特别

---

① 郑国民，李宇明. 义务教育语文课程标准(2022年版)解读[M]. 北京：高等教育出版社，2022.

是对学生的情感、态度、价值观的影响是广泛而深刻的。"开卷有益",但实际上开卷可能是有益的,也可能是有害的。即使都是有益的作品,它们的含金量也有差异。因此,为了让学生在语文学习中多多受益,提高效率,必须重视对于语文教学内容的选择。语言材料要精选文质兼美的作品,重视对学生思想情感的熏陶感染作用,重视价值取向。突出社会主义先进文化、革命文化、中华优秀传统文化。要通过优秀作品的浸染,移人性情,提升人格。语文对人影响的深广性,有时是隐性的、长期的、潜移默化的,短时期不容易看出来。而且,常常是"有心栽花花不开,无心插柳柳成荫",因而不能指望立竿见影,不能急功近利。如果像理科学习那样,围绕知识点、能力点做大量的练习,难以让学生领悟语文丰富的人文内涵。要努力克服新媒体成为主要阅读媒介后所带来的碎片化、浅表化、去经典阅读的不良倾向,加强经典阅读,提倡整本书阅读。

(三)课程内容要加强整合性

要继承我国语文教育的优良传统,注重读书、积累和感悟,注重整体把握和熏陶感染。注重课程内容与生活、与其他学科的联系,注重听说读写的整合,促进知识与能力、过程与方法、情感态度与价值观的整体发展,按学习任务群建构内容,倡导单元教学。密切关注现代社会发展的需要,注重跨学科学习和现代科技手段的运用,强调师生对课程的构建,使学生在不同内容和方法的相互交叉、渗透和整合中开阔视野,提高学习效率,强化适应现代社会所需要的核心素养培养。

四、增强课程实施的情境性和实践性,促进学习方式变革

这一理念主要是针对课程实施提出。

(一)课程实施要增强情境性和实践性

学习,可以说是从"未知"到"知",从"不会"到"会",从"没有"到"有",从旧的"有"到新的"有"的过程。这"未知""不会"和"没有",可能是世上的人都"未知",都"不会",都"没有";也可能是别人"已知""已会""已有",只是我"未知""不会"和"没有"。长期以来,学生所习惯的学习过程是由教材、教师把别人"已知""已会""已有"的东西传授给自己,通常的做法是,在教师的训练下一步一步靠近现成的答案,或者干脆等教师把答案告诉自己之后,花时间背下来;再就是跟着教师按照设定的模式反复操练,逐步掌握别人设计好的技能和方法。这样的接受性学习当然还是需要的,但是,它产生的"被动性"、一定程度上的"强制性"和"简单重复性"等不利因素,也是需要加以改变的。

语文教学应切实增强情境性和实践性。要从学生语文生活实际出发,创设丰富多样的学习情境,设计富有挑战性的学习任务,以问题为驱动,激发学生的好奇心、想象力、求知欲。引导学生注重积累,勤于思考,乐于实践,勇于探索,养成良好的学习习惯;关注个体差异和不同的学习需求,鼓励自主阅读、自由表达;倡导少做题、

多读书、好读书、读好书、读整本书，注重阅读引导，培养读书兴趣，提高读书品位；充分发挥现代信息技术的支持作用，拓展语文学习空间，提高语文学习能力。在案例1-1、1-2中，两位教师都没有以自身的分析来代替学生的阅读实践，而是让学生充分读、悟，尊重、珍视学生的独特感受、体验和理解，从而使学生不仅得到语言训练，而且受到情感熏陶，获得思想启迪，享受审美乐趣。

(二)课程实施要积极促进学习方式变革

积极促进自主学习、合作学习和探究性学习方式的变革。之所以如此，其理由在于：学生是学习的主体。语文课程必须根据学生身心发展和语文学习的特点，保护学生的好奇心和求知欲，关注学生的个体差异和学习需求，使学生乐学、善学，从而促进学生有特色的发展和可持续发展。自主学习，指学习主体有明确的学习目标，对学习内容和学习过程具有自觉的意识和反应的学习方式。合作学习，指学生在学习群体中为了完成共同的任务，有明确的责任分工的互助性学习方式。探究性学习，指学生独立地发现问题、获得自主发展的学习方式。"自主、合作、探究"应成为学生语文学习的主要方式，其核心是自主，合作是群体的合作，探究是自主的深化。没有自主，合作徒有其表，探究亦无价值。

自主、合作、探究学习方式是就学习全过程而言的，包括学习资源的开发、学习结果的评价等，而不仅指通常所说的学习阶段和过程。要使学生形成自主、合作、探究的学习方式，关键要改进教师的教学方式。一方面教师要实行教学民主，给学生更多的自主权，使学生有选择学习内容、学习方法、学习伙伴的权利；另一方面教师要严格要求学生，对学生的学习给予有力的指导、引导、辅导，使学生的学习成为有效的学习、高效的学习。如案例1-1，在"精读课文"环节中，教师没有按课文内容先后次序出示句子，而是让学生自读课文，思考：这是一条怎样的小毛虫？在学生提出自己的观点"这是一条可怜的小毛虫""这是一条笨拙的小毛虫"并在学生找出相关句子的基础上，教师相机出示句子并随即进行有效指导。这样的学习，学生有自己的选择权，感悟体验也更主动积极，更有效。要让学生自主、合作、探究性地进行学习，其重点：一是提供交互式的学习平台。二是精心组织学习活动。提供学习平台，也就是创造氛围、空间，提供学习、实践的机会，使语文教学有一个民主宽松、和谐愉悦的氛围，在整个学习过程中，每个学生都有提问、发表、交流、展示的机会。精心组织学习活动，要注意组织好自学，核心是使每个学生都能独立思考；组织好合作学习，既做到在互动中把学习引向深入，又做到因材施教，加强个别辅导；组织好全班交流，在交流中加强引导、调控，以全面实现教学目标。总之，教师要通过有效的学习活动，通过师与生、生与生的交流，使学生不断进行自我组织、自我建构，在这种组织、建构中，不断提升核心素养。

五、倡导课程评价的过程性和整体性，重视评价的导向作用

这一理念主要针对课程评价提出。

关于课程评价的目的和功能，义务教育语文课程实施要有利于促进学生学习，改进教师教学，全面落实语文课程目标。

（一）课程评价要坚持全面评价和全程评价结合

较长时间以来，我们的课程评价主要集中于知识和能力方面，而较少关注过程与方法、情感态度与价值观。当今，课程改革已经进入核心素养时代，课程评价应准确反映学生的语文学习水平和学习状况，注重考查学生的语言文字运用能力、思维过程、审美情趣和价值立场，关注学生学习过程和学习进步，以利于学生长远发展。

（二）课程评价要坚持分类评价和综合评价结合

根据不同年龄学生的学习特点和不同学段的学习目标，因地制宜、因人而异地选用恰当的评价方式。同时，评价要注意抓住关键，突出重点，加强语文课程评价的整体性和综合性。

（三）课程评价要坚持多元评价和数字化评价结合

长期以来，我们的课程评价主要是教师评价学生、学校评价学生，而不太关注学生之间的评价、家长对学生的评价。但事实上，学生对学生的评价、家长对学生的评价在促进学生的学业成就表现方面发挥着不可替代的作用。充分发挥多元主体的评价优势，可以使语文课程评价更具效力。因此，要注重评价主体的多元与互动，以及多种评价方式的综合运用。同时，现代信息技术的迅猛发展，也为多元主体参与评价提供了更充分便利的条件，应充分利用现代信息技术推动课程评价的范式转型，构建立体化的学习评价网络。

▶第四节　小学语文课程目标

美国教育学家布卢姆认为："有效的教育始于准确地知道希望达到的目标是什么。"教育只有置于一定的目标之下，才能变为有意识的实践活动，才能使教学过程具有可控性和可测性，增强教学效果。课程目标是按照国家的教育方针，根据学生的身心发展规律，通过完成规定的教育任务和学科内容，从而达到的人才培养的具体规格和质量要求。语文课程目标是从语文课程的角度规定人才培养的具体规格和质量要求。

一、语文课程目标的功能

语文课程目标的功能主要表现在三方面，即它是课程编制、课程实施及课程评价的准则和指南。

1. 语文课程编制的准则和指南

由于语文课程目标规定了语文课程对人才培养的具体规格和质量要求，因此，它决定着语文课程内容的确定及语文教材的编选，是语文课程编制的准则和指南。

2. 语文课程实施的准则和指南

语文课程目标是指导和组织教育教学的重要依据。传统语文教学存在少、慢、差、费的弊端，目标模糊是其重要原因之一。依据语文课程目标实施语文教学，可有效克服语文教学的盲目性和随意性，加强针对性，提高语文教学效率。

3. 语文课程评价的准则和指南

课程目标是预期的教育教学效果。制定课程目标有助于客观评价教育教学效果。以语文课程目标为依据可克服教学考查中的被动性，通过对语文课程目标实施情况的评价，达到改进语文教育教学的效果。

二、小学语文课程目标的制定依据

语文课程目标的制定是一项十分复杂的工作，它总是要受到时代以及人们认识水平的制约。为使课程目标科学化，在制定时应以多方面因素作为依据。

1. 国家的教育方针

教育方针是国家或政党在一定历史阶段提出的有关教育工作的总方向和总指针，是教育基本政策的总概括。它是确定教育事业发展方向，指导整个教育事业发展的战略原则和行动纲领。党的二十大报告指出，要"办好人民满意的教育。教育是国之大计，党之大计。培养什么人、怎样培养人、为谁培养人是教育的根本问题。育人的根本在于立德。全面贯彻党的教育方针，落实立德树人根本任务，培养德智体美劳全面发展的社会主义建设者和接班人"。这反映了当前经济建设对教育的要求，是我国各级各类教育的总目标，也是我国教育工作的出发点和归宿。作为基础教育阶段重要课程的语文课程，课程目标自然要受其制约。

2. 社会发展对人才的需求

社会发展会对语文教育提出一些特殊的要求。小学语文课程的目标要随着社会的发展而不断地变化。现代社会要求公民具备良好的人文素养和科学素养，具备创新精神、合作意识和开放的视野，具备包括阅读理解与表达交流在内的多方面的基本能力，以及运用现代技术收集和处理信息的能力。语文教育应该为造就现代社会所需的一代新人发挥重要作用。为此，确定小学语文课程目标时必须充分考虑社会发展、科技进步对小学语文课程所提出的要求。

3. 语文课程的性质

课程性质对课程目标的确定有着直接的、决定性的作用。要使语文课程更好地为总体教育目标服务，适应社会发展的需要，就必须正确地把握语文课程的性质，并据此恰当地制定语文课程目标。语文课程具有很强的综合性和实践性，基本特点是工具性与人文性的统一。其工具性决定了语文最基本的目的是培养学生掌握和运用祖国语言文字的能力。其人文性决定了语文教育必须因势利导地对学生进行思想启迪、意志磨炼、美感熏陶、人格完善、个性发展。语文课程自身的性质，决定着语文课程目标的制定。

4. 学生身心发展的需要和可能

小学语文课程的教育对象年龄段较宽。不同的学生有不同的生理、心理、年龄特征和知识基础，在接受知识、形成能力、发展智力、陶冶性情等方面各具特点，对语文学习也就有不同层面的要求。小学语文课程目标的制定要充分考虑小学生的身心发展特点和语文学习的特点。目标越切合小学生的身心发展需要和学习特点就越容易实现。小学语文课程目标的制定应以使学生学得生动活泼、身心得到和谐全面的发展为目的。

三、小学语文课程目标的构成

语文课程目标的确立应围绕核心素养、体现课程性质、反映课程理念。课程目标是《语文课程标准》的核心内容，体现了语文课程在培养人方面提出的要求、应达到的目的，立足于学生核心素养发展。

(一)语文课程目标的设计思路和呈现方式

1. 纵向的整体性——九年一贯整体设计

《语文课程标准》中课程目标九年一贯整体设计，有利于中小学教学的衔接，克服长期存在的小学、初中脱节的状况。在"总目标"之下，按1～2年级、3～4年级、5～6年级、7～9年级这四个学段分别提出"学段要求"。四个学段的学段要求，遵循学生心理和语言发展不同阶段的特点，任务明确，要求具体，循序渐进，相互衔接。例如关于词句的理解，各学段要求就逐步提高：

第一学段：结合上下文和生活实际了解课文中词句的意思，在阅读中积累词语。

第二学段：能联系上下文，理解词句的意思，体会课文中关键词句表达情意的作用。能借助字典、词典和生活积累，理解生词的意义。

第三学段：能联系上下文和自己的积累，推想课文中有关词句的意思，辨别词语的感情色彩，体会其表达效果。

总之，语文课程目标充分体现了整体性、阶段性和连续性。

2. 横向的协调性——四个板块并列呈现

学段目标从"识字与写字""阅读与鉴赏""表达与交流""梳理与探究"四个方面提出要求。四个板块的设计体现了对综合化的追求，有利于增强目标之间的协调性。如：(1)汉语拼音放在识字写字部分，有利于汉语拼音教学的准确定位，也有利于激发刚入学儿童学习语文的兴趣；(2)"口语交际"与"写话""习作"整合成"表达与交流"；(3)专门设"梳理与探究"，沟通和超越了听、说、读、写，能更好地发挥学生学习的主动性和创造潜能，不断提高学生语文的综合运用能力，促进核心素养的整体提高。而且各个板块的目标前后呼应，相辅相成。

3. 三维的交融性——三维目标有机融合

在上述的纵向结构(九年一贯的四个学段)与横向结构("识字与写字""阅读与鉴赏""表达与交流""梳理与探究"构成的四个板块)组成的纵横交织的平面系统基础上，《语文课程标准》还从知识与能力、过程与方法、情感态度与价值观三个维度对课程目标加以丰富，使之成为一个立体化的生命体。三个维度中，知识与能力维度属于显性目标，过程与方法、情感态度与价值观则属于隐性目标。

(1)凸显"情感态度与价值观"

以往的语文课程与教学由于受单一"工具性"的片面影响，人们往往看不到作为语文知识、技能的"工具"实际上蕴含着浓烈的"人文性"，而忽视了作为"工具"的知识、技能所附加的情感态度和价值观，造成了语文课程与教学目标的人为分裂。实际上，"工具"学习与使用的同时也在形成着情感态度和价值观，学习语文的同时，学生实际上也在认识世界，领悟文化，完善人格。如不注意这一点，就可能造成比较恶劣的后果。比如，让学生每个字抄写一百遍，尤其是在他们犯错误的时候，这显然在培养着与热爱祖国语言文字相抵触的思想感情；必须用"同心协力"不能用"齐心协力"，这种"标准答案"与其说在培养语言能力，毋宁说是扼杀个性；阅读教学中按一定模式"归纳中心"的技能，写作教学中按一定模式"构思作文"的策略，都不可避免地同时在练习、训练着对待语言文字、对待社会的一种态度、一种认识方式。语文教育不单是教给学生一种交际工具，还要立足于人的发展。因此要重视语文的熏陶感染作用，以语文丰富的人文内涵来影响学生的精神世界，帮助他们形成积极的人生态度和正确的价值观，从小打好人生的底色。

(2)关注"过程与方法"

"过程与方法"本来就是语文课程目标的一个方面，有时可能还是比偏重结果的"知识与能力"更为重要的方面。但在过去，由于语文课程目标的单维设计，过程与方法很大程度上也被掩盖了。语文教学更关注那些结果性的东西，甚至使学生沦为"标准答案"的"刻录机"，而语文教师则很少反思教学中塞给结论、告知答案的做法有多少合理性，致使学生不能切实提高语文能力。《语文课程标准》中课程目标注重学习者的学习经历和学习经验，引导学生在学习中掌握学习方法，如第一学段中"阅读与鉴赏"的目标之一就是"结合上下文和生活实际了解课文中词句的意思，在阅读中积累词语"。这就是从语文课程的性质和特点出发，突出课程目标的实践性，关注语文学习的过程与方法。学生是语文学习的主体，提高语文能力的主要途径是语文实践。在课程标准中将之作为语文课程目标的组成部分，可以有效地改变过去重知识传授和被动接受的倾向。

(3)落实"知识与能力"

凸显"情感态度与价值观"、关注"过程与方法"并不等于轻视乃至放弃"知识与能力"。但新时期对知识和能力的界定有了变化，有了新的含义，主要是指适应实际生活需要的识字与写字能力、阅读与鉴赏能力、表达与交流能力、梳理与探究能力，在这之中，包括了信息收集处理能力、人际交往能力、实践能力、创新能力等。且《语文课程标准》强调语文课程是学习语言文字运用的实践性课程，要避免脱离实际运用，仅围绕相关知识的概念、定义进行"系统、完整"的讲授与操练。

需要特别强调的是，这"三个维度"是内在地融合在一起的。在课程目标表述上，许多是三维交融的，如第三学段表达与交流目标之一的"修改自己的习作，并主动与他人交换修改，做到语句通顺，行款正确，书写规范、整洁。根据表达需要，正确使用常用的标点符号"，就是三个维度的完全交融。这一特点，体现了语文课程工具性与人文性的高度统一。

总之，课程目标根据知识与能力、过程与方法、情感态度与价值观三个维度设计。三个方面相互渗透，融为一体，注重学生核心素养的整体提升。各个学段相互联系，螺旋上升，最终全面达成语文课程总目标。

(二)语文课程目标的内容

语文课程目标包括核心素养内涵总目标和学段要求。总目标有九条，学段要求分四个学段介绍，每个学段都有四个板块的分项目标，每个分项目标又有若干条。

纵观九条总目标，它们并不是随意排列的，而是有一定的逻辑顺序：前五条主要从语文素养的宏观方面着眼，侧重在"过程与方法""情感态度与价值观"两个维度上，这是第一个层次；后四条主要是从语文能力培养方面着眼，侧重在"知识与能力"这个维度，这是第二个层次。当然这种侧重不是绝对的，三个维度是相互交融、渗透的关系。总之，总目标在设计上体现了层次性和交融性的特点。

总目标是基于学生核心素养而提出来的。核心素养在人的全面发展和终身发展中处于基础地位。为了培养学生的核心素养，总目标在培养要求上，体现了"三性"，即主体性、时代性和实践性。关于主体性，总目标要求学习主体要"初步掌握基本的语文学习方法，养成良好的学习习惯"，"乐于探索，勤于思考"。这些强调了学生在语文学习中的主体地位。关于时代性，总目标凸显了时代对语文能力的新要求。如根据信息社会的特点，要求学生"运用多种媒介学习语文""能借助不同媒介表达自己的见闻和感受"；根据现代社会人际交往频繁的特点，要求学生"初步学会用口头语言文明地进行人际沟通和社会交往"；根据现代社会需要创新型人才的特点，要求"激发创造潜能"；根据信息社会全球一体化的发展趋势，引导学生具有全球性的文化视野，"关心社会文化生活""感受多样文化，吸收人类优秀文化的精华"。关于实践性，总目标突出了语文课程的实践性本质。这一重实践的精神包括两方面的含义：一是要淡化对语文知识系统性和完整性的训练，二是要把培养学生的语文实践能力贯穿于"识字与写字""阅读与鉴赏""表达与交流""梳理与探究"的内容中去。关于识字与写字，强调能识、能写，不提或少提知识要求；关于阅读与鉴赏，强调丰富积累，形成良好的语感，不提分段、归纳段意和中心思想等知识方面的要求；关于表达与交流，也是注意实际的表达和交流能力，不提或少提写作知识要求；至于梳理与探究更是注重实践。总之，强化实践性，也是促进学生全面发展和终身发展的需要。

各学段要求与内容我们在第三章到第七章会进一步学习，此处不再赘言。

【资料链接】

1. 郑国民，李宇明．义务教育语文课程标准（2022 年版）解读［M］．北京：高等教育出版社，2022.

本书对《义务教育语文课程标准（2022 年版）》进行了解读，全书分上篇、中篇、下篇三大篇章，共十八章。上篇对义务教育语文课程改革进行了全面回顾，阐述了义务教育语文课程标准修订的背景，并对其课程性质、课程理念以及培养的核心素养与课程目标进行了解读。中篇首先概述了课程内容总体设计；其次从价值与定位、内容与要求、实施建议三个方面对六个学习任务群进行了全面解读，并提供了丰富的案例；最后对学业质量进行了全面分析。下篇对义务教育语文课程的教学和课程资源开发与利用、评价与考试命题、教材编写、教学研究与教师培训等进行了解读，并对义务教育语文课程的发展进行了展望。该书内容丰富翔实，阅读该书，有助于进一步全面、深入地领会 2022 年版的《语文课程标准》。

2. 江平．小学语文课程与教学［M］．3 版．北京：高等教育出版社，2017.

本书第一章《小学语文课程》，较详实地介绍了我国小学语文课程设置的演变，将其分为"国文"时期、"国语"时期、"语文"时期、"新语文"时期，同时还介绍了我国港、澳、台地区小学语文课程的设置，能帮助我们进一步深入了解我国小学语文课程演变的过程，拓宽视野，以便知晓其历史发展与地位。

3. 蒋蓉．语文教育新论［M］．长沙：中南大学出版社，2003.

语文课程标准是在语文教育教学实践的基础上制定的，课程标准的发展历程，在一定程度上反映了语文课程改革发展的历史。因此，研究语文课程标准，是研究语文教育教学的一个切入口。本书第一章第二节《我国语文课程标准的发展》，对新中国成立到新世纪初期间的语文课程标准进行了介绍，从语文课程性质定位日益科学、语文教学目的日趋全面、语文教学思想不断革新、语文教材编选原则不断完善、语文课程标准的结构不断更新五个方面具体阐释，有助于我们感知语文课程标准逐步发展、完善的脉络。

4. 吴忠豪．外国小学语文教学研究［M］．上海：上海教育出版社，2009.

本书第一章《外国小学语文课程设置》，对美国、英国、法国、俄罗斯、日本、新加坡六国的语文课程设置进行了考察。第二章《外国语文课程标准研究》在精要介绍各国语文课程人文目标取向的基础上，具体介绍了英国、法国、俄罗斯、日本、新加坡五国语文课程目标。这两章内容翔实生动，史论结合。他山之石，可以攻玉。通过阅读，能使我们了解这些国家语文课程的沿革、语文课程在基础教育中的地位以及不同国家语文课程标准特别是语文课程目标的制定，从中引发更深入的思考，从而以更广阔的视野来审视我们的语文课程。

【思考·训练】

1. 结合自己的理解谈谈你对小学语文课程地位与性质的认识。

2. 认真研读《语文课程标准》，从课程理念、课程目标、实施建议中任选一个方面，谈谈你受到的启示。

3. 制定语文课程目标的依据是什么？我国当前语文课程目标体系是如何构成的？

"思考·训练"
答题思路

4. 阅读近两年的语文教育教学期刊，找出一个优秀小学语文教学案例，认真研读，结合《语文课程标准》的基本理念对其进行评析。

【研究选题】

1. 浅谈小学语文教学中核心素养的培养

2. 我国港澳台地区语文课程标准比较研究

3. 关于语文课程目标百年嬗变的思考

4. 试论小学语文课程自主(合作/探究)学习实施策略

【参考文献】

1. 郑国民，李宇明．义务教育语文课程标准(2022年版)解读[M]．北京：高等教育出版社，2022.

2. 王荣生．语文科课程论基础[M]．北京：中国人民大学出版社，2021.

3. 曾文婕．小学课程与教学论[M]．北京：中国人民大学出版社，2023.

4. 徐林祥．从"学科核心素养"到"课程培养的核心素养"[J]．课程·教材·教法，2024(8).

5. 江平．小学语文课程与教学[M]．3版．北京：高等教育出版社，2017.

6. 周庆元．语文教育研究概论[M]．长沙：湖南人民出版社，2005.

7. 蒋蓉．语文教育新论[M]．长沙：中南大学出版社，2003.

8. 张华．课程与教学论[M]．上海：上海教育出版社，2000.

第二章　小学语文课程资源

学习目标

1. 理解小学语文课程资源的内涵。
2. 了解我国小学语文教材发展历程，传承中华优秀传统文化。
3. 掌握现行统编版小学语文教材的特点。
4. 合理开发与利用小学语文课程资源。

语文的工具性和人文性决定了语文与生活同在，语文学习的外延与社会生活的外延是相等的。《语文课程标准》强调"语言文字的运用，包括生活、工作和学习中的听说读写活动以及文学活动，存在于人类社会的各个领域"，"各地区、各学校应增强课程资源共建共享的意识，树立动态发展的资源观念，有计划地建设课程资源开发系统"。充分利用现有的课程资源，积极开发新的课程资源，是深化教育改革、提高教学质量的重要途径。

第一节　语文课程资源概述

《语文课程标准》在"教材编写建议"中，提出了十条具体要求，同时，就"课程资源开发与利用"内容，也明确规定了四条原则：1. 坚持目标导向，精选优质课程资源；2. 调动多元主体，丰富课程资源类型；3. 建立合作开发机制，实现课程资源的共建和共享；4. 充分发挥课程资源的育人功能，优化教与学活动。

一、课程资源的分类

课程资源指形成课程的因素来源与实施课程的必要而直接的条件。狭义的课程资源仅指课程与教学的直接因素来源，广义的课程资源则包含了有利于实现课程和教学目标的各种因素。

按课程管理，可分为国家层面、地方层面和学校层面的课程资源。

按空间分布，可分为校内资源、校外资源。校内资源是实现语文课程目标、促进学生全面发展的最基本、最便利的资源。如教师、学生、图书馆、报栏、校园广播站、教学挂图、音像资料及其他各类教学设施和实践基地等。校外资源是对校内课程资源的补充和拓展，如公共图书馆、各种展馆、家长、校外学科专家、有关政府部门、其他学校设施、各种组织、影视媒体等。

按呈现形态，可分为显性资源和隐性资源。显性资源是指可以直接运用于教育教学活动的课程资源，如教材、教具、仪器设备、自然和社会资源中的实物、活动等。隐性资源是指以潜在的方式对教育教学活动施加影响的课程资源，如学校和社会风气、师生关系、家庭氛围等。

按性质内容，可分为自然资源和社会资源。自然资源包括动植物、微生物、地形、地貌、气候、季节、自然景观等。社会资源包括图书馆、博物馆、展览馆，道路的线条美、雕塑的造型美、音乐的节奏美，政治、经济、军事、外交，人们的价值观念、宗教伦理、风俗习惯等。

按物理方式，可分为文字资源、实物资源、活动资源和信息化资源。以计算机网络为代表的数字化资源具有信息容量大、智能化、虚拟化、网络化和多媒体等特点，对于延伸感官、扩大教育教学规模和提高教育教学效果有着重要的作用，是其他课程资源无法替代的，也是最富有开发与利用前景的资源类型。

二、小学语文课程资源的内容

小学语文课程资源是有利于实现小学语文课程目标的各种因素与条件的总和，是小学语文课程设计、实施和评价等整个课程发展过程中可以利用的一切人力、物力以及自然资源的总和。它既是语文知识、信息和经验的载体，也是语文课程实施的媒介。

小学语文课程资源一般包括以下内容：

1. 小学语文教材资源：主要包括语文教科书、教学参考书、教学挂图、补充读物、字词卡片等传统的语文课程资源和幻灯片、录音带、录像带、激光视盘等现代化课程资源。小学语文教科书是教材资源的主体和核心。

2. 小学语文人力资源：小学语文教师、学生、家长、语文学科专家、作家以及社会各界人士等，他们对语文课程建设的作用是不可低估的，是重要的课程资源。尤其应注意的是，小学语文教师和小学生本身就是非常重要的语文课程资源。

3. 大众传播媒体资源：主要包括图书、报刊、电影、电视、广播、网络等，这些媒体资源传播的书面或口头语言，是营造语文学习氛围，提供语文学习机会的重要课程资源。

4. 小学语文实践活动资源：主要包括课内外、校内外各种语文实践活动，如知识竞赛、故事会、报告会、演讲会、辩论会、研讨会、社会调查写作等。

5. 小学语文设施资源：学校图书馆、资料室、阅览室、黑板报、布告栏、报廊、标牌广告，博物馆、纪念馆、展览馆等。

6. 其他资源：自然风光、文物古迹、风俗民情，国内外的重要事件，学生的家庭生活等都可以成为语文课程的资源。

应特别指出的是：第一，语文教材不是唯一的语文课程资源。第二，教师和学生是极为重要的语文课程资源。第三，教学环境是不可忽视的语文课程资源。

三、小学语文课程资源的特点

小学语文课程资源极为丰富，其特点亦非常鲜明。

（一）多样性与多质性

小学语文课程资源的多种类型使其呈现出多样性特点。多质性主要是指同一课程资源对于不同课程有不同的用途和价值。例如长江、黄河，既可以作为了解中国文明发源、增强文化底蕴的习作资源，也可以作为培养学生热爱祖国山河的人文思想教育资源。课程资源的多样性与多质性，为教师充分利用各种课程资源以及课程资源的多种价值提供了可能。

（二）主观性与客观性

课程资源是客观存在的，但课程资源开发利用的广度、深度和实际效果会因为开发主体的素质高低、重视程度与个性差别等而有所不同，从而形成不同的教育教学效果，因此课程资源又具有主观性的特点。

（三）直接性与间接性

课程资源的直接性是指有些资源不需要经过中间环节就可以直接作用于课程实施过程，如教科书、教学设备、教学参考用书等。间接性是指很多课程资源不具备直接使用的显性特点，只有具备教育智慧的人才能根据课程实施的需要，把这种存在随机转化为语文教育的课程资源。

（四）适应性与独特性

任何一种课程资源，都会因使用者之间的差异而具备不同的价值，这种适应性又使得该课程资源被使用时具备了独特性。课程资源的适应性与独特性为不同地域、不同学校、不同文化背景的人们的开发与利用，提供了各种可能性。

▶第二节　小学语文教材

习近平总书记强调："要注重教材建设。教材是传播知识的主要载体，体现着一个国家、一个民族的价值观念体系，是老师教学、学生学习的重要工具。"[①]语文教材是最核心的语文课程资源，教材改革是课程改革的关键之所在。

一、语文教材的功能

教材指供教学使用的各种相关材料。早期的语文教材主要是语文教科书，即语文课本。后来为了教学的需要，有了供教师使用的与课本配套的教学参考书等。目前的语文教材包括：教科书、教学指导书、补充读物、教学挂图、幻灯片、字词卡片、录

---

① 习近平. 论教育［M］. 北京：中央文献出版社，2024.

音带、录像带、激光视盘等。其中语文教科书（课本）是主体核心。本节所讲的教材主要是针对语文教科书而言的。

世界各国语文教材的认定和采用制度一般有五种类型：国定制、审定制、认定制、选定制和自由制。国定制：官方权威机构管理教科书的编纂和发行，统一全国教科书的使用。审定制：由学科专家、教研人员和中小学教师组成中小学教材审定委员会，负责本学科教材的审查审定及出版使用。认定制：国家或地方教育行政部门认可指定的教材版本供地区学校选用。选定制：由国家或地方教育行政部门在各门学科中选定数种教材，供有关学校选择。自由制：教科书的出版、发行、使用，均由有关单位自行决定的制度。

语文教材作为最核心的语文课程资源，是教学活动的凭借、依据。其功能主要表现在以下方面：

1. 凭借功能。语文教材是语文教育内容的载体，是借以实现语文教学目标的物质基础。教师主要依据教材组织教学，学生主要凭借教材进行学习。语文教学对学生进行的基础训练、文化传递、能力培养、习惯养成、思想教育和情感陶冶等，都离不开语文教材这一凭借物。

2. 示范功能。语文教材应该是表达思想、培养语感、提升素养的范例。选择典型规范的作品作为教材主体，通过规范的语文训练，可以使学生集中高效地学习语文知识，培养语文能力。

3. 教育功能。语文是表情、达意、载道的工具，语文教学离不开情、意、道的内容，而教材则是这些情、意、道的主要载体。

4. 发展功能。语文教材为学生语言的发展提供了充足的材料，能使学生的语言不断从贫乏走向丰富，由幼稚走向成熟。同时，作为民族精神文化的载体，语文教材对学生的品质素养、个性心理的发展也有着熏陶感染、潜移默化的作用。

二、我国各时期小学语文教材

我国小学语文教材编纂历史悠久，这些教材直接、清晰、形象地向我们展示出一幅我国母语教育发展的历史画卷。

(一)古代语文教材

我国古代的语文教育，不是现代意义上的语文学科教育，而是融文、史、哲、经于一体的大语文教育。古代语文教材为古代教育提供了教学的范本，也给后世语文教育留下了宝贵的历史借鉴。

1. 古代的蒙学教材

其主要目的是帮助幼儿识字、培养幼儿的生活常规、对幼儿进行道德伦理教育。内容上，或出经入史；或集百家之言；或讲人生哲学、处世方略。形式上，以三言、四言、七言的诗歌为主，全文押韵、易学易懂、骈散得当、朗朗上口。中国古代的蒙学课本是从字书发轫的。我国古代影响较大的蒙学课本主要有《史籀篇》《急就篇》《千字文》《三字经》《百家姓》等。《史籀篇》约成书于春秋战国之交。原书四字一句，编成韵语。《汉书·艺文志》载："《史籀篇》者，周时史官教学童书也。"《史籀篇》是著录于史册的最早的蒙学课本。《急就篇》为西汉元帝黄门令史游所作，是中国古代教学童识字、增长知识、开阔眼界的字书，在古代常被用作识字课本和常识课本。"急就"是很快可以学成的意思。其特点是：第一，生字密度大。全书共 2144 个字，其中重复字 335个，共计生字 1809 个。第二，全文整齐押韵，便于儿童记忆。采用了三言、四言、七言韵语，朗朗上口。第三，知识丰富，内容广泛。以识字、读书和训义为主，深受当时儒学经典的影响，有助于儿童增长知识。

《千字文》系梁武帝大同年间周兴嗣所编，是我国早期的蒙学课本。其特点是：第一，内容丰富，条理清楚。从"天地玄黄，宇宙洪荒"说起，涵盖了天文、地理、自然、社会、历史等多方面的知识。它不仅是启蒙和教育儿童的最佳读物，更是一部生动优秀的小百科。第二，整齐押韵，字字珠玑，便于儿童诵读。千言不重，四言为句；文采华丽，层次分明；注重押韵，工于平仄；讲究对仗，善用修辞。内容精、文辞美，在文采上独领蒙学读物风骚，堪称训蒙长诗。

《三字经》相传是宋代王应麟所编，是中国古代历史文化的宝贵遗产，是学习中华传统文化不可多得的儿童启蒙读物。全文短小精悍、三字韵句、朗朗上口，内容涵盖了历史典故、天文地理、道德伦理、名物常识、民间传说等，有"熟读《三字经》，可知天下事"。《三字经》既是识字教材又是教育著作，使儿童学习知识的同时培养做人做事的态度，流传至今，堪称"蒙学之冠"。

《百家姓》约成书于宋代，作者不详。从内容上看，全部是没有意义联系的姓氏；但从语言上看，400 多个字用四言韵语编写，读起来流畅和谐，儿童易记易诵，而且有应用价值。"三、百、千"是我国启蒙教育的主要教材。

用于阅读训练的《千家诗》，是由宋代谢枋得《重订千家诗》(皆七言律诗)和清代王相所选《五言千家诗》合并而成。是学习古代诗歌的基础教材，全书收七言绝句、七言律诗、五言绝句、五言律诗四种近体诗。《千家诗》录入诗人 122 家，选诗 226 首，按不同诗体编排，每种诗体又按春夏秋冬排列。每首诗均有精练的注释、赏析说明和作者简介，便于儿童阅读、理解和记诵，是最受欢迎的古代启蒙读物之一。

用于词语教学的《幼学琼林》，全书内容广博、包罗万象，被称为中国古代的百科全书。它用骈体文写成，全部是对偶句，容易诵读，便于记忆。人称"读了《增广》会说话，读了《幼学》走天下"。

2. 古代的经学教材

以"四书""五经"为代表的经学教材，不仅是古代语文教育的基本教材，而且是在以识字教育为中心的启蒙阶段之后的读写基础训练阶段的主要教材。四书指的是《论语》《孟子》《大学》和《中庸》；五经指的是《诗经》《尚书》《礼记》《周易》《春秋》，简称为

"诗、书、礼、易、春秋"。"四书""五经"为封建科举选拔人才的命题书和教科书，历代科举选士，试卷命题无他，必出自"四书五经"，足见其对为官从政之道、为人处世之道的重要影响，是儒家思想的核心载体，更是中国历史文化宝典。

3. 古代的文选教材

文选教材的编纂始于南北朝时期。梁朝昭明太子萧统主持编选的《昭明文选》是中国现存编选最早的诗文总集。它选录了先秦至南朝梁代的800多年间、100多位作者、700余篇不同体裁的文学作品。选录标准是"事出于沉思，义归乎翰藻"，以词人才子的名篇为主，情义与辞采内外并茂，偏一则不收录。《昭明文选》不仅在中国文学史上占有重要的地位，而且是我国古代语文教材史上的一个重要里程碑。

隋唐以后，特别流行的是吴楚材的《古文观止》。这是清朝康熙年间选编的一部供学塾使用的文学读本。"观止"表示文集所收录的文章代表文言文的最高水平。所选之文上起先秦，下至明末，反映了先秦至明末散文发展的大致轮廓与主要面貌。全书按时代先后分为7个时期编排，每个时期都有重点作家和作品。由此可以纵观古文发展的源流，也可以横向比较分析各个作家的不同风格。全书以散文为主，间有骈文辞赋，多为历代传诵名篇，具有"永恒的艺术魅力"。鲁迅先生认为《古文观止》和《昭明文选》"在文学上的影响，两者都一样的不可轻视"。

4. 古代的诗选教材

中国是诗的国度，推崇诗教，我国历史上第一部诗选教材就是中国第一部诗歌总集《诗经》。《诗经》原称"诗"或"诗三百"，汉代儒生始称《诗经》。现存的《诗经》是汉代毛亨所传，又叫"毛诗"。《诗经》被儒家奉为经典，现存305篇，分《风》《雅》《颂》三部分，真实地反映了中国奴隶社会从兴盛到衰败时期的历史面貌。《风》有十五国风，是出自各地的民歌，这一部分文学成就最高。风、雅、颂，是诗经的体裁，也是诗经作品分类的主要依据。赋、比、兴，是诗经的表现手法，即修辞。

5. 古代的作文教材

主要有两类：一类是属对吟诗教材，这是一种综合的语文基础训练，如《声律启蒙》，是训练儿童应对，掌握声韵格律的启蒙读物。按韵分编，分为上下卷，包罗天文、地理、花木、鸟兽、人物、器物等的虚实应对。从单字对到双字对、三字对、五字对、七字对、十一字对等，声韵协调，朗朗上口，儿童从中得到语音、词汇、修辞的训练。另一类是作文指导教材，着重于写作技法的指导，其代表作是《文章轨范》。这是一本古文选评集，选文按写作训练规律，循序渐进排列，评点释明句意和段落大意，重视修辞法，并且点出关于写史评的技法，以指导士子科举考试。

(二)近代语文教材

关于我国语文教育近现代的分期，有不同的标准。一般认为是指从1904年《奏定学堂章程》颁布、语文独立设科到1949年中华人民共和国成立这一时期的语文教育，也有人认为是指从1840年至1949年的语文教育。近代语文教材影响最大的是1932—

1934 年出版的《开明国语课本》，由叶圣陶编写、丰子恺书写并绘插图，采用单元编制，每个单元由数篇课文组成，单元之后有练习。课文文体多样，内容活泼，语言亲切，插图精美，富有浓厚的儿童文学色彩和儿童情趣。这套构思新颖、文图有机结合的教科书一经推出，就广受教育界赞誉和儿童读者的欢迎，曾先后印行 40 余版次。其编写思想和体例，影响了小学语文教材编写数十年。

（三）当代语文教材

新中国成立后，成立于 1950 年 12 月的人民教育出版社在教材建设方面发挥了极其重要的作用，首任社长及总编辑是叶圣陶先生。在 1986 年全国中小学教材审定委员会成立之前，小学语文课本主要由人民教育出版社组织编写与出版。下面介绍人教社在此期间出版的几套重要小学语文课本。[①]

1. 1950 年版小学语文课本

根据解放区国语课本修订的全国通用小学语文课本，改"国语"为"语文"，从听、说、读、写四个方面提出具体要求，体现了叶圣陶"口头为语，书面为文""听说读写宜并重"的语文教育思想。这是新中国成立后第一套全国通用的小学语文教材。

2. 1956 年版初小、高小语文课本

1956 年 10 月颁发的《小学语文教学大纲（草案）》明确提出"小学语文科的基本任务是发展儿童语言"，语文包括识字、写字、汉语、阅读、叙述和作文五项教学内容。由此编写了配套语文课本，初小 8 册、高小 4 册，共 12 册，从 1955 年秋季开始试用，这是新中国成立后第一套比较系统的小学语文教材。

3. 1958 年版小学语文课本

本套教材将 1958 年 2 月第一届人大第五次会议批准通过的《汉语拼音方案》编入了小学语文课本第一册，并从此成为传统。

4. 1963 年版全日制十二年制小学语文课本

教育部于 1963 年 5 月颁发了《全日制小学语文教学大纲（草案）》，指出小学语文的性质为"学好各门知识和从事各种工作的基本工具"。人教社出版的这套教材，加强语文基础知识的传授和语文基本技能的训练，既继承了我国语文教育的优良传统，又注意吸收教学改革的先进经验，是比较成功的小学语文课本。可惜，随着"文化大革命"的爆发，这套课本只出版了 6 册就停止了。

5. 1978 年版全日制十年制学校小学语文课本

教育部于 1978 年年初颁发了《全日制十年制中小学教学计划（试行草案）》，人教社配合这一草案出版了一套新的语文教材，第一册于 1978 年秋季在全国试用，到 1981 年春季时，全套共 10 册课本全部出版。这套教材在编写指导思想上注意处理好三个关系：思想

---

① 参见崔峦. 回顾·总结·展望——人民教育出版社五十年小学语文教材编写历程[J]. 课程·教材·教法，2010(1)：49—59.

教育和语文教学的辩证统一；知识转化为技能；培养学生的自学能力和自学习惯。

6. 1981 年五年制和 1983 年六年制小学语文课本

1981 年教育部颁发《全日制五年制小学教学计划(修订草案)》，五年制小学课本的编写工作随之展开。与此同时，重点学校制度推出，城市小学开始试行六年制，六年制小学课本也因此得以编写发行。

7. 1988 年版小学语文课本

1986 年全国人大通过了《中华人民共和国义务教育法》，1988 年 9 月颁布了《九年制义务教育全日制小学语文教学大纲(初审稿)》，根据这一大纲编写的小学语文教科书实验本、试用本同年出版。

8. 1993 年九年义务教育小学语文课本

1992 年教育部颁布了共和国第一部义务教育小学语文教学大纲，本着"一纲多本"的原则，人民教育出版社编写了九年义务教育五年制和六年制小学语文课本各一套。这两套教材指导思想明确，教学要求切合实际，教学内容安排较为合理，课文体系比较严密。

上述各套教材中，1963 年版、1978 年版和 1993 年版最有代表性。

9. 小学语文课程标准实验教科书

2001 年《义务教育语文课程标准(实验稿)》颁布后，教育部在全国范围内推荐人教版、北师大版、苏教版三套义务教育课程标准实验教科书(语文)。此后，湘教版、语文 A 版、语文 S 版、鄂教版、冀教版、西南师大版、长春版、教科版、沪教版、中华书局版等多套义务教育课程标准语文实验教科书也先后通过全国中小学教材审查委员会审查，小学语文教材进入了"一纲多本"的时代。

小学语文课程标准实验教科书与以前的小学语文教材相比，无论是内容还是形式都发生了前所未有的变化，具有鲜明的特点。

(1)目标集中，突出整合。在教材编排上，目标更集中，加强了整合。如人教版教材就是以专题为主线，把各项内容组合成诸多单元。每单元都有"导语"，"导语"之后的课文以及部分练习，"语文园地"中的阅读短文、好词佳句、口语交际、实践活动以及展示台等内容，都围绕本组专题安排，体现了识字写字、阅读、口语交际、语文实践活动的整合。单元之间，体现了学习内容、学习要求的整体推进及语文能力的螺旋上升。

(2)留足空间，延伸开放。教材在编写时注意到：第一，简化教学头绪，删减烦琐分析和机械练习，以有效地节约教学时间，使师生有更多自由支配的时间。第二，教材尽可能体现层次性、选择性，以适应不同地区、不同学校、不同学生的需要。即使选用的是同一版本，内部还有精读和略读的选择，练习设有选做题等，便于师生自由发挥特长。第三，倡导地方课程资源，提供机会让师生共同参与地方课程资源开发，使师生在创造的过程中感受"语文即生活"的真谛。

(3)选文典范，贴近儿童。所选课文力求体现时代特点和人文内涵，注重密切联系儿童的经验世界和想象世界，通过不同文体、不同角度反映儿童生活。如苏教版《三袋麦子》就蕴含了现代人的竞争意识、投资意识、风险意识和消费意识，湘教版《妈妈的账单》《棉鞋里的阳光》表现了两代人之间的亲情，教育儿童要做孝顺的孩子。

（4）改变功能，亲和力强。在教材编写中努力增强服务功能，由服务于教师的"教本"转向既方便教师教又易于学生学的"学本"。无论是单元前的导语、课后的练习，还是安排的学习活动，都尽量避免以"问题"或"要求"的方式呈现，而是以自读自悟的形式或是学习伙伴的口吻提出学习与练习的内容，使学生感到亲切、自然。如人教版教材在课后练习及语文园地中，就安排了"我会读""我会认""我会说""我会写""我会填""我会猜""我会讲"等多种方式，并以学习伙伴的口吻叙述，不但有很强的亲和力，也拓展了知识平台，为学生提供了展示的机会。

（5）博采众长，特色鲜明。每套教材都博采众长，力求体现自己的鲜明特色。我们以人教版为例简要介绍：

第一，内容与编排：围绕重点或专题组织教材内容，整合语文学习活动。如，一年级上册教学重点是学好汉语拼音，教材因此把学拼音、认少量汉字、发展语言能力等内容有机结合起来，每一课大多包括学拼音、识字学词和读儿歌三个部分。

第二，识字写字：利用汉字特点，遵循识字规律，内容丰富，形式多样。一、二年级教材遵循识写分开、多认少写、降低难度的学习规律。采取多种形式识字。识字形式主要有：归类识字，韵语识字，随课文识字，结合"语文园地"中"我的发现"识字等。采取"两条腿"走路的识字策略，一是教师课内指导识字；二是学生课外在生活中自主识字。

第三，精心构建导学系统，促进学习方式的转变。根据学段学习目标和儿童认知特点，构建导学系统，引导学生借助导学系统掌握语文学习规律，促进学习方式的转变。

第四，突出语文本体，加强语文实践能力，综合性学习的编排由隐到显，突出整合，富有新意。低年级结合课文或专题，以体现语文学习同生活的联系，以及学科间的沟通与融合。中年级每册各有两组，结合专题开展比较丰富的综合性学习。高年级的综合性学习活动内容更丰富，学生的自由度及选择性进一步加强。

（6）配套齐全，方便教学。各种版本的教材都注意了相关配套材料的研制，如教师教学用书、教学挂图、投影片、生字生词卡片、课文朗读录音带、多媒体教学辅助课件以及同步阅读、同步练习等，使教材与教辅材料配套齐全，方便教学。

三、现行统编版小学语文教科书

由人民教育出版社出版的、经教育部审定的义务教育教科书（语文）（简称统编教材），于2017年9月在全国范围内的小学和初中起始年级使用，至2019年9月秋季学期，实现了义务教育阶段所有年级全覆盖。根据《义务教育语文课程标准（2022年版）》

修订的教材已于 2024 年秋季学期陆续投入使用。

(一)体系结构①

第一学段教科书每册编排八个单元，由识字单元和阅读单元构成。每个单元有课文(包括思考练习题)、语文园地两大部分，语文园地编排了"识字加油站""字词句运用""日积月累""我爱阅读"等栏目。

第二、第三学段教科书体系结构大致相同，每册编排八个单元(六年级下册为六个单元)，包含七个阅读单元和一个习作单元。其中五年级下册和六年级下册各编排了一个综合性学习单元，阅读单元相应减少一个，综合性学习单元不编排语文园地。每册安排 8 次习作训练。阅读单元中的 7 次习作训练编排在语文园地前，习作单元的习作训练编排在本单元最后，综合性学习单元的习作训练融合在语文学习活动中。

(二)总体特点③

1. 体现核心价值观

统编版教材紧扣社会主义核心价值观，从以下六个方面充分体现"整体规划、有机渗透、润物无声"(如图 2-1)的编写理念。第一，加强社会主义核心价值观教育。第二，加强革命领袖和革命传统教育。第三，加强中华优秀传统文化教育。一方面，教材汇编了大量的古代寓言故事、古诗词、历史故事、神话传说等。另一方面，教材的装帧富含中国元素，如封面的版画图、"日积月累"部分展开的卷轴、为古诗词配的国画图等，都散发着浓郁的中国味。第四，加强民族团结教育。如三年级上册第一篇课文《大青树下的小学》就安排了不同民族的小朋友一起上学的场景，同时在资料袋中也特别提到我国的少数

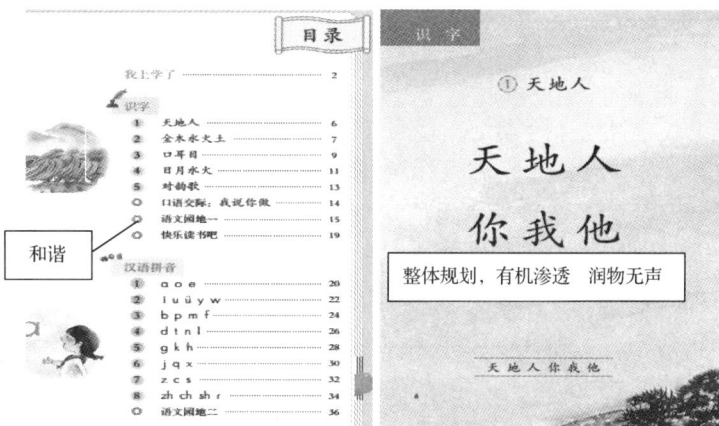

教学设计:《为中华之崛起而读书》②

图 2-1 "整体规划 有机渗透 润物无声"

---

① 参见陈先云在"义务教育道德与法制、语文、历史学科教师国家级培训"发言，南昌，2018-5-8。

② 作者：康馨怡，湖南第一师范学院汉语言文学专业学生。

③ 温儒敏.“统编本”语文教材的编写理念、特色与使用建议[J]. 课程·教材·教法，2016，36(11)：3－11.

民族，丰富小学生对我国 56 个民族的认知。第五，加强海洋与国家主权意识教育。三年级上册的教材编入了《富饶的西沙群岛》这篇课文，让学生从小就明白这些是我国的疆土，神圣不可侵犯。第六，加强法制教育。

2. 对教学弊病起纠偏作用

当前语文教学普遍存在两多一少现象：精读精讲太多，反复操练太多，学生读书太少。统编版教材为此强调教材内容的两个延伸：往学生的课外阅读延伸，往学生的语文生活延伸。"少读书、不读书就是当下'语文病'的主要症状，同时又是语文教学效果始终低下的病根。提高语文教学效果有各种办法，但最管用、最有效的是读书，是培养读书兴趣，这是关键，是'牛鼻子'。"[1]为此，小学一年级安排了"快乐读书吧""和大人一起读"栏目。到了中高年段，每个单元都有往课外阅读延伸的设计，还安排了"名著导读""古典诗文诵读"等栏目。力图让"教读""自读"加上"课外导读"，构成三位一体的教学体系。同时引导学生阅读时思考发现，培养良好的阅读习惯。而第一学段"语文园地"中的"识字加油站""字词句运用""书写提示""我的发现"等栏目，也会用泡泡语的形式提醒学生思考发现。（如图 2-2）

图 2-2 思考发现

3. 教材编写更加科学

人民教育出版社对民国时期国文教科书的编写进行了认真梳理总结，并借鉴国外先进经验，结合学界有关语文认知规律的研究成果，调查现行各版本语文教材使用情况，在此基础上编辑了更加科学实用的统编教材。如根据"汉字效用递减率"的规律，从《通用规范汉字表》中精选出构形简单、重现率高、能作为其他字的结构成分，儿童读书最需要先认识的 300 个基本字。这 300 个字安排在一年级教材中识记，先学这些字，有利于打好识字写字基础，有利于发展识字写字能力，提高学习效率。小学低年级识字写字，不是越多越好，而是要先学会使用频率最高的那些基本字。

4. 贴近当代学生生活，体现时代性

统编教材在课文选取、习题设计、教学活动安排等方面，努力融入学生的语文生活，适应社会发展需求，体现时代特点。如如何正确地认识和使用新媒体，如何过滤

---

[1] 温儒敏. 培养读书兴趣是语文教学的"牛鼻子"——从"吕叔湘之问"说起[J]. 课程·教材·教法，2016，36(06)：3—11.

网络信息等，教材中都有体现。同时注重选文的经典性、适切性与时代性，和人教版实验教材相比，新入选的课文约占 30%。教科书在语言表达、练习题型、插图和装帧设计等，都力图有所创新。

(三)创新点

1. 内容编排更加科学

(1)增删课文内容

以小学一年级上册为例，原人教版实验教材共 41 课，包括汉语拼音 13 课，识字 8 课，课文 20 篇；统编版共 32 课，汉语拼音减少为 8 课，识字则增加到 10 课，课文减少到 14 篇。

教学设计:《灰雀》[1]

(2)调整板块结构

学界对汉语拼音教学在整个语文课程中的学习时段效能研究表明：小学生进入小学就开始学拼音，难度相对大些，有可能影响学语文的兴趣。要降低学生学习汉语拼音的畏难情绪，让拼音教学服务于识字教学。为此统编版作了相应调整，在入学教育后先进行 5 课识字教学，激发学生识字兴趣，再学拼音，同时在拼音教学中进行识字教学，使拼音教学和识字教学更好地结合。

(3)强调选文标准

统编教材课文选篇强调四个标准：经典性、文质兼美、适宜教学、适当兼顾时代性。很多经典课文回归，增加传统文化篇目，而尚未沉淀的"时文"相对减少。整个小学阶段共选古诗文 124 篇，占所有选篇的 30%，比原有人教版增加 55 篇，每个年级 20 篇左右，同时选了 40 篇有关革命传统教育的课文。

2. 单元结构更加灵活

统编版教材按照"人文主题"与"语文要素"双线组织单元结构。"人文主题"是一条贯穿教材的显性的线索，如"自然四季""修身正己""挚爱亲情""人生之舟"等，"人文主题"强调语文与生活的联系，重视主流文化、传统文化的渗透，促进学生正确世界观、价值观和人生观的形成。"语文要素"是隐含其中的隐性线索，即语文素养的各种基本要素，包括必要的语文知识、必需的语文能力、适当的学习策略和学习习惯等，分成若干个知识或能力训练点，由浅入深、由易及难，分布并体现在各个单元中(图 2-3、图 2-4)。"语文要素"以语文能力为核心，促进学生阅读素养的形成。

统编版教材对语文要素的训练呈序列化螺旋上升，充分体现了教学目标的层次性及发展过程的循序渐进。同时还体现了教材编排的整体性，如单元导语，课后训练，包含趣味识字、字词句运用、展示台、日积月累、书写提示等内容的语文园地以及"和大人一起读"的阅读指导。

---

① 作者：唐群，湖南第一师范学院汉语言文学专业学生。

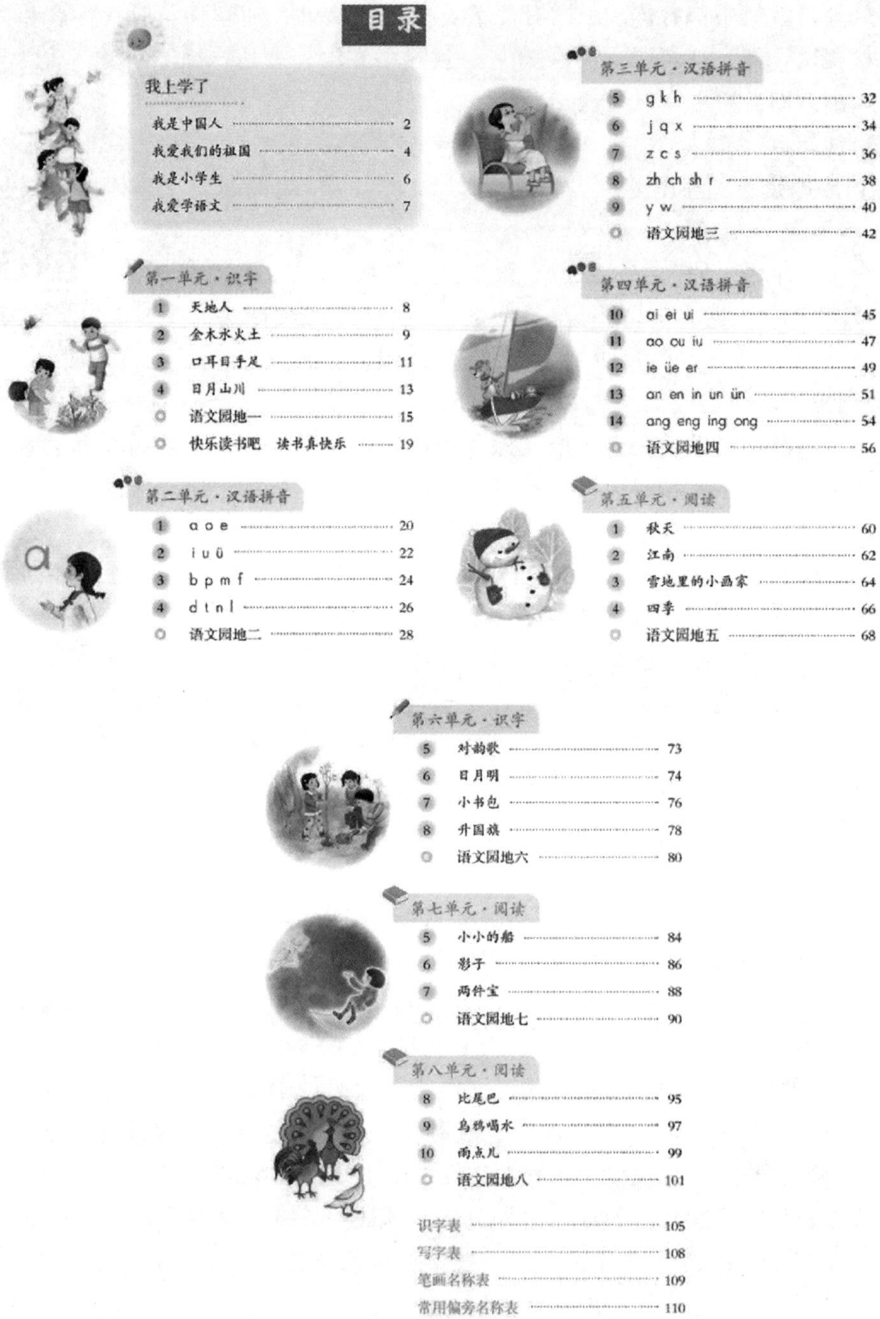

目录

我上学了
- 我是中国人 …… 2
- 我爱我们的祖国 …… 4
- 我是小学生 …… 6
- 我爱学语文 …… 7

第一单元·识字
- 1 天地人 …… 8
- 2 金木水火土 …… 9
- 3 口耳目手足 …… 11
- 4 日月山川 …… 13
- 语文园地一 …… 15
- 快乐读书吧 读书真快乐 …… 19

第二单元·汉语拼音
- 1 ɑ o e …… 20
- 2 i u ü …… 22
- 3 b p m f …… 24
- 4 d t n l …… 26
- 语文园地二 …… 28

第三单元·汉语拼音
- 5 g k h …… 32
- 6 j q x …… 34
- 7 z c s …… 36
- 8 zh ch sh r …… 38
- 9 y w …… 40
- 语文园地三 …… 42

第四单元·汉语拼音
- 10 ai ei ui …… 45
- 11 ao ou iu …… 47
- 12 ie üe er …… 49
- 13 an en in un ün …… 51
- 14 ang eng ing ong …… 54
- 语文园地四 …… 56

第五单元·阅读
- 1 秋天 …… 60
- 2 江南 …… 62
- 3 雪地里的小画家 …… 64
- 4 四季 …… 66
- 语文园地五 …… 68

第六单元·识字
- 5 对韵歌 …… 73
- 6 日月明 …… 74
- 7 小书包 …… 76
- 8 升国旗 …… 78
- 语文园地六 …… 80

第七单元·阅读
- 5 小小的船 …… 84
- 6 影子 …… 86
- 7 两件宝 …… 88
- 语文园地七 …… 90

第八单元·阅读
- 8 比尾巴 …… 95
- 9 乌鸦喝水 …… 97
- 10 雨点儿 …… 99
- 语文园地八 …… 101

识字表 …… 105
写字表 …… 108
笔画名称表 …… 109
常用偏旁名称表 …… 110

图 2-3　一年级上册教材目录(2024 版)

图 2-4　一年级上册课后训练

3. 重视语文核心素养，重建语文知识体系

（1）小学语文核心素养

《语文课程标准》将核心素养概括为："是学生通过课程学习逐步形成的正确价值观、必备品格和关键能力，是课程育人价值的集中体现。义务教育语文课程培养的核心素养，是学生在积极的语文实践活动中积累、建构并在真实的语言运用情境中表现出来的，是文化自信和语言运用、思维能力、审美创造的综合体现。"小学语文核心素养是学生的语文能力、语文积累、语文知识、学习方法、学习态度、学习习惯、认知能力和人文素养等多方面的综合体现。

语言理解能力：能读懂文本主要内容，了解文本表达特点；会积累优美的、有新鲜感的语言材料，具有初步的语感。语言运用能力：能根据具体语境和任务要求，在口头和书面语言表达中尝试运用言语活动经验，交流顺畅，文从字顺。思维能力：能在阅读、表达等言语活动中，主动思考；能运用想象与联想，形成对客观事物的初步认识，对语言和文学形象的初步认识，具有初步的评判意识。初步审美能力：感受到汉字之美，具有热爱祖国语言文字的情感；感受到人性之美，具有初步的审美体验。

（2）语文知识体系

统编版教材强调"一课一得"，重新确定语文教学的知识体系，落实体现语文核心

教学设计：《鹿角和鹿腿》[①]

---

① 作者：江晴，湖南第一师范学院 2022 级汉语言文学专业学生。

素养的知识点与能力点，按照各学段具体目标细化知识的掌握与能力的训练，明确各单元的语文要素。每个单元三到四篇课文，对应二到三个语文要素，每一篇课文重点训练其中一个语文要素。各学段、年级、单元的教学要点清晰明确。

课后训练也有层次性与侧重点。如低段的识字写字、中段的字词句积累运用、高段的阅读方法引导，学习要点明确，知识体系清晰，操作性强。如朗读指导，在一年级上册的训练中就有一课一得的训练要求，从"一"的音变到朗读时读准字音，从分角色朗读到注意停顿，目标清晰，循序渐进。

教学片段：《秋天》①

①阅读策略单元。为提高学生的阅读效率，培养学生运用阅读策略的意识和基本能力，统编版教材从中年级开始，有目的地编排了四个阅读策略单元。分别为：三年级上册的"预测"，四年级上册的"提问"，五年级上册的"提高阅读的速度"，六年级上册的"有目的地阅读"。阅读策略单元与阅读单元结构体例基本相似，有精读、略读、识字写字、课后思考练习、写作、语文园地等。与普通阅读单元有所不同的是，阅读策略单元中的三到四篇课文联系紧密，作为一个整体呈现，突出训练目标的递进性与发展性。前两篇课文进行阅读策略的示范与指导，紧密围绕本单元的阅读策略展开，采用旁批、泡泡的形式，辅助学生阅读，帮助他们了解、梳理、掌握阅读策略，在课后思考练习题中落实。最后两篇课文具有实践性质，总结、综合运用本单元学到的阅读策略。（如表 2-1）

表 2-1　阅读策略单元选文内容

阅读策略	精读课文	略读课文
三上"预测"	1篇：《总也倒不了的老屋》	2篇：《胡萝卜先生的长胡子》《不会叫的狗》
四上"提问"	3篇：《一个豆荚里的五粒豆》《蝙蝠和雷达》《呼风唤雨的世纪》	1篇：《蝴蝶的家》
五上"提高读的速度"	3篇：《搭石》《将相和》《什么比猎豹的速度更快》	无
六上"有目的地阅读"	3篇：《竹节人》《宇宙生命之谜》《故宫博物院》	无

阅读策略单元里的精读课文一般着眼于教方法；略读课文的教学价值是"实践运用"，即让学生运用方法阅读，重视自主学习和能力迁移训练。如表中《总也倒不了的老屋》是一篇精读课文，教学时，可重点借助精读课文让学生探索归纳预测的方法；《胡萝卜先生的长胡子》和《不会叫的狗》是略读课文，应指导学生循序渐进地掌握并运用"预测"这一阅读策略。精读课文与略读课文相结合，由扶到放，符合学习→掌握→运用逐渐深入的策

① 执教者：周哲，湖南第一师范学院汉语言文学专业学生。

略习得规律。三年级的"预测"单元和四年级的"提问"单元，都安排了用来示范、指导的精读课文和用来实践运用的略读课文，但五、六年级的阅读策略单元，却仅仅只有精读课文，这是因为课文编排考虑了阅读策略的习得规律和学生认知发展规律。

如表 2-2 所示，通过简洁的语言概括或者引用名人名言的单元导语，能清晰地呈现阅读策略单元的人文主题，而语文要素可视为本单元的一级教学目标，教师可以以此为教学总抓手。

表 2-2 阅读策略单元导语

阅读策略单元	人文主题	语文要素
三上"预测"	猜测与推想，使我们的阅读之旅充满了乐趣	一边读一边预测，顺着故事情节去猜想；学习预测的基本方法
四上"提问"	为学患无疑，疑则有进。——［宋］陆九渊	阅读时尝试从不同角度去思考，提出自己的问题
五上"提高阅读的速度"	阅读要有一定的速度	学习提高阅读速度的方法
六上"有目的地阅读"	读书好比串门儿——隐身的串门儿。——杨绛	根据阅读目的，选用恰当的阅读方法

四年级"提问"策略单元，它的单元导语为宋代陆九渊的"为学患无疑，疑则有进"，"疑"指质疑，提问，意在提示本单元的教学重点是教会学生提问。右下角的语文要素第一条为本单元的教学目标——"阅读时尝试从不同角度去思考，提出自己的问题"，教学目标指向策略学习。

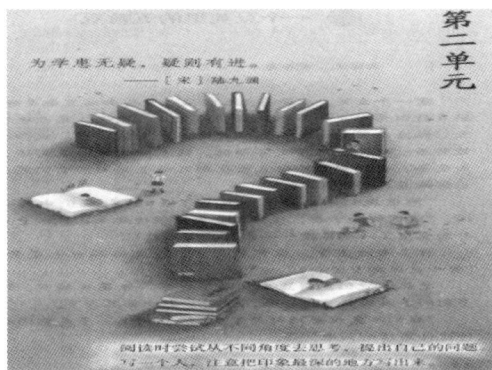

图 2-5 四年级"提问"策略单元第 5 课

阅读策略单元的文前提示可以帮助学生明确学习重点，有的还直接指明了这一阅读策略学习时的方法和注意事项。如图 2-5，四年级"提问"策略单元第 5 课《一个豆荚里的五粒豆》的文前提示"读课文，积极思考，看看你可以提出什么问题"。第 6 课《蝙蝠和雷达》，文前提示要求学生先看旁批，再把问题写下来互相交流（图 2-6）。

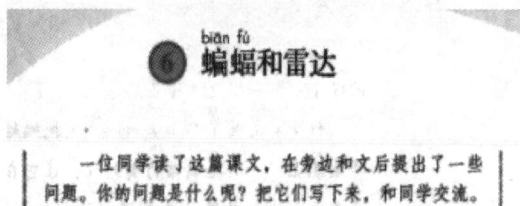

bian fú
蝙蝠和雷达

一位同学读了这篇课文，在旁边和文后提出了一些问题。你的问题是什么呢？把它们写下来，和同学交流。

图 2-6　四年级"提问"策略单元第 6 课

《呼风唤雨的世纪》的批注就是阅读者的阅读提问。右上批注是针对课文主要内容，右下批注是针对课文具体词语，都是紧扣单元主题"为学患无疑，疑则有进"与语文要素"阅读时尝试从不同角度去思考，提出自己的问题"（图 2-7）。统编版教材加强对学生阅读技能习得的指导，侧重阅读方法与阅读速度训练。《呼风唤雨的世纪》的课后训练，提问清单不仅展示了问题，还在右侧提供了提问的三个层次，由上到下难度逐渐提高，从"不影响对课文内容的理解"到"有助于理解课文内容"，再到"要引发深入思考"。这种阅读清单不仅帮助学生整理问题和信息，还能指导他们学会列清单。编者在清单旁边添加的批注，意在使学生在关注问题清单本身的同时，又理解列清单的思维过程，在阅读课文过程中自主发现和领会阅读技能（图 2-8）。统编版教材还注重默读、朗读、精读、浏览、泛读、跳读、群文阅读、读整本书、猜读、比较阅读、阅读速度等阅读方法的渗透指导，通过不断训练，使学生掌握阅读方法，习得阅读技能（图 2-9）。

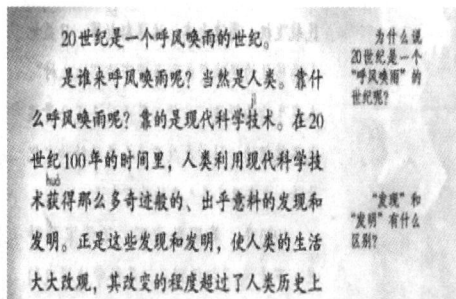

20世纪是一个呼风唤雨的世纪。是谁来呼风唤雨呢？当然是人类。靠什么呼风唤雨呢？靠的是现代科学技术。在20世纪100年的时间里，人类利用现代科学技术获得那么多奇迹般的、出乎意料的发现和发明。正是这些发现和发明，使人类的生活大大改观，其改变的程度超过了人类历史上

为什么说20世纪是一个"呼风唤雨"的世纪呢？

"发现"和"发明"有什么区别？

图 2-7　一课一得

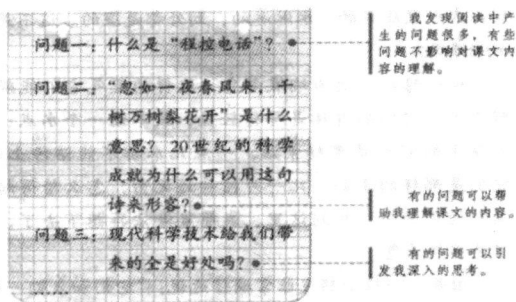

图 2-8　自主发现和领会阅读技能

带着课文题目中提出的问题，用较快的速度默读课文。了解课文的主要内容，记下所用的时间，完成课后练习。

图 2-9　习得阅读技能

②习作单元。统编教材改变传统的完全以阅读为中心的编排体系，在重视培养阅读理解能力的同时，引导语文教学更加关注表达。习作单元自成体系，具有整体性特点。每个习作单元的课文分精读课文、习作例文两类，精读课文在理解内容、积累语言方面不作更多要求，注重引导学生体会课文在表达上的特点，学习课文的表达方法；习作例文选取的课文，贴近儿童生活，便于学生仿写，同时以"交流平台"的形式，对本单元学习过的一些表达方法或要求进行梳理和提示；"初试身手"提供一些片段练习或实践活动，学生可以试着用学到的方法练一练。在充分获得感性认识的基础上，学生掌握一定的习作方法，进行习作练习。

(3)阅读技能习得

统编版教材总主编温儒敏曾指出："现有教材比较偏重思想内容分析，以及字词句分析，这有必要，但好像普遍不太重视阅读技能的习得。比如精读、快读、浏览、朗读、默读，都有方法技巧，要在教材中有所交代。现在许多教材都频繁地要求'有感情地阅读''结合上下文理解''抓住关键词'，或者'整体把握'等等。但是最好能给出方法，有示范，让学生把握得住，能举一反三。"[1]为此，统编版教材加强了对阅读技能习得的指导，侧重于阅读方法与阅读速度训练。

如《呼风唤雨的世纪》的课后训练，提问清单不仅展示了问题，还在右侧提供了提问的三个层次，由上到下难度逐渐提高，从"不影响对课文内容的理解"到"有助于理解课文内容"，再到"要引发深入思考"。这种阅读清单不仅帮助学生整理问题和信息，还

---

① 温儒敏. 语文教科书编写(修订)的十二个问题[J]. 语文教学通讯，2013，31：10—13.

能指导他们学会列清单。编者在清单旁边添加的批注，意在使学生在关注问题清单本身的同时，又理解列清单的思维过程，在阅读课文过程中自主发现和领会阅读技能。统编教材还注重默读、朗读、精读、浏览、泛读、跳读、群文阅读、读整本书、猜读、比较阅读、阅读速度等阅读方法的渗透指导，通过不断训练，使学生掌握阅读方法，习得阅读技能。

4. 实施"三位一体"，区分不同课型

小学语文精读课要求老师讲得比较细化，比较具体，目的是通过精读课例，教给学生方法，举一反三，激发读书的兴趣。而略读课就是让学生自主性泛读，把精读课学到的方法运用到阅读中，是方法的运用与实践。但实际教学中，很多教师并没有清晰区分两种课型。统编版教材加大了精读和略读两种课型的区分度，精读课设计比较丰富，有单元导语、预习、思考探究、积累拓展、读读写写等，略读课文一般只有课前阅读提示和课后识字写字训练。教材格外注重课外阅读的延伸，建构了"教读—自读—课外阅读""三位一体"的课程模式。更重视学生的自主阅读实践，努力帮助学生"多读书、读好书、好读书、读整本的书"，把"教读""自读"和"课外阅读"三者融为一体，激发学生阅读兴趣。

（1）将课外阅读纳入课程与教材中，进行整体规划

统编教材新增了"快乐读书吧"栏目，其编排为：先兴趣激发、习惯培养，然后从阅读短文到阅读整本书，再逐步推荐阅读古今中外相关名著。从图 2-10 可以看到，教材将课外阅读纳入语文课程中，激发学生的阅读兴趣，指导阅读途径与方法，引导学生分享阅读快乐。

图 2-10　快乐读书吧

（2）采取"1＋X"阅读教学模式

统编教材采取"1＋X"阅读教学模式，利用"课后练习""我爱阅读""和大人一起读""快乐读书吧""阅读链接"等栏目，激发学生阅读兴趣。以三年级上册的"快乐读书吧"为例，阅读主题为"在那奇妙的王国里"，在"你读过这本书吗"栏目中，重点介绍《安徒生童话》，节选了《拇指姑娘》精彩片段，同时提出阅读要求：在阅读时要发挥想象。在"相信你可以读更多"中，鼓励学生阅读相关作品，例如叶圣陶的《稻草人》和格林兄弟

的《格林童话》。这样一个"三位一体"的阅读系统，有助于更好地贯彻"多读书、好读书、读好书、读整本的书"的倡议，营造出人人爱读书的良好氛围(如图 2-11)。

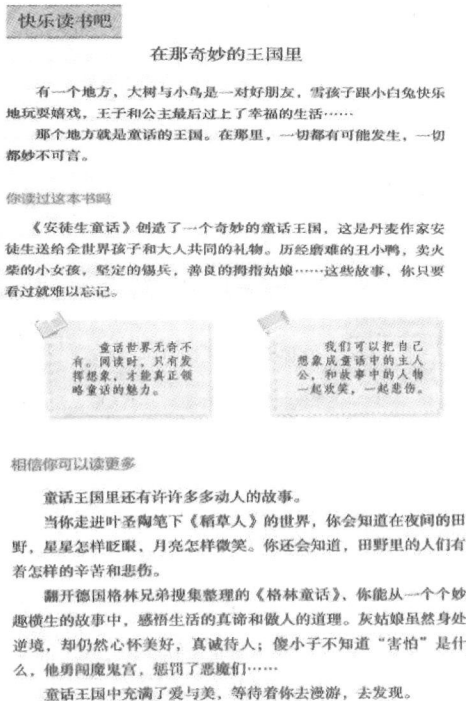

图 2-11　快乐读书吧

5. 讲究科学的识字写字教学

(1)识写分流，多认少写

人教版实验教材低段识字量为：认识常用汉字 1600～1800 个，会写常用汉字 800～1000 个。统编版教材低段识字量为：认识常用汉字 1600 个左右，其中 800 个左右会写。"识""写"分流，多"认"少"写"，是继承了传统语文教育的成功经验，符合汉语文字学习规律的。传统语文教学在识字写字方面的教学经验是分进合击，不追求认、讲、写、用的一步到位，识字写字也是分开的。先让学生读《三字经》《百家姓》和《千字文》，开始认的是"人之初，性本善。性相近，习相远……"，而开始写的则是笔画较少的"上大人，丘乙己……"，认和写不是同步的。同时，"三百千"总字数 2700 多，剔除重复的 1462 个字，要认识的字数量与现在常用识字量 1600 个差不多。

(2)降低汉语拼音难度

汉语拼音主要作用是辅助识字、学说普通话。统编版教材结合入学儿童心理特点，

教学设计:《春夏秋冬》①

----

① 作者：肖睿一，湖南第一师范学院汉语言文学专业学生。

降低拼音学习的难度，增加学习的趣味性。安排了音节词拼读和儿歌诵读，这是为了巩固所学音节，也使拼音教学与韵文诵读相结合，以此激发学习兴趣（图2-12）。

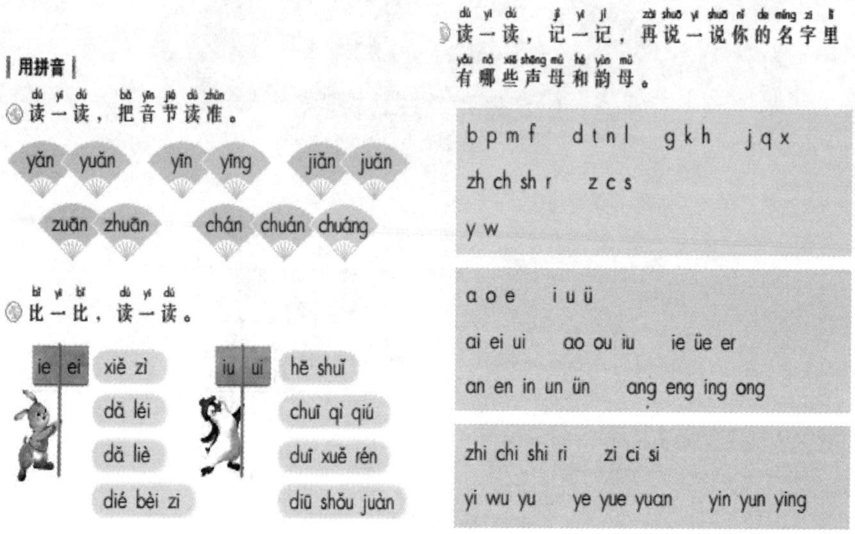

图 2-12　音节词拼读

（3）写字指导更加具体细致

写一手好字，可让人受益终身。写字教学是帮助学生打好语文基本功的重要环节，更是语文教学的重要组成部分。写字教学要重视对学生写字姿势的指导，引导学生掌握基本的书写技能，养成良好的书写习惯，掌握汉字的基本笔画和常用的偏旁部首，能按笔顺规则用硬笔写字，注意间架结构，初步感受汉字的形体美（图2-13）。

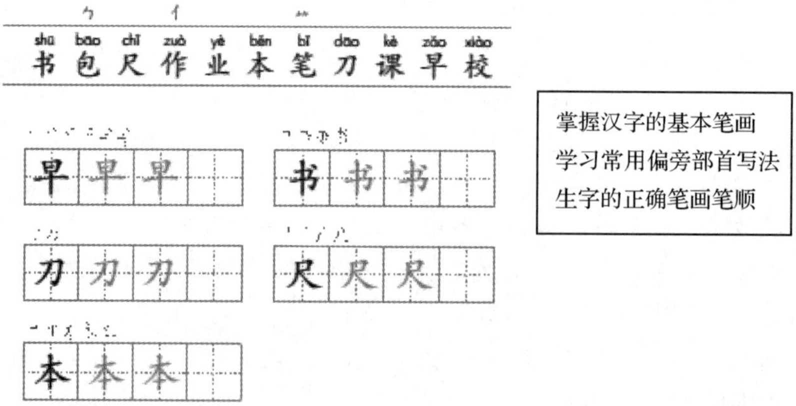

掌握汉字的基本笔画
学习常用偏旁部首写法
生字的正确笔画笔顺

图 2-13　掌握汉字的基本笔画

6. 提高习作教学效果

小学第一学段"写话"，培养学生对写话的兴趣，在写话中乐于运用阅读和生活中学到的词语，学习使用简单标点符号。这是完成口头语向书面语的转换，降低学生写作起始阶段的难度，重在培养学生的写作兴趣和自信心。第二学段开始"习作"，能不拘形式地写下自己的见闻、感受和想象。在第一学段的基础上，学会修改习作，会写书信便条，正确使用标点符号。第三学段"习作"，在第二学段的基础上，要求写简单的记实作文和想象作文及常见应用文；要有个人的独特感受，能分段表述，主动与他人交换修改；养成观察习惯，要求习作有一定速度。统编教材对写作方法与技巧的指导，遵循习得顺序，每次作文训练课，突出一个中心，给予具体方法指导，教学有章可循，操作性强(图 2-14)。

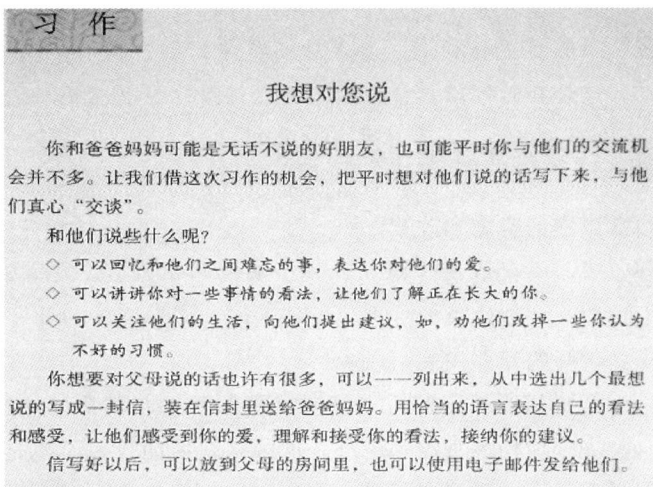

图 2-14　习作

四、小学语文教材的使用

语文教师要善于通过创造性地使用教材，通过多种途径全面提高学生的语文素养。

(一)充分尊重教材

任何一套优秀教材，其教材体系的构建、教学内容的选择等，都会在符合课程标准要求、体现课程性质目标的基础上，彰显先进的教学思想和丰富的教学经验，它们是编者们智慧和心血的结晶。教师在使用教材时要充分尊重教材，按照教材体系执教。

(二)整体把握教材

语文教材是一个丰富而复杂的系统，各部分之间有着内在的必然联系。教师要从整体上把握五个层次：全套教材、学段教材、学年册教材、单元教材、具体篇章。通过整体研究，把握总体框架，努力做到宏观把握，微观落实。

(三)指导使用教材

统编版语文教材突出特点是由原来的"教本"转变为既是"教本"更是"学本"，注重为学生全面提高语文素养提供条件和支持。教师应利用这一特点，树立正确的学生观，指导学生正确有效地使用教科书，充分发挥教科书的作用。

（四）灵活运用教材

语文教师要指导学生凭借教材这个例子，积淀语言，悟得规律，在准确把握教材编辑意图、尊重原文的基础上，根据学生的年龄特征和不同教学内容，对教材进行适当删减、补充、调换甚至再创造，形成具有聚合功能、集团优势的语文课程资源，拓宽学生学习领域，帮助学生提高语文综合素养。

▶第三节　小学语文课程资源的开发与利用

重视语文课程资源的开发与利用，指导帮助教师和学生积极主动地利用语文课程资源开展教学活动，这是新时代培养合格人才和语文教育改革发展的必然要求。

一、小学语文课程资源开发与利用的意义

（一）有助于语文课程的实施和改革

语文课程实施效果，不仅取决于语文课程资源的丰富程度，更取决于课程资源的开发利用水平，而且语文课程改革的推进也有赖于语文课程资源的开发和利用。

（二）有助于语文教师的专业发展

教师本身是极为重要的课程资源，也是课程资源开发与利用的主力军。教师对学生进行语文教育，收集整理相关资源和信息，这既是获取的过程，也是再创造的过程，这一过程也能开阔教育视野，转变教育观念，激发创造力，极大地提升语文教师的素质和能力，促进其专业发展。

（三）有助于学生学习方式的优化

大量而丰富的语文课程资源能给学生多方面的信息刺激，调动学生多种感官去参与语文学习活动。学生作为课程资源开发与利用的参与者，在从被动的知识接受者成为知识的共建者这一过程中，能优化语文学习方式，激发语文学习兴趣，在愉悦的学习活动中增长知识，培养能力，陶冶情操，全面提高自身的素质。

二、小学语文课程资源开发与利用的途径

（一）教材资源的开发与利用

教材不仅是学生学习语文知识，提高语文能力的文本，还承担着丰富学生生活经验，提高人文素养，培养创新精神和实践能力，养成良好的学习习惯等诸多任务。教材开发和利用的重点是研究和处理教材。

1. 梳理整册内容，增加阅读篇目

语文教师要在梳理整册文本的基础上适当增加篇目，达到巩固、补充语文知识和提高语文能力的目的。以统编版四年级上册为例，全册共有 8 个单元，7 个阅读单元，1 个习作单元，其中第二单元是阅读策略单元，"快乐读书吧"设计在第四单元后。每个

单元都有人文主题和语文要素的训练点(见表 2-3)，并且这些训练点的排列也有一定规律，由易到难，循序渐进。教师可在认真分析梳理整册内容的基础上就这些训练点增补相关内容。

表 2-3　统编版四年级上册人文主题与语文要素训练点

单元	人文主题	语文要素
一	自然之美	边读边想象画面，感受自然之美。
二	策略单元：提问	阅读时尝试从不同角度去思考，提出自己的问题。
三	留心观察	体会文章准确生动的表达，感受作者连续细致的观察。
四	神话故事	了解故事的起因、经过、结果，学习把握文章的主要内容，感受神话中神奇的想象和鲜明的人物形象。
五	习作单元：把一件事写清楚	了解作者是怎样把事情写清楚的。
六	童年生活	学习用批注的方法阅读。通过人物的动作、语言、神态，体会人物的心情。
七	家国情怀	关注主要人物和事件，学习把握文章的主要内容。
八	古代故事	了解故事情节，简要复述课文。

2. 大单元整体教学，加深文本理解

《语文课程标准》对培养学生的核心素养提出了具体的实施要求，而语文大单元整体教学就是以核心素养的培养为出发点，体现了统编版教材注重整体性、实践性和综合性的特点，避免了"篇"和"组"的脱节，更有利于单元目标的实现、学生核心素养的培养与学生个性化发展。如教学《匆匆》一文时，可以把本册的《长歌行》并入一块学习，再引入《时光老人的礼物》《明日歌》等，组合成一个关于珍惜时间的名家名篇大单元，学生在充分阅读、搜集整理惜时名言佳话后，才能真正体会到珍惜时间的重要。再如统编版三年级上册第六组课文是写景类的，可将本册《秋天的雨》《听听，秋的声音》等课文并入其中学习，让学生充分感知写景的不同表达方法，引导学生用自己喜欢的方法进行仿写。

3. 以文本为凭据，增强习作能力

在阅读教学中开发写作资源，指导学生续写、仿写、改写、扩写、缩写课文等，拓展文本资源，培养学生的发展性阅读能力和写作能力。如学习新美南吉的《去年的树》，指导学生紧扣童话故事关键词"好朋友、寻找"与习作关键词"对话"续编童话；学习张之路的《在牛肚子里旅行》，紧扣童话故事关键词"救命、旅行"与习作关键词"动作、语言"改编童话；学习辛勤的《一块奶酪》，紧扣童话故事关键词"纪律"与习作关键词"心理活动"仿写童话。

4. 创设教学情境，促进口语交际

如统编版教材三年级下册的口语交际《春游去哪儿玩》，可设计现场招聘"小小导游员"，拟写导游词。学生可以充当游客到各地游览，也可以留守大本营做导游。这样的教学情境，能激发学生主动参与的积极性和听、说、写的兴趣。

5. 通过综合性实践活动，加深课文理解

如统编版教材六年级上册《故宫博物院》，学生通过学习了解到故宫这座明、清两代的皇宫，是一座无与伦比的古代建筑杰作，也是世界现存最大、最完整的古建筑群，被誉为世界五大宫之首。在这个基础上，组织学生参观当地古建筑，感受中华民族建筑文化的独特魅力，探求其历史根源和演变轨迹，讨论传统文化对现代社会发展的影响。学生通过观察、访问等实践活动认识生活，进一步理解课文内容。

6. 充分利用插图，发挥辅助功能

插图可在多方面起到辅助作用。第一，帮助学习拼音。第一册中的声母、韵母、音节、词语、短句、短文等，均有插图辅助学习，帮助学生准确拼读相关音节和学习普通话。借助配有情境图和提示字母音与形的画面，可大大地增强学习汉语拼音的趣味性。第二，帮助理解词句、

教学设计：《赵州桥》①

课文内容。如《植物妈妈有办法》中的"纷纷出发""带刺的铠甲"，字面上理解有难度，但结合课文清楚明白的插图，就容易理解了；《爬山虎的脚》中的插图，形象地反映出了"爬山虎的脚长在茎上。茎上长叶柄的地方，反面伸出枝状的六七根细丝，这些细丝很像蜗牛的触角"这一课文内容。第三，帮助背诵课文。如《植物妈妈有办法》一文有五节，其中有三节分别讲蒲公英、苍耳、豆荚三种植物传播种子的方法，可借用教材中的三幅图画帮助背诵，加深记忆。

(二)网络资源的开发与利用

1. 利用网络资源，创设学习情境

课文以语言文字为主，有一定的抽象性，而小学生以形象思维见长，为了让学生更好地理解文字所描绘的形象，可以利用网络技术演示作品中的情境。如学习《圆明园的毁灭》《开国大典》等课文，利用网络播放相关视频，把文字变成了形象，更有利于理解课文；对于内容与学生实际生活有一定距离的课文，如《松鼠》《琥珀》《京剧趣谈》《海底世界》等，可以借助网络下载相关图片视频，使同学们获得直观具体的感性认识。

2. 利用网络资源，补充文本空白

网络是巨大的资源宝库，其课程资源的意义在于：第一，补充时代背景及课文内容相关联的知识。如学习《草船借箭》，学生从文本中了解到的仅仅是诸葛亮的神机妙算，而对周瑜为什么为难诸葛亮以及诸葛亮怎么来到东吴等内容则充满疑惑。引导学生上网观看"草船借箭"的电视片段，有助于感性、全面地认识课文中主要人物形象。而《腊八粥》《藏戏》等，则可以补充相关民俗文化知识。第二，补充作者及课文主人公相关资料。《梅兰芳蓄须》《桂花雨》《四季之美》《慈母情深》等，对作者及作品人物生活

---

① 作者：李子煜，湖南第一师范学院汉语言文学专业学生。

情感的了解，有助于学生理解作品主题。第三，补充人文典故。《草船借箭》一文中蕴含着不少著名的典故，如"周瑜打黄盖——一个愿打一个愿挨""曹操败走华容道"，这都是学生所不知道的。网络资源补充这些典故，能增强课文的趣味性，激发学生阅读中国古典文学作品的兴趣。第四，补充语言文字训练。学习《荷花》一文，在学生反复诵读"有的……有的……有的……"句式后，适时点击网上关于荷花的各种图片，拓宽学生的视野，引导学生用这样的句式再描述各种不同形态的荷花，有效地进行仿说仿写训练。

3. 利用网络资源，沟通课内外

在利用网络资源的同时，还可以指导学生开展网络拓展训练。如：网上读新闻；与有电子邮箱的亲戚、朋友、老师或同学互通信件；带着学习中的问题，访问相关网站，阅读有关文章，解决问题；选择合适的网络聊天室，参与讨论；申请 QQ 号或建立网络博客，发表 QQ 日志或博文。

慕课（MOOC），作为一种在线课程开发模式，受到人们的极大关注。"M"代表 Massive（大规模）；第一个"O"代表 Open（开放），不分国籍，只需一个邮箱，就可注册参与；第二个"O"代表 Online（在线），学习在网上完成，不受时空限制；字母"C"代表 Course，就是课程的意思。慕课的主要特点是：第一，大规模。与传统课程只有几十个或几百个学生不同，一门 MOOC 课程动辄上万人，最多达十几万人。慕课通过某一个共同的话题或主题，将分布于不同地区不同国家的授课者和学习者联系起来学习。第二，开放性。只有当课程是开放的，它才可以称为慕课，慕课中的绝大多数课程都是免费的。第三，网络课程。这些课程材料散布于互联网上，人们上课地点、时间不受局限，只需要一台计算机和网络连接即可。无论你身在何处，都可以通过慕课经济地享受到优质的课程资源。

国内的慕课平台主要有：慕课网（imooc）http://www.imooc.com。慕课网是由北京慕课科技中心成立的，是目前国内慕课的先驱者之一。其中课程包含：初级、中级、高级三个阶段。酷学习（kuxuexi）http://kuxuexi.com，是上海市首个推出基础教育慕课的公益免费视频网站。酷学习的价值观，就是"免费、分享、合作"。在其栏目"K12教育"中，可以看到各年段语文、数学、英语等课程。以《植物妈妈有办法》为例，有慕课内容简介、教学过程、作业及测验。中国大学 MOOC（慕课）https://www.icourse163.org，是国内优质的中文 MOOC 学习平台，由爱课程网携手网易云课堂打造。

（三）社会资源的开发与利用

1. 地方资源

各地区都蕴藏着自然、社会、人文等多种语文课程资源。教师要有强烈的资源意识，去努力开发，积极利用。例如：统编版六年级下册第一单元，可以通过《北京的春节》《藏戏》《腊八粥》《古诗三首》一组课文的学习，指导学生就自己感兴趣的某个方面，如节日、服饰、饮食、民居等具有地域特色的地方文化资源，进行走访调查，了解民风民俗，激发对家乡的热爱之情。

2. 生活资源

"语文学习的外延等于生活的外延。"语文课程的生活资源是鲜活的，富有个性的。(1)家庭生活。家长的职业岗位、兴趣爱好、文化水平、工作能力、社会经历等各不相同，每个人都是一座宝贵的语文课程资源库。教师可引导家长和孩子一起学习，培养孩子的听说读写能力。(2)学校生活。教室环境布置是隐性课程资源，教师可根据学生的年龄特点开辟学习园地，创设学习氛围，校园里的标语、图画以及升旗仪式、课间活动等，也都能丰富语文课程资源。(3)社会生活。可以引导学生参与各种有意义的社会活动，如了解各种大型活动礼仪，观看节日庆典活动，元宵节舞龙灯舞狮子、端午节赛龙舟等，在各种生活环境中拓展识字途径、丰富习作素材、练习口语交际等。

3. 自然资源

自然景观能赐予人们缤纷的美景、丰富的情愫、创作的灵感和愉悦的情绪。如统编版三年级下册第七单元，可以在《我们奇妙的世界》《海底世界》《火烧云》等一组课文的学习中，引导学生走进大自然去欣赏大自然的美景，感受大自然的神奇魅力。如教学《蛇与庄稼》，由蛇、田鼠、庄稼三者之间直接与间接的因果关系，找到这种复杂联系的决定因素是蛇。联系到自然界各种相关动植物——庄稼、害虫、青蛙；杜鹃鸟、松毛虫、松树；猫头鹰、田鼠、稻谷。指导小学生通过与父辈的交流，找出三者之间的决定因素，启发他们条理清楚、脉络分明地说出在特定条件下事物之间的联系。这不仅能提高学生掌握事物规律、运用概念判断事物的逻辑推理能力，也能训练学生清楚明白地表达自己观点的口语交际能力。

4. 文化资源

语文课程要开发利用各种文化资源：重视传统文化、民族文化，关注主导文化，善待民间文化、大众文化等。如统编版四年级上册第八单元，时光如川浪淘沙，青史留名多俊杰，《王戎不取道旁李》《西门豹治邺》《扁鹊治病》《纪昌学射》等历史人物故事，生动有趣，给人智慧与启迪，历经千百年仍广为流传。而以大众传媒为手段、使人们获得感性愉悦的大众文化，已成为对学生影响重大的隐性课程资源。教师若能宽容地对待各种文化，巧妙利用，可收到四两拨千斤的效果。

5. 时事资源

时事资源是以国内外或地方重大事件为背景的语文实践性学习资源。语文教师可以引导儿童与时俱进，把语文和时代紧密结合起来，用儿童的眼光去反映时代的特征，用儿童的智慧来诠释时代的步伐。如统编版四年级下册第二单元，《纳米技术就在我们身边》《千年梦圆在今朝》，可以结合生活中神奇的纳米材料、纳米机器人、纳米治癌等纳米技术，使学生明白纳米技术就在我们身边，纳米技术可以使人们更健康。而千年飞天梦的今朝实现、神舟系列与嫦娥工程的世人瞩目、C919 国产大型客机、北京成功举办 2022 年冬奥会等，教师通过引导学生关注国际国内大事，使学生不仅了解我国航空航天领域的新成就，更激发起为祖国建设描绘宏伟蓝图的雄心壮志……语文教师要借助这些体现时代特点和现代意识的课文内容，引导儿童关注时事，培养健康的审美情趣，逐步形成积极的人生态度和正确的价值观。

(四)课堂生成资源的开发与利用

"生成"是相对于"预设""既成"而言的，课堂生成资源是指师生之间、生生之间、师生与文本之间等，在一定的情境中，围绕多元目标进行的课堂实践活动中即时生成的、超出教师预设方案的新的教学资源。这就需要教师独具慧眼，善于捕捉生成性资源，加以有效地利用，引导学生通过目标驱动的形式，使静态的教材资源与动态的人力资源，都能融化为学生个人的感悟，促进学生智慧的生成、素养的提升和生命的发展。

1. 曲径通幽，诱导以指向教学目标

课堂教学中，对学生突如其来的离奇发言，教师如能巧妙地启发诱导，将能更好地为教学目标服务。如习作讲评，有同学的作文几易其稿写得特棒，但很多学生对作文的真实性表示怀疑，都说："抄的！抄的!"老师若能顺势曲径通幽："不错，是抄的。不过是从草稿纸抄到作文本上的，多次修改反复誊抄出来的。如果大家认为是抄的优秀作文选里面的文章，那是对这篇作文最好的评价了。"看似轻描淡写的评价，却明确指向习作教学目标，既打消了学生的疑虑，增强了习作者的自信心，又树立了典范，指导了学生习作方法。

2. 节外生枝，点拨以凸显文本主题

教师要充分发挥教学机智，灵活应变，使课堂精彩纷呈。如教学《美丽的小兴安岭》"春季"一节，大部分学生认为这一段主要抓住"树木""春水""小鹿""木排"等景物写出了小兴安岭春天的美，但有的学生会认为这一段还写了人。像这种出乎教师意料的有价值的质疑，教师可引导学生更深入地研读课文内容："一根根原木随着流水往前淌，像一支舰队在前进。"如果没有放排工人，原木能顺畅地往前淌吗？可是既然要写人，为什么不直接、明白地写呢？学生的思维一次次漾起涟漪，最终明白之所以不写工人们怎样劳动，是由课文写作重点(写景)所决定的，从而学会集中笔墨突出主题和重点的习作技巧。

3. 顺水推舟，引导以掘进思维深度

在课堂教学中，当学生的发言出乎预设的思路但合乎整个教学流程时，教师不妨打破原有的预设，重新组织教学，把学生思维引向深层。教师要及时抓住学生质疑这一教学契机，顺水推舟，培养学生的发展性阅读能力及思维深度，让学生当小编辑，改编续编故事，与书本对话。

4. 点石成金，拨乱以强化价值导向

由于受知识、经验、思想等的影响，学生在理解文本上经常会出现一些偏差，教师应该始终保持清醒的头脑，开启慧眼，及时对他们进行引导，化腐朽为神奇，将丰富语言系统与提升精神境界二者有机融合。如学习统编版四年级上册第四单元《普罗米修斯盗火》一课，有学生会认为"宙斯是一个遵守天规的好神，而普罗米修斯暗中盗取了天火，触犯了天规，理应受到惩罚，宙斯只不过是依法行事"，这种观点可能也会得到部分同学的赞同。老师要善于抓住学生思维碰撞的火星，引导开放出美丽的花朵，通过辩论交流，明确宙斯这样做完全是为了维护自己的统治地位而置人类的生活于不顾，他惩罚普罗米修斯的做法是昏庸统治者的暴行。

（五）与其他课程资源的整合

语文既是一门工具性学科，又是一门基础性学科。处处留心皆语文，只有巧妙整合其他课程资源，加强各学科的交叉渗透，才能优化语文课程资源结构。

《乐记》曰："诗，言其志也；歌，咏其声也；舞，动其容也。三者本乎心，然后乐气从之。"小学诗歌教学，可以充分利用诗歌、音乐、舞蹈三位一体的特点，通过相关音乐引领学生感知诗歌意境，烘托气氛。如教学李白的《静夜思》，配合《思乡曲》的音乐诵读，学生能更真切地领悟诗歌表达的情感。

中国是诗的国度，也是画的沃土。诗是语言艺术，善于抒情；画是空间艺术，长于显像。诗画之间存在着相互渗透又相互表现的关系。诗歌与绘画都强调意境形象，古诗词融注了诗人的才情和画家的技艺，色彩斑斓和谐，风格独特，有着丰厚的审美意味。如杜甫"两个黄鹂鸣翠柳，一行白鹭上青天"，白居易"日出江花红胜火，春来江水绿如蓝"，杨万里"儿童急走追黄蝶，飞入菜花无处寻"等，都充满了生动的画面感。

语文课程资源与"道德与法治""科学"等课程更是有着千丝万缕的联系。德育不应该局限于单一的思想品德课，而应该渗透于整个教学课程体系。语文学科在融合品德教育方面有着极大的优势。语文教材有很多赞美祖国大好河山，描写民族传统文化，歌颂英雄人物的篇章，可以借此对学生进行品德教育。借助道德与法治、科学等课程平台，语文课程资源的外延可以得到拓展；而道德与法治、科学等课程，也可以利用语文阵地，丰富课程内涵。

拓宽语文课程资源与其他课程资源的横向联系，可以扩大语文知识的空间范围，加强学科之间的协作与融合，使各学科从分散的、相对隔绝的、自成体系的小学科形态走向综合的、连通的、相互关联的大学科体系，这样更有利于学生形成综合的知识体系和能力体系。

总之，课堂教学是一个动态的变化发展过程，必然会不断产生许多学习信息，这就需要教师独具慧眼，善于捕捉这些生成性资源，并且加以有效利用。

【资料链接】

1. 叶圣陶. 开明国语课本［M］. 北京：开明出版社，2011.

这套由叶圣陶编写、丰子恺绘画，共计八册的小学语文课本，原本是1932年出版的民国教材，2011年由开明出版社重新印刷出版。课文内容均出自叶圣陶先生手笔；

文字是丰子恺先生的手写体，每一篇课文都有精心绘制的插图，图画与文字融为一体，相得益彰；教材还体现了民国时期语文教材关注儿童生活、分散识字的编写特点。这套书在时隔 80 年后重新走进公众的视野，它勾起的不仅是人们对那个久远年代的回忆，还有对语文学习最本真的一种期待。

2. 人民教育出版社语文电子课本链接

https://xiaoyu.pep.com.cn/是统编版小学语文教学研究的链接地址，有教学设计参考，有教学研究，有会议活动报道，有专题研究。链接到首页 http://www.pep.com.cn，我们可以发现一个资料海洋，内容十分丰富！

3. 陈先云．如何用好统编小学语文教材［J］．民族教育研究，2022（11）

统编版小学语文教材是小学语文教学的重要载体，承担着促进语文学科素养形成、传递主流意识形态和社会主义核心价值观、培育时代新人的历史使命。统编版小学语文教材的合理使用关乎其价值实现和功能发挥。为此，用好统编版小学语文教材需要教师把握教材的编排意图和体系结构，了解教材的栏目设置及内容编排；准确把握教学目标，明确小学语文教学方向，规范小学语文教学实践；教师应秉持学生视角和学生主体立场，基于学情，知晓学情，以学施教；充分发挥教材"培根铸魂、启智增慧"的育人功能。该文的阐释对如何用好统编版小学语文教材能带来诸多启迪。

4. 刘仁增．小学语文统编教材的语用解读［M］．福州：福建教育出版社，2020．

小学语文统编教材不仅选文精美，编排独具匠心，更是聚焦语用，明晰了语文知识和能力点，增强了语文学习的趣味性、实践性。本书聚焦小学语文统编教材最为重要的语文要素的解读与落实，提供操作方法，推送具体实例。全书基于"为什么教""为谁而教"，以"教什么""如何教"为内容重点，既有整体的宏观统筹，又有具体的微观实例，融语用理论与语用实践为一体，操作性和指导性都比较强，有助于读者解读统编教材，掌握课堂教学技能。

【思考·训练】

1. 根据家乡的风土人情，结合本章第三节"小学语文课程资源开发与利用"及统编版教材描写家乡具体篇目，谈谈如何开发与利用家乡的社会资源。

"思考·训练"解题思路

2. 请比较不同版本的《蟋蟀的住宅》课后训练设计，谈谈统编教材在编写时注意了哪些问题。

《义务教育课程标准实验教科书（语文）》四年级上册课后练习

课文写得真生动，我要好好读一读。

我有一些问题想和大家讨论：从哪些地方可以看出蟋蟀"不肯随遇而安"？它的住宅为什么可以算是"伟大的工程"？

课文中的许多地方把蟋蟀当作人来写，如，"当四周很安静的时候，蟋蟀就在这平台上弹琴。"我要找出这样的句子读一读，再把它们抄下来。

资料袋

法布尔是法国著名的昆虫学家。他迷恋昆虫研究，曾经用自己的积蓄(xù)买了一块荒地，专门用来放养昆虫。在这块荒地上，他对昆虫进行了长达30年的观察，揭(jiē)开了昆虫世界的许多秘密，创作了著名的《昆虫记》。《昆虫记》既是一部严肃的科学著作，又是一部优秀的文学作品，读起来饶有趣味。

(31)

《教育部审定义务教育教科书(语文)》四年级上册课后练习

默读课文，想想为什么蟋蟀的住宅可以算是"伟大的工程"。用自己的话介绍蟋蟀住宅的修建过程。

课文围绕蟋蟀的住宅讲了哪两方面的内容？作者是怎样观察的？

课文把蟋蟀比作人，把蟋蟀的巢穴比作人的住宅，说说这样写的好处。读下面的片段，想想在表达上与课文有什么不同。

蟋蟀体形微扁，头部圆形，触角长、呈线状。有翅时，翅平叠于躯(qū)体上。多数体色呈褐色或黑色，深浅不一。雄虫利用位于前翅基部的脊(jǐ)产生求偶鸣声。多数雌性的产卵器很显著，呈筒状或针状。

——选自英国麦加文的《昆虫》，王琛柱译，有改动

【研究选题】

1. 统编版小学语文教科书插图研究

2. 古代蒙学教材儿童本位意识研究——以"三百千"为例

3. 民国小学语文课本内容(版式或装帧)研究

4. 小学语文教材单元练习编写体例比较研究

【参考文献】

1. 王立军. 义务教育语文统编教材修订的基本理念及要点解析[J]. 课程·教材·教法，2024（10）.

2. 窦桂梅. 学习主题引领下的学习任务设计与实施——依据新课程标准，用好现行统编小学语文教材[J]. 课程·教材·教法，2023（10）.

3. 王晓露. 统编小学语文教材有机融入国家安全教育的内容分析及教学建议[J]. 语文建设，2025（12）.

4. 叶圣陶. 开明国语课本[M]. 北京：开明出版社，2011.

5. 陈先云. 小学语文教科书选文标准研究[M]. 北京：人民教育出版社，2018.

6. 崔峦. 回顾·总结·展望：人民教育出版社五十年小学语文教材编写历程[J]. 课程·教材·教法，2010(1).

7. 张心科，郑国民. 清末民国小学识字教学方法的现代转型[J]. 课程·教材·教法，2017(37).

8. 温儒敏. 遵循课标精神，尊重教学实际，用好统编教材[J]. 语文学习，2022(5).

9. 陈先云. 统编小学语文教科书中语文要素的内涵及其特点[J]. 课程·教材·教法，2022(3).

10. 侯静雯. 中华优秀传统文化融入统编小学语文教材的现状与优化途径[J]. 课程·教材·教法，2023（4）.

第三章　识字与写字教学

学习目标

1. 了解识字与写字教学目标，明确其教学理念。
2. 熟悉汉语拼音教学、识字教学、写字教学的基本内容。
3. 了解汉语拼音教学、识字教学、写字教学的常用方法。
4. 能够进行汉语拼音、识字、写字教学的教学设计，具有初步的识字与写字教学能力。
5. 能感受到汉字所蕴含的中华文化，并能用合适的方法传递给小学生。

▶第一节　识字与写字教学的目标与策略

目标是行动的指南，策略是达成目标的基本路径。识字与写字教学包括了汉语拼音教学、识字教学和写字教学三个方面的内容，是小学语文基础性板块之一。掌握识字写字教学的目标与策略，则是有效进行这一基础性板块教学的第一步。

一、识字与写字教学的主要目标

识字与写字教学的目标，具有很强的渐进性，各学段都既有量的要求，又有质的规定。识字与写字教学的总目标包括：学会汉语拼音；能说普通话；认识3500个左右常用汉字；能正确工整地书写汉字，并有一定的速度；热爱国家通用语言文字，感受语言文字的独特价值及其蕴含的文化；学会使用字典，等等。各学段的目标有如下特点。

1. 渐进性明显

识字写字的教学目标清晰地体现了学段的渐进性。这种渐进性可以归纳如下（表3-1）：

表 3-1　识字与写字教学目标的渐进性

	累计会识量	累计会写量	独立识字能力	写字习惯与书写质量	笔的类型	汉字文化
第一学段	1600个左右	800个左右	学会用音序和部首检字法查字典。学习独立识字。	努力养成良好的写字习惯，写字姿势正确，书写规范、端正、整洁。	硬笔写字，注意间架结构。	初步感受汉字的形体美。
第二学段	2500个左右	1600个左右	能用音序检字法和部首检字法查字典、词典。能感知常用汉字形、音、义之间的联系，初步建立汉字与生活中事物、行为的联系。有初步的独立识字能力。	写字姿势正确，养成良好的书写习惯。规范、端正、整洁。	硬笔熟练书写正楷字。毛笔临摹正楷字帖。	初步感受汉字的文化内涵。

续表

	累计会识量	累计会写量	独立识字能力	写字习惯与书写质量	笔的类型	汉字文化
第三学段	3000 个左右	2500 个左右	感受汉字的构字组词特点，体会汉字蕴含的智慧。有较强的独立识字能力。	写字姿势正确，有良好的书写习惯。行款整齐，力求美观，有一定的速度。	硬笔、毛笔书写楷书。	在书写中体会汉字的优美。

2. 重视书写质量

《语文课程标准》重视汉字书写的质量，表现在三个学段都要求"写字姿势正确"，同时，在第一学段强调"努力养成良好的写字习惯"和"书写规范、端正、整洁"的基础上，第二学段进一步要求"养成良好的书写习惯"，第三学段的要求提升至"有良好的书写习惯"。此外，在"附录"中设有《识字、写字教学基本字表》和《义务教育语文课程常用字表》，两个字表中的字都是高频字，包含了汉字的各种笔画类型和基本间架结构类型，为写字教学、教材编写和教学评估等提供了依据。

3. 坚守汉语拼音的辅助识字地位

《语文课程标准》明确指出：汉语拼音的功能是帮助识字、学习普通话，只要求"能借助汉语拼音认读汉字"。这样的定位更加适合低年级儿童的学习特点，把他们从繁杂的拼音知识要求当中解放出来。教师要牢牢把握目标，不要增加难度，不必让学生在刚开始学习汉语拼音时分析音节的构成、默写音节、给汉字注音等。

二、识字与写字教学的教材分析

小学教材是了解小学的一个重要窗口，故一定要树立强烈的教材研读意识，认真、深入地熟悉教材编写特色与具体内容。

(一)汉语拼音教学教材分析

1. 教学内容精简

跟《汉语拼音方案》相比较，小学汉语拼音教学减少了一些内容，简化了一些规则。表现在：第一，把 y、w(名称叫"呀、哇"，它们并不是真正的辅音。《汉语拼音方案》中规定 i、u、ü 三行的韵母自成音节时，分别使用 y、w，它们只是起隔音作用的字母)当作声母来教，直接和韵母相拼，这样，可以省学加(或换)y、w 的拼写规则。第二，iou、uei、uen 直接教省写式，不教省略规则，自成音节时用 y、w 同韵母直接相拼。第三，五个复韵母(ia iao ua uai uo)、七个鼻韵母(ian iang iong uan uang ueng üan)。这样减少内容，简化规则，使学生易于接受。

2. 编排顺序科学合理

统编小学语文教材的汉语拼音教学内容采用了以下编排顺序：第一步，教学"a o e i u ü"6 个单韵母及其带上 4 个声调的读法；第二步，教学 23 个声母"b p m f d t n l g k h j q x z c s zh ch sh r y w"及相应的整体认读音节"zi ci si zhi chi shi ri yi wu yu"，拼读单韵母音节及一些有介音的音节；第三步，教学"ai ei ui ao ou iu ie üe"8个复韵母、卷舌韵母er及相关的整体认读音节"ye yue"，拼读复韵母音节及一些有介音的音节；第四步，教学"an en in un ün ang eng ing ong"9个鼻韵母及相关的整体认读音节"yuan yin yun ying"，拼读鼻韵母音节及一些有介音的音节。这种编法吸纳了新中国成立后历次拼音教学改革的成果，既符合汉语拼音的学习规律，又降低了汉语拼音学习的难度。

3. 大量运用情境图

图3-1是教材第一册拼音第1课，画面表现的是一个小女孩正在小河边练唱"aaa"，一只大公鸡正在"ooo"地打鸣催人早起。河中，一只大白鹅正欣赏着自己"e"形的美丽倒影。这是典型的情境图，既表音，又表形，还能联系生活实际，有助于儿童形象直观地感知拼音知识。

图3-1　第一册拼音第1课

又如第一册拼音第2课，学 i u ü 三个韵母，画面上有一条鱼(ü)和一只乌(u)龟，岸上晒衣杆上挂着一件衣(i)服。(图3-2)

图3-2　第一册拼音第2课

教材的拼音部分运用了大量情境图，不一一举例。

4. 尽量联系生活实际

一年级学生入学前很少接触汉语拼音，却熟悉由拼音拼成的汉字与词汇，汉语拼音教材充分意识到了这一现象，从拼音第 3 课(图 3-3)就把这些常用汉字与词汇编入教材，作为练习拼读的实践材料。

图 3-3　第一册拼音第 3 课

这一课随画面出现了"爸爸、妈妈"这两个词语，要求认读的是"爸、妈"两个生字。把学拼音和识汉字结合起来，有利于汉语拼音学习，把刚学到的拼读音节的本领，用来帮助认读这几个汉字。

5. 处处渗透人文意识

汉语拼音教材的复习巩固部分也尽量联系了学生的实际，如语文园地三的"还能摆什么字母"(图 3-4)，要求学生发挥想象力和创造力，用手势、跳绳、筷子等肢体或熟悉的文体、日常用品来摆学过的字母。这样的题目开放而指向生活，教师要充分理解教材编写者的匠心独运，开拓相关的拼音教学资源。

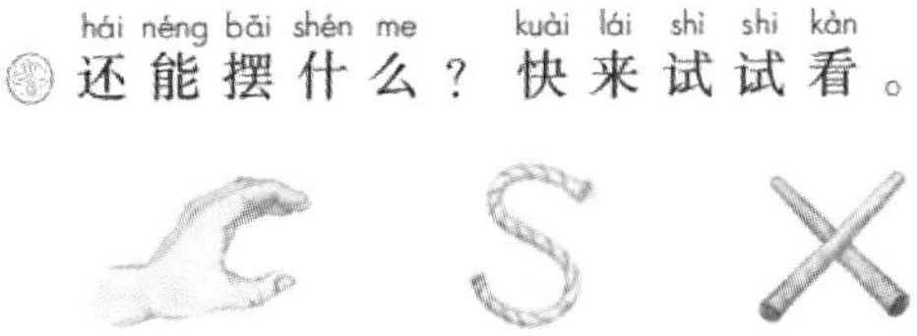

图 3-4　语文园地三

拼音教材又处处渗透着人文教育意识。如拼音第 4 课 dtnl(图 3-5)中，儿歌《小白兔》就倡导了微笑面对的生活态度。

图 3-5　小白兔

再如该课的主题图（见图 3-6），渗透了艺术教育与审美教育的元素。

图 3-6　第一册拼音第 4 课

(二)识字教学教材分析

1. 编写基本原则：识写分流，多识少写

识字、写字有不同的认知规律，我国传统语文教育就已认识到了这一点，所以，"识本"是"人之初，性本善，性相近，习相远"，"写本"是"上大人，丘乙己"，走的一直是识与写分流的路子。清末借鉴外国经验，开始"认讲写用"齐头并进，但经过多年的实践之后，在意识到汉字特性的基础上，小学语文教材又开始执行"识写分流，多识少写"的编写理念。

那么，什么是"识写分流，多识少写"？一般认为，"识"和"写"都是以把握字音正确辨形为基础的，但"识"只要求准确读音、大致懂义即可，而"写"则还要求掌握该字的正确写法，甚至还能在读写中运用。"识写分流"是指"识字"与"写字"在教学体系上各成序列，有联系但不并行，在教学时间上，要求能识的字与要求能写的字也并不同步，识字在先，写字滞后半步。"多识少写"是指要求能识的字比要求能写的字数量上要多。"识写分流，多识少写"符合低年级学生的语言学习规律，一方面，识写分流，可以单独形成低年级学生写字训练指导的序列，虽然写得晚、写得少，但有助于写得好；另一方面，多识字，可以让阅读先行，少花时间写字，多花时间进行听说读的训练。

统编教材以清晰的标记区分了"我会写"和"我会认"两个概念。如《小蝌蚪找妈妈》一课，双线格里的是会认字(图3-7)，田字格里的是会写字(图3-8)：

图 3-7　双线格

图 3-8　田字格

其他各课也是一样，比如接下去的第6课《一封信》(图3-9)。观察图3-7、图3-8和图3-9发现，会认字中的多音字都以蓝色加以凸显，而会写字后面的第一个格子里的字涂成红色，是提示先描红一个，然后再摹写两个。

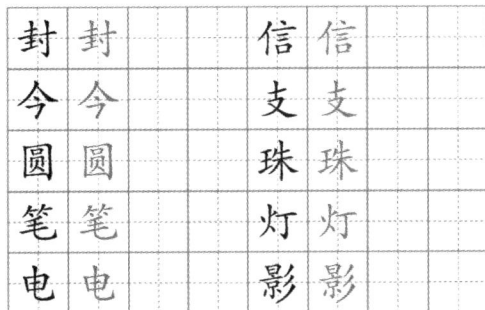

图 3-9　第 6 课

2. 识字编排的基本形式

小学识字教材编排有两种基本形式，一种是结合课文安排识字，另一种是集中安排识字。

(1)结合课文安排识字

结合课文安排识字是小学识字的主要形式。教学中要注意以下几点：第一，课文中出现的生字不等于本课教学要学会的生字。仍以《小蝌蚪找妈妈》为例，该课有15个会认字，这是应该作为识字教学目标的内容，即要求脱离本课在别的语境中也能认识。除此之外，课文中还出现了"鲤"等生字，但却只要求根据本课语境，根据课文中的拼音(全文都标了拼音)在本篇中读出即可。第二，多音字和发生语流音变的字要随文提醒。一般对于新的多音字，如前所述，教材都在会认字中以蓝色做了凸显；对于轻声，常见的"着""了""过"及叠音词(如"妈妈")等，课文都按轻声标注；但儿化等却并没有按事实读音标注，如"麦苗儿""桑叶儿"都仍然按三音节标示，教师在朗读或讲解时要给予学生提示。

(2)集中安排识字

集中安排识字往往体现为运用韵语识字和归类识字，往往以独立识字单元中的识字课文或以语文园地中的单个习题的形式出现。

统编教材的一、二年级均有独立的识字单元，每个识字单元都有4～5篇识字课文。识字课文的形式多样，有词组串、对对子、新编三字经、谚语、儿歌等，总体风格是将读字、认字、认词、积累语言相结合，并且读起来合辙押韵、朗朗上口。如二年级上册《识字 1 场景歌》(图 3-10)：

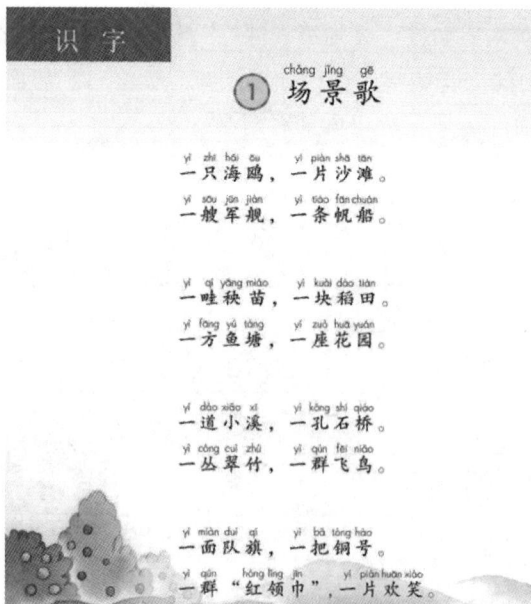

图 3-10　场景歌

该课用词组串形式，其他各种形式也都在教材中有所体现，比如：

对对子：云对雨，雪对风。花对树，鸟对虫。山清对水秀，柳绿对桃红。（一年级上册识字 5《对韵歌》）

儿歌：春季里，春风吹，花开草长蝴蝶飞。麦苗儿多嫩，桑叶儿正肥。　　夏季里，农事忙，采桑养蚕又插秧。早起勤耕作，归来戴月光。　　秋季里，稻上场，谷像黄金粒粒香。身体虽辛苦，心里喜洋洋。　　冬季里，雪初晴，新制棉衣暖又轻。一年农事了，大家笑盈盈。（二年级上册识字 4《田家四季歌》）

下面，再集中以统编版一年级下册第 1~4 单元的语文园地为例，分析归类识字教材的特色。其中，语文园地一的"识字加油站"是关于天气的词语类聚，配上泡泡提示语以引导学生自主发现并掌握新的积累汉字的方法（图 3-11）。

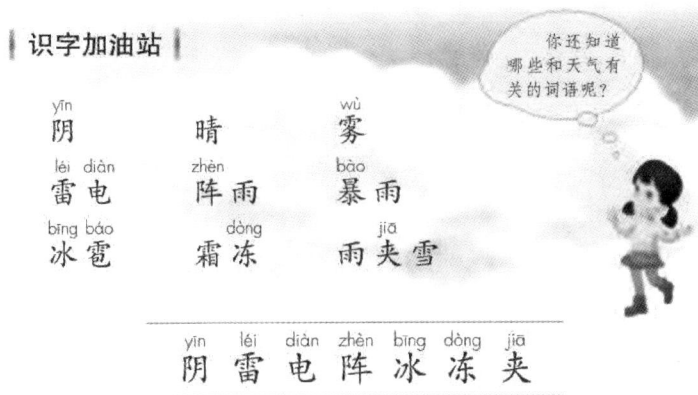

图 3-11　语文园地一

语文园地二的"识字加油站"重点学习量词（图 3-12），"字词句运用"中学习用"加一加"的方式组新字（图 3-13），"展示台"提示了学习新字的途径（图 3-14）。

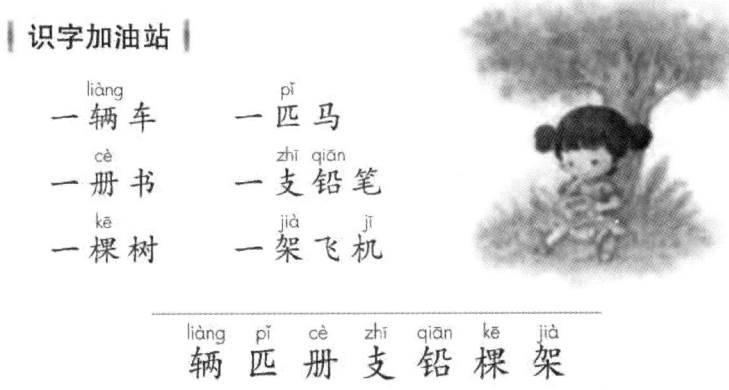

图 3-12　识字加油站

读一读，想一想。

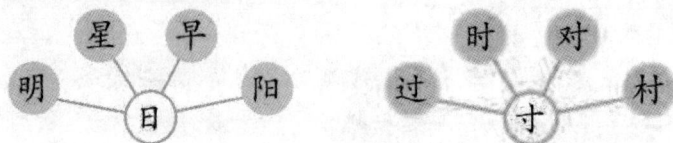

图 3-13　字词句运用

| 展示台 |

图 3-14　展示台

"语文园地三"集中力量学习音序查字法(图 3-15)。

语文园地四，"识字加油站"也是用的类聚法，重点练习身体部位的相关词语(图 3-16)；"字词句运用"指向轻声字的三种类别(图 3-17)；"书写提示"学习两种关于点笔书写的顺序(图 3-18)。

查字典

我们在字典中怎么查到"厨"字呢?

◇ 从"汉语拼音音节索引"里面找
到大写字母"C"。

◇ 找到"chu",在正文第××页。

chu ××

◇ 翻到正文第××页,找到"chu",接下来
就可以查到"厨"字了。

音序查字法口诀

音序查字要记牢,先把首个字母找。
字母下面找音节,看看它在第几页。

◎ 用音序查字法从字典里找到下面的字,并组词。

chí
池

shǒu
首

piāo
漂

jī
机

图 3-15　语文园地三

识字加油站

méi
眉 毛　　bí
　　　　鼻 子

zuǐ
嘴 巴　　bó
　　　　脖 子

手 bì
　臂　　dù
　　　　肚 子

小 tuǐ
　腿　　jiǎo
　　　　脚 尖

我来读，你来指。

méi bí zuǐ bó bì dù tuǐ jiǎo
眉 鼻 嘴 脖 臂 肚 腿 脚

图 3-16　识字加油站

字词句运用

读一读。

胆子　　粽子　　镜子

爸爸　　妈妈　　哥哥

故事　　月亮　　时候

图 3-17　字词句运用

书写提示

主 主　　　书 书
门 门　　　我 我

笔顺规则：点在正上方或左上方，先写点。

笔顺规则：点在右上方，后写点。

图 3-18　书写提示

(三)写字教学的教材分析

统编版比以前的各版都更加注重写字，一年级上册预备单元中即出现了指导写字姿势的内容(图 3-19)。

图 3-19　写字的姿势

接下去，在汉语拼音单元前出现的识字单元中，识字 2《金木水火土》就出现了会写字，学习横、竖这两个基本笔画，用一个小窗格提示在对应字的左上角，红色标示。笔顺则出现在对应字的上方(图 3-20)。

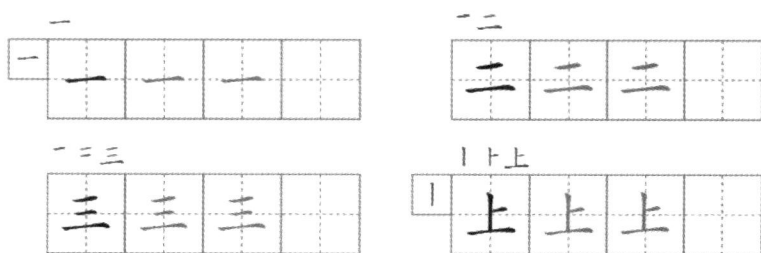

图 3-20　笔顺

这一课中同时出现了认识田字格的内容(图 3-21)。

◎ 认识田字格。

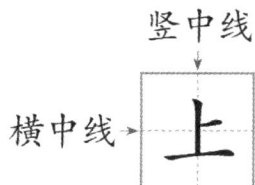

写字时，要注意笔画在田字格中的位置。

图 3-21　田字格

该单元的识字 3《口耳目》和识字 4《日月水火》分别出现了折笔画（横折）、撇和点、捺（图 3-22）。到此，所有基本笔画都已经出现。

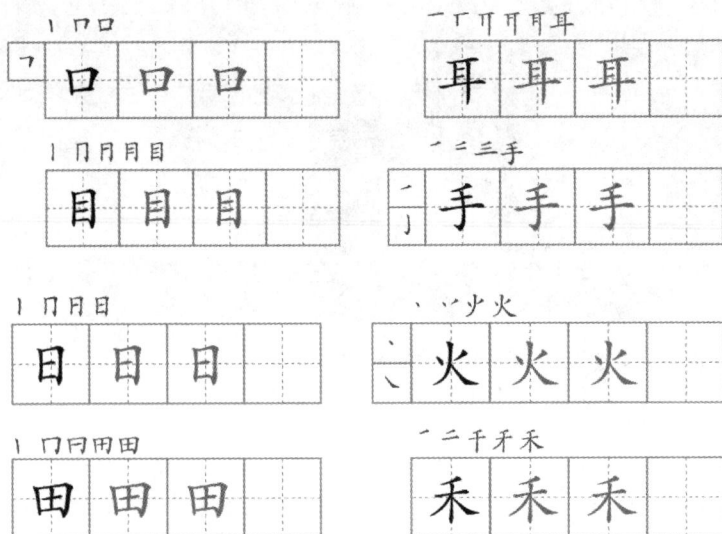

图 3-22　识字 3、识字 4

此后，在一年级上册语文园地一的"书写提示"中出现了握笔姿势的提醒，以及先横后竖、先撇后捺这两种最基本的笔顺规则（图 3-23）。

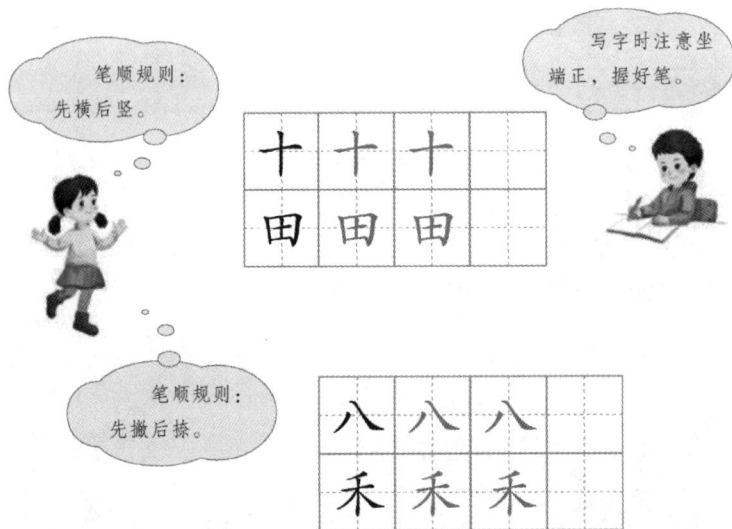

图 3-23　书写提示

两个汉语拼音单元没有要求会写字，但从第四单元开始，几乎每一课课文后面都有会写字，一些语文园地中也有要求会写字。出现这些会写字时，会同时提示会写字中出现的新笔画。很明显，新笔画当然是该课写字教学的一个重点。

该册语文园地六出现了第二次笔顺规则的提醒，是从上到下、从左到右（图 3-24）。此后，所有的笔顺规则都断断续续地在随课文出现的生字中得到了提示。

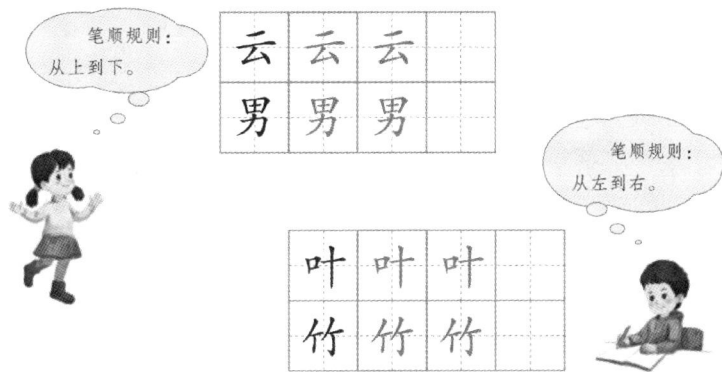

图 3-24　书写提示

到语文园地七，第一次出现了相似笔画的比较，如图 3-25。

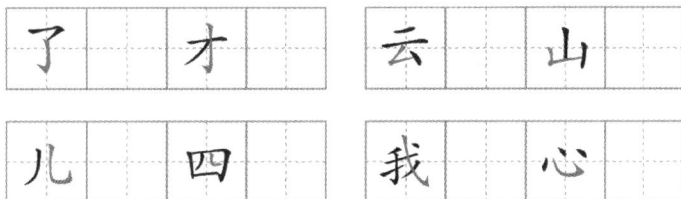

图 3-25　语文园地七

间架结构的要求，第一次出现是二年级上册语文园地一。差不多同一位置，又一次出现了对写字姿势与执笔姿势的提醒（图 3-26）。

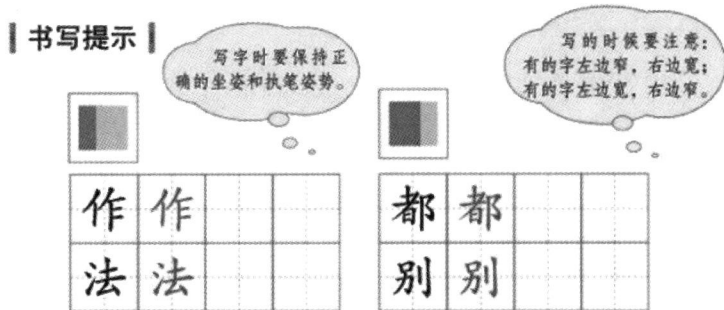

图 3-26　语文园地一

关于排版，教材也有提示，如四年级上册语文园地一（图3-27）。

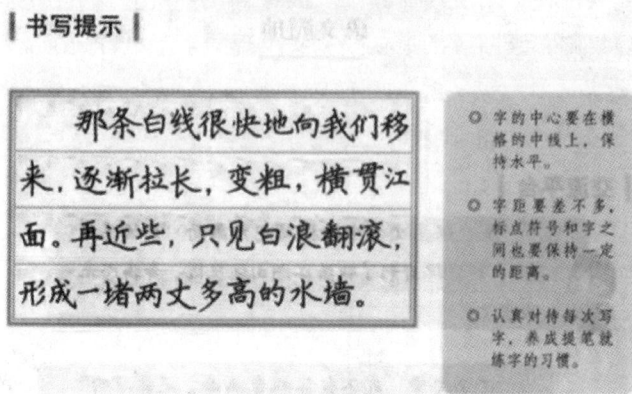

图3-27　语文园地一

到高年级时，教材中还有关于作品赏析的内容（图3-28）。

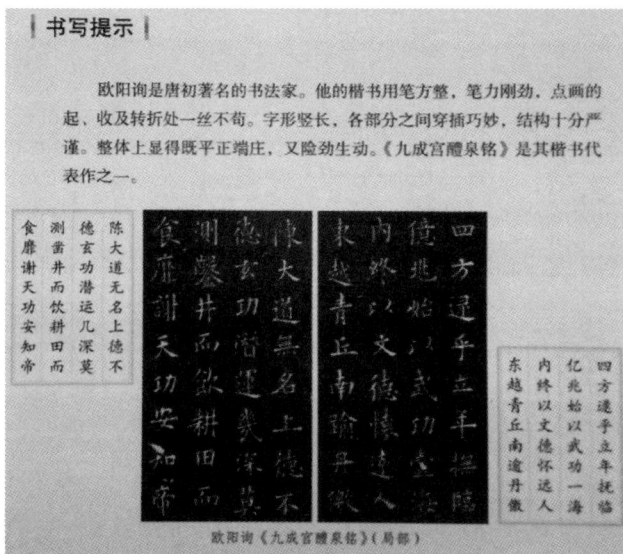

图3-28　赏析

此外，偏旁对于识字、写字都极为重要，教材在一年级上册课文第1课《秋天》的会认字中，就开始出现认识偏旁部首的内容（图3-29）。另外，在一年级上、下册的附录中都有《常用偏旁名称表》。

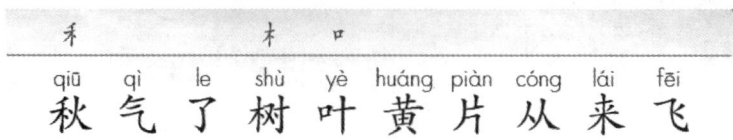

图3-29　《秋天》

三、识字写字教学的基本策略

汉语拼音教学、识字教学和写字教学，除了都必须树立牢固的"母语意识"和"儿童意识"之外，还应针对不同内容，采取相应教学策略。

(一)汉语拼音教学的基本策略

1. 尽量形象直观

本章第一节分析汉语拼音教材特点时，提到教材中有很多的情境图和儿歌，那么，教学时就应当充分运用教材所提供的这些现成资源，充分利用情境图与儿歌。比如，教学时，可让学生自己找一找情境图中的哪些事物和字母的形相似，通过观察画面，说出本课要学的字母或音节，把观察画面、学习音节和语言表达有机地结合起来。而教材中儿歌的价值在于利用朗读的语境来体验和巩固音节，不要求背诵。如 d t n l 一课"小白兔，穿皮袄，耳朵长，尾巴小。三瓣嘴，胡子翘，一动一动总在笑"，这样的儿歌，可以由教师或程度好的学生带读，重点感受 d t n l 这 4 个与本课相关的音素。

2. 多安排活动和游戏

刚入学的学生形象思维占优势，长于具体形象的记忆，即具体的、直观的事物在引起儿童的注意上，仍然起着重要作用，所以教学时要注意幼小衔接，教学策略尽量游戏化。同时，汉语拼音知识的量很大，相对于识字教学、阅读教学而言，又比较枯燥乏味。所以，在学生已经初步学会拼读以后，要避免大量枯燥无意义音节的练习，增加与学生的生活世界紧密联系的练习活动。此外，汉语拼音的检测，也应该适合刚入学儿童的特征，尽量少要求学生认读一个个孤立的音节，而是认读赋予汉语意义的音节，使学生体会到拼音可以帮助识字和阅读，产生学好汉语拼音的兴趣。

3. 加强与方言比较

中国地域宽广，各种方言千差万别，就连北方方言区的本地音与普通话也有不小差距。这一特点要求应在与方言的对照中进行拼音教学。具体要求做好以下两点：第一，教师要先弄清本地方言有何特征，在教学中要设法凸显方言特征。方言特征体现于声、韵、调三个方面。一般地，声母、韵母的难点相对而言较易发觉，声调的方言色彩却很易被忽略掉。殊不知，声调才是语音面貌的灵魂，因为语感上判断一个人是不是在讲普通话，最先起作用的是声调，然后才会细细分析其发音时的声韵情况怎样。第二，要以方言特征为教学测评重点。对拼音能力的测评，首先是要求学生当场拼读，在口耳表达与接受中评价学生是否已正确掌握了音节。同时，应注意联系学生日常生活，加强正音指导，如用字正腔圆的普通话自我介绍、互称姓名、演唱歌曲等，让学生们带着任务学拼音，在绵延而平常的日子里去掉方言，掌握并自如运用汉语拼音知识。

(二)识字教学的基本策略

1. 抓住不同学段的识字重点

按照《语文课程标准》要求：第一学段"学习独立识字"，第二学段"有初步的独立识字能力""能用音序检字法和部首检字法查字典、词典"且"能感知常用汉字形、音、义之间的联系",第三学段"有较强的独立识字能力";第一、第二、第三学段的课外阅读总量分别是不少于 5 万字、40 万字和 100 万字。很明显,三个学段的识字教学重点在逐渐转移,第一学段主要是识字规则的掌握、识字量的积累和独立识字能力的提高,第二、第三学段则主要是通过大量阅读来识字,并对所识字加以巩固。教学重点不同,教学策略当然也有所差别。另外,由于第二学段已经不再把识字作为整个语文教学的重点,所以三年级学生普遍存在生字回生率高的现象,应该根据遗忘规律,有计划地安排复习,避免遗忘。

2. 关注汉字的表意性

识字教学的内容是汉字。了解汉字的根本特性,认识每个汉字背后的奥秘,能帮助教师因地制宜地选择教学策略。跟其他文字相比,汉字的根本特性是其表意性。这种表意性集中体现为四种造字法。

象形字和指事字合称为独体字,过去也叫"纯体字"。清代文字学家王筠曾在其《教童子法》中提出:儿童识字,"先取象形指事之纯体教之"。说的是,儿童开始识字时,首先要学习独体字。为什么呢? 基本原因在于,独体字的构字、构词能力都很强。构字能力强,表现在几乎所有独体字都是偏旁,可直接参与构字,其中有的因构字时十分活跃而被确认为部首,比如"一、二、人、口、手、大、小、日、月、水、火、风、雨、山、石、田、土、木、禾、米、竹、刀、弓、车、舟、耳、目、舌、牙、足、寸、马、牛、鸟、虫、方、门、工、厂"等,就是如此。构词能力强,是指独体字作为语素参与构成新词的活动能力强,有人统计,"一"可构词语达 321 个,"大"可构 390 个,"水"可构 325 个,可见独体字构词能力之强。

我们知道,独体字作为构件组成合体字时,其意义或声音经常得以保留;作为语素构成新词时,体现在新词中的语素义与其本义之间也总是有着千丝万缕的联系。为了使独体字的这种独特作用在汉字学习中得到持续利用,教学时应适当提供象形、指事字的表意知识,而适合小学生的方法则为随文释形释义。低年级小学语文教材中的象形字特别多,比如:"人、口、手、刀、弓、车、舟、耳、目、山、石、田、土、女、子、首、乌、鸟、燕、鱼、贝、牛、羊、马、兔、象、鹿、虎、毛、羽、网、衣、门、水、火、果、瓜、州"等。指事是在象形字的基础之上加上指事符号表意的一种造字方法。比如在"木"的下部加上指示性的符号构成"本",表示树根;在"木"的上部加上指示性的符号构成"末",表示树梢;在"木"的中部加上指示性的符号构成"朱"(即后来的"株"字),表示树干。另外常见的指事字还有"刃、亡、亦、叉、一、二、三、上、下"等。

"会意"的字面意思是会合成意,即把两个或几个象形字或指事字的字形组合在一起,这些字形汇合而成的意义就是该会意字的意义。从会意字的含义可以看出,指明会意字的构字特点后特别容易理解并识记字形,教材编写者也往往特别注重这一点,如一年级上册识字6《日月明》："日月明，田力男。小大尖，小土尘。二人从，三人众。双木林，三木森。一人不成众，独木不成林。众人一条心，黄土变成金。"小学阶段常见的其他会意字还有："臭、班、武、信、占、名、斌、鸣、吠、炎、林、森、劣、凭、楞、步、及、益、北、安、宿、孕、乳、牧、为、取"等。

形声字在汉字中的比例最大，在现代汉字中已占到87%以上。其形符表示意义或字义的属类，声符表示该字的读音，小学教材对此用儿歌表示："形声字，真好记，音形义，有联系，声旁帮着读字音，形旁帮着想字义"。（注：从语源学的角度来说，形声字的字音有时也有示意的作用，如声符为"坙"的"胫""径""颈""经""陉"等字都具备"细长"之义，声符为"戋"的"浅""栈""贱""笺"等字都跟"小"义有关。）了解形声字的构造，不仅有助于教学新字，对于学生以后的自主识字也意义重大。

当然，利用造字法知识进行小学识字教学，要注意两点：第一，一般不宜向上追溯至繁体字乃至大小篆、金文、甲骨文的形体再来进行解释，而应以现行的规范形体作为分析的依据。如讲"舂米"的"舂"字，就不要分解上面的部件为"两只手拿着一个捣米棒"；讲"惊"字，不必恢复到繁体为"驚"，从本义"马受惊吓"到引申义"害怕、担心"，而是直接讲简化后的"从心京声"就可以了。第二，不能胡乱臆测说解文字。把"穷"解读为"上面穴字表示住处，下面力字表示人，合在一起指人满足于躲在家里只能受穷"之类，都是误导学生。

3. 联系儿童生活实际

我国古代就对识字教学生活化有所认识，如清代文字学家王筠就在《教童子法》中说："蒙养之时，识字为先，不必遽读书，先取象形指事之纯体教之。识日月字，即以天上日月告之，识上下字，即以在上在下之物告之，乃为切实。"而近年来的人脑机能研究，则为识字生活化提供了理论基础，该理论认为：人脑必须通过某种机制，把大脑皮层不同区域独立完成的信息处理综合起来，在这个综合的过程中，必须要有"注意"

论文：《语文识字教学中的文化想象及能力培养》[①]

的参与，"注意"会强调某一物体的特异的性质，突出对生存和生活有重要意义的视觉目标。也就是说，识字教学生活化，可以激起学生的有意注意，提高学习效率。

为了解小学教师对于联系儿童生活识字这一策略的态度，我们特意访谈了一位主管教学的小学副校长，下面是她的相关评述：

我们学校的教师在识字教学时，非常注意生活化识字理念的运用。关注生活中出现的汉字，如：找找广告牌、包装纸上有哪些刚学会的字；动画片中的人物对话与歌词，有哪些字是认识的；坐公交车时注意听站名看站牌，把新学到的字带到学校来分享；等等。一年级的学生，我们还有意识地利用学校活动让孩子们识字。比如，轮流让同学们发作业本，在发作业本的过程中认识同学的姓名；熟悉校园环境，在弄清各

---

① 刘晶晶，刘葳蕤. 语文识字教学中的文化想象及能力培养[J]. 教育研究与实验，2022(5).

种标牌意义的过程中认识生字；等等。另外，我们特别强调阅读，鼓励孩子在课外多看一些内容浅显、图文并茂的儿童读物，如简短的童话、寓言故事等，可以一边识字，一边扩大视野，培养阅读习惯。

可见，教师对语文教学是母语教学的特性已有较好的认识，能够充分联系儿童的生活经验，让四处皆在的汉字真正走进孩子们的视野，在相伴同行的过程中自然地相识相知。

(三)写字教学的基本策略

1. 重视态度与习惯培养

写字是一种技能，必须经过长期训练才能取得良好成绩。小学阶段，写字教学除了要教学生把字写正确外，更重要的是培养优良的写字态度与写字习惯。从态度来说，信息时代仍需要把字写得规范、端正、美观，这不仅是交流的需要，也是提高个人文化修养、传承民族文化的需要。因此，教学中，一是要从严要求，养成不马虎写字的态度；二是要在汉字形体美的熏陶中，渗透热爱祖国文字的情感教育。教师的态度很大程度上就决定了学生的态度，所以，教师的板书、作业批改是否规范、端正、美观以及教师言谈举止中对汉字是否自然流露出由衷喜爱，是学生能否具备良好写字态度的关键。写字习惯主要指写字时的坐姿和握笔要领，现实中，由于初学儿童小肌肉不发达，常常出现握笔过低、过紧，上身或右倾或左倾，头部低伏，手指、肘部紧靠桌面等让人担心的现象，故教师需持之以恒地从学生入学即严格要求，并耐心细致地加以指导，以帮助低年级学生形成良好的写字习惯。

2. 重视观察

写字过程要重视引导学生多观察，包括在教师示范时认真观察、自己写字前认真读帖、写完字后整体观察评价。每学一个新字，教师都应进行板书示范，详细指导不易写好的笔画、容易写错的笔顺，使学生对所写之字的笔画姿态、结构特点、书写笔顺有一个全面整体的印象。教师示范时，还要引导学生仔细观察老师是怎样一笔一笔写的，教师范写一笔，学生跟着写一笔，整个字都示范完了后再练习书空。除此之外，写前观察还包括认真读帖，即观察每个字的结构特点，把笔画或部件的位置、大小、粗细、宽窄、高低、收紧、舒展、相让、穿插等都看仔细，留下印象。写后观察，是指写完后对照刚才所习之字与范字的异同，进行整体观察评价，以发现运笔及结构上存在的问题。

3. 贵精不在多

教学生写字应贵精不在多，要有保底量的要求，但更要有重质量提升的思想。对低年级学生，每次二三个字即可，有时就写一个字也行，但每次写字，一定要提醒写字、执笔的姿势，直至养成良好的习惯。每写一个字，一笔一画的起笔、止笔、占格、占位，每个字的间架结构，每个部件的高矮胖瘦，部件笔画的穿插避让……都要交代得清清楚楚。另外，为避免学生疲劳，学生动笔写字不应集中安排在一节课上进行，而是要分散到每一堂课里面去。而对于同一个新字，抄写的遍数以 3 次左右为宜。渐渐地，随着年级的升高，学的字词多了，偏旁部首书写熟练了，一般到三年级时小学生的写字能力就会发生跃升，但形近字、同音字也随着识字量增大而频率提高，所以，此时的写字重点应该转移到形近字、同音字上。

▶第二节　识字与写字教学的内容与方法

掌握了汉语拼音教学、识字教学、写字教学的基本目标与策略之后，接下来需要进一步学习的是，在这些目标与策略之下，汉语拼音教学、识字教学、写字教学的具体内容究竟是什么，如何运用恰当的方法来对这些内容进行教学。

一、汉语拼音教学的内容与方法

小学汉语拼音教学总体要求是：能读准音，认清形；会认读四声；学会拼音方法，能准确地拼读音节；正确书写声母、韵母和音节；能认读大小写字母。

(一)汉语拼音教学的内容

1. 声母、韵母和整体认读音节

声母(23个)：b p m f d t n l g k h j q x z c s zh ch sh r y w

韵母(24个)：a o e i u ü ai ei ui ao ou iu ie üe er an en in un ün ang eng ing ong

整体认读音节(16个)：yi wu yu zhi chi shi ri zi ci si ye yue yin yun yuan ying

声调符号(4个)：ˉ ˊ ˇ ˋ

2. 字母的书写

书写位置方面，小写拼音字母在四线格中，占中格的有 a、o、e、w、u、m、n、x、z、c、s、r，占上中格的有 i、ü、b、f、d、t、l、k、h，占中下格的有 y、p、g、q，占上中下格的只有 j。字母笔画的方向上，整圆笔画的正确书写，应该是从上方落笔，往左下方运笔，一笔写成，如"o"。半圆笔画的正确书写，无论是左半圆，还是右半圆，都应该从上方落笔，左半圆从上往左下顺势运笔，右半圆从上往右下顺势运笔，一笔写成，如"p"中的"ɔ"及"q"中的"c"。笔画顺序上，i、ü、j 这几个字母中的点应该最后书写，f、t 两个字母中的横画应该最后书写，x 应该是先写左斜竖，后写右斜竖。笔画数目上，e 一笔写成，a、u、w、b、p、d、n、g、k、q 等字母都是两画。在四线格中书写时要注意，中格要满格，上、下格都不要占满格。

3. 拼音的方法

拼音方法指把声母和韵母拼合在一起成为一定的音节的方法。目前，小学最常用的拼音方法包括两拼法和三拼法。其中，两拼法是将声母和韵母直接相拼，方法要领是"前音轻短后音重，两音相连猛一碰"；三拼法是将声母、介母、韵母快速连读的方法，方法要领是"声轻介快韵母响，三音连读很顺当"。

4. 汉语拼音字母表

汉语拼音字母表(图 3-30)要求朗读和背诵。汉语拼音字母表规定了汉语拼音字母的形体、排列顺序及名称。小学生掌握汉语拼音字母的主要目的是帮助学习音序查字法。

A	B	C	D	E	F	G
a	b	c	d	e	f	g
H	I	J	K	L	M	N
h	i	j	k	l	m	n
O	P	Q		R	S	T
o	p	q		r	s	t
U	V	W		X	Y	Z
u	v	w		x	y	z

图 3-30　拼音字母表

语文课本上的汉语拼音用的是哥特体(也有的译为哥德体)，线条均匀，没有粗细之分，没有装饰线，便于书写。哥特体同常见的罗马体有两个字母字形差别较大，一个是 ɑ-a，一个是 ɡ-g。

(二)汉语拼音教学的方法

1. 发音的方法

教发音的方法主要包括示范、观察、模仿法，比较法，局限法，演示法，夸张法，分解法，等等。

示范、观察、模仿法：教师作发音示范，让学生仔细观察口型、舌位并体会发音方法。这是汉语拼音教学最常用的一种方法，可以配合使用发音部位图。如 zh 的教学，先由教师示范读 zh，范读时要求学生仔细观察教师嘴角微微上翘的口型，然后再体会舌尖接近硬腭前部的发音要领，最后，教师带读、学生模仿发 zh 的音。

比较法：把两个(两组)或几个声母韵母放在一起比较异同。如 b、p 的发音部位和发音方法基本相同，主要区别在于送不送气。

局限法：发音时设法使发音器官的某一部位受到限制，以便正确发音。如教鼻音 n 和边音 l 时，让学生捏紧鼻子发 n，结果发不出音，松开手才能发出音来；而发 l 时，要捏着鼻子防止变成鼻音。

演示法：运用手势、用具等作必要演示。如教平舌音和翘舌音时可以辅以手掌向前平伸或四指向内卷曲的手势，教声调时可按照四个调号的形状做不同的手势来使调型调值直观化。

夸张法：为了突出发音的特点，有意将口、唇、舌的动作适当夸张，或有意将声音拖长、加重，这样，学生的印象较深，对发音特点也容易领会。

分解法：利用插图引出句子，从句子中分解出词语，从词语中分解出音节，最后从音节中分解出声、韵进行教学。如学习后鼻音，可用 g、k、h 声母字带出发音部位，如"星空"，"空"的开头音素为 k，"星"的结尾音素是 ng，k 与 ng 的发音部位相同，但对南方人而言，k 易发而 ng 难发，所以，就可把"星空"连在一起，用"空"的开头音素把"星"的结尾音素引导到标准的发音部位上来。

2. 辨记、拼读的方法

教辨记音形与拼读的最常见方法是歌谣法和游戏法。下面列举一些常用的歌谣和游戏：

歌谣

张大嘴巴 aaa，圆圆嘴巴 ooo，扁扁嘴巴 eee，1 字加点 iii，乌鸦做窝 uuu，鱼吐泡泡 üüü。

小小帆船迎波浪，像个 6 字就是 b；小猴推车上山坡，车的样子像个 p；小兔挎篮采蘑菇，三个蘑菇连成 m；魔术大师台上站，手扶魔棒 fff。

大 y 带小 i，一对好兄弟，两人在一起，仍然读作 yi。

小 ü 很骄傲，眼睛往上瞧，大 y 帮助它，摘掉骄傲帽。

一声高高平又平，二声由低往上升，三声先降再扬起，四声由高降到低。

a o e i u ü，标调时，按顺序。i 上标调去掉点，i u 并排标后边。

游戏

开火车：这种游戏准备简单，适于课堂操作，能使全体学生兴奋起来，比较适合复习巩固拼音知识时运用。

找朋友(欢乐对对碰、孪生聚会)：适用于声韵母相拼，拼音跟汉字配对等。

顺风耳(听音取卡片)：学生每人准备一套卡片，听到老师或小老师报音，就马上找相应的声母、韵母、音节或生字卡片，看谁找得快而准，适用于复习音近的拼音字母(前后鼻音、平翘舌音)和生字。

收投信(邮差送信、小邮递员)：收信适用于认读拼音字母、音节；投信适用于分类，如按声母、韵母和整体认读音节给字母分类，或者是按两拼和三拼给音节分类。

放鞭炮：把需要认读的相关卡片放入一个红色的爆竹筒内，读对了鞭炮里的字母(音节、生字、词语、句子)，鞭炮就点燃了。适用于认读拼音字母、音节等。

火眼金睛(眼明手快)：培养辨识能力。适用于音节的标调，特别是复韵母 ui 和 iu 的标调，ü 上两点的省略规则，以及一些形近字母。

二、识字教学的内容与方法

(一)识字教学的内容

小学阶段要累计识字 3000 个，其中 2500 个左右会写。随着识字的进程，要随机指导学生学习汉字笔画、笔顺、偏旁部首、结构类型等方面的知识。

1. 识字量

对于识字量,《语文课程标准》有一个明确规定,统编版教材严格按照了该要求安排识字写字的数量。其中,第一学段会识字 1600 个,会写字 800 个,具体情况如表 3-2。

表 3-2　统编版 1—4 册识字量的差异

要求	一年级上册	一年级下册	二年级上册	二年级下册
会认字	300	400	450	450
会写字	100	200	250	250

2. 字形教学

(1)笔画

笔画是汉字的最小构成单位。写字时,按楷书的书写要求,从起笔到抬笔,叫作"一笔"或"一画"。要把字写好、写规范,必须认清这个字由哪几个笔画构成。现代汉字的基本笔画共有五个:一(横)、丨(竖)、丿(撇)、丶(点)、乛(折)。小学要掌握的汉字笔画见表 3-3。

表 3-3　常用笔画名称表

笔画	名称	例字	笔画	名称	例字
一	横	十	乀	斜钩	我
丨	竖	木	㇃	卧钩	心
丿	撇	八	㇎	横折折	凹
丶	点	头	㇋	横折弯	船
乀	捺	人	㇆	横折提	话
一	提	虫	乛	横折钩	刀
乛	横折	口	乙	横斜钩	风
乛	横撇	水	丁	竖折折	鼎
乛	横钩	你	㇄	竖折撇	专
㇄	竖折	山	㇄	竖弯钩	七
㇄	竖弯	四	乃	横折折折	凸
丨	竖提	长	及	横折折撇	及
亅	竖钩	小	乙	横折弯钩	九
㇛	撇折	去	那	横撇弯钩	那
㇏	撇点	女	马	竖折折钩	马
亅	弯钩	子	奶	横折折折钩	奶

（2）笔顺

一个字先写哪一笔，再写哪一笔，都有一定的顺序，这种汉字笔画的书写先后顺序就叫"笔顺"。写字不依照笔顺，就会感到不自然、不方便，但是这种自然方便并非完全依个人喜好而定，它有一定的原则。这些原则主要是：第一，要符合现代汉字从左到右横排书写的习惯；第二，便于组织结构，使书写美观；第三，不破坏汉字的笔画系统。

小学第一学段即要求掌握基本的笔顺规则。汉字笔顺的基本规则是：

先横后竖，如：十、干、丰

先撇后捺，如：人、八、大

从上到下，如：三、乏、章

从左到右，如：川、什、脚

先中间后两边，如：小、水、办

全包围，先外后内再封口，如：四、田、回

上右或上左包围，先外后内，如：原、病、司

左下包围，先内后外，如：进、延、建

框朝上三包围，先内后外，如：凶、函、幽

框朝下三包围，先外后内，如：同、风、周

框朝右三包围，先上后内再左下，如：区、医、匠

此外，还须注意点的笔顺：点在左上先写，如"斗、头"；点在右上后写，如"戈、发"；点在里边后写，如"瓦"。

教师教学中，要注意教给学生笔顺知识，对于一些笔顺容易错的字要重点加以指导。见表3-4。

表 3-4　汉字笔顺举例

例字	规范笔顺
九	丿九
匕	丿匕
了	乛了
与	一与与
万	一丁万
义	丶丷义
兆	丿 丿 丬 兆 兆 兆
卯	乀 乥 乥 卯 卯
兜	丶 乥 乥 白 白 白 兜 兜
鼎	丨 冂 冂 月 月 月 鼎 鼎 鼎 鼎 鼎 鼎

（3）偏旁

组成合体字的形体结构单位叫偏旁。对于偏旁的具体所指，可以有两种理解，狭义的理解仅指合体字左右两旁的结构单位，广义的理解则可指合体字上下左右内外任一部分的结构单位。现在一般倾向于广义的理解，例如"今、衣"是"衾"的偏旁，"木、寸"是"村"字的偏旁，"门、人"是"闪"的偏旁。在口语中，"偏旁"通常被简称为"旁"。在许多情况下，偏旁要大于部件，如"语"字右边的偏旁就由两个部件"五"和"口"构成。当然，当偏旁内部不能进行再切分的时候，偏旁也就等于一个部件，如"各"的上下两个偏旁"夂"与"口"就分别是两个部件。

教学中，偏旁的称呼应尽量标准化、规范化。通常的命名规则是：在上称头，在下称底，在左称旁，在右称边，在外称框，在内称心。如"十"在"古"字中称"十字头"，在"毕"字中称"十字底"，在"协"字中称为"十字旁"，在"什"字中称为"十字边"。再如，"丁"字在"宁、顶、钉、可"四字中分别被称为"丁字底、丁字旁、丁字边、丁字框"。另外，统编版教材第一册、第二册后面附录了《常用偏旁名称表》，具体参见表3-5。

表3-5　常用偏旁名称表

偏旁	名称	例字	偏旁	名称	例字	偏旁	名称	例字	偏旁	名称	例字
亻	单人旁	作件	夂	折文	夏冬	厂	厂字头	原	火	火字旁	炼炮
八	八字头	公	门	门字框	闪问	刂	立刀	刚别	户	户字头	房扇
人	人字头	今会	氵	三点水	江流	冫	两点水	净冰	心	心字底	忘想
𠂊	斜刀头	兔	宀	宝盖头	家它	丷	倒八	单	钅	金字旁	钱铅
勹	包字头	包句	辶	走之底	进这	又	又字旁	欢观	疒	病字旁	病
⺍	倒八	关前	女	女字旁	奶妹	阝	双耳旁	降都	立	立字旁	端站
讠	言字旁	说语	纟	绞丝旁	绿红	扌	提土旁	块场	衤	衣字旁	裙初
阝	双耳旁	院	木	木字旁	树桥	大	大字头	奇牵	页	页字边	颜领
扌	提土旁	地	日	日字旁	晚明	广	广字旁	席	舌	舌字旁	甜乱
扌	提手旁	把打	月	月字旁	朋	弓	弓字旁	张弯	米	米字旁	粽粮
艹	草字头	莲花	灬	四点底	点	孑	子字旁	孤孩	走	走字旁	赵赶
口	口字旁	叶喝	禾	禾字旁	秋和	牜	牛字旁	物	足	足字旁	跟跳
囗	国字框	国回	穴	穴字头	空	斤	斤字旁	新断	身	身字旁	躺
彡	三撇	影彩	竹	竹字头	笔答	车	车字旁	转辆	雨	雨字头	霜雷
犭	反犬旁	狗				攵	反文旁	故敢			

顺便提及的是"部首"。在现代汉语知识体系中，部首原指"一部之首"，是编纂字典时为查检方便，把具备相同偏旁的字编在一起，而该部的标目字因为排在该部之首，因此便叫作"部首"。一般说来，部首是表示意义的偏旁，但由于独体字只能分析出笔画，不能分析出偏旁，为了查检方便，便把独体字的起笔笔形"横、竖、撇、点、折"也作为部首。东汉许慎的《说文解字》把9353个汉字的部首定为540个，现在通行的

《新华字典》的部首则只有 201 个。在小学语文教学中，"偏旁""部首""偏旁部首"处于一种通用的状态。

（4）结构类型

汉字的笔画或部件或偏旁按一定顺序进一步组合就成为字。汉字包括独体字和合体字，独体字内部不能分割，如"文""中"等；合体字则可以分解为若干个基础部件，如"邑"可分解为"口"与"巴"，"汉"可分解为"氵"与"又"。合体字占了汉字总数的 90% 以上，分析合体字的结构组成有益于记忆字形和掌握字义。独体字的笔画组合方式和合体字的部件的组合方式合称为汉字的结构方式。

分析独体与合体一般不难，但是如果介于独体和合体之间，就不容易确定，如"京、舌、禽、出、及、串、果、事"等。划分独体与合体，首先，可从造字法上考虑，象形字、指事字一般是独体字，会意字、形声字一般是合体字。但是，又不能拘泥于造字法，现代汉字的实际字形也是划分独体、合体的重要依据。如"京、舌、禽"等象形字，已具备了合体字的特征，应看作合体字。其次，合体字一般具有明显分离的特征，部件之间、部件与笔画之间必不交叉连串，像"出、及、串、果、事"等字就不是合体字。再次，合体字分解出的两个以上部件，必须便于称说，一部分应当是独体字或常用部件，另一部分应当是便于称说的笔画或可以变通称说的部件，如果其中有一个部件不好称说，就不宜按合体字分析（表 3-6）。

表 3-6　汉字结构类型表

结构	结构类型		例字
独体	相离		二、八、心
	相接		人、丁、乡
	相交		女、十、井
合体	上下	上下	忠、想、霜
		上中下	翼、器、夔
	左右	左右	村、楼、飘
		左中右	锄、搬、掰
	包围	全包围	围、国、圆
		三面包	风、凶、区
		两面包	迂、庆、句
	对称（框架）		巫、爽、噩
	穿插		秉、夷、建

小学阶段，主要指导掌握独体和合体中的上下、左右、包围这几种结构。据统计，3500 个常用字中左右结构和左中右结构的字有 2000 多个；上下结构和上中下结构的字有 800 多个。

(二)识字教学的方法

汉字是音、形、义的统一体。掌握汉字，不仅要分别识记音、形、义，还要建立音、形、义之间的联系。

1. 字音教学

字音教学主要是借助拼音教学来学字音，要纠正方音，对于难拼音节的汉字，要重点加强读音的指导。除此之外，要注意指导学生用形声字的声旁来学习字音，在碰见多音字的时候，要根据意义据词定音或据语境来定音。

识字教学方法：教材提示的要点

2. 字义教学

字义教学是识字教学的核心，教学方法有直观演示、据形示义、联系语境、比较辨析、查字词典等。

直观演示法，是用直观演示的方法形象地展示文字意义。如表示具体事物的名词、数量词等，可用实物、图片、幻灯片、标本、模型、投影等直接说明；动词可以通过教师或学生的体态展示，使学生明白词义；形容词采用有声语言的描绘、渲染创设一定的情境，让学生领悟词的意义和情感。

据形示义法，是运用汉字字理来展现字形或字形演变来帮助理解意义。利用形声字的形旁归类，把相同偏旁的汉字归在一起，抓住其形旁的表意特点归类识字，就是据形示义法的一种良好运用。例如，"膀、腰、肚、背"归在一起，可以发现，含"月"的字很可能跟肉有关。再如，教学象形字时，抓住象形字保留实物形态表示意思的特点，用图画和分析字形的方法帮助学生识字。如"女、舌、爪、巾、舟"这些基本字，就用动画的方法制成课件，让学生在汉字的演变过程中理解字义。

联系语境法，联系上下文语境或生活语境，帮助学生通过具体的语言环境去意会、领悟字词的含义。常用于抽象名词或介词、连词、助词、叹词的教学。例如，"又、也、却"的教学就需要运用联系语境法。

比较辨析法，主要是利用反义或同(近)义词来比较辨析。包括：第一，利用反义词词义场，把表达的意思相反或相对的字归在一起，从而理解字义，例如，高—矮，胖—瘦，明—暗，美—丑。第二，利用同义词词义场，把意义相同或相近的词归在一起，使学生理解、体会字义，扩大词的积累，例如，很—非常—特别—格外—相当。

查字词典法，是独立理解字词义常用的方法。许多字词在字词典中有多个义项，要指导学生根据具体的语境选准义项。这样可以培养学生相关识字能力，达到扩大识字数量的目的。

3. 字形教学

字形教学是识字教学的关键，也是识字教学的难点。调查表明，学生对字形的遗忘率高于音义遗忘率，结构错误、笔画增减、字形相混的"形错"字较为常见，笔画部件分析法、字形比较法、字理教学法、字谜口诀法是教学字形的常用方法。

识字与写字教学

笔画部件分析法，是字形教学最基本的方法。独体字教学一般通过数笔画分析字形，教给学生基本笔画、笔顺规则，记忆字形。如，乃——丿、乃，五——一、丁、五、五，边记笔顺边书写，掌握字形。教合体字或结构复杂的独体字，要从整体出发，采用先分成几个部分、再回到整体的方法来分析识记字形。

字形比较法，是利用熟字来学生字，包括基本字加部件、减掉部件、替换偏旁、整体拆分等，具体表现则为加一加、减一减和换一换。第一，加一加，在原有认识的汉字的基础上加偏旁或部件构成一个新字，如，哥——歌、扁——篇、遍，取——趣；或将两个已学字组合成一个新字，如，禾、火——秋，禾、少——秒。第二，减一减，将已认识的汉字去掉偏旁或部件构成一个新字，如，漂、瓢——票，完、园——元。第三，换一换，把一个已经认识的汉字换一个偏旁，使之构成另一个新的汉字，如，底——低、线——钱。此外，也可把形状相似或相近的字通过减一笔、加一笔、加两笔来进行归类，如，鸟——乌（减一笔）；日——白、田、电（加一笔）；口——只、古、石（加两笔）。要特别注意引导学生比较形近字的不同之处，教学时可用彩色粉笔标出。

字理教学法，是依据汉字的字源来讲析字形与字义之间的关系。如"男"字由"田"和"力"两个部件组成，是由于古代在"田"里出"力"的多为"男"人。再如，"染"是把"木"放在"水"里熬煮出颜色，再把丝帛放进去煮"九"次（多次），就能把布染上色。如本章案例3-3中多处用该法指导学习生字字形。

字谜口诀法，是通过编谜猜谜并采用韵语记录的方式，使学生通过朗读和拆猜字形，提高对字形识记的准确率。如"上边竹子下边毛，写字画画离不了"（笔），"有水能养鱼虾，有土能种庄稼，有人不是你我，有马能行天下"（也），"一点一横长，一撇到左方，一对孪生树，长在石头上"（磨），"千口舌""舌甘甜""土里埋""木帛棉"，"木旁一个老公公，好像黄山不老松"（松），等等。不过，运用字谜口诀法虽有助于了解字形，但也不能胡乱拆字，以免给写字教学带来麻烦。

三、写字教学的内容与方法

（一）写字教学的内容

1. 正确书写

不管是铅笔、钢笔还是毛笔，都以正确书写为基本目标。

正确书写包括"写对"和"写好"两个层面。其中，写对是指笔画正确、间架摆放无误（静态角度），书写笔顺符合规范（动态角度）。写好是指写得工整规范。就是写字时，要在观察的过程中懂得"横要平，竖要直，间距相等最重要"的知识，在布局的过程中领悟"左让右谦、上紧下松"的道理，把字写得结构匀称、得体，使笔画不过于松散，也不过于紧密，而且整篇之中，每个字的大小要基本相同，字与字、行与行之间要有一定的空隙和距离。另外，还要注意间架结构、空间布局是否合理，注意一些独体字作为偏旁时，笔画是否有变化，是否有一旁多形（如"氵水""灬火""礻示""犭犬""扌手"

"忄心""亻人")等情况。

2. 姿势正确

写字姿势包括坐姿和手姿，是保证把字写好的基本规范。目前，不少学生写字姿势不规范，主要表现在胸部紧贴着桌边、头偏向左侧、眼睛离本子太近、握笔离笔尖太近等。

写字的正确姿势是：头正、肩平、身直、臂开、足安。头正，就是头部要端正，微向前倾，双眼与纸面保持30厘米左右的距离，不要歪着脖子，或把头低下去，与纸面靠得很近。肩平，就是双肩要自然放松，保持平衡，不要一高一低、一前一后。身直，就是身体要坐得正直，腰杆挺起，使胸部与桌沿保持一拳大的空档，不要曲背弯腰和胸部紧贴桌沿。臂开，就是双臂要自然地左右舒展放开，右手执笔，左手按纸，肘部转弯处的角度不小于90°，不要双臂紧靠两肋。足安，就是双足左右分开有双肩宽的距离，自然地稳踏地面。不要双足直伸，或一前一后，或两腿交叉地相互搁置。

握笔的方法：铅笔的执笔方法是用拇指、食指和中指捏住笔杆的下端，离笔尖二三厘米，大拇指稍后，食指稍前，中指在内侧抵住笔杆，无名指和小指依次自然地放在中指的下方并向手心弯曲。其中，大拇指肚子斜而仰一点的部分紧贴笔杆内侧，由内向外出力；食指第一指节要斜而俯地紧贴笔杆外侧，由外向内地与大拇指相对的方向出力；中指第一、第二两指节要弯曲地钩着笔杆外侧，由外向内出力，使食指的力量得到加强；力量较小的无名指增强推挡中指向内的钩力；小指不要挨着笔杆，而应托在无名指的下面起辅助作用。另外，笔杆向右斜靠在"虎口"上，与纸面成45°左右。执笔要做到"指实，掌虚"，即手指握笔要实，掌心要空。检查学生握笔是否正确，可以让学生拿好笔后，把食指几次抬起来和落下，如果食指抬起的时候，笔杆没有脱落，就基本可以说是正确的执笔姿势。

3. 基本的书写技能

基本的书写技能包括汉字的结构、重心、笔画之间的安排等间架结构知识以及具体的运笔方法。间架结构方面，一个完全没有接触过汉字的儿童，看到一个汉字时，会觉得它是毫无规律的一个图形，了解它的点画顺序和搭配，可以用"横要平，竖要直，间距相等最重要""左让右谦、上紧下松"等口诀帮助他逐渐懂得在书写时，怎样把笔画的长短、部件的大小搭配适中，写出疏密合适、错落有致的汉字来。运笔方法方面，铅笔字(钢笔字)的笔画平直，变化不大，因此在书写时起笔方法比较简单，可以概括为"横要平，竖要直，提、撇要尖，捺有脚，折有角就得顿，小小点要写好，落笔轻轻收笔重"；毛笔楷书的运笔要重点注意逆锋起笔(起笔时笔锋要欲左先右、欲右先左、欲上先下、欲下先上，做到起笔藏锋)、回锋收笔(写横和竖到尽头要收笔时，将笔略微提起，使笔锋回转)、中锋运笔(行笔时锋尖始终从笔画中间运行)，此外，毛笔在蘸墨时，要不断地转动笔杆，使笔毛保持正直，四面吸匀墨汁。

4. 感受汉字的优美

汉字的书写布局有严格的要求，就每个字而言，要求结构匀称得体，笔画不松不紧；整篇之中，则要求各字大小基本相同，字行之间有一定的空隙和距离。可以说，汉字书写艺术是中国"和谐"文化的集中体现。并且，汉字借助于运笔过程的轻重提按和行笔使转，创造了点画的粗细、浓淡、长短、曲直的多姿变化，形成枯湿、刚柔、疾涩等不同质感的笔画，给人以丰富的想象和优美的视觉感受，因此，体味和书写汉字的过程就是一个审美的过程，而写字教学则是实施美育的重要渠道。

（二）写字教学的方法

1. 充分运用田字格

"田字格"由横中线、竖中线、上半格、下半格、左半格、右半格几部分构成，是帮助学生在写字时确定笔画或偏旁部首的搭配方式和结构比例的书写方格。习字时，特别是低、中学段习字时，要充分运用田字格，把握田字格的方位，掌握生字的一笔一画和田字格各部位的联系，对每一笔画在田字格中所占的位置进行写字练习。要注意的是，一年级学生书写汉字时往往把字写在田字格的位置偏下，这是由于他们还不能确定好笔画的空间位置方向，视觉对动作未能起监视、调节作用，以致出现笔画量度、间隔不当。对此，教师要有所了解并进行适当的辅导。

2. 用图形和实物展现基本的书法原理

如有的教师把撇比作一根弯弯的象牙，把长横比作一只横卧的蚕等，可以使学生很容易理解这些笔画的形态特点，在轻松愉快的状态下弄清写字原理。

3. 穿插古人写字的奇闻逸事

很多书法名家都有一些刻苦学书的奇闻逸事，如王羲之每天临池学书，竟使清水池变成了"墨池"；欧阳询途经一块荒冢，发现了一块石碑上的好字，竟在碑旁露宿了三个晚上；怀素写字写穿木板；郑板桥卖字助穷人；岳飞沙土练字……这些和写字有关的生动故事，既可调节课堂气氛，又能使学生受到鼓舞。

4. 营造写字环境

教师要建议家长把家里光线最充足、最安静的地方让给孩子，把配套合适的桌凳让给孩子。此外，要在学校、教室、家里张贴名人、老师、同伴或自己的书法样品，营造一种书法艺术氛围。

5. 写字比赛

小学生好胜心、荣誉感强，渴望得到肯定。每学期至少开展一次全班写字比赛；或者在班上留一块书法展示台，展示好字好作品；或每期评选"小小书法家""作品进步奖"等，让孩子们竞相写好字，从成功走向成功。

▶第三节　识字与写字教学设计

不管是汉语拼音教学、识字教学，还是写字教学，都有其常规性的一般环节，但"教无定法"，很多时候，具体的教学设计都可以打破常规，根据教学内容、对象、环境进行别具一格的设计。

一、汉语拼音教学设计

(一)汉语拼音教学的一般过程

汉语拼音教学的一般过程包括①：

1. 复习检查

这一环节通常包含两项内容，即复习巩固以前学过的内容，复习与本次新学内容有联系的已学内容，以达到知识迁移、扩展的目的。

2. 讲授新课

这一环节是一堂课教学的主体，要根据具体的教学内容，写出比较详细的教学步骤。

第一，出示新音。根据课文插图提出新学内容，并指导发音。注意：看图的目的是通过形象具体的图画，把抽象的拼音字母同具体实物联系起来。如学习单韵母"o"可以先让小学生看课文中的插图，了解谁在干什么。知道大公鸡"喔喔叫"，让学生发好"o"的音，然后老师板书"o"，出示字母形状，让学生将音与字母的形联系起来。

第二，指导学习声调。学习声调是汉语拼音教学中的重要内容，无论是教单韵母还是复韵母，都要指导学生带调韵母的读法。学习声调要先认识调号，然后指导正确说出声调，重点要读好阳平、上声。

第三，指导学习拼音。这一环节是学习新内容的主要环节，教学时选用恰当的教学方法，利用教材编排加强知识的内在联系，讲清要领，指导学生根据韵母的具体情况反复拼读。具体安排还可以借助卡片、游戏(多媒体)活动进行。

第四，指导书写。先认识四线三格，弄清字母占哪几格，并掌握字母笔顺名称及书写顺序，把字母写工整写正确。抄写音节时，先写声母、韵母，后写声调。为防止抄写音节时出现错误，可用歌诀帮助学生记忆调号位置："有 a 不放过，无 a 找 o e，i u 并列标在后，i 上标调点去掉。"

3. 复习巩固

这是学好汉语拼音的重要环节。复习巩固要紧扣教学目标、重点、难点和学生实际，采用多种多样的游戏进行训练。

汉语拼音教材解读案例：《a o e》《ai ei ui》

---

① 蒋蓉. 小学语文教学论[M]. 长沙：湖南教育出版社，2012：119.

4. 课堂小结

这是一节课的尾声。通过总结使学生进一步掌握学习重点，明确学习方法，拓展学习内容，激发学习兴趣。

[案例 3-1]　　　　　《ai ei ui》教学(第一课时)(一年级上册)

湖南第一师范学院第二附属小学　李素娟

【教材分析】

《ai ei ui》是汉语拼音部分第 10 课，是复韵母教学的第一课。因此，复韵母的字母组成和发音、标调规则是本课的教学重点和难点。

【设计理念】

汉语拼音是帮助学生认读汉字、学习普通话的重要工具，但如果机械地教学，就会变得枯燥乏味，学生容易产生厌学情绪。本堂课的设计，注重让游戏、活动贯穿整个课堂，使孩子们在有趣的情境中快乐学习、合作探究。同时，重视突出学生的主体地位，让学生成为学习的主人，让学生自始至终感受到成功的愉悦，从而增强他们的学习兴趣。

【教学目标】

1. 学会复韵母 ai ei ui 及它们的四声，能够读准音，认清形，正确书写，并初步了解复韵母的组合特点。

2. 练习拼读音节，提高拼读音节的能力，掌握标调规则。正确书写规定的音节。

3. 养成发现问题和勤于动脑的习惯，乐于运用所学知识。

【教学重难点】

复韵母的发音、标调规则。

【教学准备】

教学用拼音卡片；课件

【教学过程】

一、配音游戏，复习单韵母

1. 师：七色花电视台要招聘几名小演员，给下面的视频配音。谁来试试看？

2. 课件呈现小朋友读韵母 a i o u ü e，但没有声音。请个别学生配音，(教师点评后)全班一齐配音。

3. 师：第一轮选拔全体通过，接下来将进行更难的考试。不过，只要你认真学好这节课，就能顺利过关哦。

[点评：用新颖的配音游戏复习单韵母，为复韵母的学习做好准备。同时，在情境游戏中，学生不知不觉地进行着愉快学习。]

二、学习韵母 ai

1. 师：俗话说，朋友多，快乐多。这节课我们要来认识几个新的拼音朋友，它们就藏在下面的儿歌中：扎篱笆，围树苗，一棵矮来一棵高。ái、ái、ái，小羊羔，快快

97

过来吃青草。（课件：根据儿歌出示图）大家一起跟着老师说一遍，新的拼音朋友就会出现了。

2. 师生一起看课件说儿歌，出示 ai ei ui

[点评：利用情境图激活学生的生活经验，引出要学习的新知，让学生感受到拼音不是陌生的，它就在我们的生活中，在我们平常说的语言中。]

3. 师：新朋友出现了，它们和我们认识过的拼音朋友有什么不一样呢？

师：是啊，同学们说得很好！像这样由两个单韵母组成的韵母，我们把它们叫作复韵母，跟老师说两遍："复韵母"。

4. 师：先来认识第一个复韵母朋友，它是由谁和谁肩并着肩组成的？要怎么读呢？仔细看，认真听——（教师举起拼音卡片贴到黑板上）

发 ai 的时候，就是先张大嘴巴发 a 的音，声音响亮，中间气不断，逐渐向 i 滑动，一口气读成，就是 a—i—ai ai。请跟我读。（教师范读若干遍，全班、小组、大组分别跟读）

5. 教师点一位读得好的学生读三遍。老师竖起大拇指夸奖：你读得真好！发音准确，声音响亮。现在你听老师读三遍。老师故意读错，让学生帮老师正音，老师读好后学生表扬老师，老师表示感谢。

6. 师：刚才我们俩进行了合作学习，读好了，夸夸他，读不好，就帮帮他。下面请你和同桌像我们这样进行合作学习。

7. 师：ai 在我们的生活中哪里会用到呢？（如：挨着的挨，高矮的矮，可爱的爱）

[点评：《语文课程标准》强调语文学习的过程与方法。因此，要注重学生的学习实践，把本来属于学生学习的"过程与方法"还给学生，让学生之间、学生与教师之间进行平等的交流互动。如此，学生在真实、生动的互动情境中就能悟到合作学习的方法，并学得生动活泼。]

三、学习韵母 ei

1. 师：刚才我们学习了 ai，大家学得又快又好。老师奖励大家欣赏一首儿歌。小朋友幼儿园里学过一首歌《拔萝卜》，还记得吗？现在我们一起来听这首歌，大家跟着一起唱，我们还可以加上动作。（听唱《拔萝卜》，师带领学生表演。）

2. 师：小朋友拔萝卜啊，都是爱劳动的好孩子。我们这么多人一齐 ei 哟 ei 哟地拔萝卜，萝卜一定拔得又快又多。ei 哟 ei 哟的 ei，就是我们今天要学的第二个复韵母。贴出韵母：ei

3. ei 由哪两个单韵母组成？谁会读？

指名读。请注意，先发 e，再滑向 i，气不断，口型要变化，i 要读得短一些。师示范。再指名读，小组读。

4. 现在老师拔萝卜，你们喊"ei ei ei"帮助老师用劲好吗？

师：拔萝卜呀！（生：ei ei ei）师：一起来呀！（生：ei ei ei）

师：用力拔呀！（生：ei　ei　ei）师：加油干呀！（生：ei　ei　ei）

师：有趣吗？大家拔累了吗？好，我们再来一遍。

［点评：形式灵活、开放、富于变化的事物能激发人的学习热情。如果教师还用教学 ai 的形式导学 ei，学生的兴致就会大大削弱，学习效果也会大大降低。于是教学 ei 就换了另一种方式，用拔萝卜的游戏巧妙贯穿在 ei 的学习中，这样很能吸引孩子。孩子们在有趣的活动中掌握了读音。］

四、学习韵母 ui

1.师：小朋友都会打电话吧？下面开展打电话的游戏（伸出大拇指和小指作电话状放在耳朵旁上）。

师：丁零零，电话铃响了，小朋友接电话，请用"喂"来询问是谁的来电。

师生模拟：

生：喂，您好，请问您是谁？

师：我是王阿姨。我想问问你今天学了哪几个复韵母。

生：我们学了 ai　ei。

师：还有一个吧？

师：（贴出韵母 ui）对，还有一个，你们已经会了，就是"喂"。

2.根据前面学过的复韵母的发音方法，ui 该怎么读呢？自己试一试。再读给同桌听一听。

3.个别朗读，教师正音。表扬学生掌握了复韵母的发音方法。

4.现在，老师在岳麓山上喊，你们就是老师的回音，我说什么，你们就回什么，好吗？

师：ui……岳麓山……你好……（生：ui……岳麓山……你好……）

师：ui……你知道我是谁吗？（生：ui……你知道我是谁吗？）

师：ui……我学会了 ui……（生：ui……我学会了 ui……）

师：ui……我读得真好……（生：ui……我读得真好……）

5.谁能用好办法来记住复韵母 ui？

6.师：快打电话告诉妈妈，一共学了几个复韵母？（生模拟电话汇报 ai　ei　ui）

［点评：教学 ui 时创设了不同于 ai　ei 的新情境。这样不断改变活动方式，不断调整导学方法，不断顺应学生的特点，使课堂始终活跃，使学生始终保持注意力。此外，有了前面两个韵母的发音方法的铺垫，引导学生将方法迁移到新的复韵母，鼓励学生举一反三，这也落实了课程标准中方法指导的教学目标。］

五、学习带调的复韵母

1.师：我刚才接到另一个电话，是声调宝宝打来的，它正在发愁呢。它说啊，在复韵母上，我该给谁戴上帽子呢？

［点评：把周围的事物都拟人化，看成是有生命的，这是低年级儿童的天性。根据

儿童的这一特点，让汉语拼音人格化成有生命的、有情感的人来认识，在认知的过程中，学生也会同样带着生命、带着情感去学，学起来就会倍感亲切，趣味盎然。]

2. 谁来帮帮它，我们先给 ai 标上不同的声调。老师要请四个同学上台来，谁来？（抽四个学生给 ai 各标一个声调。）

3. 四个同学都给 ai 标上调号了，到底有没有错呢？（分别举手表决赞成哪种方法。）老师这里有个秘诀，你只要根据这个秘诀去标调，就不会出错。想知道吗？（课件出示标调口诀，教学生读：a o e i u ü，标调时按顺序；i 上标调点去掉，i u 并排标后边。）这个口诀教我们怎样标声调，什么意思呢？（教师解释并示范，再让学生上台分别给 ai ei ui 标上声调。）

4. 指导认读带调的 ai ei ui

[点评：让学生上台标调，给学生展示、活动的机会。它可以调动参与者的积极性，又可检测学生是否掌握了相应的技能，还可以通过互动吸引其他学生的注意力。再来个竞猜，全体同学参与的积极性就都调动起来了。]

六、配音游戏，学习拼读音节

1. 师：上课开始的时候，老师说过要招聘配音小演员。现在，小朋友们学得差不多了，我们进行第二轮考试。谁来挑战？

2. 课件出示：b-ái c-ài m-éi g-uì sh-uǐ l-ěi f-ēi p-éi ch-uí m-èi s-āi g-u-āi

3. 个别读，小老师带读，小组读，全班读。教师小结考核情况。

[点评：拼读音节，再次用了开课时的配音游戏，首尾呼应，有始有终，活动不流于形式。同时，再次调动学生学习的积极性，把枯燥的朗读变成了生机勃勃的挑战。]

七、指导书写

1. 我们已经会读 ai ei ui，现在我们要学习怎样写好复韵母。（出示）有几个小朋友这样写 ai ei ui，你们看好不好，为什么。（分得太开，在不同的格子中）怎样写才是正确的呢？教师示范。

2. 我们都能写好，谁上来写一写？（教师请书写不会错并且美观的学生上台在投影仪上展示描红）小结：复韵母是一个整体，字母之间要挨得紧一点。

八、拓展延伸

师：同学们，新的韵母朋友和我们玩起了捉迷藏，它们藏在了语文书后生字表的拼音中。课后，请同学们去找一找，看看哪些音节中藏着今天新学的复韵母朋友"ai ei ui"，找出来，读一读。比一比，看谁找出的新朋友最多。

[点评：课后延伸，既拓宽了知识，又巩固了学习内容。找新朋友的情境创设，给了学生新的学习动力，学生在找朋友的游戏中，饶有兴趣地复习巩固了新知。]

(二)汉语拼音教学设计应注意的问题

1. 注意汉语拼音教学基础的差异

不少孩子,尤其是城镇孩子,在进入小学之前已经学过甚至系统学过汉语拼音,这种情况下,一刀切的教学肯定不合适,教师需要考虑提前学过者的学习兴趣与学习进步。可以采用的措施有:第一,课前摸底;第二,让已学过并学得好的同学有机会成为小老师;第三,适当补充一些提高性的材料,供拼音基础好的学生学习使用,但不有意在全班推广。

2. 注意所在方言区的难点音

学习汉语拼音除了帮助识字,还有一个重要功能是学好普通话。汉语拼音读得不准,必然影响普通话标准度。学好标准的汉语拼音,就等于掌握了一把帮助学习汉字、汉语的金钥匙。注意所在方言区难点音,首先,教师本人要练好普通话,因为教师的语音标准度极大程度上决定了学生的语音标准程度,方言区尤其如此。其次,教师要认清学生所在方言区的方言难点音,在教学时相机指导,平时也加强这些难点音的练习。

二、识字教学设计

(一)"识字课文"教学设计

一篇"识字课文"的完整教学,一般包括以下四个步骤。

1. 复习检查,提出生字。心理学研究表明:低年级小学生感知的特点是笼统、不精确,对客观事物大体轮廓的知觉占优势,缺乏精细的辨别能力,空间知觉的精确性和分化性的发展水平很低,识记中常带有波动和泛化现象,以至张冠李戴。因此,复习检查应是识字教学中的第一步骤。

2. 创设情境,教学生字。这一步骤一般情况下应安排五个教学环节:看情境图、听说、拼音、识字和诵读。

3. 趣味游戏,巩固练习。小学生认知特点是记得快,忘得快。因此应及时进行多次的巩固练习。常用的方法有游戏、竞赛、编字谜、讲故事等。

4. 联系生活,运用生字。识字的目的是提高学生的听、说、读、写能力,更好地阅读和写作,而练习是达到初步运用的中心环节。教师要引导学生进行说话、写话、阅读、背诵等语文实践活动。

[案例 3-2]　　　　识字 5《动物儿歌》(第一课时)(一年级下册)

湖南第一师范学院斑马湖小学 刘雅琴

【教学目标】

1. 借助汉语拼音、课文彩图和生活经验,认识"蜻、蜓"等 12 个生字;会写"间、网"等 7 个生字。

2. 正确、流利、有节奏地朗读儿歌。

【教学重点】

有节奏地朗读儿歌，归类认识带有虫字旁的生字。

【教学过程】

一、谈话激趣，情境导入

1. 同学们，小动物聚会啦！大家想不想去瞧一瞧？

2. 想要参加聚会，可要经过重重考验呢！动物朋友想考考大家，看看你们认不认识。

（课件）"蜻蜓、蝴蝶、蚯蚓、蚂蚁、蝌蚪、蜘蛛"六种动物的图片。

3. 指名说出名字，课件出示相应汉字。

4. 过渡：字正腔圆，读音准确，跟着这位同学一起读一读。

（动画）响起门铃叮咚声，大门打开。

二、初读儿歌，学习字词

1. 同学们太棒了，打开了动物聚会的门！但是小动物们悄悄把自己藏在一首儿歌里，火眼金睛的你们，肯定能找到它们的身影！请大家按要求自由朗读课文。

（课件）出示朗读要求：（1）借助拼音读准字音；（2）用横线画出动物名称，圈出生字，遇到不认识的字，多读几遍。

2. 开火车检查生字词认读，分小组读儿歌，相机纠正字音。

（预设）藏（cáng）和造（zào）是平舌音，食（shí）、蜘（zhī）、蛛（zhū）三个字是翘舌音，蜻（qīng）、蜓（tíng）都是后鼻音。

3. 你们找到藏在儿歌里的动物精灵了吗？指名读、齐读所画出的动物名称。

（视频）播放儿歌朗读动画，六种动物名称从动画中一个一个地凸显出来（蜻蜓、蝴蝶、蚯蚓、蚂蚁、蝌蚪、蜘蛛）。

4. 这些动物被我们找到啦！把它们送回儿歌里，男女生配合读一读儿歌。

5. 归类识字。

（1）课件出示十二个虫字旁的形声字及拼音。

（板书）蜻蜓、蝴蝶、蚯蚓、蚂蚁、蝌蚪、蜘蛛。

qīng tíng	hú dié	qiū yǐn	mǎ yǐ	kē dǒu	zhī zhū
蜻 蜓	蝴 蝶	蚯 蚓	蚂 蚁	蝌 蚪	蜘 蛛

（2）合作学习。动物们的聚会开始啦！这么多可爱的动物，看看它们的字形，你们发现了什么有趣的地方吗？（小组合作学习，观察字形，说说你的发现。）

（3）汇报合作成果。这些汉字都是虫字旁的；这些字都是写动物的；这些字的读音和它们右边那一边的字相同或相似（"枼"字读音为"yè"）。

（4）教师小结。这六位动物朋友属于昆虫类，它们的虫字旁表示意思，另一边的字表示读音，像这样的字就是形声字。你们还认识哪些形声字？

（5）游戏识记，找找好朋友。老师手里拿虫字旁字卡，学生手里分别拿"青、廷、胡、枼、丘、引、科、斗、马、义、知、朱"。口令："我是虫，我的朋友在哪里?"拿"青"的学生跑过来，并对口令："我是青，合在一起是蜻蜓的蜻。"师生示范做一组，同桌两个人做游戏。

(6)去掉拼音认读、出示动物及生字卡片认读、同桌互读，多形式认读生字词。

三、再读儿歌，指导书写

1. 我们来齐读儿歌，和动物们一起参加聚会吧!(配乐齐读课文)

2. 聚会里，小动物们在忙碌些什么呢? 同桌分句互读，边读边找。

(预设)展翅飞、捉迷藏、造宫殿、运食粮、游得欢、结网忙。

3. 谁能从句子中找出"网"字? 你是怎么知道的?

(预设)"网"字和蜘蛛织的网很像。

(课件)出示课文彩图和汉字演变图。

4. 你还知道哪些"网"?(渔网、电网、球网……)

5. 指导书写。

(1)"网"字是什么结构的字? 笔顺规则是什么?

(预设)"网"字是半包围结构的字，书写时先外后内。

(2)大家认真观察"网"字的同字框，要怎样才能把这个"网"字写好呢?

(预设答案)同字框要大，大网才能包住猎物、网住鱼。

(3)观察、找"间"字的书写规律，谁来说说写法?

(预设)书写时也要先外后内，门字框要大、要正，里面"日"字的一笔一画都要写直。

(4)教师示范，学生书写

(5)展示优秀书写，师生评议。

四、小结

这节课，我们在动物聚会里玩得可真开心呀! 收获了不少动物朋友、虫字旁的生字宝宝，漂亮的"网""间"字让动物们看到了都高兴。下节课，我们将继续学习儿歌。

板书设计：

动物儿歌

蜻蜓

蝴蝶

蚯蚓　虫字旁

蚂蚁

蝌蚪

蜘蛛

(二)随课文识字教学设计

随课文识字的教学过程一般如下。

1. 初步认识，掌握字音

初步认识是指读准字音，并在读字音的过程中感知字形和大概意思。可采用如下步骤：

(1)学生借助拼音、工具书自读课文，读准字音。

(2)教师范读，学生倾听，确认生字已经读对。

(3)学生对读或抽读，纠正读错的字音。

(4)出示生字卡片或幻灯片，抽读生字(可先带拼音，后去掉拼音打乱顺序读)。

2. 语境中理解，掌握字义

这一环节重在字义理解，是把字放进具体的语言环境中理解意义，在理解意义的同时，进一步感知字形和巩固字音。基本做法如下：

(1)朗读课文，再次感知课文的内容。

(2)把生字词置于具体的语言环境中，结合文义，理解字词的义。

(3)指名说说字词的意义，读出所在句子应有的情感。

(4)通读课文，读出课文整体的情感。

3. 生字书写，掌握字形

这一部分重点在指导字形的书写，如果可能，要尽量结合文义引导体会汉字规律。基本做法如下。

(1)学生交流识记生字字形的办法。

(2)教师示范，重点指导易错的笔画与笔顺。

(3)学生书写，教师全场巡视，对个性问题进行个别辅导。

(4)对照范字进行评价。教师引导学生一起讨论存在的共性问题。

[案例 3-3]　　　　　《静夜思》教学设计(一年级下册)①

江苏无锡市梨庄实验小学　唐恂奕

【教学目标】

1. 认识"夜、疑"等 9 个生字，能读准字音，认清字形，能按笔顺正确书写"思、床"等 7 个生字。

2. 能正确、流利、有感情地朗读古诗，背诵古诗，初步感知古诗韵味。

教学设计：《静夜思》

3. 理解诗句意思，想象画面，感受诗中描绘的景象，体会作者的思乡之情。

【教学过程】

一、了解作者，破解诗题

二、初读古诗，感受诗韵

---

① 唐恂奕.《静夜思》教学设计[J]. 小学语文教学·人物，2021(1)：52－54.

三、想象画面，体会意境

四、拓展诗句，布置作业

(三)识字教学设计应注意的问题

1. 要把意义的理解作为中心环节，用理解来带动读准字音和识记字形。

2. 指导运用最好放在复习巩固中进行，不宜要求立竿见影。

3. 随文识字课文，要根据生字与课文的关系确定识字教学方式，可以边读课文边识字，可以先识字后读课文，也可以二者结合，把一部分字先提出来学，在讲读课文的过程中再学另一部分字。具体采取哪一种方式，要根据生字的数量、特点以及课文的特点而定。

教学设计：《祖先的摇篮》①

①边识字边学课文。一篇课文的生字不多，字词的意思又易于结合语句来理解，就可以边识字边读书。

②先学习生字，再讲读课文。一篇课文生字较多，课文又长，就可以先集中学习生字，再读课文。常识性课文，生字多含在科学术语之中，一般也宜于先学习生字，初步理解科学术语，再讲读课文。但提出每个生字时，要结合课文中的词句，或由教师叙述课文，边叙述边提出生字；或出示生字后让学生找一找这个字是在课文中哪个句子中出现的，读读这个句子，做到识字和词句相联系，为掌握字的音、形、义创造条件。

③一部分生字先学，另一部分生字随课文学。如果一篇课文中的生字较多，有些字词在讲读课文之前集中学习，并不影响对词义的理解，就可以先学；另一部分字词结合课文的语句学习，更容易理解，就可以边理解边学习。如二年级下册《雷雨》一课，"蝉、蜘蛛网"等字词，完全可以脱离课文讲读词义，就可以提出来先学，而"黑、沉(黑沉沉)、忽(忽然)、垂(垂下来)、爽(凉爽)"等字词就可以在讲读课文的过程中学习。

④还可以在学生初读课文时，侧重解决字音、渗透字形和字义；讲读课文时，侧重理解字义，巩固字音，继续渗透字形；理解课文后，集中分析记忆字形，巩固字音和字义。

4. 及时复现，加强巩固。复现的方式有：单个生字的复现；不同用法在不同场合的多次出现；前后课文中生字的复现。

三、写字教学设计

(一)写字教学的一般过程

1. 就每一个字的写字教学而言，目前比较通行的教学过程分为四步：

(1)静态观察(读帖)。出示田字格中生字，学生独自观察每一笔的占格位置。

(2)动态观察(看范写)。教师范写，抓住关键笔画指导写字，讲解笔顺。

---

① 作者：李素娟、周诗珂，湖南第一师范学院星沙实验小学。

（3）体验观察（临帖）。生先描红，再临写，师巡视指导，提示写字姿势、笔画位置等。

（4）观察（赏字）。端详品味所写字与示范字的差异，可自赏、互赏，教师适当予以总结。

2. 就一节专门的写字课来说，"五部曲"写字教学法可供借鉴：①

（1）"讲"。指在课堂中运用分析、观察、比较等多种方法，让学生掌握正确的写字姿势、正确的执笔方法及一些写字基础知识（点画、结构）。

（2）"练"。指运用点画结构规律，对学生进行写字训练的过程。一节课 40 分钟，最少要用 20 分钟练。为了让学生练有方法、练有成效，要求学生在练前先认真读范字，写后对照范字进行检查，做到"意在笔先、笔居心后"。教师要严格训练学生眼到（仔细观察范字上的笔画、字形）、心到（心中对用笔特征、字形结构和它们在格子中的位置有数）、手到（下笔临写要把眼看到的、心中体会到的用手中的笔表现出来）。

（3）"想"。"想"的能力是写字能力培养的核心。什么是想？想即心灵感受。如果不想，学生写出的字最高境界也只能是形似而已，很难达到传神的效果。但千人千面、万人万相，由于感受力不同，每个学生写出的字是有差异的，要承认差异，保护多角度的审美。

（4）"评"。评价是对训练情况、学生能力的综合评测，也是调控训练的重要手段。每节课教师都要进行反馈矫正。评价的形式很多，有条件的可以运用实物展示台，让学生展示作品，自评、互评、共评。评价既要充分肯定，又要有明确的改进意见，还要有新的目标提出，使评价成为指导的延续。

（5）"结"。课堂最后一两分钟，教师在评议的基础上，要用简洁的语言对这一节课的学习情况加以小结，总结写字规律，指导实践，提出希望，使学生掌握写字方法，巩固知识，为写字打下坚实的基础。

[案例 3-4]　　　　　横钩（硬笔）的写法（一年级上册）

福建省福州市林则徐小学　林利

【教学目标】

1. 通过观察、比较，会区别横钩和横折、横撇的不同。

2. 学习横钩的写法。

3. 正确、端正地在田字格里书写带有横钩笔画的汉字"买"。

【教学重难点】掌握横钩的写法，正确、端正地书写"买"。

【教学过程】

一、故事引入，激发写字兴趣

1. 讲述"一点见功夫"的故事：王羲之和王献之是父子俩。王献之小的时候，有一

---

① 杨东. 小学写字教学"五部曲"[J]. 现代中小学教育，2007（8）：76.

次，他很用心地写了一个"大"字，高高兴兴地拿给父亲看，满以为会得到夸奖。可是，父亲一句话也没说，只是在"大"字底下加了一点。王献之拿着这个"太"字给母亲看，母亲指着"太"字下边的一点说："只有这一点写得好。"王献之听了羞得满脸通红，从此，他更加刻苦练习，长大以后，终于成为和他父亲一样有名的书法家。

2. 激励学生展开比赛，看谁能成为今天的"写字大王"。

二、复习横折、横撇，导入新课

1. 课件：喜羊羊出示已学过的笔画㇆和㇇。学生大声说出笔画名称。

2. 比较笔画：横折和横撇。

3. 出示横钩：我们今天学习的新笔画和这两个笔画有点儿像，大家一起认识一下。

4. 板书揭题。

三、引导观察，发现不同

1. 比较：横钩和横撇、横折的区别。

2. 学生谈发现：横折收笔处是平的，横撇和横钩是尖的；横撇的撇较长，横钩较短。

四、学习横钩的写法

1. 示范写横钩，生同桌交流笔画要领，个别汇报。

2. 喜羊羊出示书写横钩的笔画要领：横画长又平，横尾顿一顿，快速钩出来，钩画短又直。

3. 生练写，师巡视。（注意写字姿势）

4. 同桌评价，展示有代表性的书写，全班评价。

五、学写带有横钩的字：买

1. 学生观察，这个字是哪两个部分组成的？像什么？（头上戴顶小帽子）

2. 学生观察懒羊羊写的几个"买"字，好看吗？评一评。（有的歪了，有的太大或太小）

3. 学生说说，在写"头"字的时候要注意什么？

4. 师范写，学生练写。

六、评选展示

1. 四人小组评价，每组选出一名"写字之星"。

2. 教师选出最漂亮的作业，全班展示。

3. 教师为评选出的"写字之星"和"写字大王"颁奖。

(二)写字教学设计应注意的问题

1. 注意年级差异[①]

从一年级到六年级，写字教学要依照"笔画→部件→结构"的思路，循序渐进地进行。具体步骤大致有以下几点。

---

① 屈太侠. 写字教学如何体现年级特点[J]. 语文教学通讯，2010(04/C)：45.

（1）一年级上学期：一笔一笔地教。刚入学的学生容易把字写得歪歪扭扭、不成样子，而且注意力也不能持久，教师要保持平和的心态，放慢速度，稳扎稳打，切忌贪多求全、心浮气躁。每篇文章要求书写的 3～4 个生字，可分散到两个课时进行。在教学生书写的时候，教师要多示范，一笔一笔地教，甚至手把手地教，在把每个笔画的高低、长短、斜正、收放都示范清楚的基础上，力求让学生把每个字都写正确，写规范，写到位。

（2）一年级下学期和二年级：一部分一部分地教。从一年级下学期开始，生字的数量几乎增加了一倍多，达到 8～12 个。以前书写过的许多字，摇身一变，成了偏旁、部首。许多字作为偏旁使用的时候，字形发生了变化：有的形体变了，如"月"做偏旁的时候，就变小变瘦；有的部分笔画发生了变化，如"足"做偏旁使用的时候，原来的撇就变成了竖，捺变成了提；还有的则是脱胎换骨的变化，例如"心"字做偏旁的时候，变成了"忄"。汉字的常用部件有几百个，都需要学生去观察和比较，寻找其中的规律，才能帮助识记，把字写正确，写美观。每一个部件，在书写时，都组织学生进行细致入微的观察，破译形体美观匀称的密码，例如："亻"的竖写在撇的二分之一处，"氵"的三点要形成弧形；"辶"的头要小，捺要一波三折等。训练的时候，要让学生一部分一部分着眼细节，一点一点地总结和积累。

（3）中年级：一组一组地教。中年级学生已经掌握了所有笔画和绝大多数偏旁部首，学习重心应该转移到各部件的组合搭配上来。每个字由几部分组成，各部件的大小、高矮、胖瘦、斜正等形体特点，以及向背、穿插、避让、呼应等组合规则，就成为教学的重点。就指导的方式来说，此时不再需要对每篇需要书写的十多个汉字一个一个指导，而是要增强"类别"意识，组织学生进行观察分析，按照结构特点分成几个大类，教师只选择每个类别中最具代表性的生字进行书写指导，争取做到"指导一个，带动一组"。

（4）高年级：有选择性地教。到了高年级，教材中编排的生字比中年级有所减少，但因文本加长，教学重点转移到阅读与理解上，所以也不可能做到逐一指导。另外，学生通过四年的学习，已经具有了学习生字的能力，也把握了书写的基本规律。这样，教师就应遵循"少而精"的原则，有针对性地教，而把大部分生字放给学生自己去写。就教的重点来说，此时除了指导把字写美观外，更重要的是写正确，尤其是要注意那些与之前所学生字容易混淆的生字。

2. 分层教学

根据不同学生的个体特点进行教学。比如，对于那些爱写字的孩子，可每天安排 10 分钟临写课文中的生字新词，使之兴趣逐步趋于稳定；对缺乏写字兴趣的学生，安排他们与写得好、喜欢写的学生多接触，培养写字兴趣；对于写字兴趣浓但不得法的学生，抓住时机，耐心地进行书写技法指导。

▶ 第四节　国内识字与写字教学实验简介

据不完全统计，到目前为止，在我国有一定影响的识字教学改革实验大约有二三十种之多。下面择要介绍几种有代表性、效果较好、影响较大的实验。

一、集中识字

我国传统蒙学历来都是集中识字，"三百千"等均是如此。民国时期受进步主义教育思想的影响，识字教学开始趋向于随文识字。新中国成立后，为了弥补随文识字速度较慢的缺陷，又开始试验新情况下的集中识字。1950 年试验成功、1952 年广泛推广的祁建华"速成识字法"是集中识字，1954 年《改进小学语文教学的初步意见》所说的"在一定时期集中教会"1500～1800 个常用汉字也是集中识字，但明确提出"集中识字"名称的，是 1958 年辽宁黑山的北关小学，此后，北京景山学校也从 1960 年秋季起，在中科院心理研究所指导下进行这项改革试验。他们各自编辑了整套小语课本，集中在一、二年级识会二三千个汉字。为了顺利完成这一任务，他们提出了以形声字归类为基础的基本字带字法，并在所配备的阅读课文学习中实现新学字在词句中的实际运用。1961 年后，实验迅速扩大到全国大部分省市，影响很大。该实验虽在"文化大革命"期间基本中断，但景山学校还一直坚持不懈，"文化大革命"一结束，集中识字又因为可以帮助学生提前阅读和分段习作而焕发出新的活力。①

集中识字先集中学习大量汉字，然后再把学习重点转到读写训练上去，具备识字任务集中、教学目标单一、教学效率高的优点，能帮助学生在较短的时间内识得较大量的汉字，为尽快进入阅读打下基础。

二、分散识字

新中国成立之初，当北方的集中识字轰轰烈烈地打开局面的时候，斯霞在南京师范学院附小的"分散识字"也开始了实验。当时的形势下，辽宁黑山的教育工作者创造性地提出了"集中识字"的办法，使识字效率大大提高。与此同时，人们也发现了"集中识字"巩固和应用汉字方面的不足，一批经验丰富的老教师坚持"字不离词，词不离句"的教学原理，并且取得了成效，人们称之为"分散识字"。

其实，如果说集中识字观念自古就有的话，分散识字从民国开始也成为一种基本思想。因为强调教学要与儿童心理相符合，所以 1922 年新学制实施后，1923 年课纲已经开始注重要寓识字于阅读之中，新字几乎是以一个平均的量被分配到各年级当中。

---

① 曾晓洁. 现代汉语母语教育史研究[M]. 北京：光明日报出版社，2013：136－137.

但因前两年只安排学习一千来字，影响了后续的阅读与写作发展。跟民国时期的分散识字相比，斯霞的识字方法要丰富得多，除了"字不离词，词不离句"这一最基本原则外，看图识字、归类识字、查字典识字等方法都运用得很多，识字规律也在具体汉字的识写过程中得到传授。

分散识字的实质就是随文识字，它使生字的出现和讲解都紧密结合具体的语言环境进行，可以按课文内容顺序出现，可以是重点字词先出现，可以是结合课文讲读提出生字词，也可以是理解课文内容之后提出生字词。分散识字强调语言环境，符合儿童的认知规律，有助于学生发展语言与智力，此外，还能有效地解决汉字多义、多音等特殊情况，使生字的意义具体化、确定化。

三、注音识字

新中国成立后进行过的"注音识字"大型实验有两次，一次是1959年始于山西万荣扫盲阵地的"注音识字"，一次是始于1982年黑龙江教育学院的"注音识字，提前读写"。

1959年，山西万荣"注音识字"发生在吴玉章发表《利用汉语拼音字母帮助扫盲和推广普通话》和中央发出《关于在农村中继续扫除文盲和巩固发展业余教育的通知》之后。当年，山西省开始用拼音字母来注音识字，晋南的万荣县的试验最为成功。1960年，中央发布《关于推广注音识字的指示》，要求全国迅速推广万荣经验，"学万荣，赶万荣"的注音识字运动因此迅速掀起。万荣的注音识字采取两步走，第一步是用15～30小时学习汉语拼音，第二步是用100小时左右的时间阅读和写作。其中，阅读和写作特别注意循序渐进，最开始是以识写最基本汉字为主要内容的慢速阶段，接下来进入阅读量增加并开始练习写话抄文为主的中速度阶段，最后才进入大量阅读真正写话的高速度阶段。按当时的归纳，这三个阶段分别叫作"先识字，后读书""边读书，边识字"和"先读书，后识字"。

1982年黑龙江教育学院开始进行"注音识字，提前读写"试验，这是为了迅速改变"文化大革命"后的语文学习状况，追求语文教学的综合效益。该试验吸收了万荣注音识字经验，充分利用汉语拼音，要求学生经过一段时间训练后能够熟练直呼音节和拼写音节，从而使小学一年级学生能自由阅读带有拼音的读物，能用拼音或夹注拼音的方法写日记与短文，真正做到识字、阅读、作文和说话同时起步。与识字教学密切相关的环节有两个：第一，拼音教学。"注音识字，提前读写"不像一般语文教学只把汉语拼音作为识字拐棍，而是把汉语拼音作为工具，要求学生做到直呼音节，并通过拼写音节的练习和认识大写字母，帮助学生阅读拼音读物和注音读物。第二，识字教学。每学一课时，都是先让学生写出生词的音节，做到在词中学字，读字，写字，以拼音带字。通过识字让学生大量进行扩词、造句。同时，在教师指导下，结合学习的语文知识，进行循序渐进的课外阅读，步骤是先读拼音读物，再读注音读物，然后再读汉字读物。受到"注音识字，提前读写"试验顺利开展的影响，1986 年、1988 年、1992 年的小学语文教学大纲都提高了对于汉语拼音的要求，要求能够熟练拼读（有条件的要直呼）和正确书写音节。国家教委曾自 1992 年起，对"注音识字，提前读写"识字试验进行过大力推广。

注音识字以学好汉语拼音并发挥其多功能作用为前提，寓识汉字于学汉语之中，使学生在未识字或识字不多的情况下，能够依靠汉语拼音，听说读写同时起步、互相促进，有利于发展学生的语言和思维，但也存在负担重、错别字多的弊端。

四、部件识字

部件识字的全称是"部件识字和语言训练的系列化"，是河北省沧州地区教研室和沧州地区部件识字教研组自 1980 年开始的一种教学改革。该项改革将语文看成一个由汉语拼音、识字和语言训练组成的整体系统。在识字教学方面，该实验除按一般识字规律训练外，在字形处理上，将汉字的结构层次分为以部件为核心的笔画、部件、整字三级，从笔画到部件到整字逐级组合，构成一个识字教学的"树形体"。

据归纳，部件识字法有以下几条教学规律：第一，从基本笔画入手，逐步教会常用的偏旁部首、独体字、基本字及简单合体字。第二，分析字形时注重"整体优先"原则，先让儿童对所教字有一个初步的整体印象，通过视觉感知字形的大体轮廓，再分析其部件。第三，吸取了"基本字带字"识字法的精华，坚持音形义三者统一联系的同时，在形义的联系上多下功夫，突出形旁的表意功能。第四，突出生疏部件、复杂部件、容易忽略的部件的学习。如"滚"字的右边，"稻"的右下部分，"燕"字上部中间的一横。第五，教学操作程序化。部件识字教学操作的"程序"大致是"正音—释义—书写"，步骤分明，要求明确，便于操作，节奏感强，儿童很喜欢，认字效率很高，到一年二期末，一节课可以学 12～14 个生字。

五、韵语识字

作为一项识字教学实验，韵语识字是辽宁东港市实验小学校长姜兆臣提出来的。他带领实验组在研究分散识字、部件识字、集中识字、注音识字的基础上，通过反复学习和实践，于 1987 年总结出韵语识字这一适合小学低年级的识字教学方法。

韵语识字实验自编了小学一年级的教材。其中，汉语拼音教学部分，教材从 417 个常用音节中筛选了 109 个高频音节先拼熟，使汉语拼音教学三周就可完成。教材有意识地未加插图，把注意力引到拼音字母上去。教学时坚持"先整体后部分，先记忆后理解"的原则，一组一组进行整体性认读，不单个教。汉字教学部分，则将小学语文教学大纲要求的常用汉字先组成最常用的词，然后用这些常用词围绕一定中心和故事情节，编成句式整齐、合辙押韵、通俗有趣、易于理解、具有儿童特点的简短韵文。如：

《家乡变新样》：以往咱村离城远，要看戏剧非常难，如今已有电视机，精彩节目随便看。

《司马光》：昔日司马光，虽小有志向。由于读书千百篇，因此写出好文章。

韵语识字的一年级自编教材，第一册含1000个左右高频常用字，第二册含1500个左右次高频常用字，按汉语拼音、基本字、高频字、次高频字的顺序编排，并采取了识一批字读一批文的形式，能使一年级的学生轻松愉快地在一年内识2500多个常用汉字。然后从二年级开始，与统编教材接轨。

韵语识字既能提供符合儿童特点的记忆线索和联想依据，又有助于集中批量识字，被认为是非常适合小学低年级教学的识字方法。

六、字族文识字

这是由四川省井研县鄢文俊等人于1960年开始探索、1980年成型的一项识字方法。它受传统识字经验和集中识字等经验的启发，认为汉字中有一定数量具有派生能力的"母体字"，"母体字"可以衍生出几乎所有的常用字。这些由同一个母体字派生出来的一批音、形相近的子体字，就组成了一个个"字类家族"，称作"字族"。经过筛选，实验者在2500个常用汉字中，确定母体字220个，字族389个。以一个字族中的字为主，编写出课文，称为"字族文"。利用编写的一篇篇字族文来识字，是字族文识字的主要方式。例如，围绕母体字"青"以及衍生的子体字（合体字）"请、清、情、晴、睛"，编写了字族文：

小青蛙

河水清清天气晴，小小青蛙大眼睛。

保护禾苗吃害虫，做了不少好事情。

请你保护小青蛙，他是庄稼好哨兵。

字族文以韵文、散文为主，以三字文、长短句、对子歌等形式为辅助，组成朗朗上口的识字载体，体现了汉字文化的民族特点，为儿童识字提供了喜闻乐学的好内容和好形式。

总之，字族文识字吸收了集中识字重视汉字构字规律的经验，分散识字重视在语言环境识字的经验，以及注音识字重视在发展语言、发展思维中识字的经验，将三者融会贯通，体现了"字形类联""字形类聚"和"字义类推"的特点，是一种效率较高的识字教学法。

七、字理识字

字理识字是湖南省岳阳市教科所贾国均在20世纪90年代初提出的一种识字教学法。就整体而言，汉字是表意文字，形义联系比较紧密，字理就是指象形、指事、会意、形声、转注、假借等构字之法。通过构字之法的分析，可以抓住汉字形与义之间的关系，较轻松地理解字义、辨记字形。

不过，字理识字对我们没有系统接受过汉字学知识的教师提出了一个基本要求，那就是要尽量正确掌握每一个部首的形义关系。目前，"氵、艹、忄、扌、亻"等部首意义大家掌握得比较好，但"彳、阝（在左）、阝（在右）、卩、囗、止、页、厂、广、宀、彡、夂、殳、罒、廾、冫、辶、釆、自、寸、旡、方、业、勹、匸、凵、冂、彐、厶、干、大、乙、儿、尢、尸、歹、欠、耒、辛、麻、黑"等常用部首，还有很多教师不能明其形知其义。理论上来说，《新华字典》所确定的所有部首的形义关系都要掌握好，才能很好地传承字理识字的精髓。

八、听读识字

所谓"听读识字"，是指儿童尚不识字时就听别人读书，听会记熟诗文之后再自己反复读该书，读书时边读边把记忆中的字音、字义与字形对照，认读汉字以后再把整本书中的生字按汉字构字规律一串一串地分析记忆字形、练习书写。听读识字的创始人是谷锦屏，该项实验1984年开始，以母语的模仿习得为理论基础，适合幼儿园和小学低年级学生。

听读汉字的教学方法包括：

第一，反复听读认。听读识字的中心环节是"读"，主要靠"读"来认字。具体做法是，利用每天晨读的20分钟，使用配乐朗读录音带，经由"听读欣赏""听读跟读""听读朗读自由读"等几个环节，把一组组课文（按单元分组）从头到尾地听，重复地听，达到听会记熟并会背诵的程度。

第二，集中归类识。每个字先在语言环境中见过面，然后再集中起来记，而不是先集中识字再到语言环境中去阅读。由于整本书已经听读完了，在归类时可以采用多种归类方法，如基本字带字（"工"字带出"江、红、杠"）、形声字归类成串（"清、请、晴、睛"）、基本字组字（"小—大—尖""山—石—岩""言—午—许""广—土—庄"）、形近字比较（"乌—鸟""鸭—鸦""开—升""看—着"）、反义词（"好—坏""黑—白""左—右"）等。

第三，周期循环练。在归类识字后，赶在遗忘之前，用对一串串汉字周期循环听写的办法，达到费时少、巩固率高的目的。具体操作方法是：把整本书的500个生字分给全班学生，每人一张生字硬卡片，写有1～2串生字（约8～10个），这个学生就是这串生字的"生字班长"，卡片背面是这串生字的听写时间。学完生字的当天，在自习或辅导课上，将每个生字写3遍，每个字组成词，每个词写2遍，再写1个句子。从第2天起，开始听写，1天后，2天后，3天后，1周后，2周后，4周后共听写6遍。

第四，观察写话用。在学会书写单个汉字之后开始观察写话。一年级上学期练习说话。把话说完整、连贯、清楚之后，练习说一段话。能进行一般的表达以后，再练说生动、形象、有创造性的话。一年级下学期练习写一句话、观察图片写两三句话、观察静物写一段话、会写留言条和请假条等。二年级上学期练习观察动物写话、观察景物写话、观察游戏活动写话，要求中心明确，内容具体，有条理，句子通顺。二年级下学期练习看图作文、写信、写日记。

有人批评听读识字是一种机械记忆识字法，认为它虽然能把听读课文与识记生字结合起来，却存在情趣性低、识记难度大、回生率高的缺点。这种批评有一定道理，但如果能跟字族文识字、字理识字等其他方法结合起来，听读识字依然是适合幼儿园和刚入学儿童的一种识字方法。

九、"四结合"识字

"四结合"识字是将计算机引入课堂，利用"认知码"辅助识字教学，在低年级阶段把"识字、查字、编码、打字"同语文教学有机结合起来的一种识字方法实验。该实验建立在一个以音为主、以形为辅、联想记忆型汉字输入系统的基础之上，该系统由全国中小学计算机计算研究中心研发，是一种将汉字编码学习与汉字笔画、笔顺、汉语拼音、间架结构等相结合的，集规范性、易学性、完备性、快速性于一体的汉字输入方法，符合小学生的认知结构和认知特点。手脑并用、左右手灵活并用、人手一台计算机、面向全体学生，是该项实验的突出特点。

"四结合"识字法的优点是：第一，"认知码"的部件选取与拆分按照汉字构形学的理论来处理，从而使编码方案既符合汉字构形规律，又符合有关拼音教学和识字教学的要求。第二，建立了"以音联想为主，以形联想为辅"的部件分类系统，制定的汉字拆分和编码规则符合小学生的认知结构和认知特点，如果某个字的笔顺或编码不对，屏幕上就不会显示出该字，有助于纠正错误笔画、笔顺。第三，有助于同音字的辨别，编码可帮助学生分清同音字的字形，然后上机操作掌握字的结构。第四，有利于克服在低年级识字教学中辨别形近字的难点，例如"渴与喝""手与毛""清与请"等，通过反复输入，能够主动掌握它们的差别。

【资料链接】

1. 金文伟. 汉字教学常用字形义解析[M]. 北京：财富出版社，2012.

小学生在识字过程中，往往会遇到结构复杂、一字多义等问题，掌握起来颇有困难，一些教师由于没有汉字学的基本知识，讲解起来也不太得法。《汉字教学常用字形义解析》这本书，不仅生动具体地展示了常用汉字的形义关系，还对每个部首的形音义联系及其构字作用做了清晰的解说，能够有效帮助解决以上问题。

2. 汉典网

汉典网是个免费网站，始建于 2004 年，由汉语字典、汉语词典、成语词典、汉典诗词、汉典书法等栏目组成。对于小学语文识字教学而言，该网站能够查询《说文解字》《康熙字典》以及汉字的字源字形。汉典网的网址是：zdic.net。图 3-31 是汉典网的 logo。

图 3-31　汉典

3. 全国小学语文教学研究会. 小学汉语拼音教学研究[M]. 北京：人民教育出版社，2003.

这是一本论文集，收录了来自专家、小学语文教研员及一线教师关于汉语拼音教学的相关论述。宏观方面，王均、袁钟瑞、莘乃珍等专家对小学汉语拼音教学的历史、现状及发展前景做了视野开阔的评价；微观方面，七八十名小语教研员和一线教师从教研的各个角度，介绍了汉语拼音教学的成果、方法、存在的问题及解决的途径，是关于汉语拼音教学及研究的好资料。

4. 屈太侠. 走向有效的写字教学[M]. 福州：福建教育出版社，2025.

该书作者对小学写字教学进行过深入研究和长期指导实践，书中总结整理了小学写字教学的方法和规律，包括写字教学中的意识、放松、姿势、笔画、结构、章法等方面，均是作者经过实践获得的经验，操作性强，有助于小学语文教师借鉴提高书写素养和写字教学指导水平。

5. 林乐珍. 大单元识字教学[M]. 北京：科学教育出版社，2020.

该书对统编版教材一、二年级六个识字单元进行了二次开发。它以"人文主题＋语文要素"开发大单元，按照"情境创设—学习单元—成果展示"的结构进行编排，阐述了大单元统整识字的理论和实践，讲明了"为什么这样做""可以怎么用"的学理，并遵循造字规律和识字思维及方法，学一个带一串，实现自主掌握 3000 个生字的愿景。

【思考·训练】

1. 小学汉语拼音教学内容与《汉语拼音方案》有什么区别？请一一列出。

2. 统编版一年级上册"识字 8"的内容如下：

"思考·训练"答题思路

115

⑧ 小书包

xiàng pí　chǐ zi　zuò yè běn
橡皮　尺子　作业本
bǐ dài　qiān bǐ　zhuàn bǐ dāo
笔袋　铅笔　转笔刀

wǒ de xiǎo shū bāo
我的小书包，
bǎo bèi zhēn bù shǎo
宝贝真不少。
kè běn zuò yè běn
课本作业本，
qiān bǐ zhuàn bǐ dāo
铅笔转笔刀。
shàng kè jìng qiāo qiāo
上课静悄悄，
xià kè bú luàn pǎo
下课不乱跑。
tiān tiān qǐ de zǎo
天天起得早，
péi wǒ qù xué xiào
陪我去学校。

本文是自编课文。

70

shū bāo chǐ zuò yè běn bǐ dāo kè zǎo xiào
书包尺作业本笔刀课早校

早早早　书书书

刀刀刀　尺尺尺

本本本

lǎng dú kè wén shuō yi shuō nǐ de shū bāo lǐ yǒu nǎ xiē wén jù
○ 朗读课文。说一说你的书包里有哪些文具。

dú yi dú zuò yi zuò
○ 读一读，做一做。

wǒ huì bǎ wén jù bǎi fàng zhěng qí
我会把文具摆放整齐。

wǒ huì zì jǐ zhěng lǐ shū bāo
我会自己整理书包。

请你仔细揣摩教材，说说这样的编写体现了哪些识字教学理念。

3. 本章[案例3-2]，如果将教学对象换成你家乡的小朋友，教学设计上可能要做哪些调整呢？

4. 《语文课程标准》对生字提出"会认"和"会写"两种不同要求，请结合统编版二年级上册《小蝌蚪找妈妈》(参见本章图3-7和图3-8)，谈谈对这两种不同要求的认识。

5. 写字指导的重点，有时是笔顺，如，"巨、区、及、匹"；有时是难写的笔画，如，"建、迎、隐、郑、心、勺"；有时是容易写错的笔画，如，"直"(少横)、"期"(多横)、"浇"(多点)、"轮"(右边写成仓)；有时是发现规律；有时是引导学生注意怎样把字写美观。根据上面常识，请你分析一下统编版二年级下册第15课《古诗二首》的8个会写字"湖、莲、穷、荷、绝、含、岭、吴"，说说你准备怎样指导学生书写。

6. 小学硬笔(铅笔、钢笔)教学和软笔(毛笔)教学有很大差别。硬笔教学和软笔教学能相互结合吗？如果可以，又该如何结合呢？

【研究选题】

1. 儿歌在识字写字教学中的作用研究

2. 推广普及国家通用语言文字背景下的乡村小学拼音教学研究

3. 古代蒙学识字方法对现代识字教学的启示

4. 统编版低年级识字教材中的"泡泡提示语"研究

5. 中年级生字"回生"现象的调查与对策研究

6. 小学生作业中易错字的调查

7. 数智时代写字教学路径创新研究

8. 写字教学现状调查——以××小学为例

【参考文献】

1. 中央教科所. 首届小学汉字教育国际研讨会论文集［C］. 北京：科学出版社，1994.

2. 路克修，于年河. 现代小学识字写字教学［M］. 北京：语文出版社，2002.

3. 朱霞骏. 写字教学三部曲(修订版)［M］. 南昌：江西人民出版社，2021.

4. 刘晶晶，刘葳蕤. 语文识字教学中的文化想象及能力培养［J］. 教育研究与实验，2022(5).

5. 范博睿，杨庭宇，易进. 识字与写字教学中审美创造素养的培育［J］. 语文建设，2022(16).

6. 佟乐泉，张一清. 注音识字，提前读写的理论思考［J］. 语文建设，1997(12).

7. 姜兆臣. 韵语识字实验报告［J］. 普教研究，1995(5).

8. 谷锦屏. 听读何以能够识字：关于听读识字若干理论问题的思考［J］. 教育改革，1997(5).

9. 崔光银，于红玉. 小学语文四结合教学改革实验识字教学阶段总结［J］. 黑河教育，1998(8).

10. 王汉卫. 精读课框架内相对独立的汉字教学模式初探［J］. 语言文字运用，2007(1).

11. 丁义诚，李楠，包全恩. "注音识字，提前读写"实验报告(转载)［A］. 语文现代化(第8辑)［C］. 1985.

12. 王宁. 汉字教学的原理与各类教学方法的科学运用(上)［J］. 课程·教材·教法，2002(10).

13. 李虹，彭虹，舒华. 汉语儿童正字法意识的萌芽与发展［J］. 心理发展与教育，2006(1).

14. 黄亢美. 汉字学基础与字理教学法［M］. 南宁：广西教育出版社，2023.

15. 张春芳. "注音识字，提前读写"的实验教学［J］. 延安教育学院学报，1997(1).

16. 丁圆伟. 语言文字积累与梳理视域下的识字教学研究［J］. 小学教学参考，2024(19).

第四章　阅读与鉴赏教学

学习目标

1. 明确阅读与鉴赏教学的总体目标和各个学段的要求。

2. 了解小学语文阅读与鉴赏教材内容，能在教材研读中感知国家通用语言文字的魅力，努力拓宽文化视野，领悟中华民族的文化底蕴。

3. 理解阅读与鉴赏教学的基本策略，掌握阅读与鉴赏教学的主要内容和基本方法，培养阅读与鉴赏教学的基本能力。

4. 了解阅读与鉴赏教学的一般过程，会进行不同类别课文的教学设计。在教学设计中勤于思考，勇于探索创新，努力提升思维能力。

5. 了解国内几种主要阅读与鉴赏教学实验的特点与做法，感受国内语文名师热爱小学教育的专业情意。

阅读，一般指读者通过视觉去看用文字写出来的东西，从中得到某种满足。广义上来看，读书、阅报、读通知、看图纸、浏览网页、看图像，都是不同形式的阅读活动。狭义上来看，专指阅读书刊报章的文字。根据许慎《说文解字》的说法：阅，具数于门中也；引申为看。读，诵书也①。阅读课就是读书课，阅读与鉴赏教学就是教师指导下的看书、读书、察书、赏书活动，是学生、教师、教科书编者、文本之间对话的过程。2022 年版《语文课程标准》把"阅读"改为"阅读与鉴赏"，鉴，有"观察，审察"之意，即在读书、看书中有意识地对文本的各个要素进行审察和相互比照。赏，则是在"鉴"的基础之上进行的高层次的审美欣赏活动，文本用语之精当、技法之美、情感之美等方面的发现和领悟，即为"赏"。阅读与鉴赏，是运用语言文字获取信息、认识世界、发展思维、获得审美体验的重要途径。在语文教学中，阅读与鉴赏教学所占课时最多，教学分量最重，与识字与写字教学、表达与交流教学有着密切的联系，是小学语文教学的主体与重心，在各类语文教学活动中处于首要地位。

第一节　阅读与鉴赏教学的目标与策略

阅读与鉴赏教学的目标是阅读与鉴赏教学的出发点和归宿，是阅读与鉴赏教学的灵魂。小学生学习阅读，形成阅读与鉴赏能力，需要一步一个脚印，每一步都是有标

---

① （汉）许慎. 说文解字[M]. 北京：中华书局，1963：12.

可循、有据可依的。这里的"标"即指阅读与鉴赏教学的目标,"据"即指阅读与鉴赏教学的内容。掌握阅读与鉴赏教学的基本策略,则有助于学生掌握教学内容、有效达成教学目标。

一、阅读与鉴赏教学的主要目标

阅读与鉴赏教学的目标分为总目标和学段要求两部分。

阅读与鉴赏教学的总目标可以概括为"热爱国家通用语言文字,感受语言文字及作品的独特价值"。"学会运用多种阅读方法,具有独立阅读能力。能阅读日常的书报杂志,初步鉴赏文学作品,能借助工具书阅读浅易文言文""感受语言文字的美,感悟作品的思想内涵和艺术价值,能结合自己的经验,理解、欣赏和初步评价语言文字作品,丰富自己的情感体验和精神世界。"《语文课程标准》提出的阅读与鉴赏教学的总目标,响应新课程对"核心素养"的呼唤,从文化自信、语言运用、思维能力、审美创造的角度阐述了阅读与鉴赏教学的总目标。

小学阅读与鉴赏教学的学段要求分为三个学段提出,具体内容见《语文课程标准》。从阅读与鉴赏教学的总目标和各学段要求来看,小学阶段阅读与鉴赏教学目标呈现出以下特点。

1. 从总体上看,阅读与鉴赏教学目标体现了总分结合、梯度有序的特点。总目标是阅读与鉴赏教学的总体指导思想,学段要求是总目标的具体化。例如总目标中提出"学会运用多种阅读方法",导向很明确。在各学段要求中多次照应"多种阅读方法",第一学段提出"结合上下文和生活实际了解课文中词句的意思,在阅读中积累词语""借助读物中的图画阅读"。第二学段提出"能联系上下文,理解词句的意思,体会课文中关键词句表达情意的作用。能借助字典、词典和生活积累,理解生词的意义"。"学习圈点、批注等阅读方法。能对课文中不理解的地方提出疑问,乐于与他人讨论交流"。第三学段则在第一、第二学段要求掌握的阅读方法的基础上,进一步提出"尝试使用多种媒介阅读"。各学段要求与总目标互相呼应,目标指向明确,可操作性强,有助于学生语文核心素养逐步提高。

2. 从各学段阅读教学目标来看,体现了层次性和发展性的特点。以默读的要求为例,第一学段仅要求"学习默读",第二学段要求"初步学会默读,做到不出声,不指读",第三学段则要求"默读有一定的速度,默读一般读物每分钟不少于 300 字"。又如,《语文课程标准》在总目标中提出"能结合自己的经验,理解、欣赏和初步评价语言文字作品",为落实这一总目标,各学段要求中增加了"整本书阅读",第一学段要求"尝试阅读整本书,用自己喜欢的方式向他人介绍读过的书"。第二学段要求"阅读整本书,初步理解主要内容,主动和同学分享自己的阅读感受"。第三学段则由介绍、分享,改为能积极推荐,要求"阅读整本书,把握文本的主要内容,积极向同学推荐并说明理由"。可见各学段的目标要求是按由低到高、由浅入深、由简单到复杂的逻辑顺序排列的。这样的设计既突出了各学段阅读与鉴赏教学目标的重点，又注意了各学段前后之间的衔接联系，较好地解决了长期以来存在的学段之间在教学目标和教学内容上的脱节问题。

3. 无论是总目标还是各学段阅读与鉴赏要求的设计，最终都指向语文核心素养目标。读《语文课程标准》，我们仍然能从中读出知识与能力、过程与方法、情感态度与价值观方面的要求，如"学会运用多种阅读方法""体验情感，展开想象，领悟诗文大意""受到优秀作品的感染和激励，向往和追求美好的理想"等，但《语文课程标准》在三维目标的基础上提出了更高层次的要求，更重视阅读与鉴赏过程中形成的品格和素养，如"热爱国家通用语言文字，感受语言文字及作品的独特价值"，主要指向文化自信和语言运用。"学会运用多种阅读方法，具有独立阅读能力。能阅读日常的书报杂志，初步鉴赏文学作品，能借助工具书阅读浅易文言文"，主要指向语言运用。"感受语言文字之美，感悟作品的思想内涵和艺术价值，能结合自己的经验，理解、欣赏和初步评价语言文字作品，丰富自己的情感体验和精神世界"，主要指向审美创造和思维能力。核心素养目标是对三维目标的继承与发展，纵观各学段的阅读与鉴赏教学要求，虽然各有侧重，但最终都指向语文核心素养，各个学段相互联系，螺旋上升，致力于全体学生核心素养的形成与发展。

二、阅读与鉴赏教学的教材分析

小学语文教材是最核心的语文课程资源，而课文是教材的主体部分，是语文教科书的灵魂。新课改以来，许多版本的小学语文教科书如雨后春笋般不断涌现。我国以"义务教育课程标准实验教科书"名义出版的小学语文教材版本众多，有人教版、苏教版、北师大版、湘教版、语文 A 版、语文 S 版、鄂教版、冀教版、西南师大版、长春版、教科版、沪教版(上海版)、中华书局版。各种版本在阅读教材的编写方面，都努力体现《语文课程标准》的要求，但在编写理念、编排体系、选文特点、练习设计等方面各具特色，如有的教材围绕单元专题编选课文，有的教材采用板块结构组合单元。2017 年始，统编版教材逐渐在全国使用，下面重点对统编版小学语文阅读教材进行分析。

统编版小学语文教材语文要素一览表

统编版小学语文教材阅读与鉴赏教学板块具有以下主要特点。

1. 双线组织单元，创建灵活的单元结构体例

语文课程具有工具性与人文性相统一的基本属性，阅读与鉴赏教学不仅要明确指向单元的人文主题，还要融入并强化相关的语文素养训练。统编版在单元编排上采用"双线组织单元结构"。双线组织每一个阅读单元，是统编版语文教材的一大特色。这样的单元编排，纠正了过去过分依据单元人文主题选文、弱化语文知识体系的不良倾向，使语文学科知识、能力要求更加清晰，让教师的教学更有章可循。

下面以三年级上册和五年级下册为例，图 4-1 为三年级上册双线结构一览表，图

4-2 为五年级下册双线结构一览表。

三年级上册双线结构一览表

单元	人文主题	语文要素
一	学校生活	阅读时，关注有新鲜感的词语和句子。
二	金秋时节	运用多种方法理解难懂的词语。
三	童话世界	感受童话丰富的想象。
四	预测 （阅读策略单元）	一边读一边预测，顺着故事情节去猜想。 学习预测的一些基本方法。
五	观察 （习作策略单元）	体会作者是怎样留心观察周围事物的。
六	祖国河山	借助关键语句理解一段话的意思。
七	我与自然	感受课文生动的语言，积累喜欢的语句。
八	美好品质	学习带着问题阅读，理解课文的意思。

图 4-1　三年级上册双线结构一览表

五年级下册双线结构一览表

单元	人文主题	语文要素
一	童年往事	体会课文表达的思想感情。
二	古典名著之旅	初步学习阅读古典名著的方法。
三	遨游汉字王国 （综合性学习）	感受汉字的有趣，了解汉字文化。学习搜集资料的基本方法。
四	家国情怀	通过动作、语言、神态描写，体会人物的内心。
五	人物描写 （习作单元）	学习描写人物的基本方法。
六	思维的火花	了解人物的思维过程，加深对课文内容的理解。
七	异域风情	体会景物的静态美和动态美。
八	幽默和风趣	感受课文风趣的语言。

图 4-2　五年级下册双线结构一览表

　　从图 4-1 可以清楚地看出，三年级上册语文教材以人文主题和语文要素组织单元，八个单元的人文主题分别是：学校生活、金秋时节、童话世界、预测(阅读策略单元)、观察（习作策略单元）、祖国河山、我与自然、美好品质。其中，第四单元"预测"是阅读策略单元。阅读策略单元是统编版小学语文教科书中的特殊单元，是完全以阅读策略为主线进行编排的单元，旨在引导学生获得必要的阅读策略，培养学生运用阅读策略的意识和基本能力，使他们成为积极的阅读者。第五单元是独立的习作单元，统编版小学语文教材除阅读单元外，还编排了独立的习作单元，体现读写并重、阅读和习作紧密相连的思想。

从图4-2可以看出，统编版五年级下册教材设计了八个单元主题，依次是：童年往事、古典名著之旅、遨游汉字王国、家国情怀、人物描写、思维的火花、异域风情、幽默和风趣。其中，第三单元为综合性学习单元，第五单元为习作单元。阅读单元、综合性学习单元、习作单元等穿插安排，展现了更为灵活的单元结构体例。

从图4-1、图4-2，我们还可以看出：人文主题与语文要素是息息相关的，我们可以指导学生借助语文要素去理解人文主题，也可以透过人文主题找到落实语文要素的重点及注意点。因此，在教学中要兼顾人文主题与语文要素，双线并行，让人文性与工具性和谐共舞。

2. 重视语文核心素养，重建语文知识体系

统编版小学语文教材将语文要素细化成一系列基础的知识点以及训练要点，并将其嵌入到教材中的各个环节，如单元导语、课文、课后练习、语文园地等。语文要素的编排遵循由易及难，循序渐进的原则，从单元来看，每个单元课文都围绕该单元的语文要素展开。而从整体来看，各语文要素之间又相互联系，层层递进，一步步深化课程目标，从而达到全面提高学生语文核心素养的目的。

关于语文核心素养，学者们有不同的观点。王宁教授提出："语文核心素养是学生在积极主动的语言实践活动中构建起来、并在真实的语言运用情境中表现出来的个体言语经验和言语品质；是学生在语文学习中获得的语言知识与语言能力、思维方法和思维品质，是基于正确的情感、态度和价值观的审美情趣和文化感受能力的综合体现。"[①]顾之川指出："语文核心素养应包含以下四个方面内容：一是必要的语文知识，包括语言文字、文学审美、人文素养等知识；二是具有较强的识字写字、阅读与表达（包括口语与书面语）能力；三是语文学习的正确方法和习惯；四是独立思考能力、强烈的好奇心、丰富的想象力与强烈的创新欲望"[②]。《语文课程标准》则明确指出：义务教育语文课程培养的核心素养，是学生在积极的语文实践活动中积累、建构并在真实的语言运用情境中表现出来的，是文化自信和语言运用、思维能力、审美创造的综合体现。而统编版教材中的语文要素，包括必要的语文知识、必需的语文能力、适当的学习策略和学习习惯等，这些无疑是语文核心素养的重要内容。

① 王宁. 语文核心素养与语文课程的特质[J]. 中学语文教学，2016(11)：4-8.
② 顾之川. 论语文学科核心素养[J]. 中学语文教学，2016(3)：15-17.

统编版小学语文教材以语文要素作为另一条主线,重新确定了语文教学的"知识体系",尤其注意落实那些体现语文核心素养的知识点、能力点。以低年级教材为例,第一学段目标要求"学习用普通话正确、流利、有感情地朗读课文",低年级阅读教材中多次出现"读准'一'的不同读音""分角色朗读课文""朗读课文,注意下面加点字的读音""朗读课文,读好人物说话时的语气""读一读,注意句子不同的语气"等课后练习题,这样的课后练习题,有助于教师把握朗读训练的知识点、能力点,循序渐进地引导学生逐步提高。

统编版小学语文教材在语文要素的编排上充分关注学生的学习能力以及思维发展规律。第一学段的语文要素主要侧重于基础的词句解释以及简单的段篇理解,第二、第三学段则倾向于句段的理解以及篇的整体把握。以三年级的语文要素为例(表4-1)。

表 4-1　三年级典型语文要素举例

年级	单元	语文要素
三年级上册	第一单元	关注有新鲜感的词语和句子
	第二单元	运用多种方法理解难懂的词语
	第六单元	借助关键语句理解一段话的意思
三年级下册	第一单元	体会优美生动的语句
	第三单元	了解怎么围绕一个意思把话写清楚
	第六单元	运用多种方法理解难懂的句子
	第七单元	了解课文从哪些方面把事物写清楚的
	第八单元	了解故事的主要内容,复述故事

从表4-1可以清晰地看出,小学中段的语文要素很好地架构了语文教学从理解词句到理解语段,再到理解篇章的阅读能力培养序列。这种模式让学生由易及难地掌握语文基础知识和学习技能,从而构建了一个牢固的知识系统,为学生奠定了坚实的发展基础。

3. 构建"三位一体"的阅读教学体系,强调向课外阅读延展

统编版小学语文教材首次明确提出"三位一体"的阅读教学,"三位一体"是指"教读—自读—课外阅读"三种课型相结合的阅读教学。统编版小学语文教材各单元课文分为"教读课文"和"自读课文",辅之以课外阅读,共同构建了一个从"教读课文"到"自读课文"再到"课外阅读"的三位一体的阅读体系。

统编版小学语文各单元课文中,每个单元都会有精读课文和略读课文。"教读"即为"精读",以教师为主导,以学生为主体,以课文为例子,精讲细读,习得方法,达到举一反三,激发学生阅读兴趣的目的。"自读"即为"略读",以学生为主体进行自主泛读,并将精读课中学习到的方法,在略读中尝试运用、感悟。教师在教精读课文时指导阅读方法,学生通过习得的方法自读略读课文,有助于发挥学生的主体作用,构建更为灵活、高效的语文课堂。例如统编版小学语文四年级上册第二单元提问策略单元，《一个豆荚里的五粒豆》《夜间飞行的秘密》《呼风唤雨的世纪》这三篇课文，可以通过精讲细读、课堂讨论等形式着重教会学生要善于提问、敢于提问，要从不同的角度提出最有价值的问题，要学会在提问的基础上自主地解决问题。有了这样的基础，在教学《蝴蝶的家》这篇自读课文时，教师可以放手让学生自读，让学生小组合作学习，汇报小组合作学习成果，教师在课堂中只起到穿针引线的作用。这样，真正把课堂的主动权还给了学生，让学生学得有趣，也让教师教得轻松。

统编版小学语文教材还将课外阅读纳入教学体系，打破了传统的单篇课文编排形式。小学低年级设置了"和大人一起读""快乐读书吧"，一开始就注意激发小学生读书兴趣。小学中高年级几乎每一单元都有课外阅读的延伸。一些课后思考题或拓展题，也有课外阅读的提示引导，或提示文后拓展阅读，或采用重点推荐与简要推荐相结合的方式推动学生进行"整本书阅读"。统编版教材主编温儒敏还建议教师采取"1＋X"的办法，即讲一篇课文，附加若干篇课外阅读的文章，把语文教学从课堂延伸到课外，形成"教读—自读—课外阅读"三位一体的阅读教学体系。

以统编版小学语文教材六年级下册第一单元"民风民俗"为例，本单元选编了四篇课文——精读课文《北京的春节》《腊八粥》《古诗三首》(《寒食》《迢迢牵牛星》和《十五夜望月》)，略读课文《藏戏》。每篇课文的内容和主旨都紧紧契合"民风民俗"的人文主题，教学时要注重营造浓郁的民族民俗风情，引导学生感悟中华民族博大深远的历史文化底蕴，激发学生对中华优秀传统文化的热爱与赞美。结合"民风民俗"教育，还要注意落实本单元的阅读要素"分清内容的主次，体会作者是如何详写主要部分的"。本单元教学，教师可推荐学生课外阅读《端午日》《四川的川剧》《上海民俗》等课外读物。这样，课外阅读成为课程的有效组成部分，既能沟通课内外阅读，又有助于阅读教学做到"两延伸""两注意"。两延伸，即往课外阅读延伸，往生活延伸。两注意，即注意阅读方法（策略），注意阅读速度。这样，有助于将《语文课程标准》中的学段要求具体化，使核心素养全面"落地"。

4. 选文注重经典性、时代性、适用性，文质兼美

统编版小学语文教材的选文强调四个标准：经典性、时代性、适用性、文质兼美。

首先，教材更重视价值取向，注意弘扬社会主义核心价值观，强调两个传统回归。这两个传统一是指中华优秀传统文化，一是指革命传统教育。这两个传统的课文有所增加，而没有经过沉淀的时文相对减少。统编小学语文教材更为重视传统文化，许多国学经典收录到教材中，如脍炙人口的文言故事《司马光砸缸》《王戎不取道旁李》《囊萤夜读》《铁杵成针》，酣畅淋漓的文言散文《少年中国说》。还有寓言故事《坐井观天》《狐假虎威》《亡羊补牢》《揠苗助长》等；神话故事《大禹治水》《羿射九日》《盘古开天地》《精卫填海》等；民间故事《寒号鸟》《枣核》《漏》《猎人海力布》等。统编版三年级下册第三单元以"中华优秀传统文化"为主题，通过《古诗三首》《纸的发明》《赵州桥》《一幅名扬中外的画》四篇课文展现了中华文化的独特魅力。六年级下册第一单元则以"民风民俗"为主题，编排了《北京的春节》《腊八粥》《古诗三首》《藏戏》四篇课文，这些课文充满了浓郁的民族风情，能帮助学生体会民族文化的博大精深，感受中华传统习俗中蕴含的人情美、文化美。统编版教材中收录的革命传统教育类课文有 40 余篇，主要分为三大类：第一类，保留了人教版原有教材中经典的革命传统教育题材，此类课文主要直接叙写革命年代经典的人或事，如《吃水不忘挖井人》《朱德的扁担》《狼牙山五壮士》《十六年前的回忆》《金色的鱼钩》《黄继光》等，即传统意义上的"红色经典"，让学生在血与火的历史场景中重温那难忘的革命岁月。第二类，增加了各个时期各类爱国主义教育题材，如《升国旗》《梅兰芳蓄须》《少年中国说》《木笛》等课文，以及课后的"阅读链接"，如《七子之歌》放入《圆明园的毁灭》一课的课后链接，让学生懂得为了国家和平、人民幸福而奋斗的英雄壮举是爱国，尊重国旗、国徽，不忘国耻，树立强国梦想，牢记历史的日常行为也是爱国，引导学生将热爱祖国、热爱军队、热爱中国共产党的情感化为日常生活中的点滴行为。第三类，增加了科技迅速发展的当下，我们如何继承和发展革命传统教育，如《千年梦圆在今朝》，让学生懂得：战争年代需要崇高的理想和坚定的信仰，需要大无畏的革命精神和乐观精神。同样，在和平年代的当下，我们依然需要一代又一代的人为了中华民族崇高的理想、坚定的信仰，执着追求、锲而不舍、团结拼搏。这就是新时代呼唤的革命精神。语言既是民族的根，也是民族的标识，亦是强国富民的利器。学习统编版小学语文教材，要让学生感受中华优秀传统文化和革命文化，受到社会主义核心价值观的教育。通过社会主义核心价值观、优秀传统文化、革命文化等教育，达到民族认同、文化自信、语言自觉。

其次，很多文质兼美的经典课文出现在教材中。国内的经典课文包括当代名家经典和古诗文经典。当代名家经典除了保留像朱自清的《匆匆》、许地山的《落花生》、冯骥才的《珍珠鸟》、萧红的《祖父的园子》等经典课文外，还大力开发新选文。如郭沫若的《白鹭》，宗璞的《丁香结》，吴然的《走月亮》，任大霖的《牛和鹅》，范锡林的《竹节人》等，这些都是新选入统编版教材的当代名家经典作品。统编版小学语文教材小学一年级开始就有古诗文，小学 6 个年级 12 册共选优秀古诗文 124 篇，占所有选篇的30％，比原有人教版增加 55 篇，增幅达 80％。每个年级 20 篇左右。[①] 古诗文选文视野覆盖《论语》《庄子》《列子》《晏子春秋》《韩非子》《三国志》《吕氏春秋》《战国策》《山海经》《史记》《汉书》《世说新语》《晋书》《朱子家训》等，涉及了经、史、子、集各部。四大名著也以节选的形式被选入统编版教材，如课文《草船借箭》《景阳冈》《猴王出世》《红楼春趣》。国外的经典课文也有不少，如《威尼斯的小艇》《他们那时候多有趣啊》《花之歌》等，这些文质兼美的经典课文，语言典范优美，不仅帮助学生与文学大师进行心灵沟通、生命对话，还有助于学生学习语言文字运用，提高学生核心素养。

最后，统编版小学语文教材在选文、单元活动设计、课后练习设计等方面努力贴

① 温儒敏. "部编本"语文教材的编写理念、特色与使用建议[J]. 课程·教材·教法，2016
(11)：3-11.

近学生的生活，适应时代的发展需要，同时又方便教与学。统编版教材阅读教学课文相关的练习设计变化较大，注意采用形式多样、学生喜欢的呈现方式，让学生参与到言语实践活动中，习得语言，积累语言，运用语言。练习的指向性更加明确，直指语言的积累、运用。如《葡萄沟》的课后练习"读读下面的句子，照样子写一写"；《雾在哪里》的课后练习"读句子，照样子说说雾都把什么藏了起来，藏起来之后的景色是什么样的"；《黄山奇石》的课后练习"读一读，选几个词语说说某处的景物""读句子，用加点的词语说说图片里的石头，再选一张图片写下来"。这些练习的设计直指语言文字运用能力的培养。不只是注重字、词、句、段的积累和运用，统编版小学语文教材也重视学生阅读兴趣和阅读品位的培养；注意搭建适合学生交流、探究的平台，培养学生的合作能力、探究能力以及自主学习的能力。如《丁香结》课后练习题："丁香结引发作者对人生怎样的思考？结合生活实际，谈谈你的理解。"《走月亮》课后练习题："阿妈牵着'我'走过'月光闪闪的溪岸'，'细细的溪水，流着山草和野花的香味，流着月光。……'你的脑海中浮现出了怎样的画面？课文中还有哪些画面给你留下了深刻的印象？和同学交流。"

统编版教材的推广和使用代表中国小学语文教材又回归到"一标一本"的时代。统编版博取众家之长，在价值观念、教材结构、单元设置、选文编排和教学方式等方面注重继承传统又与时俱进。它的使用给小学语文教学注入了新活力，同时也带来了阅读教学上的新挑战。它在编写理念上体现社会主义核心价值观和继承发扬中华优秀传统文化；在教材结构上采用"人文主题"与"语文要素"双线组织单元结构；它的单元设置统筹兼顾，栏目多样；在选文时注重文章的经典性、多元性、时代性和适用性，大幅增加了古典诗词和文言文的篇数；特别将课外阅读纳入阅读教学体系，明确提出"教读—自读—课外阅读"的"三位一体"阅读教学模式。教师应潜心钻研教材，领会统编版教材的编写特点，并灵活运用教材，努力提升小学语文阅读教学质量。

案例4-1是统编版语文四年级下册略读课文《我们家的男子汉》的教学设计，从该案例中，我们可以体会到：略读课文要略"教"重"学"，重在培养学生的独立阅读能力。

[案例4-1]　　　　　《我们家的男子汉》教学设计(四年级下册)

湖南师范大学附属滨江学校　李佳峰

【教材分析】

《我们家的男子汉》是一篇成人写孩子趣事的文章，童年生活在人的一生中是最美好最纯真的，它是璀璨夺目的，它是熠熠闪光的！充满童真童趣的孩子行为在令成年人哑然失笑的同时也带给了我们纯粹的感动和震撼。当代女作家王安忆四岁的小外甥就是这样的一个小小男子汉。课文以人物性格特点分类组织、安排材料，用生动、风趣、幽默而又含蓄的语言描写了一个逐渐成熟、自主自立、刚强勇敢的男子汉形象。

【教学思路】

本文通俗易懂，通过生动风趣的语言描写，突出了人物个性。教学这篇课文时，首先要引导学生熟悉课文内容，从而抓住关键语句具体地复述课文中的人物和事件，深入研究文章主体部分安排材料的顺序和特点，进而了解文章的主旨，有关这些问题可让学生在合作探究的基础上完成。让学生摘出课文中细腻描写人物的有关句子，体会精彩之处。

【教学目标】

1. 自主识字，认读本课"徽　谜"等 15 个生字，读准"强、吭"2 个多音字。

2. 能用较快的速度默读课文，结合小标题理解课文内容。

3. 能给每个部分换个合适的小标题，体会课文以人物性格特点分类组织、安排材料的方法。

4. 体会"男子汉"逐渐成熟、自主自立、刚强的性格特征。

【教学重点】

1. 体会"男子汉"逐渐成熟、自主自立、刚强的性格特征。

2. 通过读标题、换标题的方法把握长文章的主要内容。

【教学难点】

1. 理解"男子汉"的含义，体会"男子汉"逐渐成熟、自主自立、刚强的性格特征。

2. 感受小"男子汉"的形象，体会作者对其深深的喜爱之情。

课时安排：1 课时

教学准备：课件

教学过程：

一、谈话导入，激发兴趣(约 2 分钟)

1. 说说男子汉：我们都崇拜男子汉，一提起"男子汉"，你的脑海中会出现哪些词语？我们崇拜他们的什么呢？

指名说，PPT 小结："男子汉"从字面上看，强调男性的健壮或刚强。但也常用来指有作为、有志气、有担当的男人。不论年龄大小、地位高低、能力强弱，只要勇于拼搏、积极向上，都可以被视为男子汉。男子汉的品质有很多很多，勇敢、坚强、独立、正直、胸怀宽广、顶天立地……

2. 今天，我们一起来学习王安忆写的《我们家的男子汉》，看一看这个"男子汉"和我们印象中的男子汉有什么不同。

二、检查预习，整体感知(约 8 分钟)

1. 引出问题：这是一篇略读课文，请一位同学读一读课文的学习提示，其他的同学用"＿＿＿"画出学习要求。

指名说一说：你从学习提示中找到了哪些学习要求？

2. 让我们根据这些学习要求快速默读课文吧！

3. 检测学生认读生字、词语的情况。

(1)出示含有生字的词语(生字不带拼音)，小组开火车认读；出示拼音齐读字词两遍。

安徽 谜语 嘴唇 和尚 吃荤 倔强 嘱咐 沮丧 情绪 一声不吭 嘹亮 妨碍 轮廓

(2)同学们,发现了吗?这里有两个蓝色的字——多音字:

语境辨析多音字:吭、强

①去的那天早晨,他一声不吭(kēng),很镇静地四下打量着。

②白鹅的引吭(háng)大叫,不亚于狗的狂吠。

③一只胖胖的小手在我的手掌里,像一条倔强(jiàng)的活鱼一样挣扎着。

④你这样做不是强(qiǎng)人所难吗?

4. 课文是从哪些方面来写这个"男子汉"的?

文章分别从"他对食物的兴趣""他对独立的要求""他面对生活挑战的沉着"3个方面介绍了"我"的外甥。

5. 齐读小标题,谁能结合这三个小标题来概括这篇文章的主要内容?

这篇文章比较长,小标题的作用是概括每部分的内容,让我们更好地把握长文章的主要内容。课文中的男子汉是一个小男孩,他对食物有兴趣、对独立有要求、敢于面对生活挑战。虽然小男孩才几岁,但他身上已经初步表现出男子汉的气概。

6. 小结:我们只要把课文每个部分的主要意思连起来,就能把握文章的主要内容!

三、感悟形象,更换小标题(19分钟)

1. 解析第一部分:请同学快速默读课文第一个部分"他对食物的兴趣",思考:

①作者围绕"他对食物的兴趣"写了哪些事例?

②为什么称这个孩子为"男子汉"?

预设:

他吃饭很爽气,吃得好、多、广   (不挑食)

吃小笼包子   (耐心 专注)

给食物编谜语,向往少林寺又不想在吃上让步   (执着)

师小结:作者通过这些具体的事例,刻画了一个不挑食、耐心专注、执着的"男子汉"。

2. 我们还可以尝试换个小标题,老师换了三个小标题(我们家的小吃货、吃饭爽气的小男孩、耐心专注的男子汉),请你来评一评,这些标题分别是从哪个角度概括的?

小结:我们可以抓住主要内容、关键词句、人物特点来列小标题(板书"主要内容、关键词句、人物特点")。列小标题的方法还有很多呢(板书"……")

3. 你还可以给这一部分换一个什么样的小标题?你是从哪个角度来概括的?四人小组讨论讨论,讨论好的小组举手示意。

4. 默读课文"他对独立的要求"和"他面对生活挑战的沉着"两个部分,小组完成学习卡。

《我们家的男子汉》	换一换小标题	列小标题的角度
他对食物的兴趣	我们家的小吃货 吃饭爽气的小男孩 耐心专注的男子汉	主要内容（　） 关键词句（　） 人物特点（　） 其　　他（　）
他对独立的要求		主要内容（　） 关键词句（　） 人物特点（　） 其　　他（　）
他面对生活挑战的沉着		主要内容（　） 关键词句（　） 人物特点（　） 其　　他（　）

5. 小组汇报、交流与补充。

6. 通过合作学习，我们不仅从多角度换了小标题，还从小孩的独立以及面对生活挑战的沉着中感受到了那一份男子汉气概。

四、拓展阅读《我的朋友容容（节选）》（10 分钟）

课内的文章你们都能快速地列出小标题，敢不敢挑战课外阅读？请大家翻开课外阅读材料《我的朋友容容（节选）》。

出示要求：

快速默读，尝试给各部分内容换个小标题，并说一说你是从哪个角度来换标题的，完成学习卡。

全班汇报交流。

五、布置家庭作业（1 分钟）

题目	主人公	主要内容	给每部分列小标题	列小标题的角度
《我们家的男子汉》				
《我的小儿子（节选）》				
《米夏煮粥》				
《曹迪民先生的故事》				

六、板书设计

19 我们家的男子汉

男子汉：率真　　　　　　列小标题：主要内容

独立　　　　　　　　　　　　关键词句

勇敢　　　　　　　　　　　　人物特点

刚强　　　　　　　　　　　　……

三、阅读与鉴赏教学的基本策略

阅读与鉴赏教学对小学生语文素养和整体素质的提高具有十分重要的意义，它培养学生的阅读能力和表达能力，丰富学生的文化积累，促进学生的智力发展，陶冶学生的思想情操，提升学生的核心素养。选择阅读与鉴赏教学策略应注意阅读与鉴赏教学的目标、语文学科的特点、学生的主体地位、教学方法的选用等，其基本教学策略有以下几种。

（一）素养落地，落实阅读与鉴赏教学目标

《语文课程标准》提出了文化自信、语言运用、思维能力、审美创造核心素养目标，为落实阅读与鉴赏教学目标指明了方向。教师要深入解读核心素养内涵，在小学语文阅读与鉴赏教学中，始终把落实核心素养作为首要任务。四大核心素养是水乳交融的关系，不意味着要分开列出，更不意味着等于四个目标，在阅读与鉴赏教学中，要把学习语言运用放在首位，以学习语言运用带动文化自信、思维能力、审美创造等核心素养落地。教师要坚持从具体的文本入手，充分挖掘教材的各种因素，认真落实核心素养训练点。首先，要重视语言运用。我们可以通过多种方式训练学生的语言运用，可以让学生通过对照阅读、批注阅读、有感情的朗读等方式，发现文本的语言奥妙，可以让学生把对文本的阅读感悟通过口头和书面的形式表达出来，不断提高学生的语言运用能力。如学习《观潮》一课，不仅要学习并能运用课文中的风平浪静、人声鼎沸、水天相接、浩浩荡荡、山崩地裂等词语，还可以让学生感悟文本，说说"天下奇观"到底"奇"在何处，标出你最能感到大潮"奇特"的词句，并思考如何朗读才能表现出这种"奇特"。其次，要结合语言运用，注意落实其他核心素养。如学习《观潮》一课，学生体会钱塘潮的壮观，感受中国语言文字在描写钱塘潮的声、色、势时精练、生动的特点，这就产生了文化自信。感受到课文精彩的描摹之美，清晰的层次之美，大潮的动态变化之美，这就是审美创造。而完成课后习题——说说课文是按照什么顺序描写钱塘江大潮的，你的脑海中浮现出怎样的画面，选择印象最深的和同学交流，这就培养了思维能力。

过去我们强调三维目标整合，我们需要明确的是核心素养目标并不摒弃三维目标，三维目标是核心素养形成的要素、路径和过程，核心素养目标是三维目标的进一步提炼和整合，是通过系统的语文学习获得的必备品格和关键能力，更具有内在性和终极

性意义。因此，在进行教学目标设计时，我们应透过三维目标看到其背后的关键能力和必备品格——核心素养。以统编版小学语文四年级上册《观潮》为例，教师可以将教学目标设计为：(1)认识本课"盐、薄、屹、昆"等 12 个生字，会写"潮、据、堤、阔"等 15 个生字，理解"人声鼎沸、若隐若现、山崩地裂、齐头并进、浩浩荡荡"等词语。(2)正确、流利、有感情地朗读课文，背诵课文第 3、第 4 自然段。(3)学习作者抓住特点、有次序描写景物的方法。(4)感受钱塘潮来时的神奇壮观，能够根据语言描写想象画面，感受大自然的魅力。我们也可以直接写出《观潮》的素养目标。(1)文化自信：为祖国有如此壮观的自然奇观而感到骄傲、自豪。(2)语言运用：学习本课生字新词，抓住重点词、句、自然段，体会钱塘大潮的壮美。(3)思维能力：学习作者细致观察和生动描写的方法，培养按一定顺序抓住事物特点进行观察和描写的能力。(4)审美创造：边读边想象画面，感受钱塘江大潮的壮观美好，激发热爱大自然的情感。

阅读与鉴赏教学目标的指向是全体学生通过课文或阅读材料学习后所达成的结果，学生是学习的主体，因此教学目标应该是学生在学习中的变化或结果，目标的表述应该是明确、清晰、具体，可观察，可检测的。目标要求学生了解什么、理解什么、掌握什么、识记什么应一目了然。如《富饶的西沙群岛》的教学目标"引导学生体会课文生动的语言，感悟词句表达的感情"，这个教学目标写得不够明确，而且教学目标达成的主体应该是学生，不应出现"引导学生"这样的表述。不如改成"有感情地朗读课文，读出语言的生动，读出对西沙群岛的热爱与赞美之情"。后者所用词语如"朗读""读出"等是可观察可检测的，而前者所用的词语"引导……体会""感悟"则是模糊、不易操作和检测的。阅读与鉴赏教学目标的表述越清晰明白，在课堂教学中就越容易把握，教学目标的达成率也就越高。

(二)以读为本，体现语文学科特性

阅读是学生的个性化行为，不应以教师的分析代替学生的阅读实践。要让学生多进行阅读实践，在主动积极的阅读实践中加深对文本的理解和体验，有所感悟和思考，受到情感熏陶，获得思想启迪，丰富语言积累，享受审美乐趣，提升语文素养。阅读与鉴赏教学的核心目标是学会运用多种阅读方法，具有独立的阅读能力。而学生阅读方法的掌握与运用，阅读能力的培养，必须通过自主的阅读实践实现。因此，阅读与鉴赏教学第一要务是读。阅读与鉴赏教学的过程，就是学生在教师的指导下进行自主阅读实践的过程。"读"是我国传统的教学方法，我国过去的私塾教学，不求字斟句酌，透彻理解，而是要求反复吟咏，进而背诵，读的过程就是深入理解语言、理解含义的过程。古人所说的"读书百遍，其义自见""旧书不厌百回读，熟读深思子自知"均强调了读书对理解语言、培养语感的作用。可见，"读"是阅读与鉴赏课的主要活动，是学生感受语言、训练语感的基本方式，也是教师的基本教学策略。以读为本，可从以下几方面努力。

1. 要让学生充分地读

以读为本，就要让学生成为读书的主人，给学生足够的时间去主动地读，自觉地读。要将"读"作为课堂上必须完成的教学任务，尽量减少教师的活动，精讲多读，以读代讲。教师在课堂上要充分安排学生自主学习的时间和空间，让学生切切实实地去读书，在读中整体感知，在读中有所感悟，在读中培养语感，在读中得到情感的熏陶、美的享受。该读出画面时读出画面，该读出情感时读出情感，该读出见解时读出见解。读出情，品出味，悟出效，习得法，激活思，最终形成独立的阅读能力。

2. 要指导阅读方法

《语文课程标准》在"总目标"中提出要"学会运用多种阅读方法"，在"学段要求"中又做了明确的阐释。如"结合上下文和生活实际""能借助字典、词典和生活积累""学习圈点、批注等阅读方法"等。学段要求中还提出了朗读、默读、诵读、略读和浏览的要求。朗读、默读、诵读、略读和浏览既是常见的阅读方法，也是小学生必备的阅读技能。教师应结合具体的课文，对学生进行具体的方法指导与技能训练。

3. 变换读的形式

在阅读与鉴赏教学中，读的方式有很多。如范读、带读、领读、齐读、个人读、轮流读；自由读、男女读、分组读、分角色读、"开火车"读；轻声读、快速读、表演读等。当学生初读课文时，可用默读、自由读或轻声读等方式自读自悟；品评赏析时，可用指名读、男女读、分组读或分角色读等方式理解体验；巩固深化时，可用齐读、诵读、表演读等方式体会情感，领悟方法。还可以"用你最喜欢的方式读课文"，要注意将多种方法多种形式的读与理解课文内容和体会作者的思想感情相结合。

4. 提倡多角度有创意的阅读

阅读与鉴赏教学应珍视学生独特的感受、体验和理解。小学语文阅读与鉴赏教学应当让学生通过阅读文本材料，从自己的生活经验和内心需要出发，调动自己的各种感官，设身处地、入情入境地对文本的内容和形式进行切身感受，仔细体味，深入揣摩。教师应当热情地鼓励、用心呵护学生熠熠生辉的思想火苗。全国著名特级教师窦桂梅为六年级学生执教文言文《宋定伯捉鬼》，其多角度有创意的阅读教学颇耐人寻味。窦桂梅在学生读准读通课文的基础上设计了如下阅读环节①：①对照性多角度阅读。窦老师打破了文言文的传统教法，由教师读译文的意思，学生对应读出文言文。白话译文与原文对照诵读，不仅给人耳目一新的感觉，而且让学生认识到了文言文与现代汉语的迥然区别。②角色性多角度阅读。窦老师深谙阅读教学是对话的过程，巧妙地将师生对读转换成了同桌之间对读，请同桌之间对读第二自然段，这种角色换位，读原文的同学好像自己是文本的作者，同作者一起去感受、去体验；读译文的同学也把自

---

① 袁昌仁. 例谈有创意的阅读教学"多角度"——全国著名特级教师窦桂梅"宋定伯捉鬼"案例鉴赏[J]. 教学与管理，2010(10)：48—50.

己置于文本之中，仿佛自己就是宋定伯这个角色，感受更加深刻，读得更有感情。③知识性多角度阅读。这个环节是整堂课的高潮，窦老师指导学生从停顿角度阅读，从节奏角度阅读，从独特语气角度阅读，从动作表情角度阅读，从曲艺评书角度阅读，从戏剧表演角度阅读，这样从六个角度让学生在快乐阅读中掌握了文言文的基本内容和阅读知识，旨在引导学生在解读文本时，读出语法停顿之美、读出逻辑停顿之美、读出节奏之美、读出语气之美、读出动态之美、读出评书味道之美，从而深切感受不同角色之美。④迁移性多角度阅读。窦老师告诉学生一千多年后，这篇志怪小说被演绎成了新的版本。出示清代纪昀的《姜三莽寻鬼》让学生诵读，让学生在欣赏文学作品中温习旧知识，拓展新知识。⑤拓展性多角度阅读。一是从文言句式角度拓展，师生想象练说："一般说来，鬼不喜火、不喜灯、不喜光、不喜桃符等。想象一下，如果宋定伯遇到了这样的鬼，宋定伯该怎么回答？"二是从人物形象角度拓展，让学生讨论："到此，你又看出这是一个怎样的宋定伯？"这样既扩展了学生思维想象的空间，又让学生有一个思想交流的平台。⑥人文性多角度阅读。教师提出"作为小说的另一个人物——鬼，鬼诚、信、善，难道鬼做得都对吗？也请你任选一个观点谈谈自己的看法"，学生纷纷发表意见，对小说的人物又有了全方位、多角度的思考。诚如窦桂梅所说："本次教学，在基于文本、基于当时背景的同时，也从文学的角度、人性的角度，去发现当下的意义，培养学生多种角度看问题的思维方式。这里，既体现了对课文本身的尊重，又与时俱进，体现了对文本的原本主题的多元解读。"①

当然，以读为本，强调的是学生的读，但并不能一味忌讳教师的"讲"。我们应多读少讲，在该讲处讲，在疑难处恰到好处地点拨，将学生带入文本中，与文本真正对话，最终达到叶圣陶先生对语文教学所期望的"自能读书"的理想境界。

（三）平等对话，凸显学生主体地位

阅读与鉴赏教学是学生、教师、教科书编者、文本之间对话的过程。学生是语文学习的主体，教师是学习活动的组织者和引导者。语文教学应在师生平等对话的过程中进行。师生关系是一种平等、尊重、理解、关爱的人与人的关系。教师和学生是教学过程中最活跃的两个因素，决定着教学的成败。这里所谓"对话"，一是指阅读教学中师生对文本的个性化解读；二是指课堂上师生、生生之间的体验感受、思想见解的交流、碰撞、分享、提高。

教学案例：《借助学生的问题搭建学习任务群，让革命传统文化落地生根》②

平等对话，教师也是对话的主体。叶圣陶指出：唯有老师善于读书，深有所得，才能教好读书。因此，教师要注意研读课文，要以一个读者的身份与学生

---

① 窦桂梅. 文言文教学的系列思考——《宋定伯捉鬼》教学相关感悟[J]. 语文教学通讯.2009(8)：15-19.

② 作者：刘清平，湖南省长沙市高新区东方红小学。

进行平等的对话，对于课文的理解不能唯教参是从。如果课堂上出现学生见解与教师见解不一致的地方，教师应认真思考孰对孰错，如果双方都有道理，可以采用多种答案并存的做法。如果学生的答案有错，教师也应相机启发、引导，如一位教师教《乌鸦与狐狸》时，学生说："狐狸真聪明呢！"教师表示赞同并提示："狐狸确实聪明，但他将聪明用到哪里了？"巧妙的提示语，引导学生进一步思考，增强了平等对话的有效性。

教学设计：《清贫》①

平等对话，就要创设宽松自由的对话环境。教师要给予学生充足的阅读时间和思维空间，鼓励学生在阅读中发现问题，对课文发表自己的见解，积极投入对话状态。请看《鹬蚌相争》教学案例：

[案例 4-2]   《鹬蚌相争》片段教学案例及解读②

片段一：

生1：老师我觉得课文有问题！你看，书上写鹬威胁蚌说："你不松开壳儿，就等着瞧吧。今天不下雨，明天不下雨，没有水，你就会干死在这河滩上！"你想呀，鹬的嘴正被蚌夹着呢，怎么可能说话呢？

生2：是呀是呀，这样想来下面也有问题。下面课文又写蚌得意扬扬地对鹬说："我就夹住你的嘴不放，今天拔不出来，明天拔不出来，吃不到东西，你也会饿死在这河滩上！"蚌正夹着鹬的嘴呢，怎么说话呀，一开口不就让鹬拔出嘴了吗？

师：同学们不迷信书本，善于思考，勇于发表自己的想法，真是好样的！这样吧，大家就这个问题分小组讨论讨论。另外，还可以参阅老师课前发下的这则寓言的古文。

片段二：

生1：我同意开始几位同学的意见，课文这样写不妥。

生2：我觉得那不能怨编者，古文就那样写着呢，课文是根据古文改编的。

生3：不对，古为今用，可并不是照搬照用，不正确的也要修改。

生4：要我说，课文是寓言，你想想，鹬也好蚌也好，其实哪会说话呀，那是人们借这个故事说明一个道理，所以，我觉得这样写可以。

生5：我反对，尽管是寓言，可想象也要符合实际情况呀，比如总不能鹬夹住蚌的嘴巴！

片段三：

师：那叫符合事物的物性特点。同学们讨论得真热烈，也够水平。不过咱们不能光停留在发现问题上，我建议，同学们一起动动脑筋来改改教材，再动动手给编辑爷爷写封信，如何？

---

① 作者：文杰，湖南长沙高新区东方红小学。

② 陆瑾. 阅读教学：呼唤多向多边、高质平等的对话——《鹬蚌相争》片段教学案例及解读[J]. 新课程研究(教师教育)，2009(12)：92-93.

学生群：好！

学生以小组为单位，讨论如何写好这封信。下面是"柠檬酸"小组的一封信。

敬爱的编辑爷爷：

您好！您组织编写的语文课本真是太棒了！这一本本语文书就像一艘艘小舟，带着我们在知识的海洋里遨游。今天上《鹬蚌相争》时，我们觉得有个地方有点欠妥。我们读到"鹬威胁蚌说"和"蚌得意扬扬地对鹬说"这部分内容时，脑子里闪出了疑问：蚌用外壳把鹬的嘴巴夹住，鹬怎么能说话呢？而蚌一旦说话，鹬不就可以乘机拔出嘴巴逃走了吗？我们想这样改：鹬用尽力气，还是拔不出来，便狠狠地瞪了蚌一眼，心想：哼！等着瞧，今天不下雨，明天不下雨，你就干死在这河滩上吧！蚌好像看透了鹬的心思，得意扬扬地想：哼！我就夹住你的嘴不放，今天拔不出来，明天拔不出来，吃不到东西，你也会饿死在这河滩上！

这个教学案例中，执教者极力营造宽松的"对话"氛围，引导学生与学生，学生与文本"对话"后，巧妙地把学生带入了对教材的探究，并引导学生以小组为单位合作探究，对教材进行"修改"，引发学生与编辑爷爷的"对话"，教师与学生之间、学生与学生之间、教师与学生群体之间、学生与文本之间、学生与文本编辑之间多元对话，形成了多种多样、多层面、多维度的沟通情境和沟通关系。在交流对话的过程中，学生们充分参与，完全自主，整个过程师生充满了激情和智慧，充满了情感的交流和心灵的碰撞，学生在这种美好、和谐、充满挑战的宽松环境中得到了主动积极的发展。

平等对话，就要珍视学生独特的感受、体验和理解。接受美学理论认为，课程本身包含许多"未定点"和"空白"，它召唤学生充分调动主体能动性，激活自己的想象力、体验能力和感悟能力。正是学生的参与，各种潜在、显在的意义才不断地被揭示出来。阅读要珍视学生独特的感受、体验和理解。"珍视"即珍惜重视；"独特"，即独有的、特别的，具有个性的，包含学生个体的生活经验、知识积累和价值取向。这体现了"以学生的发展为本"的教育思想。学生是一个个鲜活的生命个体，他们带着自己已有的知识、经验和情感来接触阅读文本，他们的阅读个性是客观存在的。阅读课关注的焦点是"你是怎么理解的""说说你的理由""联系你的生活体验""谈谈你的看法"等。在这种"话语"情境中，学生可以对问题作出不同的言说和不同的解读。如《落花生》一文中，"父亲"赞扬花生不像桃子、石榴、苹果那样爱炫耀自己的果实，而是矮矮地长在地上，以此教育"我们姐弟几个"做一个低调内敛的人："人要做有用的人，不要做只讲体面，而对别人没有好处的人。"一位教师教《落花生》时，让大家说说是否认同"父亲"的观点。有学生表示希望自己做一个像花生那样脚踏实地的人，也有学生表示喜欢做像苹果、石榴那样敢于表现自己的人。还有学生表示："讲体面"和"有用"如果只能选一个，肯定选"有用"；但如果两者都拥有，就更好了。在这一课例中，教师充分尊重学生的个人感受，促进了学生个性化的发展。

（四）课内外结合，增进课堂教学活力

当前我们的阅读与鉴赏教学效率低，学生的阅读能力差，与阅读与鉴赏教学的内容、阅读与鉴赏教学的时空、阅读与鉴赏教学的途径有紧密的联系。传统的教学，阅读教学的内容，基本局限于教科书；阅读教学的时空，基本局限于课堂和教室；阅读教学的途径，基本局限于课堂中的读书、答问。这样封闭的阅读教学难以达到阅读与鉴赏教学的目标。语文课程是学生学习运用祖国语言文字的课程，学习资源和实践机会无处不在，无时不有，应密切关注现代社会发展的需要。拓宽语文学习和运用的领域，注重跨学科的学习和现代科技手段的运用，使学生在不同内容和方法的相互交叉、渗透和整合中开阔视野，提高学习效率，初步养成现代社会所需要的语文素养。因此，要建设"开放而有活力"的语文课程，必须树立大阅读观，构建开放的阅读课堂，将课内外有机结合，让学生"得法于课内，发展于课外"，从而引导学生在阅读实践中学会阅读，丰富语言积累，提高阅读能力。为此，可从以下三方面着手。

1. 课堂内外联系

小学语文教材内容虽然丰富，但所含的知识毕竟有限，而且小学语文教材，每册仅二三十篇课文，阅读教学如果只是守住一本教材，就犹如单腿走路，进步肯定快不了。因此，学生阅读的内容绝不应囿于教科书。如清华大学附属小学推荐一、二年级学生必读《猜猜我有多爱你》《逃家小兔》《我爱我爸爸》《红鞋子》《爷爷一定有办法》《安徒生童话选》《格林童话选》。三、四年级学生必读《活了一百万次的猫》《森林大熊》《森林畅游》《月亮不见了》《夏洛的网》《时代广场的蟋蟀》《长袜子皮皮》《爱的教育》《犟龟》。五、六年级学生必读《失落的一角》《草房子》《小王子》《秘密花园》《苏菲的世界》和哈利·波特系列。同时，清华大学附属小学还向各学段学生推荐了选读书目。阅读教学中，教师可以在课前引导学生查阅相关资料，可以在课中穿插阅读相关文章，还可以指导学生课后开展拓展性阅读。要引导学生持续地开展课外阅读，在自主的、大量的阅读中完成课外阅读量，提高独立阅读能力。《语文课程标准》指出：要引导学生在广阔的学习和生活情境中学语文、用语文，提高交流沟通、团队协作和实践创新能力。《语文课程标准》还提出六年课外阅读总量不少于 145 万字。这种开放的阅读教学观，对于学生拓宽文化视野、积淀人文素养、丰富思想内涵、优化言语能力具有长远的积极效应。

2. 校园内外沟通

各地都蕴藏着自然、社会、人文等多种语文课程资源，鲜活的社会现实作为一种课程资源，更是不断再生，取之不尽，用之不竭。教师要有强烈的资源意识，去努力开发，积极利用。教师可带领学生出去参观、访问，鼓励学生利用节假日随家长外出旅游，开阔视野，增长见识。可引导学生听广播、看电视、上网，利用现代视听手段，拓展语文学习渠道。春节期间，组织学生抄录、搜集春联，比较赏析，感受祖国语言文字的美……这样，让学生在自然、社会的各种场合，学语文，用语文，不仅可以提高学生对生活的感知力，学生的阅读和表达能力也能得到潜移默化的提高。

[案例 4-3]　　　　　　　拓宽社会实践渠道培养学生语文学习能力①

语文是实践性很强的课程，应注重学生实践能力的培养。语文教师应把课堂拓展到生活中，尤其是把身边的社区资源演变成语文学习渠道，营造浓郁的语文学习氛围。巧用社区教育资源，增加语文实践机会，拓展语文学习空间，提高语文实践能力。

如教学郑燮的《竹石》，我带学生来到社区，观看这里栽种的竹子，还有社区门口的假山。让学生充分观看，对照古诗，反复诵读，把握诗的两个意象——竹与石，然后让学生以自己独有的视角去观察，在观察中展开想象，让看到的景物动起来，产生美妙的联想，在联想中形成自己的感受和体悟，鼓励学生把这种感受和体悟以自己喜欢的文体写下来，可以编短剧，用演出的方式表达自己的观点。有了自由想象的空间，学生的想象展开了翅膀，有的把自己想象成郑燮，讲诗人看见这独特景象时的心情与感悟；有的合作表演竹与石的对话，挖掘出意象的深层含蕴：石头代表着恶劣的生存环境，是逆境的象征，它同情竹子，多次劝竹子离开它，到肥沃的土地去生活；而竹子呢，无怨无悔，不但决心"咬定青山不放松"，还要感谢石头给了它这么好的磨炼环境，让它练就了坚强的生存意志！最后让学生站在社区小舞台表演。这一活动，让学生通过社区里栽种的竹子和优美的环境，从诵读到洞察，从文本体验到生命意义的体味，拓宽了学生语文学习的空间。

语文学习是一项充满体验、充满情趣的学习活动。大自然的旖旎风光，历史遗留的文物古迹、各地各民族的习俗，以及国内外时事，都可以成为语文学习的内容。离开生活的语文教学活动是没有活力的。生活中处处是语文，社区教育资源极大地拓宽了学生语文学习的空间。

3. 学科之间融合

学科间的渗透和融合，是现代课程改革的发展趋势。语文是文化的载体，阅读材料中必然包含有社会、自然的知识，包含有科学思想方法的启蒙因素，这就使得语文课程的阅读与鉴赏教学与科学课、道德与法治课等课程的教学有着密切的联系。同时，阅读作品尤其是文学作品有很强的艺术性，这使阅读与鉴赏教学与艺术课中的音乐、美术息息相通。因此，《语文课程标准》提出了"跨学科学习"。跨学科学习任务群，旨在引导学生在语文实践活动中，联结课堂内外、学校内外，拓宽语文学习和运用领域。以美术与阅读与鉴赏教学的整合为例，我们可以：以图激趣，即在授课时将一幅幅与课文内容相关的挂图展示出来，或在上课时根据授课内容，边讲边画一些简笔画，以激发学生的学习兴趣；以图启思，即引导学生借助画面深入思考，配合文本重点段的描述，以领悟文本的感情和主旨；以图导想，即显示课文的相关画面或让学生根据课文画画，引导学生展开合理想象。

(五)优化组合，选用适切教学方法

阅读与鉴赏教学的方法既有从整体上设计的方法，也有针对某一项具体内容设计

---

① 唐艳艳. 拓宽社会实践渠道培养学生语文学习能力[J]. 新课程(小学)，2017(5)：22-23.

的方法。每一种教学方法都有相对的优点和缺点，任何一种教学方法都不能认为是最佳的；只有多种教学方法综合使用，优化组合，才有望组合为有效的教学行为。巴班斯基在《教学教育过程最优化》中特别强调指出："在实际教学过程中，必须配合运用各种方法，运用多种多样的方法，才能为学生认识能力的顺利发展创造良好的条件。"①阅读与鉴赏教学的方法与教学目标、教材内容、学生特征、教师素质、教学环境之间存在着内在的有机联系，这就为教师在阅读与鉴赏教学过程中选择教学方法提供了基本策略。

1. 根据教学目标，选择教学方法

教学方法是为教学目标服务的，我们不能抛开目标而盲目地确定教学方法，而应紧紧围绕教学目标来对教学方法进行选取、组合、优化。如果一堂课的教学目标重在字、词、句的理解、记忆，那么自然离不开教师的讲解和学生的诵读练习；如果一堂课重在掌握篇章的布局结构、写作技巧，则需要教师的分析讲解与学生的探究性学习相结合；如果一堂课的教学目标重在把握课文的主要内容、体会作者的思想感情，则需要引导学生反复品味课文、讨论体会，这自然离不开朗读、问答和讨论。如一位教师教《景阳冈》时，将"感受武松的人物形象"作为教学重点，教师采用了自读法、讨论法、表演法，让学生注意抓住课文中的动词，揣摩武松的沉着、机智、勇敢、无畏的品格，从而加深了学生对课文内容的理解。

2. 根据教学内容，选择教学方法

教学内容不同，侧重点不同，教学要求不同，教师所采用的具体教学方法就必然不同。即使是同一单元的课文，具体的教学方法亦可灵活多样。以统编版五年级上册第六单元为例，本组教材以"父母之爱"为主题，编排了两篇精读课文《慈母情深》《父爱之舟》和一篇略读课文《"精彩极了"和"糟糕透了"》。本单元的语文要素是"注意体会作者描写的场景、细节中蕴含的感情"，和"用恰当的语言表达自己的看法和感受"。这几篇课文都运用了场景描写和细节描写，其中蕴含着深厚的情感。《慈母情深》中对母亲工作环境的场景描写，对母亲工作状态的细节描写，蕴含着母亲对家的爱、对孩子的爱，也蕴含着儿子对母亲的爱。教学中，应披文入情，以读悟情，引导学生细读品味，结合课文中的场景描写和人物外貌、语言和动作的描写，体会文章表达的思想感情，提高阅读能力。教学时可运用朗读指导、赏析词句、品读感悟、想象延伸、情感渲染等多种方法。《父爱之舟》这篇课文用朴实的语言描述父亲对儿子的爱的几个场景，表达了父亲对儿子深沉的爱以及儿子对父亲的爱与感激之情。教学中，要引导学生从父亲借姑爹的渔船送"我"报考、上学的场景及父亲在渔船上为"我"熬夜摇橹、缝补棉被等细节，理解感受"父爱之舟"的深沉情感。教学时，可运用品读感悟、重点突破、联系生活、想象情境、合作探究等方法。《"精彩极了"和"糟糕透了"》是略读课文，通过

① 吴文侃. 教学教育过程最优化［M］. 北京：教育科学出版社，1986：15.

介绍父亲用"糟糕透了"和母亲用"精彩极了"对孩子诗作的不同评价方式，体现来自父母的不同的爱。教学中，教师可以指导学生用前面精读课文中学到的方法，进行品读感悟、自主探究、合作交流，引导学生感受爱的不同表达方式。可见，在选择教法之前，教师首先应认真地钻研教材，根据教学目标灵活处理教材，然后再根据课文内容的特点及教学重点，选择教学方法。

3. 根据师生特点，选择教学方法

在阅读与鉴赏教学中，教师的知识结构、个性爱好、能力素质，都会影响教师对教材的处理和对教法的选用。因此，执教之前，教师应深入地研究自我，发现自我，界定自我，寻找自己的个性特色，把握自身的客观实际情况去进行教法上的选择。幽默风趣的教师，可以轻松、诙谐的语言和神态活跃氛围，激活思维；调控能力强的教师，可采用灵活多变的方法吸引学生关注、参与教学过程；能书善画的教师，可以用漂亮的粉笔字和流畅的简笔画，使学生受到熏陶、感染；歌舞优秀的教师，还可以结合教材内容在适当的时机以动听的歌声、轻柔的舞姿引领学生感受语文课堂的美妙。一个合格或优秀的教师，应在充分了解学情的基础上结合自身的特点选择教法，形成自己的教学特色。

4. 根据教学情境，变换教学方法

教学活动是一个动态过程，教学情境总是在不断变化的，教学方法也应随机应变。例如，当通过朗读和精彩描述唤起了学生的想象与情感共鸣时，若能进一步设疑激思，便能引发学生对深层内容的思考。当他们思而不明、言而不清时，画龙点睛的讲解就能拨云去雾，使学生在顿悟中共享思维的欢乐。

"教学有法，教无定法，贵在得法。"阅读与鉴赏教学是一个复杂的、矛盾运动的过程，在教学实践中没有一成不变的固定模式。教师应在理解教材，掌握学情的基础上，充分发挥自身的特长和能动作用，相机、灵活、创造性地运用教学方法，并注意各种方法的灵活搭配，发挥其综合性，以获得最佳的教学效果。

▶第二节　阅读与鉴赏教学的内容与方法

阅读与鉴赏教学的内容包括词句段篇的教学，也包括朗读、默读、复述、背诵等方面的指导。《语文课程标准》在词句教学方面更加注重语言的梳理、探究与运用，以及联系上下文、联系生活积累、圈点批注等阅读方法的运用。在段的教学方面则降低要求，避免烦琐化，不再提分段、概括段意等要求；在篇章教学方面，更强调对文本的整体感知，并对朗读、默读、诵读、浏览等阅读基本功的训练，提出了明晰具体的建议。

一、词句教学

词句教学又分为词语的教学和句子的教学，参照《语文课程标准》将词句并提的做法，此处不分开论述。在阅读教学中，对于词句教学主要强调了"理解"与"积累和运用"两个方面的要求。"理解"的要求主要是理解词句的意思，体会课文中关键词句在表情达意方面的作用，辨别词语的感情色彩，体会词句的表达效果。理解词句是重点。只有理解了课文中的词句，才能把握课文的主要内容，体会其思想感情，提高阅读与鉴赏教学效率。课文中的生字生词、熟字新词、关键词语、重点词语，以及含义深刻的句子、难理解的句子、生动形象的句子、内容或结构比较复杂的句子、对表现文本主题有较大作用的句子、在文本结构上有特殊作用的句子等应该作为词句理解的重点。

教学设计：统编版二年级上册《我要的是葫芦》[①]

教学视频：《我要的是葫芦》

(一)理解词句的方法

1. 联系上下文法

词语一般有两重意义。一是字面意义，即字（词）典上所做的解释；一是情境意义，即词语在特定语言环境中所隐含的意思。词句的应用最重要的特征是依赖语境，词不离句，句不离文，在不同的语言环境中，词句的含义会有所不同。《语文课程标准》在第一、第二、第三学段都提到了要联系上下文理解词句。有些词句联系上下文就可以直接感知其意，这就是古人所云："读书百遍，其义自见。"例如：统编版二年级上册的《狐假虎威》一文的最后一段话："老虎信以为真。其实他受骗了。原来，狐狸是借着老虎的威风把百兽吓跑的。"通过这句话学生就能比较容易地理解"狐假虎威"这个成语的含义了。有些词句如果孤立地看，难以准确理解它的含义。如《鸟的天堂》中："我注意地看着，眼睛应接不暇，看清楚了这只，又错过了那只，看见了那只，另一只又飞起来了。一只画眉鸟飞了出来，被我们的掌声一吓，又飞进了叶丛，站在一根小枝上兴奋地叫着，那歌声真好听。"这段话中的"应接不暇"较难理解，但顺着课文的脉络读下去，就会发现后面的话语便是对这个词的解释。

2. 联系生活法

小学生理解词句是一个从已知到新知的过程，课文中有些词句可以联系学生的生活实际与知识积累来帮助学生理解。如统编版一年级下册课文《小壁虎借尾巴》，课文中有"不行啊，我要用尾巴掌握方向呢（燕子说）"。学生对句中的"掌握"一词不容易理解，若按词典的解释照本宣科念给学生，学生可能会越听越糊涂。一位教师注意调动学生已有的生活经验理解难懂的词语，启发学生："请同学们回忆一下，你们骑过儿童单车或开过电动玩具车吗？你们是怎样前进、后退、转弯的？"学生纷纷谈经验，教师趁

---

① 作者：周桂平，湖南省长沙市麓山国际实验小学。

机告诉学生，像这样控制儿童单车和电动玩具车前进、后退、转弯的行为，就是"掌握方向"。联系生活往往能把离学生实际生活较远的东西一下子拉近到学生跟前，这样，学生的情感就立即被调动起来，理解和感悟重点词句就会变得相对容易，并且能够更加深入。

3. 抓关键字词法

一篇课文由许多词句构成，不可逐词逐句讲解。《语文课程标准》要求："体会课文中关键词句在表达情意方面的作用。"我们在教学中应注意抓关键性的词句来理解课文。一些含义深刻的词句、对表现思想感情有较大作用的词句、在课文结构上有特殊作用的词句应重点指导学生品析。如《风筝》一课中有这样一句话："风筝越飞越高，在空中翩翩飞舞着，我们快活地喊叫着，在田野里拼命地奔跑。"这句话中的"翩翩飞舞"一词既表现了风筝在空中飞舞的姿态，又表现了孩子们放风筝时的开心和愉快。一位教师执教时，运用了联想法和析字法，对这一词语进行分析：先从关键字"翩"入手，这个字是由一个"扁"加一个"羽"所组成，让学生从这两个字开始想象，那扁扁的羽毛在空中轻轻飞舞，多么轻盈，多么美妙，这就是风筝在空中的姿态。接着拓展学生的思维，还有什么可以翩翩飞舞呢？像翩翩飞舞的柳絮、翩翩飞舞的蝴蝶等都是学生能够想到的，通过这样的方法，学生就能够进一步享受到"翩翩飞舞"一词所具有的恬淡和美好。①

4. 比较辨析法

在词句教学中，帮助学生辨析近义词句之间的差别，不仅有助于学生理解词句，还可以培养学生准确用词造句的能力。一位教师教《爬山虎的脚》时，为了帮助学生更好地理解爬山虎是怎样"一脚一脚"往上爬的，问学生：为什么课文用"一脚一脚"而不用"一步一步"？换成"一步一步"好吗？学生通过辨析，认识到："一步一步"是用脚交替着爬。"一脚一脚"是长一只脚就扒住墙，再爬，必须再长出一只新脚再扒住墙。爬山虎要想往高处爬，就要不断地长出新脚。这样有效地引导学生体会到课文观察细致，用词准确的特点。又如，一位教师执教《蟋蟀的住宅》时，将"住宅"与"窝、穴、洞、圈"等生活中的"动物住的地方"称谓相比较，进而指导学生阅读课文，体会到作者采用"住宅"背后表达的敬佩赞扬的情感。

[案例 4-4]　　　　　　　　　《蟋蟀的住宅》教学实录②

师：生活中，人居住的地方叫"住宅"，咱们一般把动物住的地方叫什么？

生：可以叫巢穴，比如说鸟住的地方。

生：羊住的地方叫羊圈。

---

① 吕霆波. 理解关键词语　轻松学习语文[J]. 黑龙江教育(小学教学案例与研究)，2009(3)：22.

② 冯丽娜. 比较辨析：实现语言形式学习和内容理解的统一[J]. 河北教育(教学版)，2013(6)：32—33.

师：过去，我们管蟋蟀住的地方叫什么？

生：可以叫巢穴，也可以叫窝。

师：我们管动物住的地方叫"窝、穴、圈"，听到这些字，你感觉这些地方给人怎样的感觉？

生：我觉得这么叫的话，让人感觉动物住的地方很脏，不干净。

师：是的，的确是这样的感觉，那么，为什么作者把蟋蟀住的地方不叫"窝"而叫"住宅"呢？

生：把蟋蟀当成了人来写。

师：你从中体会到了什么？

生：法布尔很喜欢蟋蟀。

师：我们看看蟋蟀住的地方，到底是不是让人喜欢呢？下面默读课文第2、第3自然段，想一想，蟋蟀的住宅到底有什么特点？把你发现的特点用词语概括下来，并写在相关语句的旁边。

5. 直观形象法

儿童擅长形象具体的思维，通过实物、语言、动作、表情和声、光、电等现代化教学手段，可以帮助学生将抽象的文字化为具体形象的理解。《荷叶圆圆》中的"荷叶是我的停机坪""荷叶是我的歌台""荷叶是我的凉伞"等句子，一位教师教学时播放课件：微风吹拂下，荷叶轻轻摇曳。小水珠躺在荷叶上，滚来滚去；小蜻蜓展开翅膀立在荷叶上；小青蛙蹲在荷叶上放声歌唱；小鱼儿在荷叶下游来游去。通过直观演示，既加深了对上述三句话的理解，又让学生得到美的享受。一些感情色彩较浓或动作性较强的词句，可用表情朗读或用动作演示的方法，如"眺望""俯视""大摇大摆""猴子观海"（《黄山奇石》）"自言自语"（《我要的是葫芦》）"叼""得意"（《狐狸和乌鸦》）等词语。惟妙惟肖的表演，可激发学生浓厚的学习兴趣，加深学生对课文的理解。

词句教学还可以借助查字词典、联系时代背景、抓句子的主干等方法，各种方法相辅相成，教学中应灵活有效地运用。

(二)词句的积累和运用

词句如果只停留在理解的水平而不会运用，充其量只能是消极的词句，理解词句是词句教学的重点，积累和运用则是词句教学的关键。只有在理解的基础上积累运用，才能变消极的词句为积极的词句，变别人的语言材料为自己的语言材料。《语文课程标准》在学段要求中提出"在阅读中积累词语""积累自己喜欢的成语和格言警句""积累课文中的优美词语、精彩段落，以及在课外阅读和生活中获得的语言材料"等要求，并对每个学段的课外阅读的总量以及背诵优秀诗文的篇（段）提出了明确要求。重视积累与运用，是语文课程理念的折射，也是当前阅读与鉴赏教学亟待落实的目标之一。

积累和运用最重要的方法是多读多记多练。其主要途径有：

1. 在阅读中积累

阅读是我国传统语文学习的精华，也是最好的积累语言材料的方法。阅读中结合记忆、理解、感悟、鉴赏，是有效积累的前提。其方法主要有背诵法、摘录法、批注法、写读后感、做卡片、创建阅读积累袋等。

2. 在生活中积累

叶圣陶诗云："天地阅览室，万物皆书卷。"语文学习无处不在，生活中同样有生动的知识与鲜活的语言材料。俄国作家肖洛姆·阿莱汉姆的后妈对他总是一开口就咒骂，但他从不顶嘴，总是默默地听着、记着，并把这些编成小词典《后母娘的词汇》。他运用这些词句写成的书信体小说，被高尔基称为一本"绝妙的好书"。在生活中积累语言材料的方法主要有多看、多听、多记，要教育学生做生活的有心人，用心看、用心想、用笔记。如可以要求学生每人准备一个日记本，把在学校和家中听到或看到的有意义的事及时地记下来。鼓励学生在看电视、听广播的同时，用心听其中的语言，随时记录美的词语与句子。还要鼓励学生在交往中积累语言，在交流中及时捕捉他人闪光的语言，并且用自己喜欢的方式品味语言，将其内化为自己脑中的"储存"，用时"呼之欲出"。

3. 在口头和书面表达中乐于运用

阅读与鉴赏教学要鼓励学生乐于运用在阅读和生活中学到的词句，在大量的语文实践中让学生掌握运用语言的规律，从而提高学生的语文核心素养。

首先，在阅读与鉴赏教学的课堂上，应创设情境，提供多个机会，让学生乐于运用自己平时积累的语言材料。一位教师教《秋天的雨》时，在阅读理解、欣赏体验"你看，它把黄色给了银杏树，黄黄的叶子像一把把小扇子，扇哪扇哪，扇走了夏的炎热！"这句话之后，让学生仿照这样的句式写话。学生很快写出了美丽的句子："你看，它把黄色给了田野，金色的稻谷像结实的小伙子，摇哇摇哇，摇出了丰收的喜悦。""你看，它把橙色给了柑橘，橙色的柑橘像一个个调皮的小娃娃，在绿叶中挤呀挤呀，挤出了秋的热闹。""你看，它把黄色给了梧桐叶，黄黄的桐叶像一块块手绢，飘哇飘哇，飘来了秋的凉爽。"……通过这样的练习，不但让学生感受到课文语言的生动优美，还帮助学生练习了比喻、夸张、拟人等典型句式的写法。

其次，语文教师也要鼓励学生在各种活动和生活中乐于运用积累的语言材料。如开展各种竞赛活动：成语接龙、用反义词对对子、语文与生活、读书报告会、我与好书交朋友……还可以向学生推荐一些好书佳作，指导学生记读书笔记，写读书心得，办报、成立朗读兴趣小组、拓展积累与运用的渠道，时常给学生提供展示自己语言才能的机会，使学生的语文素养得到全面提高。

最后，教师要鼓励学生在书面表达中乐于运用自己积累的语言材料。学生通过语言材料的积累与运用，不仅可以获得知识，更重要的是为语言发展获得借鉴，丰富学生的思维，促进学生智力的发展。

二、段篇章教学

（一）指导学习自然段

《语文课程标准》降低了对"段"的要求，只宏观地提出要引导学生在阅读中了解文章的表达顺序，把握文章的主要内容，体会作者的思想感情，旨在使师生从烦琐的教、学中解脱出来。但是要达到《语文课程标准》的要求，仍需要对学生进行"段"的训练，否则篇章教学是不完全的，也难以获得对课文的整体理解。

教学生读懂自然段，可借助于对自然段的结构分析。一般要经过如下几个步骤：第一要认真通读全段，对全段内容有一个总体的了解；第二要分清全段有几句话，每句话各讲了什么意思；第三是要分析句与句之间的关系，根据句与句之间的关系分清层次；第四是根据层与层的关系，思索全段的主要意思，概括段落大意。句与句之间存在各种各样的联系，常见的有总分、因果、转折、并列、顺承等。归纳自然段段意的主要方法是"取主舍次"。要鼓励学生用自己的话去说，不必要求学生对段意的表述完全一样。如统编版三年级下册《海底世界》中的一个自然段：

海里的动物，各有各的活动方法。海参靠肌肉伸缩爬行，每小时只能前进四米。有一种鱼身体像梭子，每小时能游几十千米，攻击其他动物的时候，比普通的火车还快。乌贼和章鱼能突然向前方喷水，利用水的反推力迅速后退。还有些贝类自己不动，却能扒在轮船底下做免费的长途旅行。

这个自然段，第一句写海里的动物各有各的活动方法，是全段的总起句。第二、第三、第四、第五句举出海里几种动物的活动方法，是对第一句的例说。这一段实际上可以分为两层，第一层是总说，第二层是分说，主要意思是说海里的动物各有各的活动方法。

准确而迅速地归纳自然段段意可以依靠下列几类句子的帮助。

1. 关键句。关键句的位置既可在自然段的开头或结尾，也可在自然段的中间。统编版三年级下册第四单元的语文要素是：借助关键语句概括一段话的大意。教学本单元课文时，要提示学生找准关键句。如教学本单元课文《花钟》时可以提示学生：抓中心句是概括主要内容的好方法。这篇课文几乎每个自然段，都有一句话交代了本段的主要内容，请你找出来，读一读，并与同桌交流。学生通过朗读、交流，能较好地找准每一段的中心句。第 1 自然段：一天之内，不同的花开放的时间是不同的。第 2 自然段：不同的植物开花时间不同的原因（不同的植物为什么开花的时间不同呢？）。第 3 自然段：植物学家修建"花钟"，其做法很有趣。指导学生抓中心句，能轻松地帮助学生把握文本内容，是段落学习的一个重要的方法。

---

① 作者：李紫玥，湖南第一师范学院第二附属小学。

教学视频：《端午粽》①

2. 总起句。一般在自然段的开头，如统编版教材《松鼠》第 1 自然段第一句"松鼠是一种漂亮的小动物"，总说松鼠是漂亮的，以下就从松鼠的面容、眼睛、身体、四肢、尾巴等方面来描述松鼠的漂亮。

3. 总结句。通常出现在自然段的末尾，起概括本段中心的作用。

教学生读懂自然段，分层、逐句理解不是必需的，但一定要重视品味语言，抓住关键词句，深入领会内涵。如一位教师教《爬山虎的脚》第 4 自然段时，请学生说说这段文字中哪些字词用得好，并重点讨论：①作者为什么用"巴"这个词？改为"紧贴"好不好？②文中的"紧贴"改为"紧靠"好不好？③"一脚一脚"能否改为"一步一步"？为什么？仅仅一个自然段的教学，教师三次采用比较法，分别让学生对三个运用精当的词语进行揣摩和玩味，不仅使学生对内容的理解更加透彻，而且使学生充分领会到了作者遣词造句的妙处。

无论什么内容的自然段，都有其特点。如写人的外貌，一般抓住他的身材、长相、穿戴等方面写，写动物一般抓住它的外形特点和生活习性来写，写植物一般从它的生长过程特点描述等。教师应深入钻研教材，总结教材特点，在段的教学中渗透学习方法指导，培养学生的学习能力。如果一篇课文的几个段落写法相同，只详讲其中一个自然段即可。

（二）指导学习结构段

结构段又称逻辑段、意义段，为与自然段（小段）区别开来，又称为大段。结构段由一个或几个自然段组合而成，是比自然段更大的层次，在思想内容上比较完整，在篇章中具有相对独立性。划分结构段有助于厘清文章的层次结构，了解作者的思路，加深对文章内容的理解。但要注意：过去我们很重视分段、概括段意，而现在我们只是将分段、概括段意作为把握文章内容、体会思想感情的手段，不必课课分段。教师在教学中既要注意发挥结构段的作用，又要不陷入某些程序化的教学套路中。

结构段的教学有时要指导学生分段。分段常用邻近段落归并法，即先概括出每个自然段的意思，然后把讲同一个意思的几个自然段合并为一个结构段。如果一个自然段讲了一个完整的意思，那么这个自然段可以单独成为一个结构段。对于中心段比较明显的课文，可用重点突破法。即先看课文重点讲什么，找出中心段，再看中心段的前后各讲了什么，如何分段。对于中高年级的学生，还可以考虑从文章的整体入手划分段落。先概括出全文的主要内容，再从整篇课文看，这些内容可分为几个阶段或几个方面，再据此给课文分段。此外，还可以按时间顺序分段，按空间方位变化来分段。记事的记叙文，一般按事情的发生、发展和结果几个阶段来分段，写景状物的文章，有时可按事物的几个方面的特点来分段。

分段以后概括结构段的主要内容，是理解课文内容、体会思想感情的一种手段。概括段落大意的方法有以下几种。

1. 取舍法。即找出主要意思，舍去次要的内容。如：《小英雄雨来》的第三部分写了两个方面的内容：一是革命家庭对雨来的影响；一是雨来机智地掩护交通员李大叔。根据上下文分析，第二个内容是主要的。因此，第三部分的主要内容是写雨来掩护李大叔。

2. 归纳法。一个结构段常常包括几个自然段，综合各自然段的意思，能帮助学生准确概括段意。

3. 摘句法。段落中的总起句、总结句和中心句，往往是一段记叙、描写或议论的中心，有时可以直接用它做段意。

4. 串联法。有的结构段没有可做段意的中心句，但可以找出关键性的语句，把这些语句串联起来就是段意。如统编版教材中《匆匆》第 2、第 3、第 4 自然段可以作为一个结构段，第二段写作者自己的日子无声无息地消失了，第 3、第 4 自然段具体写出了日子是怎样匆匆消逝的。串联起来就是写我们的日子来去匆匆，稍纵即逝。

(三)指导把握课文主要内容

概括课文的主要内容，是读懂课文的重要标志。小学阶段的阅读与鉴赏教学，要使学生掌握两种概括课文主要内容的方法。一种是用归并段落大意的方法，即先通读全文，给课文分段，概括出段落大意，再在深入理解每段内容的基础上把各段段意连起来成为连贯的话，这段话就是课文的主要内容。如统编版四年级上册《普罗米修斯》可以分为三部分：第一部分(第 1、第 2 自然段)写天神普罗米修斯冒着生命危险"盗"取火种给人类。第二部分(第 3~8 自然段)写宙斯严厉地惩罚普罗米修斯，使他受尽折磨。第三部分(第 9 自然段)写普罗米修斯被大力神赫拉克勒斯所救，重获自由。我们把各部分段意连起来，就是《普罗米修斯》的主要内容。一种是用提问题的方法抓住主要内容，即先按照课文的思路顺次提出几个问题并根据课文的内容对问题做出回答，再把回答的要点归纳到一起。如阅读记叙文可以依次提出：事情发生在什么时间、什么地点？主要人物是谁？事情的起因是什么？经过是怎样的？有什么样的结果？回答了这些问题，也就抓住了课文的主要内容。

除以上两种方法外，还可用"摘用课文原句""扩展课文题目"的方法归纳课文主要内容。如《美丽的小兴安岭》可以摘录课文最后一段作为课文的主要内容：小兴安岭一年四季景色诱人，是一座美丽的大花园，也是一座巨大的宝库。《海上日出》标题本身就是对文章内容的高度概括，对题目加以扩展即为课文的主要内容：课文叙述了作者几次观看海上日出的景色，并具体生动地描绘了日出过程中景色的变化。

概括课文的主要内容，要防止过于简单和过于烦琐两种倾向，教师要根据课文的不同特点指导学生运用不同的方法概括课文的主要内容，使学生在实践中学到概括课文主要内容的不同方法，并通过反复运用，逐步熟练，形成能力。

(四)指导体会作者思想感情

过去阅读教学的重头戏是"概括文章的中心思想"，《语文课程标准》改为"体会作者的思想感情"。"中心思想"是就文章的主旨而言，一般被认为是唯一的，而"思想感情"

则可以从不同的角度、不同的侧面去阐释，后者的外延比前者要大得多。"概括"需要理性的判断，注重的是结果，强调的是规范、统一；"体会"则是感情的把握，重在自主感悟，自由表达，其表现形式也比较自由，可以是书面或口头的表达，也可以是通过各种动作、表情来展示，更注重的是过程。《语文课程标准》多次提出注重情感体验的要求，如在总目标提到"感受语言文字之美，感悟作品的思想内涵和艺术价值，能结合自己的经验，理解、欣赏和初步评价语言文字作品，丰富自己的情感体验和精神世界。"在学段要求中指出"向往美好的情境，关心自然和生命""能初步把握文章的主要内容，体会文章表达的思想感情""关心作品中人物的命运和喜怒哀乐""注意在诵读过程中体验情感，展开想象，领悟诗文大意""在阅读中了解文章的表达顺序，体会作者的思想感情""说出自己的喜爱、憎恶、崇敬、向往、同情等感受""想象诗歌描述的情境，体会作品的情感""受到优秀作品的感染和激励，向往和追求美好的理想"等。不仅读懂，而且动心动情，这是段篇章教学的高层次要求。阅读的时候，把心放到文本中去，设身处地去读，去想，去感受，这是体会思想感情的基本方法。

体会思想感情的具体方法有以下几种。

1. 设身处地，身临其境。如一位教师教学《揠苗助长》时，由教师扮老农，学生扮农夫的儿子，设身处地从各自角色出发，探讨人物的所思所说所感。

2. 联系实际，产生共鸣。如教学《长征》一课，小学生并不了解红军这一壮举的历史背景以及经过，教师课前可以组织学生去阅读一些有关红军长征的书籍，课中可以讲一讲红军长征的故事，还可以让学生联系自己看过的书籍、影视作品与同学交流，这样不仅帮助学生了解了红军长征这一壮举的历史背景以及经过，深刻理解红军不畏艰险、不怕牺牲的高尚品质和革命的乐观主义精神，而且也充实了学生的生活，增强了学生的学习兴趣。

3. 感情朗读，加深体会。朗读是语感训练的最佳手段。例如特级教师李吉林老师执教《燕子》时指导朗读："光滑漂亮""俊俏""剪刀似的"写出了小燕子外形的美，读的时候语调柔和一些，声音轻些。"小燕子"的"小"要轻些，突出"小"，以表现出燕子的可爱，读出喜爱之情。

4. 想象画面，体验情感。如一位教师在《盘古开天地》中创设想象情境，让学生想象盘古身体的其他部位还会变成什么。学生的想象美丽而神奇：他红红的嘴唇，变成燃烧的火焰；他长长的头发，变成了随风舞动的柳枝；他的眉毛，变成了天上的彩虹；他的眼泪，变成了滋润万物的雨露；他的血管，变成了长长的道路；他的牙齿，变成了晶莹剔透的宝石等。

此外，还可以通过揣摩文章的表达顺序体会思想感情，与他人交流阅读感受体会思想感情，借助课件等现代教学设备体会思想感情。教师在教学时要根据课文的不同特点加以指导，用多种方法从不同的角度帮助学生体会作者的思想感情。

指导学生体会作者的思想感情，不能满足于得到一个正确的结论，而要着眼于切实提高学生的理解能力和思维能力。在练习过程中，决不能把现成答案告诉学生，一定要充分调动学生的积极性，鼓励学生独立思考。对一篇文章作者表达的思想感情，学生往往会有不同的体会。如《在牛肚子里旅行》一课，教师指导学完课文后提出一个问题："读了青头和红头的故事，你有什么想法？这个故事告诉了我们什么道理？"学生发言踊跃。有的说："课文想告诉我们，遇到紧急情况，要沉着冷静，不要慌张，要像青头那样想办法解决问题。"有的说："青头为了救好朋友不惜冒着生命危险，蹦到牛的身上，甚至钻进牛的鼻孔，为朋友付出一切在所不惜，这个故事让我看见了朋友间的真情，懂得了朋友在遇到困难时要真心帮助。"有的说："青头懂得牛消化时反刍的知识，并巧妙地利用牛反刍的过程救出红头，这个故事告诉我们知识很重要。"学生多角度的回答不一定全面，但都有可取之处。体会作者思想感情如果学生言之成理，言之有据，就应当加以肯定和鼓励，不宜用一个固定的答案来限制学生。这样，学生的理解能力、表达能力、思维能力才能切实得到提高。

三、朗读、默读、诵读、略读、浏览的教学

从阅读是否出声的角度来看，可以将阅读活动分为朗读、默读和诵读。朗读、默读和诵读是常见的阅读方法，也是必备的阅读技能。《语文课程标准》在"总目标"中提出要"学会运用多种阅读方法，具有独立阅读的能力"，在"学段要求"中又对朗读、默读和诵读提出明确要求。从阅读目的的角度来看，常见的阅读方法有精读、略读、浏览。精读、略读、浏览是重要的阅读方法，也是重要的阅读能力。《语文课程标准》指出："学习略读，粗知文章大意"，"学习浏览，扩大知识面，根据需要搜集信息"。

（一）指导朗读

朗读是一种眼、口、耳、鼻、脑协同并用的有声的阅读活动。它有助于学生以声解义，以声传情，发展口语，加深对文本的理解，是教师了解学生对文本理解程度的一种重要方法，也是语感训练的最佳手段。

《语文课程标准》对朗读的要求是：能用普通话正确、流利、有感情地朗读课文。正确，是指语音和语调的规范化。流利，是指阅读时做到语音连贯，不漏字，不改字，不颠倒，不重复等。有感情，是指阅读时做到感情充沛，节奏鲜明，恰当地传达作者的思想感情。《语文课程标准》各学段关于朗读的目标中都要求"有感情地朗读"，这是指让学生在朗读中通过品味语言，体会作者及作品中的情感态度，学习用恰当的语气语调朗读，表现自己对作者及其作品情感态度的理解。

[案例 4-5]　　　　　于永正《给予树》的朗读教学片段①

师：每一位同学读的时候我都认真听，那我读的时候你们也要侧耳细听哦，看于

---

① 刘春. 精准聚焦　简约深厚——特级教师于永正《给予树》教学赏析［J］. 小学教学设计. 2011（11）：29-30.

老师哪些地方读得好,值得你欣赏。待会儿我会问问题,只要认真听,一定会回答出来的。(师范读课文,很有感情,语气符合人物的心理,特别是模仿儿童来读金吉娅的那段话。刚开始模仿时,有学生笑了。后来,渐渐安静。读完,听课老师和学生都报以热烈的掌声,有的学生甚至流下了眼泪)

师:你听出了什么?

(生纷纷举手说出自己对金吉娅的评价)

师:我在读金吉娅的话时,仿佛变成了只有 8 岁的小女孩。她家里并不宽裕,妈妈好不容易攒了 100 美元,每人只分到 20 美元去选购圣诞礼物,但是金吉娅用这 20 美元给陌生的小女孩买了圣诞礼物。我仿佛就是金吉娅,我仿佛就站在母亲面前告诉她这一切。请大家把金吉娅的话好好读一下,看看谁能读出她的体贴和善良。

(生按老师的要求自由朗读)

师:注意课文中有这样一个字(板书"低"),并强调两点:第一,她说话的声音很低;第二,她悲伤难过。再想一想她是个怎样的小女孩,你就能读好了。

师:读这样的课文要郑重其事,要庄重起来。请一位同学读。(生读得很有感情)我觉得你就是 8 岁的金吉娅,你读出了她的善良和体贴。

朗读要提倡自然,要摒弃矫情做作的腔调。《给予树》的教学中于永正老师在学生读正确、读流利的基础上,把自己的朗读经验与学生做了具体的交流,指出读好课文最重要的一点是感同身受——"仿佛变成了只有 8 岁的小女孩",及时转换角色就能读出金吉娅的体贴和善良。他调动学生的生活体验,指导学生体会"低"字所蕴含的情感——心情难过、声音低沉。通过指导,学生再读金吉娅的话时就有了"我就在""我就是"之感。学生在于老师的点拨下"感之于外,受之于心",入情入境,读出了形象,读出了真情。

朗读是一种技能,教师需要适当地在技巧方面加以指导。朗读技巧的训练应突出停顿、重音、语调、节奏等四个方面。但要注意,不能架空讲授朗读知识和技巧,而应在实际朗读过程中让学生体会。例如《繁星》第三段写作者在海上看星空,其中有这样一句话:"深蓝色的天空悬着无数半明半昧的星。"朗读这句话时,教师可指导学生在"深蓝色的天空"后稍作停顿,表现出星空的广阔无垠。"悬着"要读得轻一些,并稍作停顿,使人感到"悬"字所体现的那种四面无依无靠的形态;"无数"要重读,以突出夜空星星数量之多;"半明半昧"要读得慢一些,语调轻柔一些,"半明"之后稍作停顿,体现星光闪烁的情态。

教师在教学实践中常常运用多种朗读形式,如范读、个别读、齐读、自由读、分角色读、引读等对学生进行朗读指导。以《盘古开天地》引读为例,我们可以采用提示式引读:(师)轻而清的东西,(生)缓缓上升,变成了天;(师)重而浊的东西,(生)慢慢下降,变成了地。此外,还有添词式引读、插问式引读等。

（二）指导默读

默读是不出声的阅读。即阅读时只用眼睛看、用脑子想，但不发出声音。默读时大脑将视觉获得的文字信息转化为内部的思维活动和言语活动，有利于提高阅读速度和理解能力。实验证明，朗读每分钟最快约200字，默读每分钟最快可达800字。默读不用口耳，利于沉思默想，还可自由地停下笔重复读，理解可更深入。默读是现代人必备的语文技能，当今社会，人们的生活、工作与阅读息息相关。阅读的方式，主要是默读。面对不计其数的信息资料，必须善于默读，广泛吸收知识、捕捉其中的信息。

小学阶段默读的基本要求是"不出声、不指读，有一定的速度"。默读训练可以从几个方面着手：一是教给方法。默读要在学生具有一定朗读能力的基础上进行，《语文课程标准》在第二学段指出"初步学会默读，做到不出声，不指读"。在第三学段指出"默读有一定的速度，默读一般读物每分钟不少于300字"。初期训练，可用轻声带读法，由朗读过渡到默读。随着年级的升高，逐步教给学生提高默读速度的方法，逐步减少眼停、回视，扩大视觉幅度，即扩大读书时眼停一次所控制的接受面，把看一眼只看一个词、两三个词逐步扩大为一眼一行甚至多行，提高阅读速度。二是培养习惯。小学生学语文，多从指读开始的。年级高一点，读书不让出声，但嘴巴还在动。必须克服指读、动唇现象。养成直接由眼到脑的良好的默读习惯。三是读思结合。默读时，要眼脑并用，读思结合，提倡在默读过程中圈圈点点，写写画画，帮助记忆，帮助思考，以提高默读的效果。四是采用限时阅读、开展默读竞赛等方式，调动学生练习的积极性，提高阅读速度和效率。

（三）指导诵读

诵读是一种注重眼到、口到、心到的传统阅读方法，是通过反复朗读达到熟练程度的"读"。现在人们所说的诵读，实际是指抑扬顿挫地朗读和背诵。诵读有助于从文本的声律气韵入手，逐步加深理解和体验，体会其丰富的内涵和情感，达到潜移默化的目的。熟读成诵，也有利于记忆、积累和培养语感。小学是阅读的黄金阶段，应充分利用小学生的阅读生理优势，恢复"朗诵涵泳"的优良传统。

《语文课程标准》主要对第一、第二学段提出诵读的要求：第一学段要求诵读儿歌、儿童诗和浅近的古诗，第二学段诵读优秀诗文等。尤其强调诵读过程中的体验、领悟和积累。第一学段要求"诵读儿歌、儿童诗和浅近的古诗，展开想象，获得初步的情感体验，感受语言的优美"。第二学段要求"诵读优秀诗文，注意在诵读过程中体验情感，展开想象，领悟诗文大意"。《语文课程标准》还对每个学段背诵优秀诗文的篇（段）提出明确要求，1～6年级学生背诵古今优秀诗文160篇（段）。附录1"优秀诗文背诵推荐篇目"中推荐了古诗文135篇（段）。其中1～6年级75篇，这些诗文主要供学生读读背背，增加积累。

指导学生诵读，首先要加强朗读训练。诵读的目的是更好地理解课文，把握作者的思想感情。教师可以提示朗读技巧以及课文脉络、关键词句，帮助学生读背，可以运用多种方式训练学生诵读（如竞赛式、游戏式、表演式、合作式等）；或者交替使用个读（背）、齐读（背）、引读（背）、轮读（背）、对读（背）、自由读（背）、分角色读（背）、表演性读（背）等形式进行经常性的诵读训练。其次要教给学生诵读的方法，如熟读成诵法、联想扩充法、想象入境法等。再次，诵读要坚持数量要求，要多读多背。每堂都要落实"读"的训练，每个学期都要求学生背诵一定数量的诗文篇段。还可以精选名家名篇、优秀诗文、精彩片段等与学生共同赏析、共同读背。

指导学生诵读，还要加强教师范读。朗读能力强的教师可以通过范读再现课文情境，展现课文美的意蕴，使学生因声入情，因声求义，激发学生强烈的诵读欲望。朗读能力稍弱的教师，可以播放录音或多媒体课件。

（四）指导略读

略读就是只求概览大意地读，这是一种快速地、提纲挈领地把握文本的主要内容、思想感情和写作特点的阅读方式。叶圣陶曾经指出："略读的'略'字，一半系教师的指导而言；还是要指导，但是只需提纲挈领，不必纤屑不遗，所以叫作'略'。一半系学生的工夫而言；还是要像精读那样仔细咀嚼，但是精读时候出于努力钻研，从困勉达到解悟，略读时却已熟能生巧，不需多用心力，自会随机适应，所以叫作'略'"。略读在日常生活中运用最广泛，实用价值最高。当今时代，信息量急剧增加，更要求人们掌握略读技能，整体了解阅读材料，快速准确地把握读物内容。

略读的要求是能迅速、准确地从全局上把握读物的主要内容和特点。

略读训练的内容和方法大体可以包括以下几项：①运用意群视读，以极快的速度阅读文本，迅速把握文本的主要内容。②抓住文章的关键词句、重点段落，并作出准确的一般性解释。③要求学生根据教师的要求寻找内容。④根据一定的需要做摘录。

[案例4-6]　　　　　"精""略"互融：略读课文教学的平衡策略①

略读课文与精读课文共同承载着单元整组的教学任务，架起沟通课内精读课文与课外阅读的桥梁，对促进学生阅读能力的生长和语文核心素养的提升具有不可替代的重要作用。它基本的价值定位为粗知大意和迁移方法。粗知大意指整体把握课文内容；而迁移方法是将精读课文中习得的方法、策略进行迁移运用，解决相应的学习问题。略读课文教学追求的应是在"精"与"略"之间行走，精中有略，略中有精，精略相辅，各有侧重。

一、面"略"点"精"——基于重点语段的主题赏读式

略读课文教学，在整体框架上要简略、简约，不要面面俱到、处处开花，应放手让学生聚焦局部、重点语段，抓住一两个重点问题或学生感兴趣的问题（内容或写法），引导学生进行"驻点"品味、评鉴，使略读课文与精读课文形成"点""面"结合的结构，

---

① 何佳欢. "精""略"互融：略读课文教学的平衡策略[J]. 小学教学参考. 2022(08).15-17.

相互呼应，整体提升学生的阅读能力。例如，统编语文教材五年级上册第六单元的《"精彩极了"和"糟糕透了"》是在《慈母情深》《父爱之舟》两篇精读课文后编排的略读课文，其单元语文要素是"体会作者描写的场景、细节中蕴含的感情"。教学中，课文的细节描写就不能一"略"而过，而要引导学生运用学过的方法进行细细品读。如：巴迪翘首期待着父亲的赞赏，可是等来的却是父亲怎样的言行？请找出句子中的细节描写来细细品读。

二、大"略"小"精"——基于前后课文的比较阅读式

统编语文教材以人文主题和语文要素双线组织单元。同一单元的课文具有共同的人文主题，文章的不同大多表现为题材和形式的不同，是"大"同"小"异。教学时，要对相同的大部分进行"略"处理，而在不相同的小地方要"精"处理、深挖掘。例如，《梅兰芳蓄须》是统编语文教材四年级上册第七单元"家国情怀"的一篇略读课文，它和前一课《为中华之崛起而读书》都是描写伟人故事的，但在内容、情感、结构、语言等方面存在着较大的差异。教学时，教师可以引导学生对这前后两篇课文进行精读比较：情感表达方面的比较、写作方法上的比较等。

三、外"略"内"精"——基于内容理解的质疑解难式

汪潮教授指出：略读教学应是增加教学的厚度，而不是宽度。因此，在粗略、应用、自主的略读理念指导下，引导学生熟练地掌握、灵活地运用阅读方法是必不可少的环节。这里的阅读方法，不只是指让学生在略读中进行浏览扫读、获取信息，进行表层解释的低层次能力，更是指让学生在不断地实践中学习、迁移、学会略读的方法，如有目的地阅读、自我监控等高层次的略读策略。

例如，统编语文教材五年级上册的第一单元安排了《珍珠鸟》这篇略读课文。教学时，教师引导学生研读课文，迁移学法。首先，根据本单元的语文要素"初步了解课文借助具体事物抒发情感的方法"的要求，师生共同简要回顾精读课文《白鹭》《落花生》的学习过程：一读课文，说说课文讲了什么内容；二读课文体会课文中含义深刻的语句的情感；三读课文，举例子谈谈作者是怎么借助具体事物抒发感情的。其次，让学生迁移方法，自学自悟。最后，组织学生进行交流，围绕"鸟好、人好、文好"三个层次，抓住关键句进行品味。教师引导学生关注描写珍珠鸟外形的语句，学习用寥寥数语抓住特征、勾勒形象、表达情感的方法；在教学人鸟亲近的场景时，引导学生抓住细腻的动作、神态描写，体悟作者在状写客观事物时所融入的情感，感受作者心中的爱意，赏析内化借物抒情的写作手法。

总之，略读课文的教学有其自己的目的和任务。我们只有准确地把握略读教学的特点和规律，正确认识略读与精读的关系，既不能一"略"到底，也不能与"精"绝缘，而要追求"精"与"略"的互融共通、动态平衡，才能确保略读教学走向理性高效，才能促进学生阅读能力的全面发展。

(五)指导浏览

浏览,是快速地对文本信息进行识别、筛选,从中捕捉有价值的信息的阅读方法。浏览有助于迅速选择阅读材料,收集信息,开阔视野,增长知识,扩大知识面,也可以消遣娱乐。在倡导阅读能力主动发展和全球信息化的今天,浏览是现代人阅读必须掌握的方法和具备的能力。

略读与浏览不同于精读的深入钻研,而只求通览全篇,概览大意,汲取其精华,获得其旨趣。因此略读和浏览训练,应把重点放在阅读方法和由此获得的信息量上。略读训练的重点是能否把握阅读材料的大意,浏览训练的重点是能否从阅读材料中捕捉重要信息。

浏览通常分为扫描式和跳跃式两种。扫描式浏览的特点是阅读时视线快速移动,按行按段扫视阅读材料,每次扫视只注意其中少数几个重要的词语。跳跃式浏览可以称为"概括地读"或"挑着读",它的特点是着重扫视段落的开头、结尾,注意标题、特殊的字句、专门用语等提示性信息,把书中的引文、推理过程等略过,有的段落可以不看,甚至整页整页翻过去。扫描式浏览和跳跃式浏览在具体阅读时往往交替使用。

四、课外阅读的指导

课外阅读是指学生在课外进行的各种独立的阅读活动。它是课内阅读的继续与拓展,也是阅读能力训练必不可少的组成部分。《语文课程标准》视课外阅读为阅读与鉴赏教学的有机组成部分,明确提出了小学生课外阅读的有关要求:一是提倡养成读书看报的习惯,收藏图书资料,乐于与同学交流。二是倡导阅读积累,要求"积累自己喜欢的成语和格言警句""积累课文中的优美词语、精彩句段,以及在课外阅读和生活中获得的语言材料"。三是规定了阅读量,小学阶段课外阅读总量应在 145 万字以上,六年背诵优秀诗文不少于 160 篇(段)。四是倡导"整本书阅读",从低段的"尝试阅读",用喜欢的方式向他人介绍读过的书,到中段的"整本书阅读",初步理解主要内容,主动和同学分享自己的阅读感受,再到高段的"整本书阅读",把握文章的主要内容,积极向同学推荐并说明理由,体现了阅读要求与阅读内容的由浅入深,阅读能力逐步提升。五是提出"尝试使用多种媒介阅读"等。重视课外阅读,是语文课程注重丰富学生语言积累新理念的折射,也是当前阅读教学亟待落实的目标之一。加强对学生的课外阅读指导,可以从以下方面着手。

1. 制订合理的课外阅读计划

学生是阅读的主体,因此调动学生课外阅读的积极性和主动性是关键。我们要让学生明确课外阅读对提高能力、发展智力、培养个性的重要性,让学生了解课外阅读对提升核心素养的作用,从而激发学生课外阅读的兴趣,逐步养成良好的课外阅读习惯,并使学生的阅读少一点功利化的倾向。要依据不同学段学生不同的认知结构与心理特征,提出明确的目标要求,采取切实可行的步骤和措施。其内容通常包括:学生目前的阅读水平与情况，所在学段的课外阅读目标与要求，教师推荐的书目与自己想读的书目，课外阅读的时间、内容、进度安排，总结与检查的办法等内容。

2. 推荐适宜的课外阅读读物

21 世纪成长中的少年儿童接受的信息量越来越大，他们面临着更多的阅读媒介的选择。一方面教师要鼓励学生自主选择阅读材料；另一方面鉴于读物数量的无限性、质量的差别性和学生阅读时间的有限性、阅读内容的随意性，教师要注意向学生推荐那些思想内容健康、语言文字规范、有利于积累语言培养语感的读物。读物要适合学生的年龄特征、心理特点和阅读水平，深浅适度。读物的种类和类型要尽可能广泛多样，提倡"择真而读，择善而读，择美而读"，引导选择高品位、高质量的读物，使学生的阅读由自发的低层次向格调高雅的高层次升华，在广采博收中，扩大知识面。

3. 教给正确的课外阅读方法

俗话说："授之以鱼，不如授之以渔。"掌握正确的方法可以收到事半功倍的效果。应将课内与课外有机结合，课内教师要结合教学讲授各种阅读方法，课外教师和家长再让学生用课内学到的精读、略读、速读、浏览等方法进行阅读。在鼓励学生做精神世界的"美食家"，品尝、汲取人类宝贵的精神财富，丰富自己的同时，重视促进学生做感悟生活的有心人，把感悟之语笔录下来。尤其是要注意培养学生收集、处理信息的能力。未来社会是信息社会，信息量大，传播速度快，传播手段、工具、方式多样。当前，以获取信息为目的的阅读已纳入我们的阅读目的范畴。要培养学生获取信息、处理信息的能力，课外的探究性学习是一个行之有效的办法，如可指导小学高年级学生围绕某一个主题，让学生走进图书馆，走进网络，搜集资料，认真阅读、筛选、分类、编排，利用有用的信息撰写小论文等。

4. 组织丰富的课外阅读交流

其形式大致有：调查统计阅读篇目、字数、笔记、卡片等；举行阅读竞赛、读书报告会、经验交流会等；展览优秀的读书笔记、读书剪报、经验，评比表彰课外阅读积极分子。要鼓励学生乐于运用在阅读和生活中学到的词句，在大量的语文实践中让学生掌握运用语言的规律，从而提高学生的语文素养。新课程改革以来，不少教师创建了多种形式的阅读成长记录袋，体现了阅读方法与评价理念的变革，成为鼓励学生课外阅读，提高学生的阅读质量，拓宽学生的思维空间，展示学生的阅读成效的重要手段。

5. 建立多样的课外阅读评价机制

当前的课外阅读不尽如人意，与相关评价机制的不健全有很大关系。教师在课外阅读评价上应开动脑筋、采取措施，如评价主体多元化——教师、学生、家长多方参与；评价指标多维化——不仅有可量化的依据，也要有阅读兴趣、动机、习惯、品质等非量化的依据；评价对象全面化——既要注意评价学生个体的课外阅读，又要注意评价学生集体的课外阅读；评价方式多样化——查读书笔记、举行读书报告会，有条件的还可让学生就某一阅读内容在网上发表评论等。将课外阅读作为语文学习考核内容之一，可在客观上激发、推动学生的课外阅读。

▶第三节　阅读与鉴赏教学设计

一、阅读与鉴赏教学的一般过程

阅读与鉴赏教学过程是教师、学生、文本、编者进行对话的过程，要体现从语言文字入手，将理解内容和学习表达二者有机统一的特点。小学语文阅读与鉴赏教学一般有以下三个阶段。

1. 初读课文，整体感知阶段

在这一阶段主要任务有二：一是导入新课，激发学生的阅读兴趣。为此，教师可引导学生回忆或交流课前查阅到的与课文有关的知识或生活经验，或由教师作些说明与介绍，还可引导学生观察图片、实物、标本、模型或观看幻灯、电影、录像等，丰富学生的感性知识。二是引导学生进行"探索性"自学，把课文读通，读顺，初步掌握所学课文的生字难词和主要内容。

2. 精读课文，思考感悟阶段

在前一阶段整体了解课文大意的基础上，教师引导学生进行细读、深读，交流读书心得，突出重点，突破难点，进行语感训练。在这一阶段，学生是带着教师或自己提出的问题从语言文字入手去理解内容。由于阅读是学生的个性化行为，故不应以教师的分析来代替学生的阅读实践。应让学生在主动积极的思维和情感活动中，加深理解和体验，有所思考和感悟，受到情感熏陶，获得思想启迪，享受审美乐趣。教师要特别重视组织学生进行讨论和交流。

3. 熟读课文，总结巩固阶段

在这一阶段，主要是指导学生在理解各部分内容的基础上，概括课文主要内容，体会文章思想感情；在理解的基础，进行有感情的朗读训练；在熟读的基础上，指导背诵某个片段或全文；复述课文，欣赏精彩的片段；初步领悟文章的基本表达方法以及完成课后习题或教师设计的练习，巩固知识，实践方法，逐步形成能力。

以上阅读与鉴赏教学流程经历了"整体感知—局部深化—整体升华"三个阶段，体现"整体——部分——整体"的教学顺序，遵循"语言文字——思想内容——语言文字"的教学规律。但阅读教学过程是受诸多因素影响的处于动态变化之中的系统，其教学流程具有一定的灵活性。各教学步骤常依据课文的不同特点及学情的差异而发生相应的变化。语文教学本质上是一种极富创造性的工作。在实际的教学中，教师应该因文而异，量体裁衣，针对不同类型的课文选择最佳的流程，达到有效提高学生核心素养的目的。

二、不同类别课文的教学设计

小学语文教材中，编入了各种体裁的课文，其目的是引导学生学习语言，丰富语言积累，并使学生逐渐接触各类文本，为学生独立阅读各类文本打下初步的基础。同时，《语文课程标准》对小学阶段淡化文体，没有像以前那样，把课文分成记叙文、说明文、议论文、应用文，而是笼统地将课文分为两大类——叙事性作品、说明性文章，此外还特别提出了诗歌的教学。不同类别的课文，在结构形式和语言表述方面具有不同的特点，在教学设计时应注意不同类别课文的特点，有针对性地设计教学。

(一)叙事性作品的教学

叙事性作品是指以叙述和描写人物和事件为主要表达方式的文章。在小学语文课本里，叙事性作品包括的范围很广，写人叙事的文章基本上都可以归到这一类。此外，一些写景、状物的散文，以及童话、寓言等有情节、有人物的课文也属于叙事性作品。因此，叙事性作品所占的比例很大，是小学生接触最多的一类课文。

教学设计：《刷子李》①

叙事性作品教学设计时需要注意以下几点。

1. 注意不同叙事性作品的特点

同是叙事性作品，由于写作目的不同，作者的着眼点也不尽相同，有的是着眼于记人的，如《我的伯父鲁迅先生》；有的是着眼于叙事的，如《掌声》；有的是着眼于写景的，如《美丽的小兴安岭》；有的是着眼于状物的，如《珍珠鸟》；还有的是通过一个故事来讲述一个道理，如《寒号鸟》。抓住了作品的着眼点，就可以抓住教与学的主攻方向。教学记人的记叙文要注意抓住主要情节分析人物，抓住描写人物的手法如肖像描写、心理描写、语言描写、行动描写等来理解人物形象。叙事的记叙文要注意分析事件的发生、发展、经过，弄清事件的来龙去脉，厘清记叙的时、地、人、事四要素。写景、状物的记叙文则要注意景、物的特点。

2. 注意厘清作者思路，把握主要内容

厘清叙事性作品的思路有助于把握课文的主要内容、了解事件的梗概和全文的结构。作者的思路一般有纵向思路和横向思路(纵横交错式思路小学少见)。纵向思路如《狼牙山五壮士》，是按事件的发生、发展和结果的顺序记叙的。横向思路如《我的伯父鲁迅先生》，是通过几件事，从几个方面表达中心思想。厘清作者思路，一般有以下几种方法。以写事为主的文章：①按事情发生发展的时间分析；②按事情发生发展的地点转换分析；③按事情发生发展的阶段分析。以写人为主的文章：①按人物成长的阶段分析；②按人物所在的不同地点分析；③按表现人物性格特征的不同方面分析；④按人物感情的变化分析。写景状物为主的文章：①按人物观察景物的观察点的变化，

---

① 作者：蔡芬，湖南第一师范学院斑马湖小学。

即空间变化分析；②按不同时间的不同景致的变化，即时间变化分析。在此基础上，要进一步把握叙事性作品的共同点，即一般都有人物，有情节。要引导学生在读通、读顺、读好的基础上把握文章的主要内容，了解事件的梗概，中高年级还应让学生练习复述作品大意，为进一步学习打下基础。

3. 注意体会思想内容，强化情感体验

《语文课程标准》在第二学段提出："能复述叙事性作品的大意，初步感受作品中生动的形象和优美的语言，关心作品中人物的命运和喜怒哀乐，与他人交流自己的阅读感受"。在第三学段提出："阅读叙事性作品，了解时间梗概，简单描述自己印象最深的场景、人物、细节，说出自己的喜欢、憎恶、崇敬、向往、同情等感受"，"受到优秀作品的感染和激励，向往和追求美好的理想"。叙事性作品最突出的特点就是"以事感人，以情动人"。比如《"诺曼底号"遇难记》这篇课文是通过叙述哈尔威船长在"诺曼底号"客轮遭到"玛丽号"巨轮猛烈撞击后即将沉没的时候，镇定自若，指挥 60 名乘客和船员安然脱险，而他自己却屹立在船长岗位上随着客轮一起沉入深渊的故事，塑造了忠于职守、舍己救人的船长形象。文章是围绕船长这个中心人物来展开生动曲折的故事情节的。教学叙事性作品要注意引导学生通过语言文字体会文章的思想内容，在主动积极的思维和情感活动中，加深理解和体验，从而受到熏陶感染。

首先，要注意抓住对表现主要内容和思想感情有突出作用的词句和段落，如表现人物行动和心理活动的深刻、生动的词句，人物的个性化语言，作者精辟的议论和抒情性的语句等，引导学生理解其深刻的含义，并认识它们对表达思想感情所起的作用。如《珍珠鸟》中有一句话："信赖，往往创造出美好的境界。"这一句话含义深刻，同时也是表现课文中心的段落。教师可引导学生熟读细思，从课文的细节描写中感受到"我"对珍珠鸟的细心照料和精心呵护，体会"我"对珍珠鸟的喜爱，以及珍珠鸟对"我"逐渐信赖的情感，并更好地理解"美好境界"的含义。

其次，要设计引导学生多读的环节，尤其是要抓住重点语句和段落，在形式多样、充分地读中感受文章的思想感情，同时进一步加深对语言文字的理解。

最后，要引导学生把自己的心放在文章中，尽力将自己的情感贴近作者及文中的主要人物，联系自身的情感体验去感受他们的情感，他们的欢喜、忧愁、愤怒、快乐，他们的命运等，还可让学生简单描述自己印象最深的场景、人物、细节，说出自己的喜欢、憎恶、崇敬、向往、同情等感受。这样，学生就能和作者产生共鸣，就能体会作者的思想感情。只有把情感投入其中，才能真正把书读好。

4. 注意品味积累语言，着力提高学生语言运用能力

叙事性作品的语言以叙述、描写为主，以议论、抒情、说明为辅，五种基本表达方式往往互相交融。叙事性作品教学设计时要注意引导学生品味、积累语言。要指导学生结合具体语句感受、领悟。可通过多种方式，如朗读、品评、复述、背诵等，加深领悟，加强积累，以提高学生的理解和表达能力。如《燕子》中"千条万条的柔柳，红的白的黄的花，青的草，绿的叶，都像赶集似的聚拢来，形成了烂漫无比的春天"，这句话真美，可让学生多读多品，体会到这句话写出了柔柳、青草、红花、绿叶的色彩美、姿态美，非常生动形象。又如《鸟的天堂》中"那翠绿的颜色明亮地照耀着我们的眼睛，似乎每一片树叶上都有一个新的生命在颤动"，这里的"颤动"指微风吹动时树叶一闪一闪的样子，可让学生品读、想象榕树的勃勃生机，体会作者对榕树的喜爱之情。

叙事性作品的教学强调品味，强调积累，还要强调运用，即在大量的语文实践中让学生掌握运用语言的规律，提高学生的语言运用能力。

教学设计中可将朗读、研讨、口头（书面）作文有机结合起来，可以引导学生根据课文的上下文，补充故事情节和心理描写，如教学《我的战友邱少云》之后，让学生补写邱少云烈火烧身时的心理活动；教学《狐狸和乌鸦》后，让学生新编一个情节与原教学内容完全不同而又有教育意义的故事。教师还可以指导学生学习课文的写作方法，如教学《刷子李》后让学生学习课文运用细节描写刻画人物的方法，以及正面描写和侧面描写相结合的写法等。

（二）说明性文章的教学

说明性文章是以说明为主要表达方式的说明事物的文章。在小学语文教材中，说明性文章占了相当大的比重。这些文章大都属于科学知识说明文，主要是介绍自然、地理、历史、生物等知识，如《太阳》《夜间飞行的秘密》《鲸》《爬山虎的脚》《只有一个地球》等。这类课文作为语文教材，承担着双重任务：其一是进行语言文字训练，培养学生阅读理解说明性文章的能力，学习说明的语言和说明事物的方法；其二是使学生增长知识，开阔视野，受到科学思想方法的启蒙教育。

教学设计：《夜间飞行的秘密》第二课时[1]

《语文课程标准》对说明文的教学提出了明确的要求："阅读说明性文章，能抓住要点，了解文章的基本说明方法。"说明性文章教学设计时应注意从以下几方面着手。

1. 抓住说明要点，了解说明方法

抓准课文的说明要点是学好说明性文章的关键。因为每篇说明性文章都要提出问题、说明问题。因此在分析课文、寻找说明要点时，教师可引导学生寻找此类课文提出说明要点的规律：有的在题目中揭示，如《太空生活趣事多》《纳米故事就在我们身边》；有的在开头中提出，如《夜间飞行的秘密》第 2 自然段"在漆黑的夜里，飞机怎么能安全飞行呢？原来是人们从蝙蝠身上得到了启示"一句就提示了说明的要点；有的在结尾处总结，如《飞向蓝天的恐龙》最后一段"亿万年前，一种带羽毛的恐龙脱离同类，飞向蓝天，演化出今天的鸟类大家族。科学家们希望能够全面揭示这一历史进程。随着越来越多精美化石的发现，他们离这一愿望的实现已越来越近了"；还有的在重点段中体现，如《琥珀》，作者对琥珀的形成和发现过程的分述是文章的重点段，体现出文

---

[1] 作者：李佳峰，湖南师范大学附属滨江学校。

章的说明要点。在教学设计时，要把怎样引导学生抓住说明要点的过程写清楚。

说明文常用多种说明方法来说明事物。教学说明性文章，除了引导学生弄清课文所介绍说明的事物的特征、本质之外，还要引导了解作者说明事物的方法。如《太阳》这篇课文，在介绍太阳的特点时，运用了数字、假设、比喻、比较等方法，把太阳远、大、热三个方面的知识说得很具体、通俗，具有很强的说服力，教学设计时应引导学生加强体会。值得提出的是，在教学中，要多结合课文中的具体语句，引导学生学习说明的方法，一些专门概念和术语等应尽可能不使用或少使用。

说明文牵涉的知识面比较广泛，教学设计时要注意了解课文涉及的有关的科学知识。教学设计要注意学生的知识水平和心理特点，尽可能做到浅显易懂，简单明了，并以课文为契机，激发学生课外阅读的兴趣，促使学生课外去"刨根问底"，寻找答案。

2. 厘清说明顺序，体会结构层次

说明性文章的内容层次清晰，结构上大体也有一定的方式。一般说来，说明事物构成的，按构成的顺序写；说明事物功用的，按照由主到次的顺序写；说明事物发展过程的，按照时间先后顺序写；说明比较复杂的事物，把内容分成几个方面或按方位顺序写。如《赵州桥》这篇课文按照"总—分—总"的结构来介绍赵州桥，结构层次非常清楚。课文一共有四段，开篇介绍赵州桥"世界闻名"，已经有"一千四百多年历史"。课文中间两段是分述赵州桥的特点：雄伟，坚固，美观。课文最后一段做总结：赵州桥是我国宝贵的历史遗产。因此，在说明性文章的教学设计中，要注意引导学生看看课文是怎样提出问题的，是按什么顺序说明的，从而了解文章的结构层次，认识说明性文章的一般特点，体会其说明方法。

3. 重视"读"的设计，品味积累语言

说明文教学属于阅读教学的范畴，说明文教学同样要以读书作为主要学习活动，在读中掌握"写了什么""怎样写的"和"为什么要这样写"。在教学设计中，一定要设计读的环节，如：初读，把课文读正确、读流利，扫除字词障碍。细读，提取信息，了解知识。再读，质疑问难，激发学生探索科学的兴趣。

说明性文章的语言准确、简洁、通俗，逻辑性强。在教学设计中，要注意抓住这些特点，指导学生深入理解和领会，以提高表达能力。如一教师在教学《鲸》时抓住容易为学生所忽视的句子："须鲸主要吃虾和小鱼。"提出问题："主要"一词能否去掉？引导学生体会其语言的准确性。同时，说明性文章的语言还力求生动形象，富有情趣。如《花钟》的语言生动形象，在描写不同花不同时间开放的过程中，作者的语言表达极其丰富。同样是表达花开，作者用了两种不同的表达手法，一种是直接写花开，一种是间接写花开。在直接写花开时，作者运用了不同的动词来表达花开的状态：夜来香"开花"，万寿菊"怒放"，月光花"舒展"。在间接写花开时，作者行云流水般地运用拟人手法：牵牛花"吹起"小喇叭，蔷薇花"绽开了笑脸"，睡莲"从梦中醒来"，昙花"含笑一现"，这极具表现力的语言，不仅说明了事物的特征，而且增强了说明文的感染力，这些都应引导学生体会。

此外，由于说明文中说明的事物往往是学生不熟悉或不太熟悉的，因此，要加强直观教学，充分利用挂图、实物、标本、模型、幻灯、电视、录像甚至电影，配合动作、表情、形象化的语言提高教学效率，提高学生的学习积极性。

(三)诗歌的教学

诗歌泛指各种体裁的诗，它是用精练的语言，短小的篇幅集中地反映生活的文学形式。诗歌具有语言凝练、感情强烈、想象丰富、节奏鲜明、韵律和谐的特点。小学语文课本中诗歌占有相当大的比例，每个学段都有诗歌教学，选有古诗、现代诗、儿歌、童谣、歌词等多种形式。

教学设计：《七律·长征》①

关于诗歌教学，《语文课程标准》在第一学段提出："诵读儿歌、儿童诗和浅近的古诗，展开想象，获得初步的情感体验，感受语言的优美"；在第二学段提出"注意在诵读过程中体验情感，展开想象，领悟诗文大意"，在第三学段中提出"阅读诗歌，大体把握诗意，想象诗歌描述的情境，体会作品的情感。受到优秀作品的感染和激励，向往和追求美好的理想""诵读优秀诗文，注意通过语调、韵律、节奏等体味作品的内容和

教学视频：《饮湖上初晴后

情感"。可见，《语文课程标准》不是从掌握文体的角度提出诗歌阅读要求，而是从体验情感、想象情境、品味语言的角度提出诗歌阅读目标。

设计诗歌教学时应从以下几方面着手。

1. 体验情感，引起共鸣

诗歌以情感人。诗人或吟咏生情，或感物咏志，或借物言志。教学诗歌也应以情入诗，注意运用各种方法帮助学生体验情感，让学生的思想感情与诗中表达的思想感情产生共鸣。教学设计时，可以通过介绍与诗有关的背景，观赏相应的画面，描述感人的情景，回忆与诗有关的诗文以及配乐朗诵等，将学生带入特定的情境，让学生产生联想，激发其相应的情感。教《雷锋叔叔你在哪里》时，可让学生收集雷锋叔叔的故事，并联系身边的好人好事，借以升华情感体验。教学《秋晚的江上》，可引导学生欣赏品味"驮""翻""妆"用词之妙，想象富有生机、绚烂有趣的黄昏场景：夕阳西下，鸟儿归巢，夕阳的余晖点染了江面，也点染了芦苇，一瞬间，白了头的芦苇被照得通红。结合想象和语言描绘，让学生感同身受，领略到黄昏的美丽。又如，《童年的水墨画》是一组儿童诗，诗歌以跳跃的镜头捕捉了乡村儿童生活的典型场景：孩子们或是呼朋引伴去溪边钓鱼、去江上游泳，或是到林中采摘带着雨珠的小蘑菇，尽情享受着童年生活的快乐。教学《童年的水墨画》时，可用创设情境、联系生活、想象画面、读中悟情等方法，让学生真真切切感受到童年生活的快乐。

---

① 作者：李佳颖，湖南省长沙市红卫小学。
② 授课：曹举捷，湖南第一师范学院斑马湖小学。

2. 启发想象，领会意境

意境是诗人强烈的情感与生动的客观事物契合交融，从而在诗中表现出来的形神兼备的艺术境界。诗人常凭借丰富的想象，运用比喻、拟人、夸张等手法，创造出生动的意境，表达出强烈的感情。教学诗歌，重点不在于理解诗意(大体把握即可)，而在于引导学生通过具体可感的形象或(景象)，借助联想再现诗歌鲜明生动的意象，体会诗人的情感，领略到诗歌独有的意境之美。读"飞流直下三千尺，疑是银河落九天"一句，可让学生想象瀑布从高处飞落的宏伟壮观的气势；读《舟夜书所见》，可让学生想象"孤光一点萤"的清幽宁静之美；教学诗歌《白桦》时，可让学生想象，自己就站在白桦面前，看见了白桦的美：满身的雪花、雪绣的花边、洁白的流苏，在朝霞里晶莹闪亮，披银霜，绽花穗，亭亭玉立，丰姿绰约，从而感受诗歌意境之美，体会到诗人对家乡和大自然的热爱之情。读《小池》，可让学生在朗读的基础上展开想象，让学生"看见"轻流的泉水、尖角的荷叶、轻盈的蜻蜓，甚至"看见"诗人杨万里站在凉亭里赏荷……这样，或联想画面，或身临其境，或联系生活，使学生领略到诗中的诗情画意，从而得到熏陶感染，获得对诗的感悟力、理解力和鉴赏力。进行诗歌教学设计时，教师还要注意给学生留有余地，允许学生以自己的方式品读、理解诗歌，从多角度、有创意的方向去激发学生的诗歌学习期待、拓展学生思维空间。

3. 加强诵读，品味语言

诗是语言的精华，是灵感的捕捉。诗歌的语言不仅形象鲜明，而且凝练含蓄，它对创造诗歌的意境，表达思想感情起着重要的作用。诗歌教学要通过品味诗歌的语言，感受诗歌的语言美。一些凝练含蓄，或对表达主题、深化意境、突出形象起关键性作用的诗句，要引导学生细细品味。诗里的警句妙语更要引导学生去体会、感受。如"春风又绿江南岸"这一名句，一个"绿"字，生动形象地把春风使江南披上绿装的整个过程写活了。教学中就要引导学生去细细品味，体会作者的情感和用词的精妙。

诗歌节奏鲜明，音律和谐，读来朗朗上口，有一种音乐的美感。设计诗歌教学，要抓住诗歌的这一特点，指导学生多朗读，多背诵，体会诗歌的美。指导朗读要从理解思想内容和体会思想感情入手，在此基础上适当引导学生掌握一些朗读的技巧，包括重音、停顿、速度、语调等。如《示儿》表现的是陆游强烈的抗金爱国的精神，诗的意蕴既落在一个"悲"字上，也寄希望在一个"告"字上。"悲"要读得沉重而绵长，"告"要读得激越而浓烈，"告乃翁"读时要由强而弱，并适当拉长，表现诗人的爱国之心不灭。又如：统编版四年级下册《短诗三首》收录了冰心的三首小诗，诗作温柔、细腻、雅丽，微带忧愁，超凡脱俗。每首小诗都运用了对比的写法，要注意引导学生读出对比的意味，读出音调的变化。如第一首："这些事——/是永不漫灭的回忆：/月明的园中，/藤萝的叶下，/母亲的膝上。""永不漫灭"可以重读，突出童年回忆的刻骨铭心。"园中""叶下"和"膝上"要有对比，突出对"膝上"尤为依恋。教师可以指导学生读出破折号的停顿，以及"中""下""上"的停顿并增加音长，"月明的园中"音调要上抬，"藤萝的叶下"音调稍低，"母亲的膝上"音调要上抬，读出对母亲怀抱浓浓的依恋之情。在反复朗读的基础上，还应引导学生熟读成诵，以加深感悟，积累语言。

三、不同年段阅读与鉴赏教学的设计

小学阶段阅读与鉴赏教学是一个循序渐进，螺旋上升的过程，阅读与鉴赏教学设计应注意尊重不同年段学生的心理特点和发展规律。

第一学段学生刚开始学习阅读，在进行阅读教学设计时要特别注重阅读兴趣的培养，让学生感受阅读的乐趣。在阅读能力的培养方面，要着眼于打好基础。低年级课文篇幅短小、内容浅显，学生理解了词和句，也就大体理解了课文内容。因此，低年级阅读教学设计应以理解词、句为重点。要引导学生借助读物中的图画阅读，结合上下文和生活实际了解课文中词句的意思，在阅读中积累词语。同时，从一年级起就要加强朗读的训练和指导，把朗读作为理解词句的重要手段，把培养学生的朗读能力作为阅读教学的重要任务。在指导学生读正确的基础上，读流利，读得有感情。从二年级起开始指导学生默读，做到不出声，不指读。鼓励学生在阅读中对感兴趣的人物和事件有自己的感受和想法，并乐于与人交流。鼓励学生背诵优秀诗文，丰富语言积累。在教学方法设计方面，可以采用一些适合低年级的教学方法，如课文与插图结合、阅读与口语交际结合、阅读与绘画结合、角色表演等。

第二学段阅读与鉴赏教学承上启下，要求既不能过于肤浅也不能过于拔高，只有把握好阅读与鉴赏的目标尺度，把握学生的最近发展区与学习能力，才能提高中年级阅读与鉴赏教学的有效性。第二学段的阅读与鉴赏教学设计要继续重视培养学生阅读的兴趣，鼓励学生大量阅读。在阅读能力的培养上，继续培养学生联系上下文理解词句的能力，引导学生体会课文中关键词句在表情达意方面的作用。学习借助字、词典和生活积累，理解生词的意义。继续重视朗读和默读的指导。教学设计的重点要逐步由词句向篇章过渡，要重视段的训练，要使学生能对课文中不理解的地方提出疑问。要引导学生初步把握文章的主要内容，体会文章表达的思想感情。学习复述叙事性作品的大意，初步感受作品中生动的形象和优美的语言，关心作品中人物的命运和喜怒哀乐，与他人交流自己的阅读感受。要指导学生开始学习略读。通过多种途径，使学生养成读书看报的习惯，乐于收藏并与同学交流图书资料，在课内外阅读中积累语言材料。

第三学段的阅读与鉴赏教学设计要进一步强化学生的读书兴趣。在继续重视词句教学的同时，把设计的重点放在整篇课文上。词句教学的要求有所提高，应使学生能借助词典，理解词语在语言环境中的恰当意义，辨别词语的感情色彩；能联系上下文和自己的积累，推想课文中有关词句的意思，体会其表达效果。在学习课文时，了解文章的表达顺序，体会作者的思想感情，初步领悟文章基本的表达方法。在交流和讨论中，敢于提出自己的看法，作出自己的判断。朗读不仅要做到正确、流利，而且要表达出作者思想感情的发展变化；默读既要提高理解水平，又要提高阅读速度。同时，还要学习浏览，培养学生根据需要搜集信息的能力。第三学段要指导学生利用图书馆、

网络等信息渠道，尝试使用多种媒介阅读。另外，要更加重视自主学习、研究性阅读教学的设计。

这样，从低年级到中年级再到高年级，学生经历了分阶段、有层次的训练过程，独立阅读能力得到了逐步培养，从而达到阅读与鉴赏教学的目标。

四、阅读与鉴赏教学的板书设计

板书是课堂教学的书面语言。阅读与鉴赏教学中的板书，能与讲解相辅相成，展示教学思路及重点，深化课文内容，使学生提纲挈领地把握课文的内容，了解作者的思路与文章的结构，学习阅读的方法，培养独立阅读的能力。好的板书还有助于培养学生系统的、有条理的学习和养成整洁、美观的书写习惯，陶冶学生的情操。因此，设计板书是教师应具备的基本功。有经验的教师都十分重视、精心设计每篇课文的板书，在教学中恰当地运用，以便提高阅读与鉴赏教学的效率。

阅读与鉴赏教学中板书设计的方法主要有以下几种。

1. 从文题入手，抓关键词语

文题是文章的"眼睛"，它往往是主题的揭示，内容的概括。抓住文题中的关键词，既能把握课文的主线，又能循着主线找出与主线相关的脉络。如《小蝌蚪找妈妈》这一题目揭示了人物和事件，而其中的"找"是关键词。课文是围绕着小蝌蚪"找"妈妈这条主线，展示了小蝌蚪"变"成青蛙的过程。抓住"找"引出"变"来设计板书，就会使学生清晰地了解蝌蚪先长后腿，后长前腿，尾巴由短到无，最后成为青蛙的过程。

2. 厘清文章结构，抓关键词语

文章的层次结构是作者写作思路的表现形式，厘清文章的层次结构，使学生清楚课文写作思路，明确表达的主要意思是阅读与鉴赏教学的重要环节。设计板书时可厘清课文的层次结构，抓住重点词语设计板书。例如《乡下人家》是由分到总的结构，先写乡下人家房前屋后种植的植物、房前屋后饲养的鸡鸭，再写不同季节乡下人家的生活，最后总结：乡下人家，不论什么时候，不论什么季节，都有一道独特、迷人的风景。其板书可以这样设计：

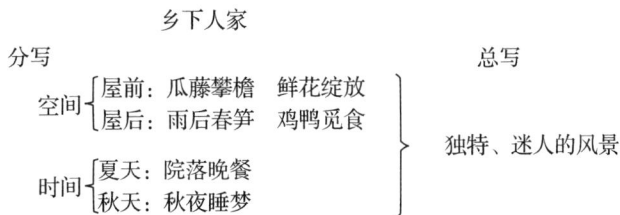

3. 突出重点段落，抓关键词语

文章的核心在重点段，重点段里的重点词语起着突出文意、揭示中心的作用。文章的重点段落抓住了，重点就突出了，重点词语抓准了，板书设计就活了。故有些课文的板书设计可以直接从重点段入手，抓关键词语进而把握全篇。如统编版五年级上册《白鹭》的板书设计，可以重点抓住写白鹭外形美的段落，帮助学生感受白鹭的美丽。

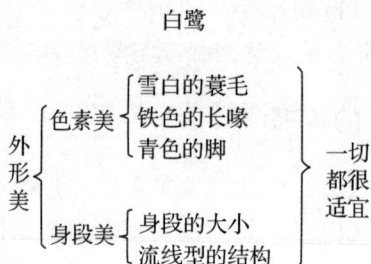

白鹭

外形美 { 色素美 { 雪白的蓑毛 / 铁色的长喙 / 青色的脚 } / 身段美 { 身段的大小 / 流线型的结构 } } 一切都很适宜

4. 从训练重点入手，抓关键词语

任何一节阅读课教学，都有一个训练重点，抓住相关的关键性词语，有助于强化重点训练项目，帮助学生获得感性认识。如《爬山虎的脚》的训练重点是体会课文准确生动的表达，感受作者连续细致的观察。这篇课文的板书要注意抓住体现爬山虎特点的关键词语，让学生感受到语言表达准确、形象，观察细致的特点。板书可设计如下。

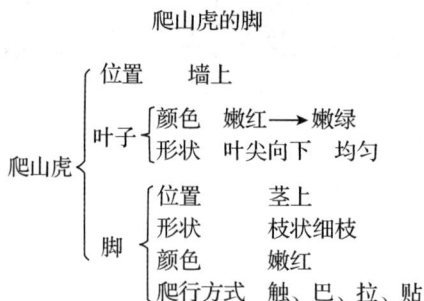

爬山虎的脚

爬山虎 {
叶子 { 位置 墙上 / 颜色 嫩红 → 嫩绿 / 形状 叶尖向下 均匀 }
脚 { 位置 茎上 / 形状 枝状细枝 / 颜色 嫩红 / 爬行方式 触、巴、拉、贴 }
}

表达：准确 形象 观察：细致

阅读与鉴赏教学中板书的形式丰富多样，有归纳式、递进式、演变式、点睛式、图表式、词语式、综合式等。选用哪种板书形式必须以符合教学规律为前提，以充分揭示教学内容、达成教学目标、增强教学效果为前提。设计阅读与鉴赏教学板书，还要注意符合小学生的心理特点，力求做到活泼美观、简明生动、富有启发性，教师在教学实践中可以结合实际情况，设计一些有创意的板书。

五、阅读与鉴赏教学设计应注意的问题

1. 立足于正确的教学设计观

在阅读与鉴赏教学设计中，一方面要充分尊重学生的主体地位，另一方面，要强调方法的应用，阅读与鉴赏教学中最重要的方法就是读、思、学的方法。教师要具体策划，怎样引领学生去"读"，引领学生"思"什么，从课文中怎么"学"。"读"是语文课

最突出的特点，"思"是阅读与鉴赏的灵魂，"学"则是高效课堂的体现。

2. 致力于文本解读能力的提高

阅读与鉴赏教学设计中，不仅要思考如何提高学生的文本解读能力，教师也要努力提升自己的文本解读能力。阅读与鉴赏教学的基础是教师对文本的深入解读。教师要下功夫自己去读文本，读与文本有关的大量文章，读出自己的感受来。只有自己读出来的体会才最真切，只有讲出自己理解的课才是最有味的语文课。

3. 着力烹调浓郁的"语文味"

著名特级教师王崧舟老师指出，一堂好的语文课得有"三味"：语文味、人情味、书卷味。[①] 阅读与鉴赏教学是最能体现"语文"特色的课程，在教学设计时，要注意挖掘教材的"语文味"，重视语言的品味，要引领学生体会出语言丰富的表现力，并形成语言积累。还要适时地引用课外资源，丰富课堂内容、深化对文本语言的理解，使课堂显得有厚度、有广度。

4. 特别关注学生特点与需求

阅读与鉴赏教学是读书课，就是指导学生读书赏书，学生是学习的主体，只有关注学生特点与需求，教学设计才能做到因材施教，有的放矢。阅读与鉴赏教学设计要十分注意学生的疑问。解决学生疑难、促进学生独立阅读能力发展是阅读与鉴赏教学的根本。教师要重视来自学生的问题。要在适当的时候留出一些时间让学生发问，师生释疑，使课堂真正成为获取知识的学堂。

[案例4-7]　　　　**18《牛和鹅》(第二课时)教学设计(四年级上册)**

湖南第一师范学院第一附属小学　彭晓

【教学目标】

1. 认识批注，学习用批注的方法阅读，了解从不同角度给文章作批注的方法。

2. 利用批注阅读，抓住关键词句，通过人物语言、动作、神态体会人物心情。

3. 学会用批注阅读的方法理解文学作品。

【教学重点】

1. 结合课文中的批注，体会"我"见到鹅和被鹅袭击时的心情。

2. 思考为什么"直到现在，我还记着金奎叔的话"。

【教学难点】

学会用批注的方法阅读。

【教学准备】

多媒体课件

---

① 王崧舟. 好课三味[J]. 语文教学通讯，2004(10)：17.

【教学过程】

一、回顾课文，复习导入

今天我们继续学习《牛和鹅》。请同学们回顾课文，说一说课文讲了一件什么事。（有一次"我"在放学回家的路上遇到鹅，被鹅啄，金奎叔帮"我"赶走了那只鹅，在他的帮助下，"我"改变了对牛和鹅的看法及态度。）

结合学生回答板书：遇鹅被啄获救

二、勾连旧知，初识批注

1. 请学生关注课文内容旁边的批注。

2. 师：阅读的时候，像这样把自己的一些想法用文字写下来，就叫批注。你在以前的课文学习中有遇到过吗？

《夜间飞行的秘密》《呼风唤雨的世纪》。这两课是对什么内容进行批注的？（对读课文时产生的问题进行批注。）

是的，把阅读时的疑问写在旁边，这就是一种批注。你们还在哪篇课文中遇到过？

三年级学过《总也倒不了的老屋》，里面也有批注，是把我们的预测写下了。

3. 我们以前用画线、画圈等符号在文中进行标画，这都是一种批注。请大家看看我们的单元导读，请一个同学读一读这一句话。（课件出示单元导读）这节课，我们就来学习用批注的方法阅读。

请同学们找一找课文中共有几处批注，并读一读。

（自由朗读，课件呈现5处批注。）

4. 我想请5名同学分别读一读这5处批注，想一想，我们可以从哪些角度作批注？同桌间互相交流。

可从以下方面引导学生体会。

(1)可以从课文内容方面进行批注。

(2)写得精彩的内容。

师：读到精彩的地方，写得好的地方，我们可以进行批注。看看课文中的5处批注，哪一处是这样的？

第二条批注，点评文章的细节描写真实。第四条批注点评文章的细节，"挂着泪笑"，兼有神态与动作，显现出"我"目睹老公鹅被摔时痛快的心情。

(3)师：除了可以在写得好的地方进行批注，还可以在什么地方作批注？（对文章有疑问可以作批注。）

师：是啊，这样的批注是我们的老朋友了。课文的第一处批注就是记录疑问的。

(4)还可以从哪些角度作批注？（读书时明白的一些道理。）

师：可以在有启发的地方作批注。比如，课文的第几条就是这样的？（第五条批注，写的是自己的感想。）

三、品读文本，学习批注

1. 作批注可以帮助我们更好地学习课文。（回顾板书）事情的起因是"我"遇到了鹅，"我"遇到鹅的心情是怎样的？（害怕）现在请同学们默读第 5～7 自然段，边读边思考，你从哪些地方看出了"我"的害怕？

"我们马上就不响了，贴着墙壁悄悄地走过去，我的心里很害怕，怕它们看见了会追过来。"

预设 1：我从"贴"这个词体会到了小作者很害怕鹅。

师：你是抓住了"贴"这个动词看出了他的害怕。那贴着墙壁怎么走，你的眼前浮现的是什么样的画面？（巴着墙壁，几乎和墙壁融为一体了。）

师：如果这墙有洞，恨不得都想钻过去。那此时作者心里在想些什么呢？（作者想，恨不得离鹅远点远点再远点；他想，快跑，不然被鹅逮到可没好果子吃了。）

预设 2：我从"悄悄"可以看出小作者希望自己的脚步声都没有，怕被鹅听到。

师："悄悄"也能体现他们的害怕。那你们平时出了校门，走在放学的路上都是静悄悄的吗？（吵吵闹闹的；蹦蹦跳跳的。）

师：他们现在还敢吵吵闹闹的吗？还敢有说有笑吗？没有，大家马上不说话了，恨不得连呼吸声都没有。谁来读一读这个句子？指名读。

请大家将你想象到的画面融入你的朗读中，读出这份害怕。指名读，齐读。

师：我们真切地感受到了作者的害怕，一位同学在学到这个部分时作了这样一条批注：

（出示课件：我通过"贴""悄悄"这几个关键词，仿佛看到了他们吓得惊慌失措的样子。）

引导：你们觉得他是通过什么样的方法来写批注的呢？

小结：通过抓关键词，想象画面的方法体会人物的心情。

2."我们"是如此怕鹅，我特别好奇，这究竟是一只怎样的鹅？请用一个词概括。

自大、傲慢……

师：你们是从哪里感受到的呢，请大家把对鹅的初步印象写在语段的旁边。

"鹅听见了，就竖起头来，侧着眼睛看了看，竟爬到岸上，一摇一摆地、神气地朝我们走过来；还伸长脖子，嘎嘎地叫着，扑打着大翅膀，好像在它们眼里根本没有我们这些人似的。"

预设 1："神气"写出了鹅的自大。

师：这是从神态描写上感受到的，还有吗？

预设 2：抓动词。

师：你抓住了这几个动词，同学们，你们能把描写鹅动作的词语都找到吗？

引导生边读边表演这些动作。

师：那我们通过鹅的动作、神态来猜猜它会想些什么，说些什么呢。指名回答。

想象鹅会用什么语气说话，谁能模仿下这位鹅老爷的语气？

（师评价读：在这里，你就是鹅老大，拿出气势来。）

师：这真是一只自大的鹅，一只（　　　）的鹅！

师：孩子们，你们发现没，读完文章，作完批注，再重新读一下文章和批注，你会更加加深对课文的理解，会有新的收获。

指名读、评价读、齐读。

3. 面对鹅，"我们"是这样的——女生读"我们"，"我们"如此怕鹅，偏偏事与愿违，鹅是这样表现的——男生读鹅的部分。读着读着，你们发现了什么？

对比。

什么和什么形成了对比？

"我们"的害怕和鹅的嚣张形成了对比。

句子训练：谁能试着从对比的角度作一下批注？（说一说）

我们多么害怕，鹅是那么嚣张。

我们是多么胆小，鹅是多么目中无人。

师：咱们课文中也有一处批注运用了对比的手法，指名读第三条批注——"鹅之前多神气，现在多狼狈啊。"

师：作者把鹅的样子写得这么生动具体，只是为了表现鹅的神气十足吗？（是为了衬托出"我"的害怕。）

师：关注到作者在写法上的秘密，也能让我们进一步走近文本，走近人物的内心。

四、自读文本，练习批注

当"我"遇到鹅，被鹅欺负时（指板书），这时来了一个大救星，那就是——金奎叔。请同学们快速默读金奎叔来了之后的部分，也就是课文的第6～15自然段，在你有体会的地方作批注。

（生写，然后上台展示交流。）

师适时点评，总结方法。

预设评价1：同样一篇文章，编者在阅读时写下了他的阅读痕迹，我们在阅读时又留下了我们自己的思考。

预设评价2：看着某某的批注，也让我们看到了他阅读时的思维过程。

预设评价3：一个人的批注在某种程度上也体现了他的阅读能力。

预设评价4：看看别人对文章的想法，也能丰富自己对文章的理解。

五、总结收获，拓展延伸

1. 批注的作用。

我们这节课学会了可以从写得好、有疑问、有启发这三个角度去作批注，那作批注对于我们阅读又有什么好处呢？

理解课文、提出质疑……

2. 举名人事例。

善于作批注的可不只你们，我们的老校长毛泽东爷爷在一师读书时也经常作批注。你们看，短短的一篇文章，他批注的文字甚至超过了原文的字数。他的老师徐特立先生就告诉他——"不动笔墨不读书"。

3. 推荐阅读。

希望大家在今后的阅读中也能像毛爷爷一样做到"不动笔墨不读书"。老师给大家推荐一篇文章，也是写鹅的，那就是中国现代著名的文学家、书画家丰子恺先生写的《白鹅》，请同学们课后认真读一读，并做好批注。我们再找时间一块儿交流。

六、板书设计

18. 牛和鹅

遇鹅	写得好
被啄	有疑问
获救	有启发

[案例 4-8]　　　　**惠崇春江晚景教学设计（三年级下册）**

湖南第一师范学院斑马湖小学　曹举捷

【教学目标】

1. 会认"惠、崇、豚"等 3 个字，会写"惠、崇"等 4 个字，并学会利用识字方法理解生词"蒌蒿"的意思。

2. 能有感情地朗读课文，读好节奏停顿和平仄。

3. 能利用已学方法（主要是感官描写和空间顺序），把握诗歌内容，想象画面，说出诗中描绘的景象。

4. 能基于本篇诗歌文本独特的文学特征，提升"观察事物"的相关素养和"善于联想"的美学情趣。

【教学重点】

1. 能有感情地朗读课文，读好节奏停顿和平仄。

2. 能利用已学方法（感官描写和空间顺序），把握诗歌内容，想象画面，说出诗中描绘的景象。

【教学难点】

基于诗歌文本的文学特征，培养"观察事物"的相关素养和"善于联想"的美学情趣。

【教学过程】

一、读诗

1. 谈话导入。

(1)和学生交流：如今已经开始进入春天，同学们平时会去关注哪些春天的事物？

预设：盛开的花、绿油油的草……

(2)适时引导：大家可以详细说说，会去关注什么植物吗？

(该环节旨在了解学情，并评价学生平时观察的细致性和科学性。表扬能说出具体物种的同学，而当学生说出的植物并非春天生长时，需要对其进行纠正和鼓励。)

(3)总结：如果将大家观察到的这些事物汇聚在一起，不就是一幅美丽的图画吗？(板书：画、美)

(4)师：我们今天学习的诗词，也和"画"息息相关(课件出示惠崇的相关资料，教师释意介绍，在"惠崇"处留白填空)：

建阳僧_____工画鹅、雁、鹭鸶，尤工小景。人所难到也。

——郭若虚《图画见闻记》

(5)引导学生结合预习情况，猜测僧人名字：惠崇，并适时书写诗题。(可提前板书"春江晚景"，到此环节时板书补充"惠崇"二字即可。)

(6)师过渡：而我们熟悉的大诗人苏轼，也因为惠崇大师的一幅画，和他产生了跨越时间的联结，写下了一首传诵千古的诗作，它就是：《惠崇春江晚景》。(引导生读诗题，师适时板书"诗"。)

2. 初读古诗。

(1)自由朗读，让学生以自己熟悉的方法读诗歌。(可练习读准字音，读通诗句；也可练习读出节奏，读出韵味；亦可练习读出平仄，读出韵律。)

(2)指名读诗，学生评价朗读正确情况，教师点拨易读错的生字，引导关注注释理解生词。(可出示"蒌蒿""芦芽""河豚"三个生词集中指导。)

(3)师提问：当我们在古诗中遇到这些不认识的生僻词语的时候，可以借助什么方法理解它们的意思呢？

生自主总结借助注释等方法。

(4)师提问：但是这里的"蒌蒿"并没有注释，大家会怎么理解它的意思呢？

预设："蒌、蒿"都是草字头的形声字，可以借此大概推断这是一种植物；或联系上下文得知这是一种和芦芽类似、生长在水边的植物。

(5)基于理解，强化复诵。

(6)进行节奏指导、平仄指导，生自主展评后齐读。

二、品诗

1. 课件出示诗文，引导学生小组自学。

(基于以往的训练，在教授《绝句》时，学生已初步掌握"五感法"和"镜头法"，学会从感官描写和空间顺序的角度分析古诗，学生在此环节可以高效地开展自学活动。)

学生自主复习并总结常用方法，师适时板书：五感法、镜头法。

2. 小组合作，自选方法，交流汇报。

一组使用"感官法"，找寻"看到""听到""摸到"等的意象，并适时引读。（如看到了可爱的桃花、鸭子等，读……摸到了温暖的春水等，读……尝到了美味河豚等，读……）

一组使用"镜头法"，分析课文中的空间位置顺序，并组织出"江边""江上""江岸"的结构，适时引读。（如第一句是江边的景色，桃花朵朵，竹叶茂盛，真是一派生机勃勃的景象，读……第二句是江上的景色，水暖风清，鸭儿快活，好不自在，读……第三句是江岸的景色，芦芽蒌蒿正奋发生长，郁郁葱葱，读……）

3. 出示相关图片，组织齐读复诵。（板书：美景）

三、辩诗

1. 激趣挑战。

师：既然大家已经熟练地掌握了诗歌学习的相关技巧，那我们这节课学到这里好不好？敢不敢挑战难一点的任务？

预设：敢于挑战。

2. 塑造任务情境，出示研讨主题。

师：在古代，不少研究古诗的文人都你不服我，我不服你，他们会进行一个活动，来一决雌雄，这就是：辩诗。大家想不想也来辩一辩？（课件出示"辩诗"二字，教师板书"辩"字。）

3. 开始进行"鸭辩"。

(1)课件出示。

清朝著名文人毛希龄曾批评苏轼的这首诗，觉得第二句有问题：

"春江水暖，定该鸭知，鹅不知耶？"

意思就是：春天的江水很暖，一定得是鸭子才知道吗？鹅难道不知道吗？

(2)引导学生进行思考，并出示其他诗句开始质疑。

菰蒲绿已深，鹅戏春塘雨。（为什么不是鹅先知？）

——张耒《独游东园》

何物最先知？虚虚草争出。（为什么不是草先知？）

—— 孟郊《春雨后》

鹅鸭不知春去尽，争随流水趁桃花。（鹅鸭根本就不"知道"春的消息。）

——晁冲之《春日》

（预设：如果学生有肆意的想法，先给予一定肯定，但也需要其找到确凿的依据，不能天马行空，如"当你有所疑惑的时候，不妨翻翻书"。）

师扮演：我毛希龄觉得，这苏轼怎么不写"鹅先知"呢？张耒有诗云："菰蒲绿已深，鹅戏春塘雨。"小小苏子，可笑可笑。（随后指名生上台扮演苏轼回复。）

师扮演：你说得有一点道理，可我毛希龄觉得，这苏轼怎么不写"草先知"呢？大诗人孟郊有诗云："何物最先知？虚庭草争出。"小小苏子，可笑可笑。（随后指名生上台扮演苏轼回复。）

师扮演：你说得不无道理，可我毛希龄觉得，这苏轼怎么不写"鸭不知"呢？晁冲之可是写过："鹅鸭不知春去尽，争随流水趁桃花。"小小苏子，可笑可笑。（随后指名生上台扮演苏轼回复。）

最终，生关注注释可以发现，这是一首"题画诗"，所以"鸭"是画上已有的内容。

师扮演：你们都有一些道理，可我毛希龄觉得，这苏轼怎么偏写"鸭先知"呢？莫不是对鸭子情有独钟？小小苏子，可笑可笑。（预设：全班一起用注释回复。）

师扮演：原来如此，原来是我毛希龄孤陋寡闻呀。

（师适时板书"题"，形成"题画诗"的板书。）

师扮演：看来苏大学士的诗不仅富有情趣，还是忠于画作的呀！（随后引读复诵）

（3）出示资料，适当介绍题画诗。

题画诗是一种艺术形式。在中国画的空白处，往往由画家本人或他人题上一首诗。诗的内容或抒发作者的感情，或谈论艺术的见地，或咏叹画面的意境。

（4）请学生随堂背诵王维的《画》，引导学生发现，这首诗也是忠于画的内容，和现实规律有所区别。

（5）引导学生总结：所以苏轼只是看到了鸭就写了鸭，我们需要亲自观察，不能学毛希龄的想当然。

（6）出示"贵有画中态"：古人曾说，写题画诗就是要"贵有画中态"，而做到这点，就需要诗人怎么样呢？

引导学生总结：亲自观察、注意细节。（师相机板书：观察）

（7）师引导学生迁移思考，那我们写作文是不是也是一个道理呢？

生：其实我们写作文也是如此，要细致地注意细节，不然就会闹笑话。

（师勾连到导入环节学生泛泛而谈的"观察"，让彼时的学生再谈谈要注意观察什么，做好生成。）

4. 欣赏画作。

（1）师介绍：只是可惜，惠崇大师的《春江晚景图》已经失传，但是我们还是可以从各种后人的作品中窥见这美妙的江南之景。

（2）课件出示课文插图，国画大师李凤公和关山月的画作，让学生谈谈发现。

生会发现后两位国画大师的画作都有个性发挥，如李凤公先生没有画诗里有的竹子，而是画了柳树；关山月先生则干脆没有画桃花，还增添了船只。

（3）师提问：那么这两位国画大师难道是犯了低级错误么？他们的画看来根本是有问题的呀！

预设：学生会各执一词，有人认为有问题，不能乱画；有人认为没问题，这是他们自己的发挥。

（此处师不必评价学生对错，言之有理即可。）

5. 进行"河豚辩"。

（1）引出"正是河豚欲上时"。

师：其实就和刚刚大家的分歧类似，苏轼这首诗还有另外一个争议，有的人觉得呀，你苏轼写画确实没得说，景物错落有致，色彩鲜明。但就有一点不好，经过考据，这惠崇和尚的画里根本就没有"河豚"嘛！这不是乱来吗？

（2）引导学生谈谈自己的看法。

预设：学生会联系已经掌握的苏轼生平，知道他是个美食家，猜测吃河豚是他的自然联想；或结合生活实际，猜测春天的河豚是个不错的美食。其言之有理，且和"美食"相关即可，鼓励学生有理有据地思考。

（3）出示资料，拓展认知。

师：当涉及大家有点陌生的知识时，就需要借助一些资料了，老师帮大家翻阅了《明道杂志》，里面有这样一句话，看你能不能有所收获：

（河豚）但用蒌蒿、荻笋即芦芽、菘菜三物烹煮。

——张耒《明道杂志》

生再次猜测，苏轼是看到蒌蒿和芦芽自然想到河豚了。（板书：美食）

（4）介绍"河豚"。

师：不过这河豚究竟有什么魔力，让苏轼看着画都能联想到呢？我们再来看几份资料：

"河豚常出于春暮，群游水上，食柳絮而肥，南人多与荻芽为羹，云最美。"

——欧阳修《六一诗话》

春洲生荻芽，春岸飞杨花。

河豚当是时，贵不数鱼虾。

其状已可怪，其毒亦莫加。

——梅尧臣《范饶州坐中客语食河豚鱼》

师协助释意，生自主谈发现：河豚是春天的美食、河豚很名贵、河豚有毒。

（5）走入苏轼与河豚。

师：那么苏轼喜欢吃河豚到了什么地步呢？民间甚至还流传着他吃河豚的小故事呢！

师出示资料，学生齐读讲述"苏轼冒死吃河豚"的故事：

话说苏轼在常州时，有一士大夫家，想请大名鼎鼎的"苏学士"吃一顿，他的家人得知苏轼要来，无不大为兴奋。待苏轼吃河豚时，都躲在屏风后面，想听"苏学士"如何评价。即使挤得水泄不通，依旧鸦雀无声。

当这家人感到失望之际，这时已打饱嗝、停止下筷的苏轼，忽然说出四个字："值得一死！"

预设：学生谈对苏轼的看法：

苏轼是个爱吃如命的人。

苏轼是一个热爱美食、不怕危险的人。

苏轼是一个没有架子的性情中人。

（适时引读，如就是这样一个爱吃如命的人，看到美景也不自觉想到了，读……就是这样一个热爱美食的人，就算冒着中毒的危险也想着，读……）

师总结：正是苏轼这样独特的联想，以及他独一无二的性情，给这首诗带来了不可复制的情趣，让我们发现，这首看似简单的写景诗，还有如此的趣味。

（6）归纳方法。

师：其实古人谈写诗还有前半句话：诗传画外意，贵有画中态。写出画里的、看到的内容固然是一种本事，但更难得的是写出自己的"联想"。从苏轼的"河豚"中，你有什么收获？

预设：需要结合生活、进行联想，这样才能形成自己的个性。（师相机板书"联想"。）

5. 配乐朗读，回顾所学。

四、写诗

1. 再次出示王维的《画》。

引导学生根据所学，改写《画》，尝试"画出"自己的"春江晚景"。并进行展示。

____看_____，　　例：远看竹外桃，

____听_____。　　近听水鸭鸣。

春去花还在，　　　　春去花还在，

人来_____。　　　人来吃河豚。

2. 小结，布置课后作业并鼓励学生亲自去"找春天"，利用所学方法，写出自己的"画"：

关注多种感官。

注意空间顺序。

亲自观察，注意细节。

结合生活，进行联想。

板书设计：

<pre>
                    惠崇春江晚景
                          ┌ 五感法
              题   美景 ┤   观察
         辩   画   └ 镜头法
              诗   美食   联想
</pre>

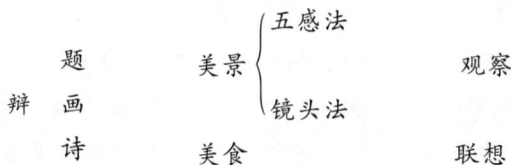

[案例 4-9]　　　　　　　　诵读千古美文　滋养一代新人
——《读〈陆放翁集〉》群文阅读教学案例
湖南省浏阳市关口街道泰安小学　谢光友

【背景与主题】

语文学科"工具性与人文性"统一的特点，决定了在诗歌教学中要凸显"体验人间至爱亲情，受到美的熏陶和感染，培养健康高尚的审美情趣和审美能力"的情感目标。

"诗"者皆为感于物而作，是心灵的映现。我认为教师要更新观念，重视诗歌教学，因为学习这些诗歌，可以塑造学生的灵魂，陶冶学生的情操，建构学生的精神世界。

"教育不在于给予什么，而在于打开，就像诗，给了我们第三只眼。"所以，诗歌的教学能很好地实现对学生进行情感教育的目标。作为教师，必须明白情感教育的必要性，一个受过情感教育的人，一定会是温顺、谦和、善于沟通且能唤起人们对生活的热爱与亲情的人，千百年来人类文明的积淀，使我们心中潜存着一些人类永恒的情感，都是需要教育去开启、唤醒和提升的。而且诗中充满智慧和性灵的东西也正是年轻的时候可以理解的。在诗人的语言跳跃中有一种直接进入心灵的力量，诗中所蕴含的人性中最深邃、内在、高尚的东西，不仅会开启孩子们的心灵，还会为它定位、导航，提升学生的内在素质。因此，诗歌教学中要让学生更多地参与、更多地活动，培养他们敏感的心灵，丰富的体验，细腻的感受，使他们获得"登山则情满于山，观海则意溢于海"的性情的修养，从而使自己的心理素质日趋成熟，最终形成健全人格。

【案例描述】

一、创设情境，导入新课

1. 背课内学习的诗；

2. 背课外学习的诗；

3. 背陆游的诗。

当你读到陆游的这些诗的时候，你会有什么感想呢？今天我们来学习梁启超的这首《读〈陆放翁集〉》，看梁启超在读了陆游的诗后又有怎样的感想。

二、整体诵读，把握诗境

1. 自由读古诗《读〈陆放翁集〉》，要求读正确，读通顺；

2. 指名读，读后评价；

3. 师范读；

4. 指名再读，读后评价；

5. 全班齐读。

三、分步解读，品悟诗情

1. 以自己喜欢的方式反复读诗句，边读边结合有关资料，说说诗句的意思以及表达的情感，并和组内的同学交流。

2. 读后交流。

同情、惋惜陆游收复中原的志愿未能实现，辜负了胸中的军事韬略。借以表明自己与陆游有着相同的境遇和志向，字里行间洋溢着爱国热情。

3. 引导体悟。

(1)刚才有同学说到了这首诗中，表达了作者对陆游的同情和惋惜之情，那么作者为什么要同情和惋惜陆游呢？作者同情和惋惜的又是什么呢？我们先来看陆游的一首诗。

(2)参读陆游的《示儿》。

①出示《示儿》(死去元知万事空，但悲不见九州同。王师北定中原日，家祭无忘告乃翁。)指名读、范读、齐读。

②说说你对这首诗的理解。

这是陆游生平的最后一首诗。

"本来就知道人死了就什么也不知道了，只因看不到祖国的统一而感到悲哀。当朝廷的军队收复北方的时候，在家祭上不要忘记告诉你们的父亲啊！"

③有感情地齐读。

师：是啊，在生命的最后一息，诗人悲的是"不见九州同"，那他的这种悲仅仅是临终前的感慨吗？(不是的)何以见得呢？我们再来看诗人的另一首诗——《秋夜将晓出篱门迎凉有感》。

(3)参读《秋夜将晓出篱门迎凉有感》。

①出示《秋夜将晓出篱门迎凉有感》(三万里河东入海，五千仞岳上摩天。遗民泪尽胡尘里，南望王师又一年。)师朗读。

②生朗读，并说说自己读后的感受。(我仿佛听到了金兵的战马啾啾地嘶鸣，看到了金兵的刺刀寒光闪闪……)

③在金兵战马啾啾的嘶鸣声中，在马蹄嗒嗒的践踏声中，在金兵刀枪的闪闪寒光中，你又仿佛看到了一幕幕怎样的场景呢？

④哀声遍野，生灵涂炭，老人在流泪，妇女在流泪，小孩在流泪，北宋的遗民在流泪啊！这滴滴流淌的，又是怎样的泪呢？

(痛失亲人的泪、家破人亡的泪、流离失所的泪、充满仇恨的泪、苦苦期盼的泪……)

⑤金兵横行，遗民泪尽。国破家亡，生灵涂炭。这是何等凄凉、何等悲惨的生活啊！当你面对这一切的时候，你的心情又会是怎样的呢？

⑥国家破碎、山河依旧。不同的是，奔腾咆哮的黄河已经成为金兵的饮马之槽，巍峨高耸的华山已经成为金兵的牧马之地。黄河向大海悲泣，华山向苍天悲泣！同学们，让我们带着悲愤之情再一次朗读——"三万里河……"

⑦"南望王师又一年"，你可知道，这"又一年"是多少年吗？诗人写《秋夜将晓出篱门迎凉有感》这首诗的时候，中原已经沦陷整整 65 年了，而诗人写《示儿》这首诗的时

候，又过了 17 年，加起来整整 82 年，984 个月，29930 个日日夜夜啊！陆游望到了王师北定中原吗？（没有）何以见得？（死去元知万事空，但悲不见九州同。）

⑧诗人苦苦期盼了一生，却始终没有盼到祖国的统一。但是，在他那火热的心中，他有没有气馁？有没有放弃？（没有）何以见得？（王师北定中原日，家祭无忘告乃翁。）

（4）回归原诗。

①多么坚定的爱国主义情怀啊！正所谓"登山则情满于山，观海则意溢于海"，当我们读到这些诗篇的时候，我们总会禁不住心潮澎湃，热血沸腾。而梁启超先生在读了陆游的这些诗后，也同样感慨万千，这也是他自己内心的写照，为什么这么说呢？

②联系写作背景。梁启超的《读〈陆放翁集〉》作于他 1899 年戊戌变法失败后逃亡日本期间，系读陆游诗集时有感而作。当时中国正受帝国主义的侵略，国势危急，清政府腐败无能，许多上层人士萎靡不振，害怕帝国主义。因此，他读了陆游慷慨激昂的爱国诗作特别有感触。诗中对陆游忧国忧民，渴望驰骋沙场，为祖国统一建立英雄业绩的战斗精神予以高度评价，对他不被重用、壮志难酬的境遇，寄以深切的同情，借以表明自己与陆游有着相同的境遇和志向，字里行间洋溢着爱国热情。

③有感情地齐读。

四、联系实际，拓展延伸

1. 是啊，中华民族正是有着千千万万这样的忧国忧民的仁人志士，才有了新中国的日益强大！香港已经回到祖国的怀抱，澳门已经回到了祖国的怀抱。可是，我们的宝岛台湾还在哭诉，你听——（生配乐朗读《七子之歌·台湾》——"我们是东海捧出的珍珠一串……"）

2. 可是，"黄河之水天上来，奔流到海不复回"，祖国的完全统一，是中华民族不屈的意志，是民族复兴的必由之路，是无法阻挡的历史潮流！习近平总书记指出：两岸同胞血脉相连，是血浓于水的一家人。实现祖国完全统一，是全体中华儿女的共同愿望，是实现中华民族伟大复兴的必然要求。国家统一、民族复兴的历史车轮滚滚向前，祖国完全统一一定要实现，也一定能够实现！

3. 作业：根据自己的兴趣爱好任选一至两项完成。

（1）熟读并背诵《读〈陆放翁集〉》；

（2）学《读〈陆放翁集〉》的其他三首；

（3）搜集陆游的更多诗词，制作一份小报或学着梁启超先生那样自创一首小诗。

【个人反思】

古诗文是我国文学史上最有生命力的瑰宝。千百年来，就已经成了我们民族精神约定俗成的教科书，成为一种长效的民族素质滋养剂。诵读古诗文，是让民族精神的血液在一代一代人身上流淌，是激活传统、继往开来的有力之举。

作为群文阅读教学的改革尝试，我在上这节课的过程中注意了以下方面：

一、主题凝聚，资源整合，力图古诗教学模式的突破

改变传统的"逐环教学"（即解题开始、正音跟上、疏通为主、背诵断后）模式，大

胆采用"合—分—合"的教学思路。以诗人"忧国忧民"之情怀为主题，将三维目标、三首古诗有机地整合为一体。

二、比照参读，因果索解，力图古诗解读模式的突破

本案精读古诗一首、略读古诗两首，三首诗的教学，通过纵向对照和空间上的横向比较，大大拓展了古诗解读的文化背景，丰厚了古诗解读的文化底蕴。

三、举象显情，借象悟情，力图古诗感悟模式的突破

感悟古诗，不在诗句的字面意思，而在诗句背后的情味和意蕴。如何引领学生读出诗句背后的那份情、那段爱、那颗心、那种味，我想抓住"诗象"这一中介，实现古诗感悟模式的突破。情来自何方？靠咀嚼字面意思是很难生成的。"情"要靠"象"去显，当平面的诗句通过学生的想象生成为一幅幅鲜活的画面、一段段感人的旋律、一幕幕立体的场景时，学生才能投身其中，感诗人所感、想诗人所想、悲诗人所悲、恨诗人所恨，于是，诗句背后的情味和意蕴，就在"象"的召唤和引领下，喷涌而起、一泻千里。

书声琅琅，开卷有益，文以载道，继往开来。一代新人的成长，将受益于千古美文的文学滋养——"少壮不努力，老大徒伤悲"的理念；"欲穷千里目，更上一层楼"的心胸；"慈母手中线，游子身上衣"的母子情；"先天下之忧而忧，后天下之乐而乐"的胸怀；"要留清白在人间"的高洁；"吾将上下而求索"的探索精神……这一切，都将成为新一代中国人人生信念的重要精神资源，能把学生们的精神释放到一个自由飞翔的空间，成为点燃创造性的生命灯火。

▶第四节　国内阅读与鉴赏教学实验简介

改革开放以来，我国各地纷纷开展阅读与鉴赏教学的改革与实验，他们积极借鉴、认真总结，推出了不少阅读与鉴赏教学的新方法，形成了百花齐放的局面。下面择要介绍其中几种。

一、情境教学实验

情境教学实验借鉴我国古代的"境界学说"和外语教学中运用情境进行语言训练等方法，主张根据课文内容和教学目标，运用各种教学手段创设生动的情境，使学生入境会意，触景生情，启智怡情，使阅读教学变成富有吸引力的有趣活动。江苏省特级教师李吉林以"情境教学实验"蜚声小语教坛，形成了自己的情境教学理论与实验体系，该实验经过十几年的摸索之后，于 1996 年被列为国家教委重点课题。情境教学法具有"形真""情切""意远""理念寓于其中"的特点[1]，已在全国各地推广。

---

① 李吉林. 李吉林情境教学的理论与实践[M]. 北京：人民日报出版社，1996：6.

运用情境教学法，关键是创设生动的情境来调动学生的学习积极性，吸引学生进入课文，展开联想和想象，加深理解，学习语言，培养能力。创设情境的途径是多种多样的，或通过图画、音乐、多媒体课件等再现课文提供的情境；或通过师生动作的演示、文学语言的描述进入课文的情境；或结合文本，把学生直接带入有关生活的真实情境中去感受。如李吉林老师教《荷花》一课时，创设了一个"我（　）地看着荷花"的情境。学生们或久久地看着荷花，或深情地看着荷花，或凝神地看着荷花，"仿佛觉得荷花长高了""好像闻到了荷花的清香"……这样，学生感到了画中的情，听到了画外的音，产生了爱荷花、爱大自然的情感，激起了进一步学习的欲望。

情境教学的步骤主要是：带入情境，感知美的表象→凭借情境，理解词句→运用情境，训练语言→体会情境，表情朗读。

二、导读教学实验

导读教学法就是教师致力于导，学生循导学读，通过学生的阅读实践活动，指导学生自能读书的方法。张志公先生指出："导"的任务是使"读"者读得更好，终于能够自己去读。中学倡导导读法的有钱梦龙、黎见明等，天津市特级教师靳家彦是"小学语文导读法"的主要创立者。目前，导读法已出现了设问式、程序式、逻辑式、赏析式等十多种导读形式。还有的教师在"导读"的基础上提出了"小学语文启·导·研三级阅读教学法""四读导学法"等。

导读教学法的一般步骤是：第一，诱导预读。要求学生自读课文，扫清字词障碍，了解课文的主要内容。第二，指导细读。在通读全文的基础上，抓重点，理思路，引导学生对重点词句、精彩句段反复品析，揣摩妙点，积累语言，培养语感。第三，指导议读。引导学生对教材的重、难点和学习中的疑点等进行讨论，给学生创造一个充分发表自己意见的机会。第四，辅导练习。在分析、评价性阅读的基础上进行创造性的阅读与运用。

运用导读法要注意充分尊重学生的主体地位，导在关键处，在重点、难点上下功夫，同时还要注意有一定的深度。如，靳家彦老师在导读《桂林山水》时，通过六个问题使学生的认识经历了一个"美—风景美—语言美—热爱桂林—热爱祖国—我们更加热爱祖国"的思想迅速升华的过程，体现了语文教育中知识传授与品德教育的和谐美。

三、读写结合实验

读写结合法即读写结合，从读学写，以写促读，实现读写水乳交融、同步发展目标的教学方法。影响最大并自成体系的要数特级教师丁有宽的读写结合，丁老师经过八轮教改实验，逐步创设了"以记叙文为主体的读写结合五步系列训练法"，提出了"杂中求精，打好基础；乱中求序，分步训练；华中求实，突出重点；死中求活，教给规律"的教学思想。[①]

丁有宽老师认识到学生的阅读能力与写作能力是相辅相成的，应该协调发展，所以，他分五步开展读写结合实验：第一步（一年级），以字为重点，从句入手，侧重练习一句完整的话。第二步（二年级），以词句为重点，从句入手，侧重练好九种句群。第三步（三年级），着重培养学生的初读、略读、精读能力，以句段为重点，从段入手，侧重练习八种构段法，兼及训练开头五法、结尾五法。第四步（四年级），以篇章为重点，着重训练构篇五法，兼及训练记事四法、状物五法、写人八法。第五步（五年级），以综合训练为主，着重培养学生自学自得、自作自改的能力，从而全面提高学生的语文素养。

丁老师坚持以读写训练重点为主线，为探索读写结合的途径，提供了成功经验。他提出的"四想""三议""二记""一问"阅读法，以及"读学解题——写练命题和拟题""读学区分课文主次——写练安排详略""读学品评词句——写练遣词造句""读学作者观察事物——写练观察方法"等读写对应规律，对于阅读教学不无启发和借鉴作用。他编写的读写结合实验教材，曾被定为九年义务教育小学语文试用教材在全国推广使用。

四、快速阅读教学实验

快速阅读指在有限的时间内尽快地、有目的地、有效地阅读文字材料，并获取所需信息的方法。快速阅读的主要原理是采用科学视读法，眼脑直映，扩大视读广度，达到提高阅读速度的目的。它突破了逐字阅读的习惯，要求不回视，不唇诵，集中注意力，采用掠读与寻读的方式变速读，并要求读得快、记得牢。浙江省特级教师乐连珠从1987年开始致力于快速阅读教学实验，其快速阅读实验汇报课，让听课的老师们对学生的阅读速度、理解能力、记忆能力感到惊讶。

快速阅读能力的培养需要经过持之以恒的训练。训练的基本要求是[②]：不回视；革除唇诵、喉诵和心诵；扩大视读广度；集中注意力；回忆要点；变速读。训练的方式主要有[③]：(1)限量阅读训练。即限时读完一定数量的文字。(2)计时阅读训练。计算阅读一篇材料所需的时间，以推算阅读速度，再做一些检测理解力的练习题，测定有关的阅读理解率。(3)闪现式阅读训练。将若干词句或语段用幻灯片或硬纸片在学生面前迅速闪过，让学生立即记下所见的内容，从而提高学生眼脑的反应能力。(4)块面扫描训练。让学生一次读一个块面，逐步扩大块面字数。(5)直线扫描训练。视线在每行文字的中线垂直往下移读，要求一次眼停看一行字。(6)意群阅读训练。即一次注视一个短语、一个短句或一行，将与中心词有关的一些词句联系成一个整体，对文字作整体

---

① 丁有宽，戴汝潜，朱作仁，田本娜. 丁有宽小学语文读写结合法[M]. 济南：山东教育出版社，1999：11.

② 乐连珠. 快速阅读的基本要求[J]. 小学阅读指南，2005(4)：18—20.

③ 乐连珠. 乐连珠小学快速阅读教学[M]. 济南：山东教育出版社，1997：9.

的理解和记忆。

信息时代，快速阅读实验的研究与普及，具有了十分重要的实践意义。

五、主题教学实验

主题教学法即以主题为依托，将教材中零碎散落的，甚至单一的内容和形式重新作一番统整，把原来散落破碎的知识体系以及人文内涵整合成一个"集成块"，由个及类、由类及理，组成立体的主题，形成一种密度强、容量大的教学方式。清华附小特级教师窦桂梅是小学语文主题教学法的主要倡导者。主题教学立足于新课程观，打破了原来以知识逻辑体系框限人和知识单元教法的弊端，"使教师和学生以整体的生命，而不是生命的某一方面投入课堂活动中"[①]，学生阅读同一主题下的系列话题，会在更大的空间中，多角度地获取信息，在同一主题的语境中，进行审美教育和情感熏陶的升华。

实施主题教学既要注意整合知识体系的内在和多重联系，又要注意学生生命活动诸方面的内在联系，以求互相协调和整体发展。教师可以利用教材中原有的"主题单元"统整、建构教材，也可以审视、超越教材并且围绕主题重新选编内容。如窦老师上《朋友》一课，就以"朋友"为主题，自选古今中外关于友情的四篇文章来展开教学。《落叶》则围绕"落叶"的主题，以一篇课文为主，把描写"落叶"的童话、诗歌组合进去，编创了一幕童话剧。《亲人》则以魏巍的《再见了，亲人》和《我的老师》为主讲教材，结合现实社会，补充其他语文资料及音像资料，跨越时代、跨越国籍、跨越自我，从不同的角度、不同的侧面，探讨对亲人的理解。

六、群文阅读实验

群文阅读教学实践是近年来在我国悄然兴起的一种具有突破性的阅读教学实践，其最大的外在特征就是由单一文本的阅读教学走向多文本的阅读教学。"群文"就是聚集在一起的一组文章。所谓群文教学，就是围绕一个或多个议题选择一组文章，教师和学生围绕议题展开阅读和集体建构，通过多层面多视角较为全面的读议实践，最终达成一定的共同认知的过程。群文阅读教学讲究"精心选文""凸显议题""集体建构"和"形成共识"，既是对阅读教学内容的突破，也是对传统教学思想的创新。

群文阅读的探索深受 20 世纪初苏联教育家克鲁普斯卡娅教育观点的启发，她认为：我们的课文教学以识记为主，缺少理解、质疑和发现。这不仅是教学操作的问题，也是由于单篇文章教学的自身局限引起。[②] 国内群文阅读探索也基于国外的一些阅读教学实践，如日本的中小学阅读教学，在 80 分钟左右的时间里，学生要读十几篇文章。在吸取国外经验的基础上，台湾学者赵镜中、吴敏对群文阅读进行了大量的研究，大

---

① 窦桂梅. 主题教学的思考与实践[J]. 语文教学通讯，2004(6)：18-20.

② 魏小娜. 阅读课型的新尝试：群文阅读[J]. 中学语文，2013(4)：9-10.

陆名师蒋军晶等人则对此进行了实践上的演绎。蒋军晶坦陈自己的群文阅读教学实践侧重于提高阅读速度，增加阅读数量，运用阅读策略和培养阅读态度。刘荣华把小学群文阅读教学的基本课型归纳为四种类型：（1）基于单元整组教学的群文阅读课，让教材的功能充分发挥出来；（2）基于略读课文拓展的群文阅读课，让略读课文教学简略而丰厚；（3）基于综合性学习的群文阅读课，让阅读材料成为探究学习资源；（4）基于课外阅读教学的群文阅读课，让课外阅读的指导更有成效。[①] 冯学敏在"单元整合·群文阅读"课题研究中强调使用"略读浏览表""导学单"和"画知识树"等工具辅助教学。在课堂的汇报交流中，强调老师采用"五步教学法"进行操作，即"主题回顾""阅读概览""片段分享""精彩赏析"和"主题拓展"。[②] 随着课改的不断深入，四川、重庆、贵州、云南、浙江、湖南、河南、甘肃等地一大批学校开展了"群文阅读"的改革实验。其中，四川省教育科学研究所成立课题研究项目组，在全省范围内开展"四川省义务教育新课标背景下群文阅读推广与深化研究"，该推广研究采取省总课题组、市（州）子课题组、县（市、区）课题小组三级联动管理机制，采用专家引领、教研扶持、骨干教师卷入的工作模式，扎实有效推进项目工作。研究显示，群文阅读是创造性践行语文课程、完善阅读与鉴赏教学形态的创新之举，对打通课内外、家校与社会之间阅读通道，提升学生阅读能力和阅读品位有着积极的作用。

教学法总是随着时代而前进，阅读与鉴赏教学的改革与研究也处在不断创新之中。近年来，"大单元""情境化""任务群""项目化学习"成为小学语文教学中的热点词语，广大一线教师开展了许多有益的尝试。阅读与鉴赏教学的改革与创新主要应考虑文本、学生、教师三个方面的因素。从文本方面考虑，改进阅读与鉴赏教学，必须考虑文本的特点，不同的阅读材料，不一定采用同一种教学方法或模式。从学生方面考虑，凡是先进的教学法，都是把提高学生素养放到首位，阅读与鉴赏教学的改革必须适应学生认识的需要，符合学生的认知规律，注重学生的学法指导，能最大限度地促进学生语文核心素养的提高。从教师方面考虑，

教学案例："思辨性阅读与表达"学习任务群视域下的单篇课文教学策略[③]

阅读与鉴赏教学的改革应吸取他人成功经验，同时融会贯通、发挥个人特长，教出自己的特色。教学有法、教无定法、贵在得法，阅读教学应综合考虑上述三个因素，做到科学有效，巧妙组合，刻意求新，总结完善。

【资料链接】

1. 韩雪屏. 中国当代阅读理论与阅读教学[M]. 成都：四川教育出版社，2000.

---

① 刘荣华. 小学群文阅读教学的价值、课型及策略[J]. 教学月刊小学版（语文），2012（11）：6-10.
② 刘晓军. 冷眼旁观：群文阅读的前世今生[J]. 教育科学论坛，2014（8）：22-24.
③ 作者：谭旦、廖珊璐，湖南第一师范学院第二附属小学。

本书是"中国语文教育丛书"之一，系统科学地向广大读者介绍了中国当代阅读理论与阅读教学。全书分为上、下两篇，上篇研究了当代阅读理论的缘起、体系建构、系统形成等；下篇研究了当代阅读教学的历史回顾、视点演变、趋向前瞻等。全书理论深刻，资料翔实，观点新颖，具有极高的学术价值。

2. 张文质，窦桂梅. 小学语文名师课堂深度解析[M]. 上海：华东师范大学出版社，2008.

本书是"大夏书系·小学语文名师课堂"丛书之一，丛书从最切合教师实际需求的角度出发，或以案例，或以课堂实录的形式，展示名师课堂的方方面面。本书共收集了王崧舟、窦桂梅、闫学、武凤霞、刘发建、郭初阳6位名师6堂课的课堂实录，并附有视角不同的评课文章，视角多样，观点新锐，其针对性、理论性、建设性，无论对名师本人，还是对广大一线教师，都极富启迪性。

3. 王崧舟. 诗意的探寻：王崧舟诗意语文创新课堂十例[M]. 武汉：长江文艺出版社，2023.

王崧舟开创"诗意语文"教学流派，主张以情境化、审美化的方式引导学生感悟文本，注重情感熏陶与文化传承，提出"举象、造境、入情"等教学策略，重塑语文课堂的诗意与生命对话，回归母语的诗性本质。该书收录了王崧舟老师的十堂创新课例，涵盖诗意语文的多种教学模式，如意境冥想促进创意表达、整合思维深化整本书阅读、大概念统领群诗教学等，并附有教学简案、课堂实录、名师点评及教学反思。

4. 孙建锋. 小学阅读教学创意[M]. 上海：华东师范大学出版社，2020.

《小学阅读教学创意》从单文阅读教学创意、群文阅读教学创意、主题阅读教学创意、整本书阅读教学创意、绘本阅读教学创意等五个方面，全景式介绍了特级教师孙建锋在小学阅读教学中的创意主张、做法和实践案例，有助于一线教师学习多元阅读教学技巧，以灵活应对各种阅读教学情景，提高阅读教学素养和能力，形成自己的阅读教学特色，带领学生真正走进阅读的奇妙世界。

5. 陈凤英. 轻叩阅读之门——小学语文教师阅读教学指要[M]. 上海：上海教育出版社，2020.

本书共五章：第一章梳理阅读教学的基本要义，第二、第三章重点介绍常用的阅读理解指导方法和四类记叙文（写人、记事、写景、状物）的阅读理解指导方法。第四章以认知心理学的知识观和迁移观为理论背景，具体阐释了单元阅读教学的课型及设计。第五章提出了探索"知能并进"课堂的教学构想。本书以阅读能力的培养为导向，关注阅读方法的掌握和阅读策略的养成，并以认知心理学理论支撑实践研究方向，用具体的实践案例阐释其对阅读能力形成的促进作用，旨在为语文教师提供学理依据和教学对策，进而提高阅读教学实效。

6. 魏玉梅. 学语习文——小学语文阅读教学设计指要[M]. 上海：上海教育出版社，2022.

本书从一个语文教学研究者的视角，较完整、系统地阐述了小学语文阅读教学设计的理论和实践。从阅读教学的基本要义、文本解读的一般路径，到教学目标、教学内容、教学板书和练习设计等，每个章节独立成篇，串联起来又通达连贯，既有助于教师获得较为系统的教学设计理论，又有助于教师掌握语文课堂教学设计的实际操作方法，提升教学水平。本书的一个鲜明特点就是通过大量课堂教学实例来阐述并印证教学设计的理论，使枯燥而又概念化的理论变得通俗易懂，增强了全书的可读性。每章结尾附"我的语文课"，每一个课例都是精心设计，经过课堂教学实践的公开课或观摩课，具有较强的示范性和启发性。

7. 吴欣歆，刘晓舟，孙凤霞. 小学整本书阅读教学指导丛书[M]. 北京：教育科学出版社，2020.

本书分为上下册，主要选择小学整本书阅读教学中具有代表性的案例，从学习方式设计、教学组织形态、教学内容选择、测试内容与形式探索四个方面分别展开研讨。本书具有如下特点：一是关注热点，紧跟语文教育研究的热点问题，提供近期新的研究案例；二是建构理论，深度挖掘实践经验背后的理论支撑，在实践的基础上建构相关理论；三是操作性强，所有案例都经过教学实践检验，具有可操作性，有较高的借鉴价值，能够帮助一线教师解决真实的教学问题；四是案例作者均为一线优秀教师，实践经验丰富，理论基础扎实，文本可读性强。

8. 向天成. 小学审辩阅读教学研究[M]. 北京：中国纺织出版社，2023.

本书以全新的审辩阅读教学视角，积极关注学生深度阅读技能的发展和理性思维品质的形成。教会学生在掌握知识的同时不轻信权威，审视不同观点后包容异见。从学习阅读到学会思考，让深度学习真实发生。书中既有权威的理论解读，又有科学的实践探索，精选优秀教学案例，助力一线教师通过语文教学提升学生的思维能力。

9. 刘荣华. 小学语文思辨性阅读问题设计与指导[M]. 上海：上海教育出版社，2022.

本书紧扣发展型学习任务群"思辨性阅读与表达"这一热点，追溯传统思辨性教学思想的发展脉络，借鉴国外批判性思维研究成果，深入思考阅读与鉴赏教学新理念，提炼阅读与鉴赏教学新策略；同时总结提炼了近几年的小学语文教学改革成果。书中附录部分结合统编版教材，精选了许多思辨性问题，指导教师在教学实践中给予学生正确的引导，为教师开展思辨性阅读教学提供了借鉴。

【思考·训练】

1. 学习本章内容，你有哪些感悟？还有哪些困惑？认真思考后，与同学讨论交流。

2. 你认为阅读能力由哪些因素构成？任选一个学段，谈谈如何培养小学生的阅读能力。

"思考·训练"
答题思路

3. 阅读教学的基本策略有哪些？结合本书［案例 4-1］、［案例 4-7］、［案例 4-8］、［案例 4-9］谈谈你的理解。

4. 阅读特级教师王崧舟的《最中国：梅花三魂——〈梅花魂〉教学实录》并做好笔记，分组讨论：你从这堂课中感悟到哪些阅读教学方法？你认为如何设计好一堂阅读教学课？

5. 阅读和写作二者的影响和促进作用主要体现在哪些方面？你认为如何做到读写结合？

6. 请从小学语文教科书中任选一篇课文，根据阅读与鉴赏教学理念进行阅读与鉴赏教学设计，并分组试教，在此基础上反思从设计到实施过程中的经验和教训。

【研究选题】

1. 小学阅读与鉴赏教学中的语感培养

2. 小学语文阅读与鉴赏教学中如何培养核心素养

3. 对话理论在小学阅读与鉴赏教学中的应用

4. 小学阅读与鉴赏教学新方法的探讨与研究

5. 小学生阅读与鉴赏能力的培养与研究

6. 个性化阅读与鉴赏教学研究

【参考文献】

1. 韩雪屏. 中国当代阅读理论与阅读教学［M］. 成都：四川教育出版社，2000.

2. 张慧. 小学语文阅读教学专题［M］. 长春：东北师范大学出版社，2001.

3. 江平. 小学语文课程与教学［M］. 北京：高等教育出版社，2004.

4. 王文彦，蔡明. 语文课程与教学论［M］. 北京：高等教育出版社，2006.

5. 陆志平. 语文新课程新探［M］. 长春：东北师范大学出版社，2003.

6. 潘涌. 语文新课程与教学的解放［M］. 广州：广东教育出版社，2004.

7. 蒋蓉. 小学语文教学论［M］. 长沙：湖南教育出版社，2012.

8. 刘海涛，王林发. 小学语文：名师魅力教学设计艺术［M］. 重庆：西南师范大学出版社，2009.

9. 张心科. 语文有效阅读教学：精要的内容与适宜的形式［M］. 上海：华东师范大学出版社，2020.

10. 李新会. 小学语文整本书阅读可以这样教［M］. 北京：北京师范大学出版社，2020.

11. 梁增红. 走向语文素养的阅读教学［M］. 上海：华东师范大学出版社，2021.

12. 王荣生. 阅读教学设计的要诀［M］. 2 版. 北京：中国轻工业出版社，2021.

13. 沈晓敏. 小学语文关联性阅读教学［M］. 杭州：浙江工商大学出版社，2025.

14. 春秋. 小学阅读有方法[M]. 北京：清华大学出版社，2025.

15. 倪文锦. 聚焦思维 学会阅读——关于语文教学守正创新的一点思考[J]. 课程·教材·教法，2023(2).

16. 荣维东. 回归基础：重拾段落教学的价值和原则[J]. 小学语文. 2025(5).

17. 王荣生，张伟平. 语文教学的"单元问题"辨析[J]. 课程·教材·教法，2025(5).

18. 王崧舟. 学习任务群视域下文本解读取向与路径的转型[J]. 教学月刊小学版（语文）. 2025(6)

第五章　表达与交流(口语交际)教学

学习目标

1. 理解表达与交流(口语交际)教学的目标,明晰小学语文教材中表达与交流(口语交际)教学内容的编排特点。

2. 掌握表达与交流(口语交际)教学的策略。

3. 了解表达与交流(口语交际)能力的构成以及培养的途径与方式。

4. 掌握表达与交流(口语交际)教学设计过程和类型,具有初步的口语交际教学能力。

5. 提升运用口头语言文明地进行人际沟通和社会交往的素养。

口语交际是人们借助倾听、口头表达与交流等言语活动进行沟通和交往的一种社会活动,是表达与交流模块中的重要组成部分。表达与交流(口语交际)教学就是在教师的指导下,通过具体生动的交际情境、交际活动的设置和开展,培养学生口语表达及交际能力的教学活动,是小学语文教学的重要模块。

第一节　表达与交流(口语交际)教学的目标与策略

表达与交流(口语交际)教学在小学语文教学中举足轻重,对于小学生的口头语言表达能力和交际能力的发展与培养有着重要作用。在教学中,明晰其目标的定位和设计以及教学策略的安排极为重要。

一、表达与交流(口语交际)教学的主要目标

《语文课程标准》明确提出了义务教育阶段表达与交流(口语交际)教学的总目标:"学会倾听与表达,初步学会运用口头语言文明地进行人际沟通和社会交往。"在此总目标的统领下,《语文课程标准》按照九年一贯的思路,整体设计,分学段提出了表达与交流(口语交际)教学的学段要求。目标内容主要呈现以下几个特点。

(一)目标定位科学

纵观新中国成立以后的小学语文教学大纲,1987年大纲首次提出"听话、说话"的目标内容,2000年大纲将"听话、说话"改为"口语交际"。2001年新修订课程标准在继续保持"口语交际"提法的基础上,对"口语交际"的目标内容做了进一步的补充完善。2011年《语文课程标准》又进行了少量修改完善。2022版的《语文课程标准》变化较大,

将口语交际与习作一起并入"表达与交流"模块，由此明确了"口语表达与交流"和"书面表达与交流"二者之间在"语言信息输出"上的共通性，同时也明晰了二者之间紧密关联、相互促进的关系。从提法名称的改变及目标内容的完善，可以看出"口语交际"在功能与地位上的发展轨迹。不妨来看历年语文课程标准(教学大纲)表述的变化(表 5-1)。

表 5-1　口语交际教学目标变化简表

课标(教学大纲)版本	目标
1978 年《全日制十年制学校小学语文教学大纲(试行草案)》	能听懂普通话，听人讲话能抓住主要意思；能说普通话，能当众说清楚自己的意思。
1986 年《全日制小学语文教学大纲》	能听懂普通话。听人讲话时要注意力集中，能理解内容，抓住要点，要有礼貌；能说普通话。要口齿清楚，声音适度，态度自然；能当众说出要说的意思，做到清楚明白，有中心，有条理。说话要有礼貌。
1992 年《九年义务教育全日制小学语文教学大纲(试用)》	听人说话，能理解内容；学会说普通话，能清楚明白地表达意思。低年级能听明白别人说的一段话和一件简单的事，养成认真听话的习惯；能说一段完整、连贯的话，口述一件简单的事。中年级能听懂程度适合的讲话和少年儿童广播，理解内容；能清楚明白地口述一件事，讨论问题能说清楚自己的意思。高年级能听懂别人的讲话，理解主要内容；能口述见闻，能当众作简短的发言。
2000 年《九年义务教育全日制小学语文教学大纲(试用修订版)》	口语交际要讲究文明礼貌。听人说话能领会主要内容。坚持说普通话，能用普通话清楚明白地表达自己的意思。
2001 年《全日制义务教育语文课程标准(实验稿)》	具有日常口语交际的基本能力，在各种交际活动中，学会倾听、表达与交流，初步学会文明地进行人际沟通和社会交往，发展合作精神。
《义务教育语文课程标准(2011 年版)》	具有日常口语交际的基本能力，学会倾听、表达与交流，初步学会运用口头语言文明地进行人际沟通和社会交往。
《义务教育语文课程标准(2022 年版)》	学会倾听与表达，初步学会用口头语言文明地进行人际沟通和社会交往。

由上表看出，先前的教学大纲基本从用语的规范和文明、培养听说能力两个方面来定位目标内容，没有体现"交际"所具有的互动特点，而《义务教育语文课程标准(2011 年版)》从现代公民必须具备的基本的口语交际能力的角度，明确了口语交际的目标内容，而《义务教育语文课程标准(2022 年版)》在模块归属上有较大的变化，但具体目标内容基本沿袭了《义务教育语文课程标准(2011 年版)》的科学定位。具体表现在：一是定位准确。"学会倾听与表达，初步学会用口头语言文明地进行人际沟通和社会交往。"正确把握了表达与交流(口语交际)的核心要求。二是内容全面。既有用语文明的态度要求，也有能力方面的说明，还有实施层面的要求。

(二)凸显核心素养

"表达与交流"有利于实现文化自信、思维能力、审美创造核心素养的发展与培养。如"实用性阅读与交流"中，"学习有关中华优秀传统文化的短文，将读到、听到、看到的故事讲给他人听""学习具体、清楚、生动地讲述有关老一辈无产阶级革命家和革命英雄、劳动模范、科学家的事迹，以及反映中华传统美德的故事""学习革命英雄和劳动模范的事迹，尝试用多种媒介方式记录、展示、讲述他们的故事，表达自己的崇敬之情"，在表达与交流(口语交际)中促进对中华传统文化和革命文化的深入理解和陶冶。又如"文学阅读与创意表达"中"阅读描绘大自然、表现人类美好情感的诗歌、散文等文学作品，结合自己的生活体验，尝试用文学语言表达自己热爱自然、珍爱生命的情感""用口头或者书面的方式表达对自然的观察与体验，抒发自己的情感"，突出了表达与交流(口语交际)对于审美创造素养培养的重要作用。在第三学段"表达与交流"目标中提出"表达有条理，语气、语调适当。参与讨论，敢于发表自己的意见，说清自己的观点"的目标要求，众所周知，思维是语言的内核，从条理性、说清楚的要求上，这是对学生思维能力培养的充分体现。

(三)层次梯度明显

纵向上看，三个学段的"表达与交流(口语交际)"教学目标，彼此联系，循序渐进，层次梯度明显。如倾听能力方面，第一阶段要求"能认真听他人讲话，努力了解讲话的主要内容"，第二学段则要求"学会认真倾听，听人说话时能把握主要内容，并能简要转述。能就不理解的地方向人请教，就不同的意见与人商讨"，第三学段则要求"听人说话认真、耐心，能抓住要点，并能简要转述"；又如人际沟通方面，第三学段比第一、第二学段要求更高，如"能根据对象和场合，稍作准备，作简单的发言"，显然比第一学段"听故事、看音像作品、讲述小故事"，第二学段"听别人说话或讲述见闻、讲故事"等视野更为宽泛，范围也由小变大，层次由表及里；从交流对象上看，第一、第二学段听说对象一般限于客观实际，第三学段则延伸到了主观看法。这些目标的设计充分体现出整体性和阶段性的统一，基础性和发展性的结合。

二、表达与交流(口语交际)教学的教材分析

统编版小学语文教材的口语交际教学内容的编排呈现出多方面的特点，下面从编写体例、目标设计、话题内容等方面加以分析。

(一)独立编排，自成体系

与以往口语交际教学编排位置不同的是，统编版小学语文教材中专门的口语交际教学编排在"语文园地"之前，作为独立的部分存在，充分体现了口语交际在语文教学中的重要地位，教师和学生都需要更加充分认识到口语交际的重要性。此外，作为独立的部分，口语交际与识字、课文、语文园地、快乐读书吧等栏目以单元形式组合在一起。而具体安排的内容大多自成体系，不完全依附本单元主题或语文要素。如一年级上册口语

交际"我们做朋友",是贴合一年级学生的学习生活,向班级同学自我介绍,聊天交朋友,通过自我介绍的活动学习"说话的时候,看着对方的眼睛"。而本单元围绕"自然"的主题,编排了《秋天》《小小的船》《江南》《四季》4 篇课文,这些课文题材丰富,体裁各异,有散文、儿童诗、古诗和儿歌,能够唤起学生对四季的美好感受,激发学生对大自然的喜爱之情。再如五年级上册第一单元是以"花鸟"为主题,编排了《白鹭》《落花生》《桂花雨》《珍珠鸟》4 篇课文,语文要素是"初步了解课文借助具体事物抒发感情的方法",但单元后安排的口语交际内容是"制定班级公约",习作内容则为"我的心爱之物"。从上可以发现,不管从主题内容还是语文要素上,口语交际都自成体系。

(二)贴近生活,情境真实

口语交际教学的话题内容以贴近学生生活的口语交际活动为主,突出情境性和交际性,如三年级上册的"我的暑假生活""名字里的故事""身边的'小事'""请教";三年级下册的"春游去哪儿玩""该不该实行班干部轮流制""劝说""趣味故事会"。话题内容又可以细分为学生日常生活、校园生活、良好习惯养成、语文学习等方面。如日常生活方面,包括交朋

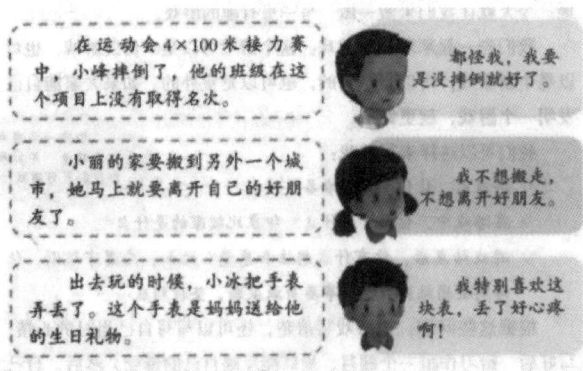

友、打电话、做手工、暑假生活、父母之爱等;校园生活方面,包括做游戏、图书借阅公约、班干部竞选、制定班级公约、聊聊书法等;良好习惯养成方面,如用多大的声音、请你帮个忙、注意说话的语气、商量、劝告、安慰等;语文学习方面,如推荐一部动画片、趣味故事会、看图讲故事、讲历史人物故事、讲民间故事、我最喜欢的人物形象等。每个话题在设计时,都与情境结合在一起,如二年级下册"注意说话的语气",设计了许多贴合小学生的真实情境,"妈妈让我学钢琴,我想学画画。我会跟妈妈说……""上学迟到了,老师批评了我。下课后我对老师说……""看到同学洗手后忘了关水龙头,我会跟他说……";再如四年级上册"安慰"所提供的交际情境(图 5-1),很好地契合儿童的现实生活,情境性和交际性非常突出。

图 5-1　四年级上册"安慰"口语交际内容

(三)目标明确,注重梯度

统编版教材的口语交际教学内容设计了活动要求的指导语,以便签的形式提示了活动要求和内容,居于页面的右下角,这一提示能有效帮助师生快速抓住每次口语交际活动的重点内容,针对性强,如一年级上册"用多大的声音"给出的提示是:有时候要大声说话,有时候要小声说话。其教学目标为明确说话声音的大小应依据不同场合而定,引导学生在公共场合学会为他人着想。再如三年级下册口语交际内容"劝告"提示:注意说话的语气,不要用指责的口吻;多从别人的角度着想,这样别人更容易接受。这样的提示语既指明了知识与能力上的目标要求,也从各种情境的设计上明确了交际过程与方法上的要求,更从情感态度与价值观方面明确了得体劝告的价值。

此外,口语交际教学在内容编排上充分考虑到了不同学段学生的年龄层次和口语表达水平,呈现了目标上的梯度,体现出层级性。这既体现在同一册不同内容上的目标层级,更体现在不同册教材相同训练内容上的目标梯度。如低段一年级安排的内容分别是"我说你做""我们做朋友""用多大的声音""小兔运南瓜",内容话题不同,但在说话一项上要求逐步提升,"我说你做"的目标要求是"大声说,让别人听得见;注意听别人说话","我们做朋友"要求"说话的时候,看着对方的眼睛","用多大的声音"则明确说话声音大小要根据不同场合决定,"小兔运南瓜"则要求学生根据图片想象故事,"大胆说出自己的想法"。可见,不同的内容主题上就"说话"一项其目标要求逐步提升,从"大声说"到"看着对方眼睛",再到"根据不同场合决定声音大小""能大胆说出想法",体现出一定的梯度。再如不同年级都安排了与"讲故事"相关的口语交际内容,虽然主题类似,但讲故事的具体内容和形式各有差异,在目标要求上随年级的增加而逐渐提升难度(表 5-2)。

表 5-2   口语交际教学"讲故事"相关内容

册数	口语交际教学内容	目标要求
一年级下册	听故事,讲故事	听故事时借助图画记住故事内容;讲故事时声音要大一些,让别人听清楚
二年级上册	看图讲故事	按顺序讲清楚图意;认真听,知道别人讲的是哪幅图的内容
三年级下册	趣味故事会	运用合适的方法,把故事讲得更吸引人;认真听别人讲故事,记住主要内容
四年级上册	讲历史人物故事	用卡片提示讲述内容;使用恰当的语气和肢体语言,可以让讲述更生动
五年级上册	讲民间故事	讲故事时适当丰富故事的细节;配上相应动作和表情

(四)板块渗透,紧密融合

除了独立安排的口语交际部分外,在其他各个板块中也都有口语交际内容的编排。

比如在二年级上册第二单元识字部分，每篇识字课文中都配有许多的插图，可引导学生看图说话，同时课后习题中大多安排了口语交际的内容，如《场景歌》后面设计了"说一说，看谁说得多""选一张你喜欢的照片或图画，仿照课文，说说上面有些什么"。在阅读课文《妈妈睡了》课文中有插图可以引导学生交流表达，而课文中"她干了好多活，累了，乏了，她真该好好睡一觉"，这一句中"她干了好多活"，是一个文本空白，可以引导学生思考"妈妈到底干了哪些活呢"，之后再展开交流。语文园地的"写话""展示台"等环节也切合单元内容安排口语交际内容的渗透，如二年级上册语文园地三"写话"部分，"每个人都有自己喜爱的玩具。你最喜爱的玩具是什么？它是什么样子的？它好玩在哪里？先和同学交流，再写下来"。虽然是写话，但写话前交流表达的过程其实就是贴合学生的现实生活开展口语交际训练，且具体交际的内容非常明确；展示台栏目中的泡泡语"你积累了哪些词句？我们来交流一下吧"，同样为口语交际的内容提供了素材。综上，口语交际内容除了独立的口语交际模块外，同时在识字、课后练习、习作、语文园地等内容中予以渗透。

三、表达与交流(口语交际)教学的基本策略

《语文课程标准》提出，口语交际教学要让学生"学会倾听与表达，初步学会用口头语言文明地进行人际沟通和社会交往""能在具体语言情境中有效交流沟通"，教学中"从学生语文生活实际出发，创设丰富多样的学习情境"等。根据上述教学思想，表达与交流(口语交际)教学中，教师要注意以下教学策略。

(一)重视育人导向

口语交际，其核心的意思是"交际"二字，即必须重视口语交际的人际交往功能。口语交际是人与人之间的交流和沟通，它是一个听者与说者双向互动的过程，不是听和说的简单相加。所以双方在应对中的情感态度十分重要，表现为人际交往的文明态度和语言修养，如自信心、勇气、诚恳、尊重对方、有主见、谈吐文雅等。《语文课程标准》第一学段要求"与别人交谈，态度自然大方，有礼貌""有表达的自信心"，第二学段要求"学会认真倾听，能就不理解的地方向人请教，就不同的意见与人商讨"，第三学段要求"与人交流能尊重和理解对方""乐于参与讨论""听人说话认真、耐心""注意语言美，抵制不文明的语言"。三个学段都体现了育人导向。由此，口语交际教学中教师需要有意识地对学生的交际道德、文明态度等方面进行培养，以提升学生在口语交际中的语言修养。

[案例 5-1]

师：你们面对着我这位陌生的老师，想问老师些什么？

生：老师，您姓什么？

师：你的意思我明白，你想知道我姓什么。但是，说话的时候，在明白、清楚的前提下，还要尽量得体，让人听了舒服。请你想一想，问别人——特别是问长辈姓什

么，怎样说更好?

　　师：想象平时在生活中，在电视、电影中听到的。

　　生：(恍然明白)老师，请问您贵姓?

　　师：(高兴地)这样问就有礼貌了，还想问我什么?

　　生：请问您叫什么名字?

　　师：你们不但想知道我姓什么，还想知道我叫什么，这个问题怎么问能让老师听起来顺耳?

　　生：请问您尊姓大名?

　　师：这样问既明白又得体，给人一种谈吐文雅的感觉。还想问什么?

　　……

　　这个口语交际教学片段中，除了让学生学会如何向长辈询问信息的交际知识，我们也明显可以感受到教师对学生口语交际表达中情感态度上的引导，通过简单的生活场景的对话交流，让学生体会到向人询问时要有礼貌、谈吐文雅。

　　(二)突出口语教学的实践性

[案例5-2]　　　　　　　　　　**转述教学片段(四年级下册)**

　　(正在上课，这时校长走进教室。)

　　师：赵校长，您有事?

　　赵：于老师，打扰您了。请问邓老师在这里听课吗?(邓老师是这个班的班主任。)

　　师：上课前有个人找他，他出去了。您找他有什么事?

　　赵：刚才接到中心校打来的电话，通知邓老师明天上午8点，到中心校参加广播操比赛。要求穿红毛衣、白裤子、白球鞋、白袜子。千万别迟到。等会儿邓老师回来了，请您转告。谢谢!

　　师：好的。(赵校长走出教室)小朋友，等会儿邓老师回来了，谁能把中心校的电话通知转告他?

　　(学生纷纷举手)

　　师：现在我当邓老师，你们先说给我听听，怎么样?

　　(学生非常高兴)

　　师：不过，除了把通知的要点说清楚外，还得有礼貌，说话态度要自然大方，说的声音要让老师听见，当然也不要太响，因为只讲给一个人听。为了说好，先各人出声地练一遍。

　　(学生很高兴，认真地练习)

　　师：现在谁来试一试?小明，请你到前面来说说看。别忘了，我现在是邓老师了。

(众笑)

　　小明：邓老师，您好!

　　师：你好!(面向大家)小明很有礼貌。不过因为早上互相问过好了，现在见面就不一定再问了。再见面应该怎么说呢？

小明：邓老师，您来了！

师：这句话说明，大家都盼着他来。见面喊声邓老师，打个招呼就行了。

小明：邓老师，刚才赵校长找您。他说，中心校打来电话，请您明天上午8点到中心校参加广播操比赛。要穿红毛衣、黑健美裤、白球鞋、白袜子。（几个学生举手）

生：小明转错了一句话，人家要求穿白裤子。

师：是的。小明，你是不是觉得邓老师穿黑健美裤更美？（众笑）就是比穿白裤子好，也不能改——你想，人家都穿白裤子，只有邓老师一个人穿黑的，多不协调啊！

小明（点点头）：邓老师，请您准时参加！

师：我一定准时出席！谢谢你！

小明：不客气。

（众笑，小明回位。）

口语交际是一项实践性很强的活动。它强调的是学生的亲身经历、直接体验、反复训练。学生的口语交际能力也不是仅凭几节口语交际课就能培养出来的，必须通过大量实践锻炼才能内化为能力。《语文课程标准》中也强调努力选择贴近生活的话题来展开口语交际活动，重视日常生活中口语交际能力的培养，而不是传授口语交际知识。创设具有一定实践意义的交际情境对于锻炼学生交际能力有着至关重要的作用。在口语交际教学中，教师要防止少数人说、多数人看的现象出现，而应面向全体，确保全体人员参与实践训练；广开渠道，安排大量时间，并注意采取多种形式，设计出能激发全员参与热情的训练点和训练方法来培养学生的口语交际能力。案例5-2中，教师巧妙地设置交际情境，从而为学生提供了一个有效的口语交际训练点，通过全体学生的交际实践和个别学生上台演示，达到了良好的教学效果。

（三）注重听说读写整合

口语交际虽然主要指口头语言的表达与交流，但是《语文课程标准》将口语交际与习作板块整合后，进一步明确了语言信息输入与输出之间的紧密关联，体现了口头语言与书面语言的相互作用和价值，更突出了口头表达与交流和书面表达与交流之间的内在关联。因此，《语文课程标准》在"实用性阅读与交流""文学阅读与创意表达""思辨性阅读与表达"等多项任务群的内容中都融合了口语表达交流与书面表达交流。而在不同任务群的目标要求中也充分显现了听说读写整合的策略要求。如"实用性阅读与交流"任务群第一学段中，"阅读有关学校生活的短文，认识图文中相关的汉字；学习与同学、老师文明沟通；乐于分享学校生活中的见闻和感受""学习认识有关标牌、图示、说明书等，了解公共生活规则，学会有礼貌地交流"；第三学段"阅读记人叙事的优秀文本，学习通过口头表达，与他人交流身边令人感动、难忘的人和事""学习通过口头表述和多种形式的书面表达，分享观察自然、探索科学世界的所见所闻、所思所感"。"文学阅读与创意表达"任务群中"欣赏富有童趣的语言和形象，感受纯真美好的童心，学习用口头的方式创编儿童诗和有趣的故事，发展想象力"。此外，在任务群的教学提示中，更是明确提出了听说读写的整合建议。如"实用性阅读与交流"中"学习活动可以采用朗读、复述、游戏、表演、讲故事、情境对话、现场报道等学生喜闻乐见的形式,将识字、写字、阅读、写作、口语交际、搜集处理信息等融为一体"。"文学阅读与创意表达"中"注意整合听说读写,引导学生综合运用朗读、默读、诵读、复述、评述等方法学习作品"。

(四)充分发挥学生的主体性

前面已述及口语交际强调学生的亲身经历、直接体验,这意味着在口语交际教学中要注意充分发挥学生的主体性。在表达与交流(口语交际)第一学段目标"能复述大意和自己感兴趣的情节""能简要讲述自己感兴趣的见闻""积极参加讨论,敢于发表自己的意见",第二学段的目标"能就不理解的地方向人请教,就不同的意见与人商讨""能清楚明白地讲

教学设计:《身边的"小事"》[①]

述见闻,说出自己的感受和想法",第三学段的目标"乐于参加讨论,与人交流能尊重和理解对方""敢于发表自己的意见",都体现了口语交际教学中对学生主体性发挥的关注和重视,因此表达与交流(口语交际)教学中要让学生主动参与大量的口语交际实践活动,通过反复经历、体味、演练,切实提升口语交际能力,并逐步形成良好的语言习惯和交际态度。案例 5-2 中由于情境贴近生活实际,学生们跃跃欲试,积极主动地参与交际活动,充分发挥了学生的主体性,从而为学生良好交际态度的展现、准确信息的传达、文明交际语言的呈现奠定了基础。

▶第二节　表达与交流(口语交际)能力的构成与培养

口语交际能力是现代公民的必备能力,其重要性自不待言,而在表达与交流(口语交际)教学中培养学生的口语交际能力,首先需要认识口语交际能力的构成并思考其培养的途径和方式。

一、表达与交流(口语交际)能力的构成

口语交际呈现多向性、互动式、立体化的特点,决定了小学生的口语交际能力必然是多元多层的立体建构。《语文课程标准》这样表述:"学会倾听与表达,初步学会用口头语言文明地进行人际沟通和社会交往。"从中我们可以分析出口语交际能力的基本构成。口语交际能力系统由听、说双方的诸多因素构成,具体来看,口语交际能力主要由口语表达能力、听话理解能力、语境适应能力、口语交际态度等构成。

(一)口语表达能力

口语表达能力包含组织内部言语的能力,快速言语编码的能力,语音、语速、语调等的运用能力以及辅助手段的运用能力等。具体来说,包括口齿清楚、声音响亮,词汇丰富、表达准确规范,句子简约、停顿适当,语言流畅、思路清晰,态势动作自

---

① 作者:曹菲,陕西省安康市汉滨区鼓楼小学。

然大方等。

(二)听话理解能力

包括对交际对象话语的辨识力、理解力、品评力和鉴赏力等，同样包含不同层面的、丰富的内容。比如，听话的注意能力、听记能力、听辨能力、听话的组合能力等，或从技巧上来说，有抓要点的技巧、诱导的技巧、推断和评价的技巧等多个方面。

(三)语境适应能力

语境适应能力指根据不同的处所、场合、对象选择适当的表达方式，话语的表达符合时代、特定的气氛、交际对象的能力，即在口语交际语境中灵活应对的能力。语境，一是指交际过程中的现实环境因素，包括时间、地点、场合、对象等客观因素，以及交际双方身份、性格、处境、心情等主观因素，二是指口语交际的社会背景因素，如社会文化习俗等。

(四)口语交际态度

口语交际态度可以包括在语境适应能力当中，单列出来是为了强调其重要性。尤其在现代社会，口语交际时文明、真诚、合作、礼貌的交际态度是口语交际中必须遵循的原则。对于小学生而言，听话应有礼貌，应把对方的话听完，不打断别人的话，不流露出不耐烦或不屑于听的神态，还应自然地和别人交流眼神，作出反应与回答；说话时大方自然，不急不慢，轻重适度，尊重对方，控制自身情绪的影响等。

二、口语交际能力的培养

《语文课程标准》对表达与交流(口语交际)教学提出了诸多教学建议，如在内容上提出"阅读有关家庭生活、学校生活、社会生活的短文，学习用口头的方式客观地表述出生活中的见闻片段""学习通过口头表述，分享观察自然、探索科学世界的所见所闻、所思所感"；在方法上提出"注重整合听说读写，引导学生综合运用朗读、默读、诵读、复述、评述等方法学习作品""结合日常生活的真实情境进行教学"等。据此，口语交际能力的培养可从以下几个方面入手。

(一)多视角选择口语交际话题

小学口语交际教学的话题选择不能仅仅局限于教材的口语交际内容，而应广泛利用各种途径、各种视角来选择口语交际话题。

1. 紧密结合教材选择话题

小学语文教科书内容丰富，既有介绍历史人物的，又有颂扬现代英雄的；既有描写著名自然景观的，又有蕴含经典人生哲理的；既有展示珍奇动植物的，又有叙述社会科学知识的；既有反映古代劳动人民智慧的，又有描写当代科学技术成果的；还有神话、寓言、童话等各种故事……教者可以根据课文不同类型和不同特点，利用课文的具体内容，进行口语交际演习。

2. 利用学生生活选择话题

家庭生活是学生生活的重要组成部分，因此，家庭生活的方方面面会成为口语交际教学的重要内容。由于学生在交际时，教师无法亲临现场指导，这就要求家长积极配合老师，督促学生进行口语交际，并采取一定措施保证口语交际的落实。如在"母亲节"时，安排学生回家为妈妈做一件事，并说说妈妈的反应及自己的感受。回校后，再安排几个小记者在班上进行采访，并让小记者把采访到的内容进行整理，写一份总结。

另外，小学生虽然尚未涉足社会，对社会热点问题认识不深，但他们也喜欢谈论社会上的一些热点话题。因此可就一些社会热点问题组织学生收集信息资料，展开主题讨论，这也有利于增强学生对社会的使命感。如组织学生开座谈会，谈论抗击新冠肺炎疫情期间让我们感动的瞬间；说说学习雷锋精神活动中难忘的细节和画面；交流对人工智能发展的看法等。

(二)精心创设交际情境

交际情境的创设往往可以增强学生的生活体验，激活学生的思维，是学生进行口语交际的条件和动力。因此，教师须精心创设交际情境。

1.贴近生活实际

口语交际是以交际为核心，在特定的环境里产生的言语活动，离开了特定的环境言语交际活动就无法进行。口语交际教学中的交际是对实际生活的一种模拟，要达到交际目的，必须精心创设符合生活实际的交际情境，使学生有身临其境之感，激起交际的冲动，激发表达的欲望。交际情境的创设也只有与学生生活实际贴近，才能使学生产生积极的情感体验和口语交际的内在驱动，才可能产生富有实效的口语交际活动。

教学设计:《该不该实行班干部轮流制》①

因此，在口语交际情境的创设中应充分考虑学生的生活实际。例如特级教师于永正执教《打电话》。先让学生听一段天气预报，从中得知第二天要下雨，原计划的登山活动因此要取消，班主任李老师正在校外开会，不知道这个消息，他还打算当天下午上山做相关的准备工作。怎么把活动取消的消息告诉李老师呢？于老师让学生选择各种方法，学生一致认为打电话最可行。第一，让学生两两组合，轮流扮演李老师，练习打电话，教师简单交代打电话应注意的问题。第二，学生汇报交流，在这个过程中，于老师借助评价，把有关打电话的方法渗透其中。第三，再挑选两位学生，给李老师打电话。这就是生活化的口语交际教学，整个过程中，学生几乎不认为自己是在完成教师分派的学习任务，而认为自己是在完成生活的任务，甚至不觉得是在进行口语交际学习，而是在平时的学校生活中，与同学、与老师进行平常的交往和沟通。

2.训练形式多样

多样的交际情境，能够调动学生各种感官，激发学生口语交际的兴趣，有利于交际活动的顺利开展。在教学中，可以根据具体口语交际内容，以一两种形式为主，兼顾其他形式的有机结合。比如，从口语交际的课堂流程上，可以设计"听一听、问一问、说一说、评一评"的形式，也可以采用"看一看、议一议、说一说、评一评"的形

---

① 作者：袁美娜，湖南省长沙市芙蓉区育英学校；李毅，湖南省长沙市芙蓉区燕山小学。

式，还可以采用"演一演、说一说、评一评"的形式；从口语交际活动形式上看，可以是观察活动、游戏活动、表演活动形式；从口语交际训练的活动主体上看，可以是独白式训练、两两对话式训练、小组内演练、师生交际对话等。总之，形式要多样化，才能让学生在不同的交际形式中增强兴致趣味，提升口语交际能力。

3. 教学手段丰富

教学中口语交际情境的创设依赖于丰富的表情、动作、画面、声音等营造出生活化的场景。具体可以通过以下手段。

(1)实物创设情境。它包括观察各种实物标本，进行实验实习，组织教学性参观等。如《做手工》中学生把手工作品纸飞机、小木屋、自制储物罐、贺卡、丝网花等带到学校，自然而然地进入交流角色；在讲《小兔运南瓜》一课时，教师抱着沉重的南瓜走进教室，学生们积极性迅速高涨，当教师请学生们想办法"怎样不费力地让南瓜再回到办公室？"时，学生们立刻进入情境中，认真思考并踊跃发表自己的看法。

(2)物象创设情境。这是运用实际事物的各种模拟形象来进行的。它包括教师自制的课件、自拍的录像、影视片段、教学挂图等图像，也包括学生自制的剪贴画、拼图、绘画等，这些图像可强烈地刺激学生的视觉和听觉器官，唤起他们的生活体验，让他们想说、乐说、有话可说。如口语交际课《春游去哪儿玩》，就可以利用多媒体展示学生熟悉的风景优美的地方，唤起学生的记忆和游玩的乐趣，从而使学生有话可说、乐于表达。

(3)语言创设情境。教师运用有声语言及体态语，绘声绘色勾画出生动的情境，启迪学生想象，营造轻松和谐的交际氛围，让学生无拘无束地参与口语交际。《意见不同怎么办》一课，上课开始，教师说道：不少同学都有智能手表，有的同学甚至还有手机。学校明令禁止学生在校内使用智能手表和手机，大家对此有什么意见呢？这个话题贴近学生生活，教师说完后，学生纷纷举手表达意见。

(4)表演创设情境。小学生天性好动好玩，喜爱表演，在口语交际时设计表演性活动，符合小学生的心理特点，而且往往能促使学生很快进入交际情境，无拘无束地参与表达。在《注意说话的语气》中，教师先安排两个学生表演，一个扮演劳动委员，一个扮演值日生。劳动委员对值日生说："喂，将黑板擦干净！"接着再让这两个学生换一种表达方式，劳动委员对值日生说："你好，请你将黑板擦干净好吗？"然后让学生来评析，学生很快进入情境之中，你一言我一语地表达自己的观点，之后，教师总结出"说话要根据不同的对象、不同的场景，选用合适的语气"后，又提供多个情境：①妈妈想让我学钢琴，我想学画画。我会跟妈妈说……②上学迟到了，老师批评了我。下课后，我对老师说……③看到同学洗手后忘了关水龙头，我会跟他说……然后让学生两两配合开展表演活动，学生们踊跃参与，很快能够学会根据对象和场景运用合适的语气。

总之，表达与交流(口语交际)教学应重视创设情境，激发学生交际的欲望。要利用各种方式巧妙地创设有利于学生口语交际的情境，提高学生的实际交际能力，在情境中练习，在情境中发展。

(三)拓展口语交际训练途径

1. 在口语交际课中提高学生的口语交际水平

小学语文教材中设计了"口语交际"内容，教师可结合教材中设置的典型话题或自定的话题，上好专门的"口语交际课"，这是培养学生口语交际能力的重要途径，要让学生通过口语交际课的交际实践训练，熟练掌握口语交际的基本技能，系统提升口语交际水平。

2. 利用语文各任务群渗透口语交际训练

课堂教学是训练学生口语交际能力的主阵地，除了专门的口语交际课以外，还应在语文各任务群的教学中有意识地培养学生的口语交际能力。

不同课型中教师要尽可能多地引导学生养成良好的口语交际习惯，尽可能多地让学生进行口语交际活动。比如，老师说："请大家仔细听，这名同学说得怎样?"这是让学生听清楚，听明白，学会倾听。"请大家评一评刚才这位同学的回答。"这是指导学生在听的基础上学会思考，学会给别人提看法。"你讲得很对，能不能说得再响亮些?"这是激发学生交际信心，强化训练口语技能。又如在"文学阅读与创意表达"任务群教学中还可对课文故事、典型人物读一读、说一说、评一评，发表各自见解，交流对课文的看法和体会，如学了《我要的是葫芦》，提出问题：葫芦掉光了，后来怎么样? 第二年他又种了葫芦，又会发生怎样的故事呢? 引导学生说话，同时在交流中可进一步加深对课文的理解；还可以结合课文重点巧设话题，让学生辩论，如《普罗米修斯》，可设计"普罗米修斯该不该盗火种"的话题，让学生分成正反两方辩论，帮助学生在运用中将课文语言材料内化为自己的语言。

《语文课程标准》将口语交际和习作合并为"表达与交流"，二者同属于"语言输出"，存在很强的关联性，因此在表达与交流(习作)教学中可以有意识地与口语交际结合起来。"以说促写"是我国习作教学的宝贵经验，先口头表达后书面作文是习作课常见的教学程序。口头表达不仅使口语交际和书面交际得到有效沟通，也使学生的口语交际能力得到很大的锻炼。例如薛法根老师教授"人物描写"，先是和学生交流，让学生自己来说说：对薛老师有哪些了解? 对薛老师名字的看法? 觉得相貌怎样? 想知道薛老师的哪些故事? 在这一过程中，薛老师相机引导，让学生与教师进行融洽的口语交际，之后再进行写作。显然薛老师就是在习作教学当中有效地开展口语交际，既训练了学生的口语交际能力，又使学生的书面表达能力获得提升。

3. 在日常生活实践中提升学生口语交际能力

日常生活是一个广阔的口语交际场，它不但为口语交际教学提供了丰富的课程资源，而且是提升学生口语交际能力的主要阵地。教师除了在课堂上开展口语交际训练，更应有意识地引导和指导学生在家庭生活、学校课余生活、社会生活中积极参与交际、主动交流表达，提升口语交际能力。如到菜市场帮助家长买菜、到超市去购物、假期外出参观旅游、到社区慰问孤寡老人等，这些家庭与社会生活中的场景为学生口语交际能力的提升提供了有效的实际演练的平台；在学校课余生活中，同样可以让学生自己开展小小辩论会，如人工智能运用的利弊、电视对小学生的影响、压岁钱怎么使用等，还可以回归大自然，到田野、到果园等观山评水、看草赏花。这样的日常实践活动，深入了生活，接触了社会，为学生口语交际能力的提升提供了丰富的空间及展现交际才华的舞台，帮助学生在日常实践中学会倾听，学会沟通，学会应对，学会合作，从而逐步养成文明和谐地进行人际交流的素养。

(四)营造轻松民主的交际氛围

口语交际需要在一种民主平等的氛围中进行，这样才能调动全员参与。教学中，教师要关注学生个性特长、思维特点与说话方式等，并尊重学生的权利、尊严，充分发挥学生的自主性。学生进行口语交际时，教师应该当好学生真诚的听众，与学生一起聊天、讨论，进行没有心灵距离的开放式的交流，并给学生适当的指导，而不是在课堂上滔滔不

教学视频:《请你支持我》[①]

绝，掌控"话语"；教师尤其要关注那些不善于表达的学生，对于这类学生要多给予鼓励和表扬，使其逐渐树立表达的自信心。同时，学生之间的相互作用是不可忽视的教育因素。课堂上若一个学生在口语交际时受到其他学生的嘲笑挖苦，自信心必然受到挫伤，因此课堂口语交际中既要让学生学会清楚明白地表达自己的意思，也要让他们学会倾听、乐于交流，营造积极、轻松、民主、合作的氛围。如《做手工》一课，教师拿出事先做好的丝网花手工作品"池塘荷花"，然后让学生观察、讨论，再让学生猜一猜教师是用什么样的图形，怎样拼出这幅作品的。学生们兴致高涨，他们纷纷猜测、揣摩教师创作的过程，有的学生互相提问交流，有的学生直接向教师咨询。在这种状况下，孩子们没有拘束，在一种自由自在、无拘无束的情境中交流表达，轻松民主氛围的营造，使得学生有话可说，有话敢说，有话能说，有话乐说，教学也就达到了预期的效果。

(五)加强教师自身的示范指导

想说爱说是口语交际的前提，会说才是教学的目的。小学生想说，但有时候不知道如何去说，也不知道从哪开始说，结果东说一句西说一句，条理不清，凌乱无章，没有重点。这就要求教师必须做好示范指导，才能规范学生口语表达，提高口语交际能力。

1. 指点方法，有效引导

表达与交流(口语交际)教学融"听""说""交际"三者于一体，在教学中就要教给学生必要的听说及交际的方法。如"听"，除了向学生交代"听什么""为什么听"，更要教会学生"怎样听"；"说"的训练中教会学生紧扣主旨来说，观点提出要鲜明，条理清晰，纲举目张，通顺流畅，同时还要注意表达时语音、语调、停顿、节奏、重音等的处理，增强语言表达效果；交际时则要教给学生一定的交际技巧，如怎样在交际的最初几分钟迅速打动对方，面对尴尬局面如何处理等。

---

① 作者：李大娟，陕西省安康市第一小学。

2. 以问助说，丰富内容

学生说的时候往往只能把看到的简单说出来，内容枯燥。比如让学生说说周末是怎样度过的，有的学生只能说"去郊外旅游了，很好玩"之类的话语。教师就可以设计几个问题，帮助学生丰富说话内容。如：你和谁一起去的？怎么去的？你看到了哪些景物？描绘一下好吗？你玩了些什么？你最开心的是什么？这次郊游最大的收获是什么？通过这样的问题引导，可以帮助学生表达做到内容丰富，言之有物。

3. 提供句式，内化语言

教学时教师可以通过句式的提炼，帮助学生找到表达的语言模型，从而达到表达流畅、说话连贯。比如教学《春游去哪儿玩》，展示春游图，指导学生进行观察时可以提出问题："老师带领同学们来到了哪儿？这里景色怎么样？从哪些地方可以看出来？"学生按照教师提供的句式进行回答："老师带领同学们来到一条小河边，这里的景色太美了……""同学们玩得怎么样？要用'有的……有的……'说出来。"这样，学生按照教师的指导，思维活跃又能条理清晰地进行表达，而且有声有色。又如一位教师教学《有趣的动物》，设计了一个这样的环节：在展示各种各样的动物后，让学生说说自己喜欢哪些动物，当几位学生的表达出现相同句式时，教师巧妙地出示了四种不同的句式，征求意见式地说："能选择下面的句式说话吗？"第一组句式是"我特别喜欢＿＿＿＿"，第二组句子是"我喜欢＿＿、＿＿和＿＿＿"，第三组句式是"＿＿、＿＿和＿＿＿我都喜欢"，第四种句式是"＿＿我喜欢，＿＿我喜欢，＿＿我也喜欢"。通过句式的呈现，学生随后的交际语言生动多了。学生通过清晰且多样地表达，将句式内化为自己的语言结构从而形成良好的语感。

(六)有效进行口语交际评价

评价是一种常用的反馈方式，也是一种重要的调控手段。在口语交际教学中恰当地运用评价手段，不仅能及时掌握课堂教学的现状与教学目标之间的差距以便补救，还能营造良好的学习氛围激发学生参与交际的热情，培养学生良好的个性品质。所以，选择有效的评价策略，拓宽评价的视野，对上好口语交际课非常重要。

1. 评价反馈的方式

表达与交流(口语交际)教学以双向或者多向互动为特点，评价反馈的方式也应是多种多样的。教学中应综合运用师评、生评、自评、他评、互评(师生或生生)等多种方式。比如，口语交际课中常有"学生模拟展示"的教学环节，有的老师马上就让台下观看的学生评价；有的老师则先让展示的同学自评或者互评，再让下面的学生评价，把更多的评价时间和发言机会留给学生，把评价的权利还给学生，使他们真正成为评价的主体、发展的主体。除此之外，教师还应注意倾听家长的反馈意见，家长的评价往往也能成为促进教师改进教学、提升口语交际教学质量的重要途径。

2. 评价反馈的要求

表达与交流(口语交际)教学的评价和反馈首先要紧紧围绕教学目标，体现口语交际教学目标的阶段性。《语文课程标准》就提出："评价内容应立足重点、关注各个学段的水平进阶。"口语交际的评价，应按照不同学段的要求，综合考查学生的参与意识、情意态度和表达能力。第一学段主要评价学生口语交际的态度与习惯，重在鼓励学生自信地表达；第二、第三学段主要评价学生日常口语交际的基本能力，学会倾听、表达与交流。

其次评价要突出过程性。口语交际教学的评价需重点考察在口语交际过程中学生表现出的学习态度、参与程度和核心素养的发展水平。《语文课程标准》指出："应根据各学段的学习内容和学习质量要求，广泛收集课堂关键表现、典型作业和阶段性测试等数据，体现多元主体、多种方式的特点。"口语交际评价要真实完整地评价学生参与口语交际实践活动的整体表现，既关注学生交际的语言表现，同时关注非语言的因素。在语言方面，需要借助评价激活学生内在的语言储备，规范学生口头用语，还要借助评价帮助学生反思交际的方法和要领，培养学生自身言语的得体性和应变性；在非语言因素方面，把交往态度、习惯、文明礼貌、沟通能力、处事能力等置于评价视野中。

最后要注意发挥评价主体的自主性。评价是一种自主参与、平等交往的过程，强调评价者和被评价者的互动。教师必须做有心人，让评价主体自主参与、关心学习过程，形成相互关注、相互改进、相互学习的氛围。在教学中，教师要提醒学生细心倾听，并积极参与课堂评价，促使学生逐渐学会彼此尊重、彼此理解、彼此欣赏。

另外，还须注意评价语言的丰富性。评价语言忌干瘪、笼统，一味"真好、真棒"之类的评价语言价值不大，不能对学生口语交际能力的提升产生建设意义。因此，一般来说，教师不仅要善于发现学生的优点加以肯定，也要对存在的问题用委婉的语气提醒学生努力的方向。如"这么一点小小的区别，都被你找出来了，你的听力可真了不起！""你听出了他的不足，可帮了他的大忙！""你的表达条理特别清晰，太棒了！要是少一点口头禅'然后'就更好了！"这样的评价语就不再单调，能起到良好的促进作用。

▶第三节　表达与交流(口语交际)教学设计

一、表达与交流(口语交际)课教学设计

(一)表达与交流(口语交际)课教学的一般过程

[案例5-3]　　　　"劝说"口语交际教学设计(三年级下册)

长沙市雨花区枫树山鸿铭小学　陈宁　贾峰

【教学目标】

1. 能根据具体情境选择恰当的方式，尝试劝说别人。

2. 培养学生运用得体的语言进行表达的能力。

3. 了解和感悟劝说语言的特点和技巧，养成良好的行为习惯。

【教学重点】

了解和感悟劝说语言的特点和技巧，能进行得体的劝说。

【教学难点】

体会养成良好的行为习惯的重要性，在劝说他人的同时，自己也受到良好的启迪和教育。

【教学准备】

多媒体课件

【教学过程】

一、情境引入，明确任务

（出示图片：一男孩坐在楼梯扶手上往下滑）

师生交流：下课时，一个同学把楼梯扶手当成滑梯。看，他玩得多高兴，嘴巴张得那么大，双手还在挥舞。你们觉得这样好吗？（不好。）为什么不好呢？（因为很危险。）面对这样的情况，我们该怎么办？是，要劝说他。（板书课题：劝说）

二、师生交流，研析方法

1. 正巧有三个高年级的同学看见了，他们对这个小同学进行了劝说。不过，这三个同学的劝说方法不一样。（出示课件）

①明明：你这样做太危险了，有可能会撞到别人的。

②亮亮：你怎么不遵守学校纪律呢？太不应该了！

③红红：小同学，别这么玩！扶手很滑，如果没抓稳的话，你会摔伤的。

2. 你们能不能看着这几个同学的表情，代他们说一说劝说的话？

3. 你们觉得这个小男孩更会接受谁的劝说？为什么？小组讨论交流。

4. 汇报交流，明确劝说的艺术。

小组派代表发言，组内其他同学补充发言。

教师小结：

①明明的劝说：指责的口吻，对方不易接受。

②亮亮的劝说：指出他的错误行为，带有批评的语气。

③红红的劝说：站在小同学的角度，为他着想，这样更容易让人接受，因此更能打动人。

5. 问题探讨：同学们都认为那个小同学更有可能接受红红的劝说。看来劝说还真是一门学问，那么劝说时要注意什么呢？

学生发言后教师小结（出示课件）：

①注意说话的语气，要友好和善，不用指责的口吻。

②多从别人的角度着想，这样别人更容易接受。

三、交际练习，巩固要点

1. 提出问题：如果你是值日生，看到下列现象，会怎样劝说呢？（出示课件）

现象一：课间休息，几个高年级同学随手把牛奶盒扔在地上。

现象二：几个同学在阅览室里大声喧哗。

2. 同桌合作，选择一个话题模拟练习。

3. 全班交流，之后引导辨析：哪些劝说是成功的？成功的原因是什么？哪些劝说是不成功的？可以做哪些改进？

（提醒同学们认真倾听，依据"注意说话的语气，要友好和善不要用指责的口吻；多从别人的角度着想，这样别人更容易接受"展开点评，提出改进。）

四、话题实践，拓展延伸

1. 其实在我们身边还有很多人需要我们劝说，大家看一看。（出示课件）

话题一：有同学违反交通规则，横穿马路。

话题二：表哥喜欢玩电脑游戏，一玩就是一整天。

2. 小组合作练劝说，每组练习一个。

3. 小组选代表表演，其他同学认真观看，予以点评。

（引导学生从劝说的角度去评，尽量不要从演的角度去评，同时口语交际的教学不能只着眼表达内容的生动活泼和交际过程的委婉流畅，还要随时关注规范的语法、标准的语音。）

4. 教师指导小结。

看到同学违反交通规则横穿马路，要及时拦住他的去路并将他带到路边进行劝说。如果对方已经在马路中间，就等过完马路再提醒对方下不为例，注意自己的安全。提醒表哥不要沉溺于游戏，伤害眼睛，建议对方在现实世界中充实自己，多运动、读书等。

五、总结分享，激发热情

1. 同学小结分享课堂所学。

2. 教师总结：同学们，这节课我们学劝说、练劝说、会劝说，大家的表现都很精彩。在生活学习中，希望同学们勤于发现、善于思考，乐于表达，用温暖的语气、正确的角度、得体的语言，努力解除他人心中的烦恼，做一个阳光智慧的劝说小天使。

六、板书设计

劝说

注意说话语气

多从别人角度着想

上述教学设计紧扣教学目标，通过教师的引导，创设情境，激发学生口语交际的兴趣，并在小组交流、全班交流的形式中指导学生具体表达，帮助学生达成想说、敢说、能说、会说的目标。一般来说，一次口语交际教学通常按照"创设情境—研析方法—模拟交际—拓展延伸"四个环节来进行设计。

（1）创设情境

情境的创设通常能调动学生真实的情感体验，能激发学生交际的欲望。因此，课堂中教师要利用感染性的语言描述，多媒体课件或实物展示等各种手段，创设一定的生活场景或模拟的生活实际情境，并引领学生参与，从而激发学生口语交际的内在需要，提高学生的实际交际能力。在案例5-3中，教师通过图片和交流创设交际情境，引发了学生思考，激发了学生口语交际的热情。

（2）研析方法

进入交际情境后，各种交际中的问题逐步产生，这时就需要教师引导学生层层分析交际的具体方法和要领，帮助学生提炼归纳同类交际话题内容的一般技巧和要求，从而为学生的口语交际实践活动提供方法指导。

（3）模拟交际

在具体的方法要领提炼后，需要组织学生进行实际的口语交际练习活动，必要时教师再对学生进行口语交际要领的指导。模拟交际的形式可以灵活处理：可先由教师或优秀学生进行口语交际示范，接着放手让学生自选对象或小组展开口语交际练习，最后选择典型口语交际范例，引导集体评议；也可教师先放手让学生根据口语交际的要求进行自主交际，然后再抽取典型，进行示范表演，同时引导学生进行评议。在案例 5-3 中，教师在明确要求后，引导学生采取同桌互练、推荐代表、全班交流的形式，让学生参与口语交际的训练。

（4）拓展延伸

为了将口语交际的要求与方法转化为能力，通常还需要学生将课堂上获得的知识在更多的实践情境中予以运用。因此，教师通常还应设计一些交际作业，让学生运用所学知识大胆实践，将知识转化为能力。在案例 5-3 中，教师设计了"横穿马路""玩电脑游戏"的新话题，进一步拓展情境内容，达到充分训练学生的目的。

当然，以上所说的设计思路是按一般规律提出的，实际教学中，训练内容各异，各年级学生口语交际水平不一，教师应根据实际情况合理调整教学环节，有效进行口语交际教学设计。

（二）表达与交流（口语交际）课教学的常见类型

口语交际教学的活动类型依据不同的分类角度可以有不同的类型。从语言表达角度分，有介绍、评价，求助、劝告，演讲、辩论等；从口语交际的具体内容和形式上分，有编讲故事、描述介绍、想象表达、情景表演、游戏操作等；根据交际主体参与的形式，可将口语交际活动分为独白类口语交际、对话类口语交际、表演类口语交际三大类。下面主要从交际主体与形式的角度对口语交际类型进行介绍。

1. 独白类口语交际

独白类口语交际是指说话者在交流环境下进行言语表达，但听众与说话者没有直接的言语交流，而通常以眼神、表情、气氛等予以回应。如自述、转述、自我介绍、推荐动画片、讲故事、说新闻、看图说话、口头作文等。当然，独白类口语交际不是说话者自言自语，而是仍然要关注听众的反应，与听众在心理和精神上展开交流。如一年级上册"小兔运南瓜"中，要求学生"大胆说出自己的想法"，学生需要展开想象，并把自己想到的方法大胆地说给同学听。从语言表达的角度看，这个口语交际活动只是说话者的言语表达，但说话者同样需要关注说话对象的反应，获得听众的反馈。再如二年级下册"推荐一部动画片"，交际活动是说话者介绍一部给自己留下最深印象的动画片，讲讲最吸引的人物或故事片段，但是在说话者介绍过程中要注意说话的速度，以便听众能听得清楚；听众也需要认真倾听，了解说话者所讲的内容。

2. 对话类口语交际

对话类口语交际是由两人或多人参与的、双向或多向的、以口语为载体的信息交流活动，也是生活中使用最广泛、最直接、最灵活、最简便的言语交流形式。[①] 具体包括问答、电话交谈、待客、安慰、访谈、面试、辩论等。这种口语交际体现了交际双方的互动过程，需要双方互相配合进行语言交流活动，对话各方都需要认真倾听，并根据实际情况表达自己的想法，回应对方的问题。如三年级上册"请教"，需要针对生活中遇到的问题向同学请教，请教时要有礼貌，不清楚的地方要及时追问；被请教的同学也需要认真倾听同学的困惑，并清楚表达自己的建议，你来我往中就完成了双向的交流活动。又如六年级上册"意见不同怎么办"，需要在小组讨论中展开"协商"。小组成员针对情境分别选择不同角色阐述对问题的看法，在这个过程中，成员之间需要准确把握别人的观点，不歪曲，不断章取义；同时要尊重不同意见，讨论问题和表达自己的观点时，态度要平和，以理服人。该口语交际活动实现的是多方参与的多向互动的口语交际活动。

3. 表演类口语交际

表演类口语交际兼具独白类和对话类口语交际的特点，主要是在表演性的语言实践活动中展开，如课本剧表演、童话表演、当众演讲、讲笑话、主持节目等。五年级下册"我们都来演一演"口语交际内容，需要学生分组完成课本剧准备、排练及表演。具体包括：从课文中选择感兴趣的故事，并进行适当修改；设计人物的台词、动作、表情，分好角色后进行排练；在班级内进行表演。此外，小组讨论各项任务时，需要成员轮流做主持人进行活动组织和引导每个成员发表意见。在这项口语交际活动中，通过完整的课本剧表演活动在不同的环节引导学生开展丰富、广泛而深入的言语交流活动。而在五年级下册"我们都来讲笑话"的口语交际中，说话者需要熟悉笑话内容，尽量表现出笑话中人物的神情、语气和动作。说话者在笑话表演中主要以单向的言语表达开展口语交际。总之，在表演类口语交际中，往往需要通过表演的方式运用独白叙事或对话交流等多种形式，实现学生口语交际能力的发展。

当然，口语交际课的教学类型不是绝对的，很多时候多种类型相互融合。我们知道，口语交际是一个多向互动的过程，在师生、生生互动和小组群体互动的过程中，教师要遵循儿童的年龄特点和思维发展规律，根据口语交际课不同的训练要求，选取不同的教学课类型，采取不同的教学策略，充分利用多种手段、多种方式激发兴趣，培养学生的口语交际能力。

(三)表达与交流(口语交际)课教学设计应注意的问题

口语交际教学设计需要注意以下几个方面。

---

① 欧治华. 新课标下口语交际活动的类型及其教学策略[J]. 现代语文(教学研究版)，2013(6)：24－27.

1. 目标定位，准确恰当

口语交际教学的目标定位是一个非常重要的问题，在教学实践中，极易出现目标设置不准确的现象，主要表现在目标设置过高或过低。其原因是没有根据课标学段目标予以定位，让低年级说高年级学生的话，让高年级做低年级喜欢做的事，导致对话内容空乏。

为此，教师在确立口语交际教学的目标时要注意：一是充分考虑学情。针对班级学生的具体情况来调整目标，那些不爱在公众面前表达的学生，适度降低要求，多给予机会参与表达，并关注他们表达的兴趣、情感和态度，对于表达能力强的学生，则可以适当地增加一些难度。二是明晰学段目标。在口语交际教学过程中，我们不能够停留在让学生简单地模仿，简单地表演，而要结合具体的学段目标关注学生的表达是否准确、是否得体、是否到位，并根据学生的表达进行针对性的指导。三是从具体实际出发。各个学段的话题不一样，所采取的教学方式也是不一样的，教师要从教学实际出发，有选择、有针对性地设计口语交际的情境，开展符合学生实际的口语交际活动。

2. 增强互动，加强交流

口语交际不是听和说的简单相加，其核心是交际，其特点是互动。只有实现了互动，口语交际的交际功能才能真正实现，学生的口语交际能力必须在互动的口语交际实践中才能形成。而口语交际中最大的难题恐怕就是只有你来，没有我往，单向传输缺少互动。如何从简单的听说技能转向复杂语境下的多向互动，是口语交际教学面临的一大难题。由此，增强各类口语交际课中的交际性、互动性，是解决这一问题的主要方式。如在自述、推荐、讲故事、解说等"独白类"口语交际中，教师要引导学生有"在场"的意识，要说得明白，使人听得懂、喜欢听，并且让其他学生参与互动评价，增强交互性；而像打电话、商量、劝告、辩论、情境对话等"对话类"口语交际，是两人或多人直接交谈，就需要增加学生实战的机会，讲的时候尽量口语化。

3. 全体参与，点面结合

口语交际能力是在口语交际实践中发展的，口语交际教学应做到让每个人都有机会说话，每个人都有话可说。"全体参与"是提高每个学生口语交际能力的保证，而乐于参与本身就是口语交际的目标之一。"全体参与"包括参与活动、参与倾听、参与表达、参与交流。要做到"全体参与"，就必须实行"点面结合"的组织形式。"点"主要起示范、启发、引导作用，"面"则是给每一个学生创造参与的机会。要将个别活动、小组活动和全班性活动结合起来。比如续讲故事，可以先让每个学生思考如何续编故事，再选代表在全班试编一段，然后让每个同学在小组里说说自己续编的故事，再从小组里挑选编得好、讲得好的学生在全班展示交流；也可以先让同学在小组里合作编故事，再挑选有代表性的小组在全班展示、交流，然后组与组之间互相观摩。要注意的是，指名在全班进行单独展示，或者挑选小组在全班展示，数量都不宜太多，否则大部分同学将变成被动的听众，缺少主动参与的机会。

4. 关注生成，灵活导向

口语交际课的交际性和互动性决定了口语交际课的开放性和生成性，教师既作为参与者参与交际对话，同时也作为引导者对学生的口语交际进行有效的指导。作为教者，就应该把握课堂灵活性、动态性方面，多用心思考，积极应对，巧妙引导，满足学生发展的需要。但不可出现两种极端状况：一是过于放任，不加引导。教师放弃自身引导者身份，任学生交流而不对学生的表达加以评价和指导，听之任之，出现混乱的状况，不利于学生的发展。二是循规蹈矩，牵制过多。教师课前备课设计很周密，上课时按教学预设步步推进，只求教学流程顺畅，满足于完成预定计划。于是，教师提出问题后，只要有一个学生回答了就开始下一轮讲解，也不管还有多少学生想发表意见；对于某一问题一旦发生争论，教师就拍手叫停；教师安排了小组讨论，可是学生才凑到一块，教师就叫学生回位开始汇报交流。这些情形，会压抑学生的思维积极性，挫伤学生的表达欲望。

由此，教师在口语交际教学中，首先要尊重学生主体。课堂上当一位学生滔滔不绝偏离话题时，或学生表达牛头不对马嘴时，教师不可简单粗暴地叫停，可以尝试从学生的语言组织、情感态度、知识视野等方面给予充分肯定，激发学生的自豪感；也可以用商量的口吻叫停学生，通过增加提问、现场回答等方式过渡到后续教学目标完成中。其次，教师要凸显主导地位。教师的主导一方面表现在课堂教学环节的引导上，另一方面，课堂教学更多是生成的，这就需要靠教师的教学智慧来把握，做到收放自如。

[案例5-4]　　　　　　　"安慰"口语交际教学(四年级上册)

湖南第一师范学院第二附属小学　李素娟

【教学目标】

1. 能根据对方的情况选择合适的方式进行安慰。

2. 能借助语调、手势等恰当地表达自己的情感，与人交往情感真挚。

3. 学会换位思考，体会他人的处境和心情。

【教学重难点】

能根据对方的情况选择合适的方式进行安慰。

【教学准备】

课件、活动评价表

【教学过程】

一、情境导入，揭示话题

1. 创设情境：同学们，台下这么多老师听课，那么多双眼睛看着。站在这里，我

教学视频：《"安慰"口语交际教学》①

---

① 作者：李素娟，湖南第一师范学院第二附属小学。

有点紧张，有点担忧。此时此刻，你们能对我说几句话吗？

2. 学生回答。

3. 揭示话题：听了你们一番充满关切的话，我的心情舒坦许多。谢谢你们。刚才你们说的这些话对我就是一种安慰。【板书：安慰】今天，这节课，我们就来聊聊安慰这个话题。

二、绘本引路，感知方法

1. 安慰之前，先寻原因

(1)【出示绘本封页】比尔是一只很会安慰人的小熊。这一天，他发现小花猫安静地坐在门前，看起来很不高兴的样子。小花猫遇到了什么不开心的事呢？

(2)生答。

(3)师小结：安慰别人的时候，就是要这样首先了解别人不开心的原因。

2. 将心比心，体谅对方

(1)师：同学们，如果你发现朋友一副不开心、难过的样子，你的心情会怎样？

(2)为什么你也会跟着难过？如果他难过，你却笑嘻嘻的或者幸灾乐祸的样子，合适吗？

(3)师小结：设身处地替人着想，你就体会到他的心情。这叫将心比心。接下来，请你先设身处地想想小花猫的心情，再选择合适的方法来安慰小花猫。请你和同桌互相说一说。

3. 师生互动，引出方法

(1)师：现在我就是那只难过的小花猫，热心善良的小熊，你能安慰我吗？

(2)师生演示。

(3)教师根据学生的回答，相机总结方法。

【板书：倾听　陪伴　帮助】

4. 范本引路，感知方法

(1)师：(指板书)刚才同学们运用了各种方式安慰人，【板书：方式】倾听对方的诉说，陪伴他度过难过的时光，尽力地帮助他，甚至可以引导他转移注意力。方法多种多样，充分体现了你们的善良和同情。大家想看看绘本中的小熊是怎么安慰小花猫的吗？

(2)学生阅读绘本中的有关内容。

(3)师：在小熊充满爱心的安慰中，小花猫的孤独、烦恼就这样烟消云散了。

小熊还安慰了谁？是怎么安慰的？课后可以读读这个绘本。

三、设置情境，体验表达

1. 设置情境，同桌演练

(1)师：生活中，我们或者身边的朋友也会遇到各种各样烦恼的事情。比如在接力赛中，小峰摔倒了，班级因此没有得到名次，他非常自责。该怎样安慰他呢？

同桌互相演练。

(2)学生交流后，学生点评。

(3)师小结：我们安慰他人的时候要注意使用恰当的语调。【板书：语调】

2. 小组互动，综合运用

(1)【课件出示教材中交际背景素材】小冰心爱的手表不见了；小丽要远离这座城市和身边的好朋友。

我们该怎样安慰他(她)呢？

(2)以4人为小组，模拟情境，其中1人扮演小冰或者小丽，其余的同学对他(她)进行安慰。再换1人扮演小丽，其余同学对他(她)进行安慰。

小组合作演练。师巡视，参与其中一个小组。

(3)小组分享展示。

(4)学生点评。【教师引导学生围绕板书的要领点评】

3. 师生多人互动，展示汇报

(1)师：我知道班上很多同学，都会安慰人。那我们推荐4个代表来展示吧。你们想到了就说。不举手，可以多次发言，直到把我安慰好了为止。

(2)师生互动展示。

4. 教师小结

师：安慰天使帮我走出了情绪的阴影，真的很感谢你们。生活中，安慰是一股甘甜的清泉，能滋润人们的心田；安慰是一束金色的阳光，能温暖荒凉冰冷的心；安慰是一座神奇的桥梁，能沟通你我的心灵。

四、拓展活动，运用方法

1. 活动要求

在座的同学，可能都会有一些烦心的事情。同学们热心地安慰一定可以帮你减轻痛苦。现在，我们自由组合成小组，两人或者多人，去开始我们的爱心安慰之旅。你可以安慰同学，也可以去安慰听课的老师，还可以安慰自己。

2. 厘清方法

师：活动之前，老师想了解一下，你们准备怎么安慰？学生回答。

【学生回答完后出示"我是安慰小天使"3星评价表】

3. 教师巡视

4. 活动小结

好，同学们，活动告一段落。获得3星安慰小天使的请举手。其实，不管是几颗星，你们安慰的语言可能不同，方式可能多种多样，【板书：……】但是带去的都是温暖，是快乐，是力量。你们都是安慰小天使。

我们今天聊了不少关于安慰的方法和技巧。其实，最大的技巧就是一颗真诚的心。只要你有一颗真诚的心，即使一句话也不说，你的一个同情的眼神，默默递过去的一张纸巾，对方也能感受到情谊和温暖。【板书：真诚】让我们带着这颗真诚的心，去安慰、关爱身边的人。

附板书：

【教学反思】

《安慰》是统编版小学语文教材四年级上册第六单元的口语交际话题。本册中前两次口语交际活动分别是《我们与环境》《爱护眼睛，保护视力》。这两次活动，对说话者提出了要求：注意说话音量，围绕话题讲。对倾听也提出了要求：判断别人发言是否与话题有关，不重复别人的发言。

《安慰》口语交际活动引导学生在与人交际中，设身处地想想他人的心情，考虑选用恰当的方式去安慰他人。训练要素有：1. 选择合适的方式进行安慰；2. 借助语调、手势等恰当地表达自己的情感。对于四年级学生而言，这次活动需要较高技巧：一是设身处地换位思考难，二是借助手势等表达情感难。

好在只要有一颗善良、富有同情的心，一切都不会成为难题。因此，这次活动不仅在于沟通技巧的传授，更多的是同情心的激发和爱心的传播。

下课后，听课的老师都竖起大拇指，夸奖这堂课上得精彩。虽然是夸大了褒奖，但自己感觉，这节课较好地落实了活动目标。学生在情境创设中充分调动起活动的兴趣，积极参与，有同桌2人小组互动，有师生互动，有小组多人互动，有自由组合成小队，面向会场里的老师进行交往互动。孩子们在活动中习得交往技巧，学会了表达、倾听与应对。现场听课的老师也多次用掌声为孩子们的出色表现喝彩。

回顾教学过程，有几点感悟：

1. 口语交际教学一定要对学生的学习基础充分了解，在此基础上再进行教学设计。所有的起点与终点都必须实事求是地以学生为中心，把学生置于学习的主体，激发学生去思考、展示，调动各个层面的学生全体参与，让每个学生都能学有所获，这是课堂成败的关键所在。

2. 口语交际教学要让学生们有角色意识，设身处地思考人物的情况，才能更有效地开展口语交际活动。否则，要么笑场，变成闹剧，嘻嘻哈哈之后毫无收获；要么太假，一帆风顺，没有实际锻炼的价值。

3. 课堂上，教师要始终倾听学生的语言、细致观察学生们的学习状况，并随时进行调整与应对。如果仅是按照教案走流程，课堂就会非常死板，而现场生成的课程资源就会被忽视和浪费。

在本次教学活动中，也有很多不足。如安慰的方式，可以让学生自己去归纳总结，要相信和锻炼孩子们的思考能力。还有，对于学生说的内容本身，比如借用名言、巧用成语、语言十分形象等，教师也应在评价中予以肯定。而本次教学中在这些方面体现得还不够充分，今后需加以改进。

二、语文教学各环节中的口语交际教学设计

小学语文各教学环节均可对学生进行口语交际训练，下面以阅读与鉴赏教学、表达与交流(习作)教学为例说一说。

(一)阅读与鉴赏教学中的口语交际教学设计

小学语文教材中的每一篇课文都蕴含丰富的知识，我们可以利用课堂教学的各个环节，创设尽可能多的机会让学生进行口语交际，交流各自学到的知识和技能，表达自己的感悟和体验，并引导他们在交际时做到言之有物、言之有序，提高他们的口语交际能力。具体表现在可以充分利用课文资源，并采用直观形象、生动活泼的教法，使学生饶有兴趣地、主动地投入口语交际的训练中去观察说、想象说、复述说、表演说。

1. 借助课文的图画

小学语文教材大多课文都配有色彩鲜艳、形象生动的图画，这些图画直观性强，能唤起学生的观察、联想和说话的兴趣。如教 a、o、e 时可与学生交流图上的内容，红日初升，公鸡啼叫，小白鹅早早地来到河里练习游泳，小姑娘在练习唱歌；教识"太阳"两字时，可让学生交流"什么样的太阳(高高的太阳、红红的太阳、火辣辣的太阳……)""太阳有什么作用"等。在教学《小小的船》中"我在小小的船里坐，只看见闪闪的星星蓝蓝的天"这句话时，可指导学生展开想象：如果自己到宇宙旅行，将会看到什么，是不是"只看到闪闪的星星蓝蓝的天"？学生打开思维的闸门，张开想象的翅膀，说出自己可能看到"宇宙飞船""外星人""人造卫星"等，然后让学生与它们交谈。这不仅激发了学生的想象和思维，而且有效地进行了口语交际训练。

2. 利用文本的延伸点

教材是我们学习的一种载体、媒介，在课堂上我们更多的是要利用教材提供的范例，进行延伸、扩展。如《胡萝卜先生的长胡子》写到胡萝卜先生的长胡子被小男孩用来放风筝、被鸟太太用来晾尿布。文章结尾意犹未尽，可以引导学生说说接下来可能发生什么事情。《坐井观天》这篇课文，既是一则充满童趣的寓言故事，又是一篇进行口语交际的好教材。课文最后是这样写的——小鸟也笑了，说："朋友，你是弄错了。不信，你跳出井口来看看吧。"这段话留给了学生一个极大的想象空间。教师可根据这段话设计口语训练，让学生顺着课文的情节，展开丰富的想象，将课文内容作适当延伸。例如儿童诗《儿童的水墨画》，"人影给溪水染绿了，钓竿上立着一只红蜻蜓。忽然扑腾一声人影碎了，草地上蹦跳着鱼儿和笑声"。这些诗性文字所表达的是断续的跳动的画面，就可以引导孩子们去想象生活画面，为何人影染绿了、为何人影碎了、为何

草地上蹦跳着鱼儿和笑声,这样孩子们在语言表达交流中补白生活场景,从而体悟、品味到诗性文字背后的童真童趣。

3. 仿说文段的句式结构

阅读篇章都是精选出来的文章,每篇课文都能发现许多精彩的段落和句子,教师可充分挖掘这些句式结构,让学生仿说训练,并促进这些优美句式结构内化为学生的语言积淀。如统编版二年级下册《开满鲜花的小路》,"门前开着一大片五颜六色的鲜花。"这个句子在鲜花前有两个修饰语,可以引导学生层递性地开展仿说,先改换地址让学生补充,"房子旁边( )。""山坡上( )。"之后,再去掉最前面地点的限制,由学生自由想象发挥,按照句式结构进行表达,这样学生充分得到语言训练,积累了语言句式结构,从而内化为自身的语言材料。

(二)习作教学中的口语交际教学设计

[案例 5-5]　　　　　　　　习作指导课:《考试》教学片段

于老师先给同学们发试卷进行测试。

师:赵一帆,请把卷子读一读。(投影仪投出试卷内容)

生:(读)知识渊博型小学生测试题。要求:先填写自己所在的学校、班级、姓名,再读读每道题,读后再做。一、写出你最喜欢的两首古诗的题目和作者。二、默写一首诗,不写题目和作者。……(三至九题略)十、读完以上各题,只做一、二两题。(全场哄堂大笑)

师:白纸黑字,印得清清楚楚。赵一帆你请坐。全班只有赵一帆按要求做了。老师不是说了,第一要细心,把每个字都要看清楚;第二,要按要求做。要求多明确啊!要求是先读每一道题然后再做。看到你们此时此刻的表情,我想你们心里一定有很多的感受。谁想说?

生1:我觉得出试卷的教授简直神了!他想到我们心里去了。一般我们拿到试卷就写名字,然后就接下去做,他一开始就让我们读一遍,然后再做。但我没按要求做,其他题目有诱惑人的感觉。

师:诱惑?你被诱惑了?是吗?你呢?

生2:我感觉好像被人当猴子"耍"了一样,(生笑)这么多都白做了,就因为最后一题没看清楚。我真不明白,那个教授为什么后面还要写,多浪费字啊!前面两题写出来不就行了吗?多简单,一下子就写完了!偏偏让我们看清楚全文。我以为下面还有,已经翻过去看了,可是最后一题没仔细看就开始写了,害得我白写了很多字。

师:那你现在最想用一句什么话来概括自己的心情?

生2:我好像被人给耍了。

师:哈哈!被人给"耍"了!这话很深刻呀!如果这个"耍"加上引号的话,你就会思考得更多!你呢?

生3:我觉得出这张卷子的专家就是您,于老师。

师：没错，我故意说是专家出的，你真有眼光！

生3：您本来就是一个专家。我是说，您设下的这个陷阱是够深的。（笑声）

师：听见吗？他认为我设了一个"陷阱"，而且是很深的。（笑声）

生3：首先，您说要细心，要按要求做。一般考试的时候，同学们不会注意一个字一个字读过去，这就是我们的弱点，而您在最后写上只做前面的一、二两题，而且您要求是在5分钟之内做完。这就让同学们产生了矛盾，就只能"哗哗哗"地做，5分钟做不完怎么办？当听到您在阅卷时说"糟糕、糟糕"时，同学们还以为忘记写名字了。这就说明您太聪明了！（生笑）

师：我太聪明了！哈哈哈，感受很深刻。你呢？

……

师：大家有很多感受，考试以前有想法，考试当中也有想法，考试以后感受更多，刚才都是有感而发。想不想写下来？什么叫作文？作文就是有感而发，把看到的、听到的、对自己很有感触的事和现象动笔写一写，在这种情况下写的作文，一般都有真情实感。这件事你确实感受很深，那你一定会把作文写好，真正好的作文不在于字数多少，只要把你想说的话说出来，把你想表达的意思说清楚了，就是好作文。如果你想写这次所谓考试的过程那是记叙文；如先把这件事简单说一下，然后说说自己的感受，那就是议论文。请你们拿起笔来，就今天这次考试，把你最想说的写下来。

以说促写是我国作文教学的宝贵经验，先口头作文后书面作文也是小学习作课常见的教学程序。书面作文之前的口头表达能够有效地锻炼学生的口语交际能力。如案例5-4中于永正老师在学生书面作文之前，对学生进行了关于"考试前、考试中和考试后感受"的口语交际训练，学生因为之前亲身参与了有趣的测试，因而有话可说，也愿意向老师倾诉和表达，于老师只是认真倾听，从旁引导，使学生们踊跃地参与交流，达到了良好的效果。

不单在作文指导时可以进行口语交际训练，在作文讲评乃至批改中均可以对学生进行口语交际训练。另外，在作文教学中培养学生的口语交际能力，除了要重视从口头到书面的训练外，还必须重视从书面到口头的训练，让学生说了写，写了再说，使学生在训练中体味书面交际和口语交际的区别。如让学生将书面作文通过将文本口语化表达出来，使学生借助书面作文进行口语交际的训练。

(三)结合语文教学环节进行口语交际训练应注意的问题

1. 有明确目的

教师设计话题要有目的性，交际中要注意是否听清楚听明白，表达的语言是否连贯，能否说出自己的观点并与人探讨。

教学设计：《看图写话》①

---

① 作者：王婷婷，湖北省利川市第二民族实验小学。

[案例 5-6]　　　　　　　　　　　《小马过河》教学片段

师：小马为什么要过河？

生 1：小马要帮妈妈做事。

生 2：小马要到磨坊去，所以要过河。

生 3：小马要帮妈妈把麦子驮到磨坊去，所以要过河。

（通过讨论，学生认为最后一种说法较好。）

师：要是把磨坊所在的地点"河对岸"说进去，那就表达完整了。你们看，应该加在哪里？

生：加在"磨坊"前面。

师：谁能用上"为了……所以"，来说明小马为什么要过河？

生：小马为了帮妈妈把麦子驮到河对岸的磨坊去，所以要过河。

在案例 5-6 中，老师在阅读教学中，通过三次提问，逐步提高学生语言的准确性，目的明确，训练了学生的语言能力，培养了学生思维的严密性。

2. 有机结合，自然穿插

教师在语文教学各环节中要善于抓住有利于发展口语交际能力的因素，随机训练，自然穿插。如在教学《蝙蝠和雷达》的时候，老师引导学生思考：蝙蝠发出的超声波碰到了飞蛾、蚊子会怎样呢？生活中还有哪些发明是受到了动物的启发呢？学生们开动脑筋，你一言我一语，踊跃发表自己的意见。这样顺着课文内容教学适时拓展的交际话题，自然而然，既能帮助学生拓展对课文内容的体会和感悟，同时又能有效地对学生进行口语交际的训练，提升学生的语言表达能力。

【资料链接】

1. 沈碧君. 项目化学习背景下的口语交际情境创设[J]. 语文教学通讯，2022(11).

项目化学习是基于项目而产生的一种创新高效的教学方式，该文基于项目化学习理念观照口语交际之情境创设，指出口语交际教学必须紧扣口语交际的项目目标、激发学生口语交际的内驱力、搭建真实的口语交际语境，提出用于课堂教学的情境包括课本中展现的情境、教师组织创设的情境、学生根据生活经验并依托资料自主创设的情境。该文对于师范生在口语交际的情境创设方面提供了很好的经验和做法。

2. 姚林群，王苏丫，胡小玲. 小学生口语交际能力：要素、水平层次及评价指标[J]. 教育测量与评价，2022(5).

科学建构小学生口语交际能力评价指标体系是提高小学语文教学质量和学生口语交际能力的基础性工作。文章基于《义务教育语文课程标准（2022 年版）》关于小学生口语交际能力的课程目标和学业质量描述，借鉴国内外相关理论研究成果，从交际情境、交际内容、交际过程、交际策略四个维度构建小学生口语交际能力评价框架，并在此基础上尝试划分螺旋上升、层层递进的水平层次，设定可评价、易操作的评价指标，有很强的参考价值。

3. 马骏. 初中口语交际中"思维力"的价值、类型和教学优化[J]. 语文教学通讯(初中)，2022(9).

思维力是话语的内核，是口语交际的灵魂。《义务教育语文课程标准(2022 年版)》在"发展型学习任务群"中作了"实用性阅读与交流""思辨性阅读与表达"的安排，充分显现了口语交际教学在培养学生思维力上的重要价值。尽管这篇文章聚焦的是初中语文口语交际的"思维力"培养，但是对于小学语文口语交际中思维力价值的了解、思维力的类型、思维力培养的优化策略有很好的借鉴性，故推荐大家阅读。

4. 刘玉雪. 表现性评价在小学高年级语文口语交际教学中的应用研究[D]. 烟台：鲁东大学，2022.

《义务教育语文课程标准(2022 年版)》在评价建议中提出，"教师应树立'教—学—评'一体化的意识，科学选择评价方式，合理使用评价工具，妥善运用评价语言""广泛搜集课堂关键表现"，表现性评价由此凸显出口语交际教学评价的重要价值。本文对表现性评价与小学高年级语文口语交际教学之间进行了适切性分析，并对小学高年级口语交际教学进行了相应的表现性评价设计与实施探索，为大家提供了很好的观测视角。

【思考·训练】

1. 从过去的"听说教学"到"口语交际教学"再到现在的"表达与交流"，小学语文口语交际教学在名称上发生了显著的变化。请梳理历年语文课程标准，小组讨论交流其教学目标发生了哪些变化。

2. 小学口语交际教学的途径有哪些？可以采用哪些方法开展小学口语交际教学？

3. 请扫码获取统编版小学语文四年级上册《我们与环境》、五年级下册《我们都来讲笑话》口语交际教学设计，任选其一予以评析，并提出你的教学设想。

"思考·训练"
答题思路

教学设计：《我们与环境》①

教学设计：我们都来讲笑话②

【研究选题】

1. 表达与交流(口语交际)教学策略研究

2. 统编版教材口语交际教学内容分析与情境创设研究

3. "实用性阅读与表达"中的口语交际教学策略研究

4. 口语交际教学与学生思维能力培养研究

---

① 作者：陈婉婷，湖南省郴州市苏仙区坳上学校。

② 作者：黄敏洁，湖南省长沙市芙蓉区朝阳小学。

【参考文献】

1. 蒋蓉. 小学语文教学设计[M]. 北京：高等教育出版社，2022.

2. 李春清. "梳理与探究"融入口语交际教学的意义审视与实践要旨[J]. 教学与管理，2025（5）.

3. 郑艺. 生成式人工智能赋能口语交际教学研究[J]. 江苏教育研究. 2025(7).

4. 于永正. 于永正教育文集：于永正课堂教学实录（口语交际与习作教学卷）[M]. 北京：教育科学出版社，2014.

5. 李丽，熊德雅，段慧明. 口语交际学习论[M]. 北京：语文出版社，2013.

6. 王志凯，王荣生. 口语交际教例剖析与教案研制[M]. 南宁：广西教育出版社，2004.

7. 王林发. 语文口语交际教学设计方案40例[M]. 北京：中国轻工业出版社，2012.

8. 吴雨洁. 语文口语交际教学中教师角色的转换[J]. 文学教育，2022(11).

9. 姚林群，王苏丫，胡小玲. 小学生口语交际能力：要素、水平层次及评价指标[J]. 教育测量与评价，2022(10).

10. 朱水平. 适应培养儿童未来全域交际力的需要：统编教材口语交际的编排特点及教学建议[J]. 语文建设，2022(2).

第六章　表达与交流(习作)教学

学习目标

1. 了解表达与交流(习作)教学目标与策略。
2. 掌握表达与交流(习作)教学内容与方法。
3. 能够进行表达与交流(习作)教学设计,具有初步的习作教学能力。
4. 在习作教学中提升运用语言文字表现美、创造美的能力,发展思维能力。

《语文课程标准》明确指出:"语文课程是一门学习国家通用语言文字运用的综合性、实践性课程。"写作是运用语言文字进行表达和交流的重要方式,是认识世界、认识自我、创造性表述的过程,写作能力是语文素养的综合体现。表达与交流(习作)教学是小学语文教学的重要组成部分,是培养学生书面语言文字表达能力最重要的途径。

第一节　表达与交流(习作)教学目标与策略

《语文课程标准》将"口语交际""写作"整合为"表达与交流",以"识字与写字、阅读与鉴赏、表达与交流、梳理与探究"四类语文实践活动统整课程内容。这是基于语文核心素养导向的注重课程内容统整和真实学科实践的重要举措。

一、表达与交流(习作)教学目标

(一)习作教学总目标与学段要求

《语文课程标准》明确了习作教学总目标:"能根据需要,用书面语言具体明确、文从字顺地表达自己的见闻、体验和想法。"在总目标基础上对各学段习作教学要求也有相关表述。

第一学段(1~2年级):

对写话有兴趣,留心观察周围事物,写自己想说的话,写想象中的事物。在写话中乐于运用阅读和生活中学到的词语。根据表达的需要,学会使用逗号、句号、问号、感叹号。

第二学段(3~4年级):

乐于用书面的方式与人交流沟通,愿意与他人分享,增强表达的自信心。观察周围世界,能不拘形式地写下自己的见闻、感受和想象,注意把自己觉得新奇有趣或印象最深、最受感动的内容写清楚。能用便条、简短的书信等进行交流。尝试在习作中运用自己平时积累的语言材料,特别是有新鲜感的词句。学习修改习作中有明显错误的词句。根据表达的需要,正确使用冒号、引号等标点符号。课内习作每学年16次左右。

第三学段(5～6年级):

懂得写作是为了自我表达和与人交流。养成留心观察周围事物的习惯,有意识地丰富自己的见闻,珍视自己的独特感受,积累习作素材。能写简单的记实作文和想象作文,内容具体、感情真实。能根据内容表达的需要,分段表述,学写读书笔记,学写常见应用文。修改自己的习作,并主动与他人交换修改,做到语句通顺,行款正确,书写规范、整洁。根据表达需要,正确使用常用的标点符号。习作要有一定速度。课内习作每学年16次左右。尝试写简单的研究报告。学写活动计划和活动总结。

(二)习作教学目标特点①

分析习作教学总目标与学段要求内容,我们不难发现,《语文课程标准》习作教学目标具有鲜明的特点。

1. 突出核心素养培养

《语文课程标准》明确指出:“语文课程要围绕核心素养,体现课程性质,反映课程理念,确立课程目标。”核心素养“是学生在积极的语文实践活动中积累、建构并在真实的语言运用情境中表现出来的,是文化自信和语言运用、思维能力、审美创造的综合体现。”

《语文课程标准》对习作教学目标的表述,从总目标到学段目标、课程内容(任务群),再到学业质量等,素养导向一以贯之。第一学段侧重陈述与叙述,“对写话有兴趣、留心周围事物,写自己想说的话。在写话中乐于运用阅读和生活中学到的词语”;第二学段侧重描述与表现,“观察周围世界,能不拘形式地写下自己的见闻、感受和想象,注意把自己觉得新奇有趣或印象最深、最受感动的内容写清楚”;第三学段侧重解释与分析,“养成留心观察周围事物的习惯,有意识地丰富自己的见闻,珍视个人的独特感受;积累习作素材”。这些习作训练要求就是紧扣核心素养,而六个学习任务群的“学习内容”和“教学指示”,呈现出对核心素养更为具体的要求。学业质量主要体现学生在学段学习后达到的写话或习作能力表现,即语言运用能力。

由此可见,习作教学的“总目标”“学段目标”“课程内容(任务群)”“学业质量”等板块之间采取的是多线对应关系,体现由概括到具体,相互联系、各有侧重指向核心素养培养的逻辑思路。习作教学要引导学生继承和弘扬中华优秀传统文化,关注和参与当代文化生活,具有开阔的文化视野和一定的文化底蕴;具有正确、规范运用语言文字的意识和能力,能在具体语言情境中进行有效沟通交流;具有初步的感受美、发现美和运用语言文字表现美、创造美的能力。

2. 注重学段纵向进阶

总目标中的“见闻、体验、想法”是表达的内容,“文从字顺”“具体明确”是书面表

---

① 荣维东,周胜华. “表达与交流”教学应走向能力进阶和统整实践——《义务教育语文课程标准(2022年版)》“表达与交流”解读[J]. 福建教育,2022(27).

达的基本要求。在写作能力方面呈现出"句子写明白—语段写清楚—语篇写具体"的进阶要求。

第一学段聚焦写话，保护兴趣。侧重写话训练，"写自己想说的话""写想象中的事物"等，这些内容是该学段学生写话能力的关键表现。其中，"留心周围事物"是形成表达的前提及写话兴趣点所在，"在写话中乐于运用阅读和生活中学到的词语"重在培养语言积累兴趣和模仿运用意识，而强调"根据表达的需要，学习使用逗号、句号、问号、感叹号"等则是写话训练的基本要求。

第二学段聚焦构段，内容清楚。以段落层面的表达训练为主。"观察周围世界"是学生体察物象、获取习作素材的前提；"尝试在习作中运用自己平时积累的语言材料，特别是有新鲜感的词句"，要求学生不仅要积累语言，而且要学以致用；"能不拘形式地写下自己的见闻、感受和想象，注意把自己觉得新奇有趣或印象最深、最受感动的内容写清楚"，强调形式自由，内容清楚。此外还有"便条、简短的书信"等实用文写作要求。

第三学段聚焦谋篇，真实具体。呈现由段到篇的训练转变。提出"懂得写作是为了自我表达和与人交流"等，凸显了"交际意识"的重要性，有利于促进学生个体、习作训练和社会生活三者有机结合，促进学生从被动的"自我表达"向积极主动的"与人交流"转变。"养成留心观察周围事物的习惯""丰富的见闻""独特的感受"，与第一、第二学段要求一脉相承，从表象到内里，从"观物"到"观我"，观察视角在拓宽，观察品质在提升。

3. 体现多方横向统整

《语文课程标准》以"学习任务群"的方式组织课程内容，习作教学贯穿"日常生活、文学体验、跨学科学习"三类语言文字运用情境和"识字与写字、阅读与鉴赏、表达与交流、梳理与探究"四种语文实践活动，改变以知识技能为本的课程组织，实现课程内容的统整。一方面，习作教学坚持"以文化人"统整学习主题。提倡用中华优秀传统文化、革命文化、社会主义先进文化、外国优秀文化、日常生活和科技进步等专题内容作为习作的内容载体。另一方面，统整习作学习要素，重建习作内容逻辑。以发展型学习任务群为例，"表达与交流（习作）"的相关学习任务是通过学习主题、生活情境（生活逻辑）、学习要素（学科逻辑）以及学习方式（学习逻辑）进行关联和统整的。

4. 强调语言实践关联

核心素养导向下的习作大单元教学，强调语言运用与生活的关联。习作教材是主题单元内隐的"筋骨"，也是主题单元的"经线"，体现着习作教学的"历时性"。而儿童生活是主题单元外显的"血肉"，是主题单元的"纬线"，体现着习作教学的"共时性"。这两者相互交织，形成对流，从而生成以儿童为主体的习作教学活动。以统编版教材六年级下册为例，站在"学科育人"的视角，可将双线组织的六个单元学习内容，置于实现中华民族伟大复兴的宏大背景中，围绕育人导向鲜明的"少年锦时，逐梦而歌"的主题大概念，以三个大单元搭建学期课程框架，围绕"梦想"这一主题，将教材单元内容重构为三大课程群：基于文化传承和价值认同的"家国情怀"寻根课程（对应本册第一、第四单元），基于自我观照的"当下生活"启航课程(对应本册第二、第三、第五单元),基于综合性学习的"恰同学少年"修远课程(对应本册第六单元)。习作教学基于对三大课程群的分析,开展综合性实践活动。如第一单元"家乡风俗"对应"实用性阅读与交流"任务群,可根据《北京的春节》《腊八粥》《古诗三首》《藏戏》等,设计以"中国节日文化的传承和创新"为主题的小论文写作或主题小报制作,并借鉴课文的表达方式,尝试用文字介绍家乡节日风俗。

二、表达与交流(习作)教材内容分析

(一)小学语文教材习作内容整体分析

统编版教材改变以往教材以阅读为中心的编排体系,创新单元结构,安排了习作单元。习作单元以习作能力发展为主线,独立组织单元内容。既聚焦习作能力发展整体性,又关注各年级侧重点,将知识点分解在课文阅读、练习设计和习作例文中,体现习作教学目标的层次性和循序渐进的螺旋式上升过程。我们可以通过归纳整套教材写景类主题的习作内容,进行分析(表6-1)。

表6-1　统编教材写景类主题的习作目标序列

年级	单元主题	习作内容	习作目标
三(上)	留心观察周围事物	这儿真美	把身边的美景介绍给别人。仔细观察,试着运用从课文中学到的方法,围绕一个意思写,写好后修改错别字。
四(上)	感受自然之美	推荐一个好地方	把推荐的地方写清楚,把推荐的理由写充分,与同学一起修改。
四(下)	妙笔写美景,巧手著奇观	游_____	把题目补充完整,按游览顺序写,写清楚游览过程,突出重点,写出特点,学会修改。
五(上)	热爱家乡与祖国	二十年后回故乡	展开丰富的想象写家乡变化,写出对二十年后家乡生活的向往。分段叙述,重点部分写具体。学会同学间互换修改。
五(上)	四时景物皆成趣	_____即景	按照一定顺序有条理地写景物,重点观察景物的变化。
六(下)	百里不同风千里不同俗	家乡的风俗	这个风俗的特点是什么,可以从几个方面进行介绍,重点介绍什么。

习作单元自成体系,具有整体性特点,每个习作单元的课文分精读课文、习作例文两类,精读课文注重引导学生体会课文在表达上的特点,学习课文的表达方法;习作例文选取的课文,贴近儿童的生活,便于学生仿写、质疑,以"交流平台"的形式,对本单元学习到的一些表达方法或要求进行梳理和提示;"初试身手"提供一些片段练习或实践活动,让学生试着用学到的方法练一练,在充分获得感性认识的基础上,学

生借助掌握的习作方法，进行习作实践。

(二)小学语文教材各学段习作内容分析

小学语文习作教材内容分为两个阶段，1～2年级为"写话"教学，3～6年级为"习作"教学。

1. 写话教学(1～2年级)

(1)编童话

低年级儿童好幻想，他们是借助想象和幻想来理解、研究、解释他们生活的世界的，而童话的基本特征也是幻想，二者紧密结合在一起。可利用童话对小学生进行写话训练，如听童话，写童话，即先由教师讲一个童话，再让学生接着编；看图画，编童话；看实物(如观察文具盒)，编童话；联系生活(如班上有人用刀刻桌面)编童话；结合课文编童话。

教学课件与教后记：《蛋壳历险记》①

编童话这种训练形式，能激发学生听、说、写的兴趣，同时还可用上学过的生字，培养用词造句的能力，为今后写好纪实文打基础。

(2)看图说话、写话

看图说话、写话是培养学生观察能力、思维能力、想象能力的有效手段。从一年级开始，要从看一幅图到连续看几幅图，从看图说一句话到说几句话，再到说一段连贯的话，逐步过渡到根据图画内容编故事。

第一，看图说话。教学中一般有"选图""看图""说图"三个环节。①指导选图。要有健康的思想内容，还要有一定的艺术性，画面鲜明，故事性强，能引起学生的兴趣。②指导看图。要指导学生看清图画内容。一是看图目的要明确，即学生看这幅图要达到什么要求。二是要有重点。如一幅图的人物较多，要分辨主次，找出主要人物进行重点观察，观察他们的动作、神态、服饰，想象人物的内心活动。三是注意方法。观察事物要有一定的顺序，可由整体到部分，再由部分到整体，也可由上到下、从左到右地观察。有顺序有条理地看，说起话来才有条理。③指导说图。要说得有头有尾，顺序清楚，内容完整，有重点。说话要口齿清楚，声音要响亮，有感情。

第二，看图写话。写话就是"拿笔说话"，变"口语"为"笔语"。在仔细观察、合理想象的基础上，梳理观察和想象的内容，厘清先写什么，再写什么，最后写什么。确定哪些内容详写，哪些内容略写，要有顺序地把事情写清楚，写具体，语句要通顺。第一次写话，要讲清书写格式，并严格要求，培养学生良好的书写习惯。

(3)写观察日记

观察日记，是对日常生活进行细致观察所作的记录，是一种有效地训练观察能力、分析能力和语言文字表达能力的方式，也是观察事物进行写话的好形式。生活中的事物，比之图画更生动真实，也更能吸引学生，激发起他们观察的兴趣。

---

① 作者：李紫玥，湖南第一师范学院第二附属小学。

在指导学生写观察日记的过程中，教师要激发学生观察的兴趣，培养观察习惯。教师要引导学生一要注意观察，二要仔细观察，三要思考观察到的现象。还要教给学生观察的方法，如运用比较的方法；运用多种感官了解事物，如摸一摸、闻一闻、尝一尝；还可以通过联想和想象去丰富观察的感受。其他各年段也可以进行写观察日记的训练，但不同年级应有不同的要求。

2. 习作教学（3～6 年级）

突出练笔的性质，进行常见的应用文、简单的记实作文和想象作文的训练。为此，我们对统编版三、四、五、六年级上册习作教材内容进行了统计（表 6-2）。

表 6-2　统编版三、四、五、六年级上册习作教材内容统计表

课次	三年级	四年级	五年级	六年级
1	猜猜他是谁	推荐一个好地方	我的心爱之物	变形记
2	写日记	小小"动物园"	"漫画"老师	多彩的活动
3	我来编童话	写观察日记	缩写故事	让生活更美好
4	续写故事	我和____过一天	二十年后的家乡	笔尖流出的故事
5	我们眼中的缤纷世界	生活万花筒	介绍一种事物	围绕中心意思写
6	这儿真美	记一次游戏	我想对您说	学写倡议书
7	我有一个想法	写信	即景	我的拿手好戏
8	那次玩得真高兴	我的心儿怦怦跳	推荐一本书	有你，真好

（1）课内素描

中高年级是学生观察力发展的最佳时期，学生的观察能力迅速发展，有目的、持续、细致观察的能力都有较大的提高，素描就成为最佳的作文训练形式。所谓素描训练就是以观察实物作为途径，通过片段和简单的篇章形式，将描写与记叙结合起来（即运用"白描"手法）来反映周围生活的记叙文训练。

教学视频：《记一次游戏》①

课内素描可分为静物素描和叙事素描两种。静物素描是在课堂上指导学生对人或物进行某些片段的描写，如人物、小动物、房间陈设、大自然的一角等，进行观察并习作。叙事素描是在课堂上指导学生对某些事件进行叙述，如让一学生表演"修理课桌椅"，然后大家把事情记下来。素描训练可分步进行，先以观察室内静物为主，注意观察顺序和观察重点；再扩大观察范围，从室内到室外，由静到动，从颜色、形状、大小到发展变化，从看、听、想多方面写动态片段；最后观察人物的外貌和动作。对静

---

① 作者：符芬，湖南省怀化市麻阳苗族自治县第一芙蓉学校。

态事物可按其结构进行观察，对动态事物可按其活动过程观察(图 6-1)。

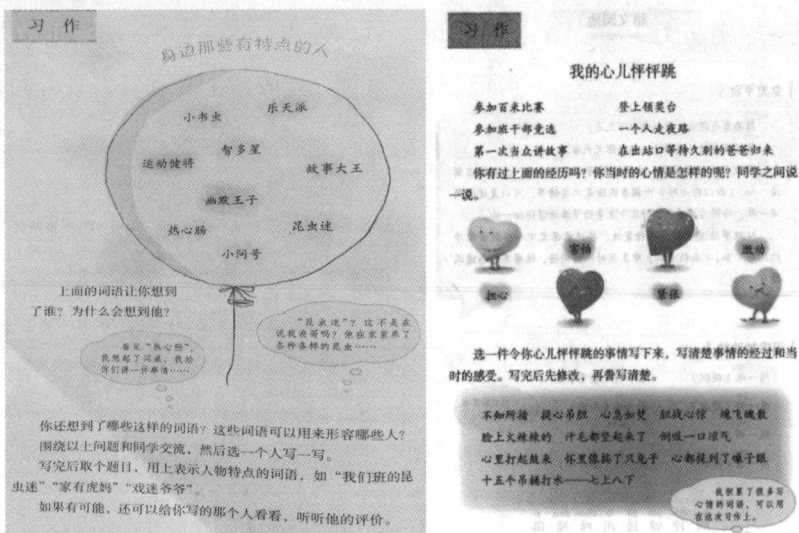

图 6-1　课内素描习作

(2)想象文

想象文以想象为主，学生根据自己的生活经验和阅读、观察获得的知识，驰骋想象，虚构情节。想象文为学生提供了广阔的思维空间，是他们比较感兴趣的作文形式。想象文可分为两类：一类是写自己的理想、追求、愿望、梦境等，往往和科幻结合在一起。另一类是童话，运用拟人手法，把各种动植物、物品想象成人类，通过有趣的故事，告诉读者某个道理。

统编版教材为此安排了极其丰富的习作训练。如二年级上册看图写话"猫和老鼠"；二年级下册看图写话"小虫子、蚂蚁、蝴蝶与鸡蛋壳"；三年级上册"我来编童话"；三年级下册"奇妙的想象""这样想象真有趣"；四年级下册"我的奇思妙想""故事新编"；五年级上册"二十年后的家乡"；六年级上册"变形记"等。这类作文为学生开拓了广阔的创造性思维活动的天地。教师引导学生充分展开想象，适当运用所学课文表达感情的方法；也可以让学生就学习生活中的各种可能进行想象；或结合习作范文训练；或与课外阅读结合起来(图 6-2)。

教学课件：《我来编童话》①

---

① 作者：彭慧琴，湖南省长沙县盼盼教育集团盼盼小学。

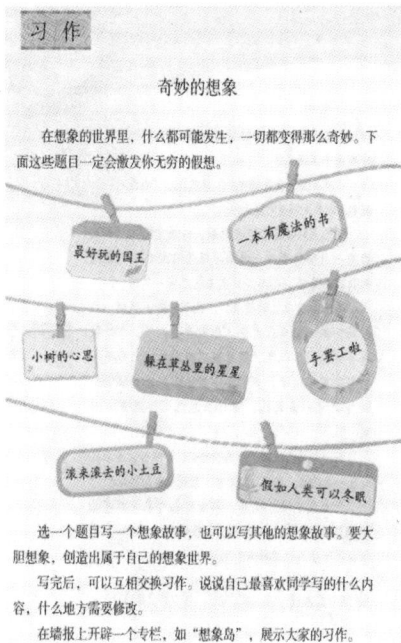

图 6-2　想象文写作

（3）应用文

应用文语言简明，实用性强，每种应用文都有相对固定的格式和要求。在教学中要联系具体内容，掌握相应格式要求，并懂得为什么必须按规定的格式来写。应用文重在"用"，应联系实际，让学生多练，在练中掌握格式，懂得写应用文的意义。统编教材在低段的写话教材中，就已经出现了应用文训练，如一年级上册《语文园地八》"给家人或朋友写一句新年祝福的话"；二年级上册《语文园地四》写话训练的"学写留言条"。而在小学中高段的习作训练中都有涉及应用文。如三年级上册"写日记"习作训练，了解日记内容及格式；四年级上册"写观察日记"，具体描写观察过程，写出观察时的心情想法，观察要细致；四年级上册"写信"，了解书信格式；六年级上册"学写计划与倡议书"等(图 6-3)。

教学设计:《猫和老鼠》①

————————————

①　作者：刘晨希，湖南第一师范学院汉语言文学专业学生。

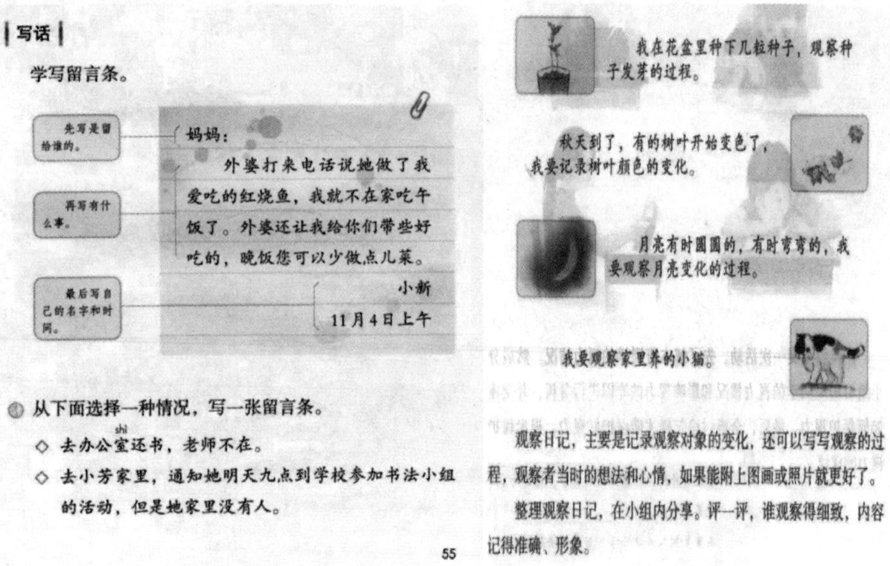
写话

学写留言条。

先写是留给谁的。

再写有什么事。

最后写自己的名字和时间。

妈妈：

外婆打来电话说她做了我爱吃的红烧鱼，我就不在家吃午饭了。外婆还让我给你们带些好吃的，晚饭您可以少做点儿菜。

小新

11月4日上午

从下面选择一种情况，写一张留言条。

◇ 去办公室还书，老师不在。

◇ 去小芳家里，通知她明天九点到学校参加书法小组的活动，但是她家里没有人。

55

我在花盆里种下几粒种子，观察种子发芽的过程。

秋天到了，有的树叶开始变色了，我要记录树叶颜色的变化。

月亮有时圆圆的，有时弯弯的，我要观察月亮变化的过程。

我要观察家里养的小猫。

观察日记，主要是记录观察对象的变化，还可以写写观察的过程，观察者当时的想法和心情，如果能附上图画或照片就更好了。

整理观察日记，在小组内分享。评一评，谁观察得细致，内容记得准确、形象。

图 6-3　应用文写作

三、表达与交流(习作)教学内容结构

《语文课程标准》以“学习任务群”的形式呈现课程内容组织结构：“以生活为基础，以语文实践活动为主线，以学习主题为引领，以学习任务为载体，整合学习内容、情境、方法和资源等要素，设计语文学习任务群。”我们根据这一界定来具体分析习作教学内容。“以生活为基础”体现出习作学习任务群的“情境性”特征——习作源于生活，以真实的生活需求为前提；习作服务生活，运用习作改善自身的生活。“以语文实践活动为主线”体现了习作学习任务群的“实践性”特征——在“做中学”，通过丰富语用型习作活动练就学生的表达素养。“以学习主题为引领”体现着习作学习任务群的“整体性”特征——围绕习作学习任务，设计连贯而完整的语言实践活动。“以学习任务为载体”体现着习作学习任务群的“过程性”特征——以明确的表达任务为驱动，完成任务的过程就是习作实践活动的过程，也是学生习作实践的真实历程。“整合学习内容、情境、方法和资源等要素”体现着习作学习任务群的“综合性”——习作学习在内容上加强了与其他学科之间的沟通，进行跨学科写作；习作学习在方式上注重了多媒介融合，开展跨媒介写作。[①] 我们将二三学段习作学习任务群对应内容列表如下(表 6-3)。

① 吴勇．基于核心素养的小学写作教学重构—2022 年版《义务教育语文课程标准》表达层面的热词解读及实施建议[J]．语文教学通讯，2022(18)．

表 6-3　学段与习作学习任务群

类别	第二学段	第三学段
语言文字积累与梳理	关注校园内外汉字和标点符号的正确使用情况。	开展校园内外正确使用标点符号情况的调查,整理、分享自己的发现;尝试运用到日常读写活动中,增强表达效果。
实用性阅读与交流	学习写留言条、请假条、短信息、简单书信等日常应用文,注意称谓和基本格式。学习用日记、观察手记等,展示自己观察自然、探索科学世界的收获。	学习记笔记、列大纲、写脚本、画思维导图等整理和呈现信息的方法;学习通过多种形式的书面表达,分享观察自然、探索科学世界的所见所闻、所思所感。
文学阅读与创意表达	尝试用文学语言表达自己热爱自然、珍爱生命的情感。	通过讲述、评析等方式,交流自己的情感体验。表达对自然的观察与体验,抒发自己的情感;学习联想与想象,尝试富有创意地表达;学习运用细节描写等文学表现手法,描述自己成长中的故事。
思辨性阅读与表达	口头和图文结合,表达自己的观点和思考;尝试运用列提纲、画思维导图等方式,表达故事中的道理。	能有理有据地表达自己的观点。通过画思维导图等辅助方式,简洁清楚地表述科学家发现、发明的过程。
整本书阅读	阅读中国古代寓言、神话传说等,学习其中蕴含的中华智慧,分享自己获得的启示。	梳理、反思小学阶段的阅读生活,与同学分享自己整本书阅读的经历、体会和阅读方法。
跨学科学习	就有关问题进行调查研讨,尝试写出简单的研究报告,并与同学交流。	综合运用语文、道德与法治、科学、劳动等多方面的知识和技能,通过小组研讨、集体策划等设计参观考察活动方案,通过跨媒介形式分享研学成果,运用多样形式丰富自己的语言表达,呈现与分享奇思妙想。

四、表达与交流(习作)教学的基本策略

就小学习作教学来说,教师应掌握以下教学基本策略。

(一)从述到作

这里有两层意思。第一层是述,述说,即说的意思;作,写作,即写的意思。这层是指由说到写。第二层是述,表述,叙述,是把自己阅读或别人朗读、讲述的材料复述或重新写出来;作,指写作,即学生把自己观察、体验到的生活情景,收集整理,确定中心,安排结构进行表述。

第一层强调作文训练与说话训练紧密结合。作文前,先把要写的内容,简要地不拘形式地说出来,达到对所写内容有个初步认识与理解的目的,以助于构思作文。同时作文前(指书面表达),先训练按要求口述,即口述作文。这两种形式,由易到难,

227

低年级的写话训练，应有先说后写的要求。高年级作文训练，由于时间不足，训练内容丰富，而且语文阅读教学也不如中、低年级那样有较多的说话训练时间。如果能充分运用课内外时间，采用相互听说等形式，让学生在动手习作前，先说说作文的内容，或按要求先口述作文，那么，作文训练的效果会更理想。

第二层是学生从"复述"到"创作"的过程，体现由易到难、循序渐进的原则。因为"作"比"述"更强调独立性和创造性，而"述"仅是重复别人提供的题材，以便过渡到自己独立表达思想，说明事理。

"述"的训练有复述课文句子、句群，讲见闻，讲故事，复述课文，以及改写、扩写、读写等练习。习作训练要灵活多样，由易到难，可先从句子复述，到短文复述，到结构复杂的文章复述，再到创造性复述；从教师拟写提纲让学生复述，到学生共同拟订提纲，再到学生独立拟订提纲复述。

从述到作，在小学阶段呈现过渡性和递进性。一般是低年级"述"多"作"少，随年段增高逐渐向"述"少"作"多转化，最终实现自由表达，个性创作。

（二）从分到合

"分"指单项的、局部的训练，"合"指综合的、整体的训练。我国传统的作文训练，都是采用从分到合，即由单项到综合、由局部到整体进行训练，如从字到句、由句到群、从句群到写段、从写段到写篇的训练；从分项写人物的外貌、动作、语言和心理活动，到完整的写人；从学写开头结尾，写场面片段、写景物片段等，到练习写篇。从低年级加强词句训练，到中年级加强段的训练，再到高年级训练篇章，写好全文。这种训练之所以为大家所接受而长期保留，是因为有着不可否认的优点。其一，可以分散难点，逐步解决作文中的问题，减缓作文训练的坡度；其二，简单方便，费时少，目标单一，成效快，便于结合阅读与鉴赏教学安排写作小练笔。

（三）从扶到放

"扶"指教师对学生习作过程的指导扶助，"放"指放手让学生作文。从整个小学阶段看，低年级"扶"多"放"少，年级增高，"扶"的成分减少，"放"的成分增多。如低年级看图说（写）一句话、一段话，指导时，需出示例句，启发开拓思路的步骤较为细致。到高年级，进行习作综合能力较强的记叙文训练，"扶"仅体现在启发选材和构思上，以"放"为主了。

（四）从仿到创

需要正确处理模仿和创造的关系。模仿，是学习的必经之路。刚入学的孩子爱模仿，中学生、大学生，甚至早已离开学校的成年人，都在有意无意之间模仿自己认为好的事物。创造，也是一个必然的活动。两个人比着同一个葫芦画瓢，照着同一只猫画虎，画出来决不会完全一样，每个人画的都包含自己的个性。创造是目的，模仿正是为了创造。"仿"是"创"的基础先导；"创"是"仿"的发展和目的。从"仿"到"创"体现了循序渐进的教学原则。模仿既是必然的，就应当有意识地指导学生正确地模仿，而不要让模仿活动流于形式，模仿只是学习过程，不是目的，就不能以模仿为满足，而要不断地引导学生从模仿中跳出来，把学到的好东西内化为自己的习作创造。

仿作是小学作文教学中一项重要的训练，是掌握作文表达技能的过渡途径。把观察与模仿结合起来，把阅读与写作结合起来，是提高作文水平的有效途径，而读写结合就以模仿为桥梁。

一般的仿作有三种类型。

1."句式"仿作

模仿课文中或课外阅读中的基本句型、句式、常用句群。仿作目的在于建立完整的句子概念，了解句与句的结构关系，掌握用词造句的基本技能，使语言规范化。对于学生作文训练中出现的病句，也可通过仿作范句，让学生领悟修改。此外，为了使学生的书面语言更鲜明生动，还可以设计仿写简单的修辞句，如比喻、拟人、排比、设问、反问等，这种仿作，多数结合阅读教学进行。

2."片段"仿作

结合课文或范文某些精彩段落，引导学生仿写某一片段，可以仿写各种开头、结尾、过渡、照应、衔接等语言片段；也可仿写记事、状物、写景等段落，还可以进行人物的外貌、语言、行动、心理活动等专项仿写训练。

片段仿写有两种形式：一是同类仿写，取材与范文相同或相近，仿用范例片段的表达方法，如学习描写"下雨"的课文后，让学生观察"下雪"，"照猫画虎"地仿写。二是异型仿写，仿效范文的观察方法和表达方法，去描写和范文不相关的另一类事物。如学习了《爬山虎的脚》《猫》《母鸡》《白鹅》等课文后，让学生学习本文的观察方法去观察生活中的其他事物，如手绢、文具盒等。

3."篇"的仿作

"习作例文"就是篇的仿写，命题作文训练时的教师"下水文"和相关范文都是这种性质的"仿作"。教师以范文为模式，指导学生借鉴，仿其如何围绕中心写具体，如何主次分明、详略得当，如何前后照应、连贯一体，如何编列提纲、谋篇布局，如何语言得体、情感真实等。

▶第二节　表达与交流(习作)教学内容与方法

习作教学包括习作命题、指导、习作批改、习作讲评等内容，教学中要注意采取相应的方法。

教学设计：《推荐一本书》①

---

① 作者：夏金玉，湖南师范大学附属滨江学校。

一、习作命题

习作命题是小学习作教学的重要环节。习作的命题如果脱离学生生活，给予学生的限制太多，往往会影响学生习作趣味的激发，不利于学生书面表达能力的发展。那么，小学语文教师应如何更新命题观念，改进命题方法，有效提高习作教学质量呢？

(一)凸显趣味性

学生乐于写富有趣味性的习作，教师要根据各学段学生的年龄和心理特征，针对习作训练的目标、内容和形式，统筹规划，精心设计。趣味性的题目有两种类型：一种是对课文中的一些习作题进行趣化加工的题目，另一种是根据学生习作训练自行设计的趣味性题目。

统编版四年级上册第一单元习作主题是："推荐一个好地方。每个人都有自己喜欢的地方，你愿意和大家分享吗？你推荐的这个地方在哪里？它有什么特别之处？写出推荐理由。"对此习作，我们可以将其改为谈话："同学们，我们班近期要开展秋游活动，老师决定由同学们自己确定游览的景点。先请大家各自推荐一处自然景观，并把它的美丽、奇特之处具体写下来。老师将从中选择一处既好看又好玩的景点，然后带你们去游玩，并由推荐这个景点的同学当导游。大家可要好好把握机会哦!"中年段学生好强又爱玩，他们会积极动笔向老师介绍自己最熟悉的景观。这样的命题不仅没有给学生留下"要我写"的痕迹，反而会使他们感到这是老师在满足自己表现的需要。

(二)注重实践性

习作命题应重视疏通作文应用的渠道，拓宽作文应用的领域，引导学生用掌握的作文本领去解决生活中的实际问题。如当老师、同学过生日时，为他们在电台、电视台点播节目，送上温馨祝福；节假日给远在外地的亲人写慰问信；为学校的发展提合理化建议；为班队活动写通讯稿……这样的命题能使学生在习作实践中真切感受到作文是生活的需要。

习作命题还可与语文综合性学习有机结合，实现作文教学的综合化、综合性学习的作文化。如可以组织学生开展以"保护环境"为主题的习作综合实践活动：指导学生制订活动计划，把活动的内容、形式、要求等写具体。随后引导学生分头行动，或去观察家乡周围的环境情况，看看空气和水是不是受到了污染，是受什么污染的；或去访问当地群众，向他们了解家乡的花草树木是增多了还是减少了，环境是变好了还是变差了，原因又是什么；或通过各种渠道查找资料，了解家乡环境变化的根源，认识环境污染的危害性，学习保护环境的基本常识……要求学生在活动中先把看到的、听到的、查到的有关内容详细记录下来，待活动结束后，再指导学生整理记录材料，交流了解到的情况，学写调查报告，向有关部门提出改善环境的建议。还可以发挥想象，写一写几年后家乡的环境，也可以写在这次活动中发生的其他事。

(三)讲求科学性

1. 强调梯度

教师要全面了解整个小学阶段的习作内容与要求，明确各学段的训练重点与目标，命题时要瞻前顾后，统筹兼顾，突出习作训练的渐进过程，同时在习作内容及其要求中体现由略到详、由易到难的梯度。

如同样是写校园生活的题目，就"内容"而言，低年段可让学生看图(校内活动)，发挥想象，把画面内容简要写下来；中年段可让学生根据总起句"我们的课间活动真有趣"写一段话；高年段可让学生写发生在校园里的一件难忘的事。再如，同样是写一种动物，就"要求"而言，低年段可以是这样的：用几句话介绍你最喜欢的一种动物。中年段可以这样说：动物是人类的朋友，你最了解哪一种动物？它有什么特点？请你把它详细写下来，可以写它的外形、脾气，也可以写它怎样进食，怎样嬉戏，怎样休息等，要具体地写出动物的特点，表达自己的真情实感。这样由浅入深地对学生进行训练，他们的习作能力就会随之逐步提高。

2. 关注广度

习作训练既是学生学习语言表达的重要环节，又是其自我表达情感诉求的渠道。教师要认真研究学生运用语言文字进行表达和交流的方法及特征，了解不同年龄学生心理需求，努力寻找达成习作目标的有效途径，想方设法扩大学生的练笔领域。

低年段要引导学生走进大自然，观察大自然，用文字表达自己的观察所得；鼓励学生参加校园、社区组织的活动，用书面语言表达自己的经历、见闻和想法。通过多样化的练笔，努力提高学生的写话能力。

中年段的命题作文，不但要加强写人叙事、描景状物的训练，而且应重视简短的书信和便条的练习，指导学生不拘形式地写下见闻、感受和想象，并能用具备的习作技能去解决生活中的实际问题。

高年段的命题作文，应注意在中低年段习作的基础上，进一步加强简单的记实作文和想象作文的训练，同时要重视读书笔记和常见的应用文练习，指导学生通过系统训练，掌握应有的作文技能。

3. 注重密度

要有效提高学生的习作能力，必须切实加强习作训练，通过经常性、多样化的练笔，巩固习作技能，夯实作文基础。但是，课外的练笔并不是多多益善，而应该根据实际情况，有计划、有目的地设计练笔内容，安排练笔次数，做到有的放矢。

一般说来，练笔可结合阅读课进行，做到由读及写，读写结合。阅读课上的练笔要为单元习作打基础，每单元1~2次为宜，不用每课必写。否则，捆绑训练会加重学生负担，影响他们的习作兴趣。除了小练笔外，教师还应指导学生写日记或周记，鼓励他们把看到的、想到的、听到的记下来，想记什么就记什么，想记多少就记多少，不必作过多限制，更不可强求他们每天都要记多少字的内容。

4. 体现活度

命题具有极强的导向性，它将直接影响学生作文能力的发展。所以，教师要遵循学生思维、语言发展的规律，发挥积极的导向作用，灵活设计习作训练题目，促进学生语文素养的可持续发展。

首先，命题要充分考虑学生学习的自主性，为他们的自主写作提供有利条件和广阔空间。习作题目的要求要恰如其分，不宜过细，因为要求越细，限制也就越多，这样不利于学生的自由表达。

其次，命题要突出灵活性，体现开放性，便于学生多角度、多层次表达。如学校拔河比赛后的习作训练，教师不能只要求学生写比赛的经过，还应指导学生围绕比赛活动展开习作，如可以写同学比赛前的表现，也可以写自己对这场比赛的感受……这样，学生习作的思路就会变得开阔，表达的空间就会更大，也更有利于他们的个性表达，写出来的文章就不会千篇一律。

此外，教师应多采用半命题、话题作文的形式，提倡学生自主拟题，鼓励他们多写自己想写、能写的东西，尊重学生的表达自主权，充分发挥其表达优势，培植他们的习作自信心，学生在兴趣盎然的自由练笔中，享受习作带来的快乐。

二、习作指导

(一)创设情境

合适的情境是激发思维与表达的环境条件和写作动力的源泉，教学中一定要根据小学生注意力易分散、形象思维占优势的特点，依据教学内容，尽量模拟社会生活实践创设情境，激发学生的兴趣，使其注意力集中。从内容上看，创设作文导写情境可以分为以下三类。

教学设计：《看图写话》①

1. 创设课堂教学情境

作文教学时，教师不仅要利用教材内容，更要充实丰富教材内容，这样才能满足生与生、师与生双向互动交流的需要。比如写作可爱的小动物这类文章，教师可先让学生谈谈养过什么小动物，最喜欢哪种小动物以及为什么喜欢，还可以创设不同小动物的生活情境，让学生观察一种小动物，在动笔前说说小动物的特点。养过小动物的同学还可以说说自己是怎样养的；没有养过小动物的同学，也可以采访养过小动物的同学或参观动物园，学习养小动物的经验和有关动物学的知识。

2. 创设个人生活情境

教师应创设多种多样符合学生生活实际的情境，调动学生生活感知与生活积累，使学生的习作写得具体，写得真实，写得有趣，从而有效地培养学生的写作能力。

3. 创设社会生活情境

根据时代主题、突发事件或社会现象创设社会生活情境，这不仅可以提高学生习作的能力，而且还能培养学生健康的情感，正确的价值观和认真的人生态度。

需要指出的是，多媒体创设情境具有生动、形象、逼真的特点，使人有身临其境

---

① 作者：王婷婷，湖北省利川市第二民族实验小学。

的感觉，学生对此也十分感兴趣。教师应充分利用多媒体创设情境，引导学生从小学会理解、分析、判断这些媒体传播的信息，选择和利用合适的信息源，丰富习作素材。

从时间上看，创设作文导写情境也可以分为以下三类：

第一，"过去进行时"。重在唤醒学生的生活记忆，体验那难忘的情感历程。如《_____的回忆》，引导学生打开记忆的闸门，像放电影一样回忆过去的岁月里所经历的快乐或悲伤的事情，或叙述自己站在领奖台上自豪的情景，或描绘自己因逞能而弄得狼狈不堪的样子……

第二，"现在进行时"。即让学生亲自参与、体验真实的活动过程，从而抓住时机，捕捉作文的素材。"现在进行时"的活动是无穷无尽的作文资源，教师应挖掘这类素材。由此我们可组织学生开展以下五类活动（表6-4）。

表6-4　创设"现在进行时"作文情境的五类活动

主　题	活动内容
阅读经典	优秀诗文诵读会
欣赏艺术	美术、音乐、工艺等作品欣赏活动
亲近自然	参观、游记等户外活动
投身社会	小记者采访活动
敞开心灵	情感倾诉活动

第三，"将来进行时"。即教师引导学生展开想象的翅膀，勾画未来美好的生活图景。"我多么想……""20年后的我"等活动能充分调动学生的积极性，激活、挖掘他们的创造潜能。

开展丰富多彩的活动，为学生的写作铺设平台。教师应"眼观六路，耳听八方"，以高度的敏感去紧抓时机，组织学生开展适合他们生理和心理特点的，寓科学性、知识性和趣味性于一体的各类活动。

(二)交流感受

教师不是知识的提供者，教师应与学生共同进行有关学习主题、思想情感等的交流和分享。作文导写中，教师将学生导入情境后，不要急于让学生动笔写，而要让他们先说后写。学生进行小组讨论，各自说出与习作内容有关的所见所闻所思，比比谁说得通顺、连贯、生动；然后让各组派出代表在班级交流，简单陈述自己要写的内容。还可以专门进行实地考察、实验等，学生有了亲身经历后，教师再以谈话的形式引导学生说出活动的内容、场面、过程等，该详写的地方要仔细审、重点说，一篇难度较大的作文就在教师和学生的说议之间完成构思，然后趁热打铁，指导学生以文字记录交流感受。

需要注意的是：一是随着学生年级的升高，教师的问与说要逐渐精简，要逐步过渡到引导学生独立完成作文；二是说的时候涉及面要广，尽量启发作文基础弱的学生多说。这种先说后写的方法对消除学生的作文畏惧症大有作用，对培养学生的发散思维和口语表达能力也很有好处。总之，教师应巧妙开启"对话"之门，将习作训练融入交流活动之中，以充分的对话进行师生间、生生间的心灵碰撞，打开学生书面表达的通道。

(三)自主写作

1. 自主拟题

学生的个性、爱好各不相同，感受自然也不一样。学生有了拟题的自主权，就可根据自己对习作要求的理解，确定写作的角度和范围，这样的作文才会五光十色、特点鲜明。当然，这并不排斥教师的指导，教师可引导学生说出自己这样拟题的原因，组织讨论哪些题目恰当可行，哪些题目有待斟酌。

2. 自由写作

《语文课程标准》要求作文教学要"为学生的自主写作提供有利条件和广阔空间，减少对学生写作的束缚，鼓励自由表达和有创意的表达"。尊重学生的自主性和差异性，学生便易于动笔，乐于表达。因此在学生自主命题的同时，教师应指导学生自选表达方式，确定表达重点。如在引导学生观察校园花圃中一处景点后，教师可鼓励大家根据自己的观感，按照自己喜欢的方式表达，写出自己在不同方位的所见所感所思，真正做到不拘一格，自由倾吐，自主写作。

(四)互动评改

学生只有愿意将自己的习作读给别人听，与他人分享习作的快乐，交流写作心得，互相评改作文，分享感受，沟通见解，才能获得写作的成就感，才能充分激发写作兴趣，增强自信心。

传统的作文教学一般采用学生"写"、教师"评"的教学模式。绝大多数学生都把教师的评改当作每一次作文的终结。事实上，教师往往没有那么多的时间和精力适时地、有针对性地去指导每一个学生。学生每写完一篇作文后需要具体指导，他们迫切期望从教师那里得到修改习作的具体意见，并学习一些修改文章的方法。要满足学生多样化期待，使学生获得更多有效反馈信息，这就要求教师帮助学生建立一个完整的反馈系统，即以学生为主体的习作互动评价系统。

互动评改的流程大致为：

(1)自查自改。文章写完后，学生先自查自改。

(2)邻座交流。即利用同桌或邻座的有利条件，同学之间互相批改作文。教师应帮助学生充分发挥信息双向交流的效应，同时对互评中出现的疑难问题予以及时指导并帮助解决。

(3)小组评议。为了扩大反馈面，可以将习作进行比较，在"同学互评"后进入"小组评议"，即每组推选一名习作组长，由小组评议。小组评议的关键在于发挥群体优化作用。

(4)教师示范点评。教师对各组评议进行小结后，选取有代表性的范文和病文，采用引导、点拨的方式组织全班同学进行示范性点评。佳作点评要求师生在互动中共同赏析范文，病文评改要求师生在互动中共同展病例、诊病症、析病因、改病文。

(5)自主修改。要求每位学生根据各自所得的全部反馈信息，再对自己的习作做一次全面的修改。

(五)总结激励

学生每写完一篇习作后,教师应及时予以总结激励。激励方式有全班宣读、出墙报、结集印发、推荐发表等。

正如叶圣陶先生所说,写作的根源是发表的欲望。教师组织学生投稿,有意识地鼓励、帮助学生发表习作,这对提高学生的写作兴趣,激发学生的创作热情,培养学生的创造力,都是十分有利的。当学生看到自己的习作变成铅字时,便"一发而不可收拾",那高涨起来的写作热情是不言而喻的。教师在指导学生进行写作和发表相结合的活动时,应做好以下工作。

1. 创设发表园地

发表园地有书面和口头两种。书面发表园地的顺序是,先鼓励学生在班级黑板报、班刊、文学社社刊、校园文化角等园地发表自己的习作,然后逐渐将他们的习作推荐到有关报刊。口头发表园地主要包括组织学生优秀习作朗诵会、影视评论会、文学沙龙、即席演讲等活动。

2. 组织参赛活动

先是在班内和校内定期举行一些专题征文和作文竞赛活动,然后引导写作水平较高的学生参加省、市乃至全国性的作文大赛。以此检验他们的写作水平,促使其不断进步与提高。当然,这是一个渐进的过程,要求师生双方都付出持续的长时期的艰辛劳动。教师在学生写作前,要激发其倾诉动机,帮助他们打开真情实感的"闸门",使其"想写";在学生写作时,要引导他们进入叙写的生活情境中,帮助他们打开材料仓库的"大门",使其"有写";当学生写完草稿后,让他们当即"发表"交流,互相评改,教师予以适当点拨,让其体会是否恰到好处地表达了各自的"心声",对照"心声",自主修改,找到适合于自己的写作"窍门",使其"会写"。

三、习作批改

习作批改是作文教学中的重要环节,也是提高学生习作能力的一项必不可少的工作,是学生了解自己习作效果和教师获得习作教学反馈信息的主渠道。《语文课程标准》对习作批改也提出了相关要求,如第二学段的"学习修改习作中有明显错误的词句""愿意与他人分享";第三学段的"修改自己的习作,并主动与他人交换修改"。教师通过评阅作文,不仅可以考查学生审题、立意、造句等方面的水平,还可以帮助学生获得对客观事物正确深刻的认识,养成良好的习作习惯。教师既要关注学生对作文内容、文字表达的修改,也要关注学生修改作文的态度、过程和方法。要引导学生通过自改和互改,取长补短,促进相互了解和合作,共同提高写作水平。当代著名作家肖复兴在回忆叶圣陶先生为其习作《一张画像》的修改时,仍激动不已。正是由于有了叶圣陶先生这样一位蜚声国内外文坛的大文学家对 15 岁的中学生习作的认真批改鼓励,才有了肖复兴后来的文学成就（图 6-4）。

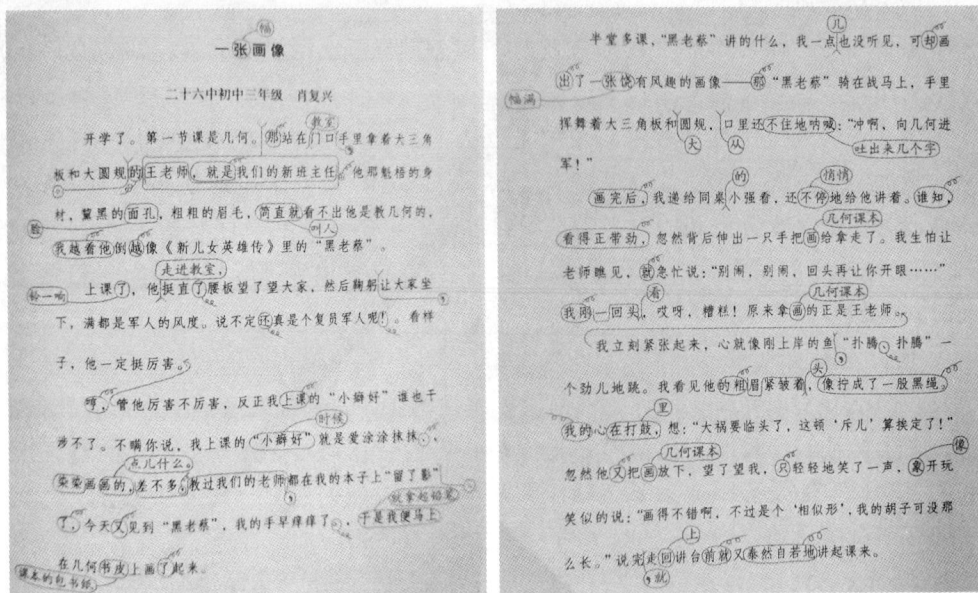

图 6-4 《一张画像》修改

(一)批改要及时细致

反馈的时效性是反馈的生命，习作批改的时间拖得过长，就会时过境迁，错过学生自我修正的认知良机。学生往往在完成习作后有一种快感和成就感，这种快感和成就感持续时间大约一周。教师反馈得及时，信息反馈效果就好，就能引起学生的关注，达到查漏补缺，巩固成果的目的；反馈信息滞后，学生对教师的反馈期待就会逐渐淡薄甚至消失，影响学生的习作兴趣。同时，教师的习作批改除了眉批、尾批，更要有具体的旁批。写得好的地方，用珍珠线标出，并在旁边注释原因，比如好词佳句、修辞手法、课文句式的仿写、结构层次等，还可以附上小星星或点赞符号。在句子不通顺的地方画横线，并运用修改符号指导学生修改。

(二)批改要注意对象

学生作文中存在的问题是各种各样的。因此，在批改作文时，不能一视同仁，要根据不同的学生，要求要有所不同。例如，有些优等生的作文，语言表达基本没有明显的错误，但不可以不改不批。对这些学生要从严要求，要指出其精益求精的努力方向，使他们的作文水平更上一层楼；对于中等水平的学生，除指出其一般错误外，还要多肯定他们局部写得好的地方，以提高其写作积极性；对于基础弱的学生，可能语句都不通，错别字连篇，有时甚至连批改都无从下手，这就要放低要求。有些学生实在不会写的，可把写得好的作文借给他们看，让他们抄写，从别人的作文中慢慢学点方法，从中悟出作文的诀窍，即使一时进步不快，但只要比前一次有进步，就要给予鼓励,让学生逐步树立写作的信心。

(三)要培养学生修改能力

《语文课程标准》强调学生要"养成修改自己作文的习惯"。叶圣陶先生也说过:"修改文章的权利首先应属于作者本人。"所以,要逐步培养学生修改自己作文的能力。教师可以先示范修改,再指导学生循序渐进掌握自改方法,这样才能收到相应的效果(图 6-5)。

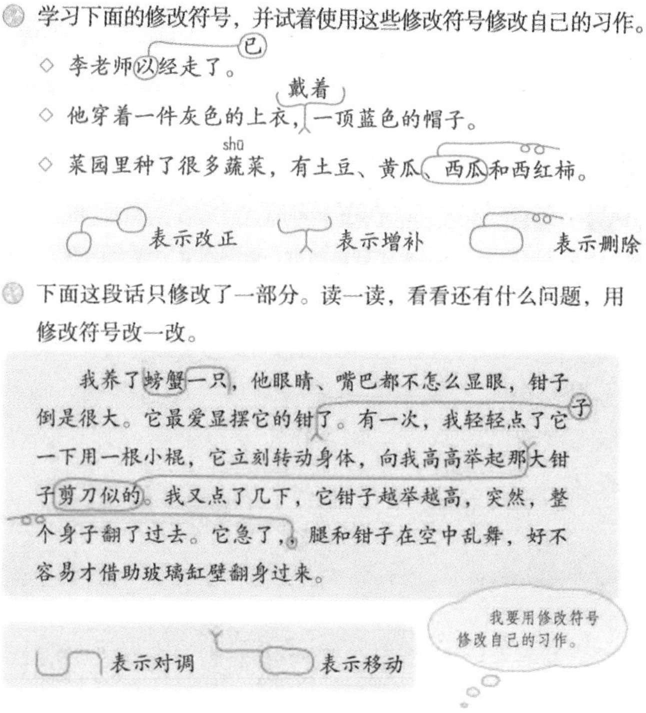

图 6-5　修改符号

(1)内容的批改。包括:文章的感情是否真实、健康;材料是否切实、可靠、充分等。

(2)结构的批改。包括:文章的开头、结尾写得怎样;过渡与照应安排如何;段落安排是否合理,意思是否连贯;结构是否完整;层次是否清楚等。

(3)语言文字的批改。包括:对错别字、繁体字、简体字、使用不当的标点符号进行修改;找出表达不准确或文理不清的地方;增补漏掉的字词;删去多余的字、词、句;调换一些字词的顺序;改换不恰当的词句等。

(四)要精心拟写评语

评语是沟通师生心灵的桥梁,是联系师生感情的纽带。教师的评语要精心考虑,使其发挥应有的作用。有经验的教师非常注意运用作文评语对学生进行思想教育。在评语中,或对学生表现在文中的思想观点予以肯定拨正;或对学生一点点进步感到由衷喜悦,鼓励之情溢于字里行间;或对学生的学习动机、态度提出自己的看法,还有的教师在评语中向学生赠送名言警句。这些评语都因文而发，因人而设，对学生的思想情感起着深深的感染作用。

总之，教师不能简单地对学生的作文进行评价，要多用激励性的评语，使他们尝到写作的甜头，这样不但能充分调动学生写好作文的积极性，也能提高他们的认识，从而达到提高习作水平的目的。

四、习作讲评

(一)提高认识

习作的指导、批改、修改、讲评共同构成小学习作教学一个完整的过程，它们是相互作用、紧密相连的。然而，在习作教学实践中，普遍存在着重指导与批改，轻讲评与修改的现象，这在很大程度上影响了习作教学效果。教师在学期初应制订习作讲评的计划。比较规范的讲评课，一个学年一般安排 8 次左右，即两次习作要有一次讲评，这类讲评主要针对有统一要求的命题类、半命题类、话题类等作文。而即时性短平快的讲评则每次练笔都可以进行，比如日记、课堂小练笔等。作文讲评课可设计这样一些环节：榜上有名，多给学生以成功的满足感；佳作欣赏，放大作文中的亮点；片段赏读，落实写法指导；病例点评，在合作中学习评析与修改；自评自改，实现批改、讲评的消化与提高。

(二)了解策略

1. 坚持多表扬少批评

相对于其他作业来说，作文是艰苦而具创造性的劳动。写完一篇作文，学生往往更渴望得到教师的肯定与夸赞。而学生之间的差距是客观存在、无法避免的。我们认为，即使学生作文写得再不好，老师也应该采取鼓励的态度，讲评要坚持多表扬少批评甚至不批评的宗旨(不认真习作者除外)。在表扬与评点中让不同层次的学生逐步领悟怎样的作文才是好作文，怎样表达才能写出好作文，并在修改中体验到成功的喜悦。

2. 坚持儿童中心

小学生习作，应该体现儿童的思想、认识和语言表达特点。在讲评小学生作文的过程中，不能把教师(成人)的思想认识与语言表达强加给他们，要以儿童的眼光、儿童的心灵去看世界，以儿童的语言去看表达。以赏识的眼光，尽可能挖掘每个学生习作中的闪光点，并为更多的学生提供展示自己的机会(哪怕是几个词、几句话)，使之对作文产生极大的兴趣，这也是作文成功的开始。

(三)掌握方法

1. 做好讲评前的准备工作

作文讲评如果缺乏准备，随意为之，对学生作文帮助是非常有限的。讲评课上，教师要把学生在写作实践中的优缺点，提到写作规律的高度来认识，一定要做好讲评前的准备工作，制订好课时计划。准备工作的具体内容包括：第一，批阅全班学生的作文，整体了解作文情况；第二，根据作文计划与预定目标以及学生作文的实际确定讲评的目标及重点；第三，精选讲评所需的实例，包括整篇的、句段的，正面的、反面的，赏析、评改等；第四，考虑采用的讲评方式；第五，拟定启发引导学生思考和讨论的问题。

作文讲评课，及时很重要，时间长了，就算没淡忘也没了交流的热情。为保证讲评及时进行，讲评前的准备工作要讲究效率。40多个学生一个班级的作文，最好能在一天内批完，当天下午或者第二天及时进行讲评。

怎样让一天的时间发挥最大效益呢？以下批阅方法可供参考：

第一步，快速浏览。意在整体了解情况并由此确定讲评的目标与重点。

第二步，分类圈画。以欣赏的心态和眼光再次阅读，随时在学生的作文本中用不同的符号分类圈画精彩的句段，方便讲评交流。比如，细致的描写用"——"，真切的感悟用"～～"，借景抒情用"……"。

第三步，分类叠放。把学生的作文本进行分类叠放，便于选择实例时回看，不至于大海捞针，浪费时间。

第四步，记录名字。讲评的时候，本子是要发给学生的，展示的人数多了，就会忘记，可以在备课本中记录每一环节要交流展示的学生姓名、作文题目、习作内容等。

2. 在讲评中突出重点

决定一篇作文成功与否的因素很多，要在短短几十分钟的讲评时间内，解决作文中的所有问题是不可能的，必须突出重点，可以把每次习作的训练重点或学生习作中具有共性的一两个方面作为讲评专题，以便集中精力，重锤敲击，确保讲评效果。如《记一次游戏》就可以根据学生作文的实际，以选材的个性与描写的真实性作为讲评的重点，解决学生作文中材料俗套与描写夸大的问题。此外，根据小学生作文的实际，还可以"他(她)会这样想、这样说吗"为专题，解决心理、语言描写不得体的问题；以"你看仔细了吗"为专题，解决动作、神情描写简单化的问题；以"你听到它们的心声了吗"为专题，解决写景状物贫乏的问题；以"你当时真的这样想吗"为专题，解决抒情议论空洞的问题等。

讲评在突出重点的同时，还要落实指导。试写、讲评、指导、修改也可以形成一个完整的作文教学的过程，以培养学生选材与构思的能力。

3. 注重讲评形式的多样性

可以根据讲评的目的、内容选择多样的讲评形式。如采访式，即对佳作的作者进行采访，意在放大习作的亮点，并给全班同学以启发；对比式，可以选择同中有异的片段，比较不同的表达效果；欣赏式，选择或学生自荐优秀习作，通过欣赏、评论，从中领悟一些语言表达方法；结对互改式，同桌结对、朋友结对、机动配对等都行，重在激发修改兴趣；出谋划策式，为了实现全员参与，可以把全班同学分成几个小组，选择小组内某一成员的习作或者教师指定的某篇典型习作，群策群力，出谋划策，比比哪一小组评得准，修改建议具体。

4. 给予学生修改的机会与时间

修改是讲评的落脚点。每次讲评之后，都要给予足够的时间让学生对自己的作文进行再修改（课堂时间有限，可以布置为家庭作业）。我们可以把第二次作文的完善看成更高起点的加油站，同时围绕讲评的重点有的放矢地安排后续的练写。

总之，作文讲评是教师指导学生再修改的过程，只要我们规范作文讲评，坚持多读多写，多讲评多修改，多表扬少批评，习作讲评就会收到好的效果。

▶第三节　表达与交流(习作)教学设计

教学设计：《我想对您说》①

一、写话教学设计

小学低年级的写话就是把要说的话写下来，怎样想就怎样说，怎样说就怎样写。从一句到几句，再到一段话、两段话。《语文课程标准》对低年级写话提出的阶段目标是：

1. 对写话有兴趣，留心周围事物，写自己想说的话，写想象中的事物。

2. 在写话中乐于运用阅读和生活中学到的词语。

3. 根据表达的需要，学习使用逗号、句号、问号、感叹号。

如何落实课程标准中关于低段写话教学的要求呢？概括起来，大致可以进行如下方面的引导。

(一)培养兴趣，让学生想写

写话一直是广大教师和学生头疼的事，其主要原因是学生对写话没有兴趣，所以《语文课程标准》把兴趣放在了写话教学目标的首位。在教学中可以尝试用以下两种方式培养学生兴趣。

1. 画画写写

选择有趣的一景一物，学生先练习画画。如在黑板上画一个大大的园子，告诉大家："这是咱们班将要向全校师生开放的动物园，可动物园里该有哪些动物呢？小朋友们能用你们的小巧手画下来吗？"接着将画好的动物剪下来贴在动物园里，指导他们看图说话写话。写话时提醒开头句"动物园里的动物真多呀！"和结尾句"这些动物真有趣！它们是我们的好朋友"，最后指导学生写一段完整的话。这是他们的观察所见，有自己的真情实感，写起来会感到无比快乐。

2. 演演写写

低年级有的课文可以让学生参与形象的创造过程，进入角色，体会课文的思想感

---

① 作者：刘明慧，湖南省怀化市会同县堡子镇中心小学。

情。当学生的思维被激活、情感被激起时，可以趁势引导学生进行写话训练。如学了《小壁虎借尾巴》，问："小朋友，小壁虎看见自己长出了一条新尾巴，他会告诉谁呢？他们之间都说了什么呢？"然后让学生上台来讲一讲，演一演。说完、演完就进行写话训练。这样既培养了他们的想象力，训练了口语交际能力，又能写出自己的真实感受。

(二)指导观察，让学生有话写

俗话说："不会观察，就不会作文。"心理学研究发现，人的知识80%以上是通过视觉感知而获得的。学生只有细心地、有目的地感知事物、观察事物，才能发现生活中的大量写话素材。低年级学生好奇心强，喜爱观察，但缺乏观察能力，不会观察。因此，教师要创设条件，指导学生观察。让学生走进生活，走进自然。如春天来了，带学生到校园里找春天。小朋友们会把找到的春天情不自禁地告诉老师和小伙伴们："小草探出了小脑袋。""五颜六色的鲜花张开了笑脸，树木长出了新的枝叶。""蝴蝶、蜜蜂、小鸟都飞来了。""小朋友们在欢快地做游戏……"当学生实地观察的东西有限时，也可以把观察的对象(如物品、动物)带进教室，还可以通过多媒体来观察，学生在老师的引导下，边观察、边写话。如教《坐井观天》一课时，教师先用课件演示小鸟带青蛙跳出井沿的那些画面，然后让他们发挥自己的想象，完成"青蛙跳出井沿看到了……"的写话练习。

(三)开展活动，学生乐写

玩是学生的天性，学生能在活动中享受到快乐，在快乐中激活思维，这样就有把活动用语言表达出来的愿望。比如组织学生玩吹泡泡比赛，让学生在愉悦的氛围中描述五彩缤纷的泡泡；和学生一起做画鼻子的游戏，要学生在欢乐中畅谈自己被蒙上眼睛后的内心感受；带领学生去校园、公园找秋天，让学生在观察与发现中描绘秋天的美景……

(四)注重引导，学生会写

有的学生很想把自己观察到的画面说出来写出来，但苦于不知该怎么表达。怎样使学生有条理地把自己想说的话表达呢？我们在训练学生说话写话过程中，应当引导学生积累一些好词佳句，并适当地给学生提供一些说写的方法及句式，为学生达到"会说""会写"打下基础。

[案例 6-1]　　　　　　　　　**看图写话教学《放风筝》**

【教学目标】

1. 感悟大自然的美，激发儿童热爱生活、观察生活的情感，积累写话素材。

2. 培养学生的观察能力、想象能力、分析能力和综合能力，同时培养学生的口语与书面语表达能力。

3. 运用学过的词语和句子进行知识迁移，积累语言。

【教学重点】

运用学过的词语和句子进行知识迁移，积累语言。

【教学过程】

一、写作准备

1. 制作课件《放风筝》。

2. 收集关于放风筝的文章。

3. 课前放风筝。

二、情境启导

1. 在播放《春天在哪里》的同时出示《放风筝》的课件（学生观察）。

2. 提问：这幅图画的是谁？他们在干什么？

△图上画的是小朋友。

△他们在放风筝。

3.（教师板书：放风筝）

［任何一幅图都有它的主题（中心），在儿童刚步入看图写话的大门时，教师必须引导儿童从抓主题入手，只有当孩子抓住了主题，他们才能围绕主题进行观察。学生在动听的音乐中、鲜明的画面前，情感和思维被激发。］

三、写作点拨

1. 这幅图上画了哪些景物？

△图上画了草地、小河、大树、天空、风筝、小朋友等。

2. 你能把这些景物用最美的句子说一说吗？

课件出示这样的句式：

草地上……有……有……还有……

（注意：可以用我们课文中学过的词语和句子，也可以用你在课外读物中学到的词语和句子来表达。）

△草地上，有绿色的大树，有很多花儿，还有五颜六色的风筝。

△绿绿的草地上有一条小溪，天空中有笑眯眯的太阳，天空中飘着朵朵白云，弯弯的小溪旁有碧绿的草地，草地上有五个小朋友在放风筝。

3. 看这些景物你知道这是什么季节吗？

△我知道这是春天。

4. 他们会怎样放风筝呢？合作探讨（四人一组）

5. 分别请小组代表上台说。

［这一环节充分体现了学生的自主性、合作性、探究性学习方式，学生充分运用了知识的迁移性，为他们的学习排除了一个又一个语言思维上的障碍。这一环节就是让学生运用已学过的知识来解决实践中的种种困难，把知识转化为技能。另外，在学生

观察清楚画面的基础上，启发学生进行合理的想象，因为只有丰富的想象，才能描写得生动；只有根据画面进行扩展，才能使静止的画面动起来，画中的人物活起来。]

△我拿出我的五角星风筝，套上线，让小红高高举起风筝，我便放长了线，数"一，二，三"，我拼命地向顺风的地方跑了起来，风筝慢慢地升上了天空。

6. 你能按"什么时候，谁在什么地方干什么"的顺序将这幅图说完整吗？(学生先自由说，接着小组互相听说，最后指名说。)

[通过这种四要素的句式进行说话训练，能让学生对图进行整体感知，又能培养学生说完整句子的能力，在说的过程中让学生尽可能地发挥想象，只要符合图意都可说，这样才有利于培养学生思维创新的求异性。这样的训练就能真正地让每一个孩子享受成功的快乐。]

四、自主写作

1. 同学们用一句或几句话把刚才说的这幅图写下来，你是怎样说的就怎样写，不会写的字用拼音代替，也可以请同学或老师帮助。

2. 也可以回忆自己星期天放风筝的情景，把当时的过程写下来。

[写是看与说的最终目标，学生在看与说的基础上很容易也很乐意把说的写下来，因为他们有了写话的生活素材与语言要素。这种写是一种情感的真实表达，他们也就不会"横眉冷对作文本，俯首苦思咬笔头"。]

五、互动评改

(一)自查自改

请同学们把自己写的话读给自己听，看句子写通了没有。

(二)同桌互改

把写的话读给同桌听，把不通的句子改过来。

[读是一种最快最好的信息反馈，读可分为自读、互读、小组读等，学生通过读能品悟自己的作品，又能发现自己作品的不足，这是学生自改习作的最佳途径，也是学生认识的又一次升华。其实学生的习作就是由实践(阅读实践与生活实践)到认识(悟、构思)再到实践(习作实践)再认识(读、改)的循环过程。]

(三)小组交流

1. 互相读对方的话，看谁写得最好。

2. 总结、交流，挑选优秀作品进行展示。

(四)教师点评

1. 范文赏析。

通过刚才的交流，我们推选出一些作品，请大家仔细看。

(1)展范文。

放风筝

春天来了，树木绿了，草儿绿了，太阳出来了，天上飘着白云，还有风筝。草地上有许多小朋友，他们在草地上放风筝。一条弯弯的小河从草地旁流过，春天好美丽啊！

我拿着三角形的风筝，小红拿着线慢跑，一下子就把我们的风筝放上了天空，过了一会儿，其他的风筝也都放上了天空。他们的风筝像飞翔的鸟儿，有的像孙悟空在腾云驾雾……我的三角形风筝在蓝色的天空下翩翩飞舞，它一会儿飞得高高的，一会儿飞得很低。我多想变成一只风筝，飞呀飞，飞到高高的蓝天上。

(2)评范文。

你们觉得这个同学的话写得好不好？

△写得真美！

△放风筝的过程写得很清楚。

△还写出了自己的想法呢！

△要是文章里的人能说一些话就好了。

(3)总评价。

小作者生动地描绘了放风筝的画面，语句优美，怎样放也写得很详细，如果能加入一些人物对话就更棒了。

2. 病例评改。

(1)展病例。

放风筝

草儿绿油油的，有一条小溪在绿的草地上，天空中飘着朵朵白云，天空中有笑眯眯的太阳，弯弯的小溪旁有碧绿的草地，草地上有五个小朋友在放风筝，春天多美丽呀！

(2)诊病症。

读读这篇写话，你觉得怎样？

△里面有两个逗号，"有一条小溪在绿的草地上"不通顺。

△第一句话不对，应该说出时间。

△没有写详细，小朋友怎样放风筝没写清。

(3)改病文。

针对文章毛病，你能提出修改意见吗？

△开头可以说是春天到了。

△去掉一个逗号，把"一条小溪在绿的草地上"改成"绿的草地上有一条小溪"。

△写清小朋友怎样放风筝。

△应该写出自己的真实感受。

（五）自主修改

针对同桌、小组、老师对自己写话的评论，对照上面的示范点评，请同学们进一步完善自己的写话。

▲修改后的习作：

放风筝

春天来了，草儿绿油油的，绿绿的草地上有一条小溪，天空中有笑眯眯的太阳，天空中飘着朵朵白云，弯弯的小溪旁有碧绿的草地，草地上有五个小朋友在放风筝，春天多美丽呀！

天上已经有许多风筝了，有勤劳的小蜜蜂，有美丽的天鹅，有可怕的鳄鱼，还有一架架庞大的飞机……看得我眼花缭乱，我想如果我的风筝能飞到天上去该多好呀！

我拿出我的五角星风筝，套上线，让小刚高高举起风筝，我便放长了线，数"一，二，三"，我拼命地向顺风的地方跑了起来，风筝慢慢地飞上了天空，风筝越飞越高，看起来越来越小，它正在天空上和其他风筝比高低呢！

我望着天空上那美丽的风筝，开心地笑了。我想：如果我也能飞上天，该多好呀！

六、激励评价

（一）佳作互赏

你的写话一定有许多成功之处。请你将自己写话中的成功之处读给邻座或小组里的同学听，和他们一起分享你成功的欢乐。

（二）张贴

将自己的话贴到墙上，读给大家听。

（三）上传

带回家去，读给家长听，请家长上传学校作文网站。

[案例评析]

本案例根据《语文课程标准》中的理念进行设计，具有以下特点。

1. 创设情境，激发兴趣。学生在动听的音乐中、鲜明的画面前，情感的思维被激发。在促使学生再现生活，用心感受后，教师引导学生用自己的语言进行表述，真正做到了在写话中乐于运用阅读和生活中学到的词语。

2. 降低要求，鼓励自由写话。在老师的精心设计下，学生有话可说，互相交流、欣赏。更重要的是，学生掌握了看图写话的具体方法，克服了惧怕写作的心理，培养了自信心，激起了写话的欲望和兴趣，写出了自己的真情实感。

3. 充分体现了表达与交流、梳理与探究学习内容的融合。教师运用知识的迁移性，为学生排除了一个又一个语言思维上的障碍。同时引导学生运用已学过的知识来解决实践中的种种困难，把知识转化为技能。

4. 在学生观察清楚画面的基础上，启发学生进行合理的想象。丰富的想象，使学生描写得比较生动；根据画面进行扩展，使静止的画面动了起来，画中的人物活了起来。

二、习作教学设计

(一)设计依据

第二学段习作教学既是第一学段看图说话、写话的发展，又是第三学段习作训练的基础，是习作教学承上启下的阶段。第三学段是学生从小学进入初中的过渡期、由儿童进入少年的转型期，尤为重要。目前各学段习作训练缺位与越位现象严重。第一学段的"写话"与第二学段的"习作"脱节，第二学段不注重段的训练，越位进入篇的训练，造成学生第三学段的习作基础欠缺。教师要依据科学的训练序列，设计习作教学。

1. 习作内容的梯度

习作内容除了遵循课程标准的要求(第二学段写见闻、感受和想象；第三学段写丰富的见闻、独特的感受)外，还应根据学生的年龄特点、心智水平、现实生活、兴趣爱好等选择恰当的训练内容。

教学视频：《煮汤圆》(一)①

第二学段：习作内容应从注重自身到关注他人，扩大视野，扩大写作的空间。侧重记叙文各种段式的训练，强化训练观察、联想、幻想等思维能力和描写、叙述的表达能力，进行段落训练。

第三学段：将关注面扩大到社会、网络、经济、环保等热点话题。侧重篇章训练，注重个性表达，学会抒情、议论，鼓励创新。从描写向想象再到抒情、议论发展；从句到段进而到篇章训练。

2. 学生思维的梯度

小学生思维特点是由具体形象逐渐向抽象逻辑发展，习作教学内容也应遵循这一思维发展规律。第二学段的学生处在观察活动的"敏感期"，能初步运用概念进行判断推理，思维变得有序、完整，目的性较明确，最佳的习作训练内容是观察作文。第三学段的学生逻辑思维能力有了一定的发展，要帮助他们学会借助逻辑推理揭示事物间的内在规律和因果关系，引导使用议论性语言。

教学视频：《煮汤圆》(二)②

3. 学生言语的梯度

学生言语能力的发展具有鲜明的阶段性特点，认识和把握这些特点，是提高习作教学效率的不可或缺的基础和前提。

第一学段通过句的练写，了解和掌握基本句式。第二学段可以利用课文中规范的

---

①②　作者：刘艳丽，湖南省长沙市高新区虹桥小学。

段式结构进行片段仿写，通过创造情境，进行人、景、物的观察系列作文，训练取材、炼材、组材等能力。第三学段训练篇章，指导学生运用修辞手法，掌握记叙、说明、抒情、议论等表达方式，享受个性化表达带来的言语体验。

4. 教学训练的梯度

教师要按照学生习作学习规律和能力发展规律，制定不同年级习作教学训练目标。以教材中的写人习作为例。第二学段有：《猜猜他是谁》《身边那些有特点的人》和《我的"自画像"》。第三学段有：《"漫画"老师》《他陶醉了》和《把一个人的特点写具体》。可以让学生从自由轻松地介绍自己、家人、熟悉的伙伴，进行有关"人"的写话训练，过渡到"自画像""介绍兴趣爱好"等内容，侧重落实片段的具体化；进而发展到通过描写人物的外貌、语言、动作、神态和心理活动表现人物的特点，刻画人物形象。

5. 习作评价的梯度

小学阶段的习作评价，要重视激发学生写作兴趣，引导学生热爱生活、鼓励表达真情实感。第二学段重在指向放胆习作、减少束缚；第三学段侧重于具体明确、文从字顺地表达自己的见闻、体验和想法等方面。同样是漫画作文，五年级上册的《"漫画"老师》，训练内容是引导学生从外貌、衣着、性格、喜好等方面来观察漫画中的老师，选择能突出其性格特点的一两个具体事例，读给写的老师听，看看老师对写自己的作文评价。而五年级下册的《漫画的启示》，则是通过两幅漫画"等着乘凉""假文盲"启发读者思考，并以此获得生活的启示，同时指导学生按照"观察—思考—撰写"的顺序进行习作训练，认真修改，看看漫画的启示是否写清楚。由此可见五年级下册漫画习作训练重点不在于画面内容描述，而是观察漫画获得的认识、思考等启示。

(二)教学过程

小学习作教学的过程主要包括四个阶段：审题、选材与剪裁、拟提纲与打草稿、修改与定稿。教师应针对学生在这四个阶段中存在的困难有目标、有计划、有步骤地进行教学设计，从而有效地指导学生顺利、愉快地完成习作。

教学设计：《我最喜爱的玩具》①

1. 指导学生审题

应根据不同的作文类型，采用不同的方法。命题作文，审题时可用"三步审题法"，用一句话概括，就是"分解、画线、定要点"。第一步"分解"。就是以词为单位，把题目分解成若干层意思。如《记忆深处的一件事》，以词为单位可分为四层意思："记忆—深处的——件—事"。第二步"画线"。就是在每层意思下画一条竖线。把题目规定要写的内容写在竖线左边，把题目范围外的不应该写的写在竖线右边。第三步"定要点"。在分析的基础上，确定若干要点，如：人称、重点、数量或范围、对象等。

---

① 作者：宁丽君，湖南省湘潭市韶山镇泰小学。

还要特别注意另外几种作文题。

第一种是看图作文。审题要求是"先看图后作文"，前提是"看懂图意"，方法是"四看四判断"：看花草树木、日月星辰，判断季节、时间；看环境，判断地点；看人物的外貌和衣着，判断人物的性别、年龄、职业；看人物的动作，判断事件和人物之间的关系。

第二种是含有比喻意义或象征意义的题目。如"校园新风"这个作文题，如果只写自然界的春风，吹绿了校园的草，吹开了校园的花，就跑题了。含有"新风""新歌""新貌"等字眼的题目，大多应取它的比喻意义或象征意义。

第三种是读写结合题。提供一定的阅读材料，按要求作文。主要形式有缩写、扩写、改写、续写、仿写、写读后感、写回信等。这种作文综合性强，既要具备阅读能力，又要有作文能力，难度较大。审题时，不仅要看懂题目的要求，而且要认真读懂提供的阅读材料。

第四种是半命题的作文。从命题方式来说，作文又可分为全命题作文和半命题作文。全命题作文，就是作文题全由教师出。半命题作文是教师只出一半内容。半命题作文又分选择题与补充题。选择题，任选其中一题；或者在一道题中并列出现几种情况，任选其中一种情况写。如"一想起这件事，我就（惭愧、自豪、气愤、好笑、高兴）"，括号中的五种情况可任选一种。补充题就是作文题只出一半，剩下一半由学生自己补充完整。如"我爱×××""我学会了 ×××""写给 ××× 的一封信"等。

2. 指导学生选材

第一，启发谈话，激发学生回忆生活的趣事。学生生活是丰富多彩的。当打开记忆的闸门，亲身经历的一桩桩、一件件美好的往事便会浮现在眼前：在街头巷尾、校园里、家里、村子里、上学路上看到或听到的新鲜事儿，夏令营饱览祖国大好河山时的欢乐，除夕之夜吃团圆饭的热闹情景，寒假到敬老院帮助孤寡老人，在家里与父亲对弈的有趣情景……这些事情，有的让你高兴，有的让你难过，有的让你受到鼓舞，有的让你从中吸取深刻的教训，有的使你受到了思想上的教育和启示，有的使你学到了新的知识，有的使你增长了见识和才干。

第二，小组互议，相互启发，调整写作素材。分四人一小组互议，教师提出互议要求：你为什么要向老师介绍这件事？你还有更值得向老师介绍的事情吗？这一环节的设计，一是向学生渗透写作目的的教育，二是充分调动学生自主选材的积极性。

3. 指导学生构思

首先，指导学生拟写提纲。叶圣陶认为，先写提纲的习惯养成了，一辈子受用不尽。拟写提纲的作用有三点：一是有利于明确中心；二是有利于组织材料，安排层次；三是有利于分清主次，确定详略。拟写提纲步骤：第一，确定文章的中心。第二，确定表达中心的材料，材料越典型恰当，中心就会越鲜明突出。第三，根据材料分段，确定详略与顺序，详写与中心关系密切的材料，略写与中心没有密切联系但又不能缺少的材料。根据材料安排的顺序不同，提纲主要有四种类型：一是以时间的推移来拟定，比如，可以按年、季节、月、天、时段等来划分。二是以空间位置变换为顺序，比如，东西南北、上下左右、前后远近、里里外外都是表示空间位置或顺序的，还有中间、两边、中央、四周，也是表示空间顺序的。三是以事情发展过程为顺序，比如，首先、然后、接着、最后，发生、发展、高潮、结束等。四是以事物的性质为顺序，比如，状物时按物品的形状、质地、结构、来历、用途等为序。

其次，指导学生打草稿。拟好了提纲就可以打草稿，但打草稿时还应注意两点。第一，动笔之前"打腹稿"。"打腹稿"就是在心里"打草稿"。第二，慢想快写。认真仔细地构思后，开始动笔时就要一气呵成，碰到不会写的字暂时空着；拿不准的用词也暂时留着以免连贯的思维被打断，流畅的行文被阻滞，要绕过这些小障碍，尽快地把文章写完。待写完初稿了，再来查字典，把不会写的字补上；再来推敲，把拿不准的词填上。这就是所谓"文如流水，下笔千言"。

4. 指导学生修改与定稿

要修改文章，首先要发现问题。仔细默读检查文章整体，看中心是否突出，选材是否恰当，叙述是否具体，条理是否清楚，分段是否合适，结构是否完整。看得越仔细，越容易发现问题。再通过细读，检查文章的词语、句子。习作修改主要从字词句和文章段落结构两方面着手。

（1）字词句修改

①删除

就是删掉可有可无的字词，使意思更加简洁明白。如有同学三改这句话，就很有启发。原文是："桌上摆着一碗老母鸡肉，一盘鱼。"他一读删去"老"字；再读删去"母"字；三读删去"肉"字。最后，这句话是："桌上摆着一碗鸡，一盘鱼。"这样改，简洁明快，朗朗上口。

②更换

为了使句子更合理、更准确，常常需要对词句进行更换。如"阳台上种着一盆红艳艳的天竺葵"。天竺葵株体是绿的，只有花才是红的。应把句子改成："阳台上有一盆天竺葵，开着红艳艳的花。"

③调整

调整词语的次序，使表达的意思更准确。如"打开肖华的抽屉一看，里面有一沓厚厚的报纸"。每张报纸基本都是一样厚薄的，没有"厚""薄"之分。"厚厚的"是形容"一沓"，表示多，所以这两个词要对调，将原文改成："打开肖华的抽屉一看，里面有厚厚的一沓报纸。"

④增添

加几个字，往往可以把语句改得明确、生动、具体。有个同学写"爸爸生气了，直盯着我"，爸爸生气怎样看人的？可以在"直盯着我"前面增添"铁青着脸""紧锁眉头"等词语，表现爸爸生气时的神态。有时添加一个标点符号，句子表达效果完全不同。如"他说我对李刚没礼貌"，如果修改为"他说：'我对李刚没礼貌'"，意思就明白了。

（2）文章段落结构修改

如果发现文章有整体性的大毛病，比如一段写得不好或没有写，就要另外写一段补进去；比如离题，题材没选好，中心不明，就要做大的修改，甚至要有勇气重写。

[案例6-2]　　　　　　　　　　《我亲身经历的一件事》

（原文） （早上，我起床后，洗完脸，吃过早饭，背上书包上学去了。）①（在上学的路上，我走着走着，忽然从那边过来的骑自行车的这个人撞在这边的那个人身上。）②他俩互不相让，吵个没完。（最后，）③竟动起手来了。 过了一会儿，一个说：（"你从那边过来，没看见我吗？真不像话！"那个骑自行车的说："谁让下这么大的雪，路这么滑呀！"）④ （我想上前去劝说他俩不要在这儿吵，在这儿吵影响交通多不好呀！）⑤ 我正在为难时，一个警察（钻）⑥进人群中，（把他俩说服了。）⑦这时，人群散了，（他们互相原谅了对方。我也上学去了。）⑧	①流水账似的开头，不吸引人。 ②叙述得模糊，"这个人""那个人"指代不明。 ③应改"最后"为"后来"。如果是"最后"，就不会有下面的内容了。 ④吵架的情景写得太简单。吵得一定很激烈，不然，怎么会"动手"？怎么会引来那么多围观者以及警察的调解呢？ ⑤想去劝就应该去劝，把"我"的参与写进去才符合文题。 ⑥用"钻"，不如改为"挤"。 ⑦是怎样说服的，应详细描写。 ⑧结尾仍像流水账，淡而无味。

> (修改文)
>
> 　　早上，我一推开房门，不觉大吃一惊：雪怎么下得这样大！一夜之间就给大地披上了银装。
>
> 　　我踏着被人们踩得滑溜溜的路去上学。走着走着，一不留神，滑倒了。我嘟哝着："这鬼路，真滑！"
>
> 　　这时，对面驶来一辆自行车，我急忙躲到一边。随后，我听到"咔嚓"一声，回头一看，是骑自行车的小伙子和一个姑娘撞到一起了。姑娘火了，站起来，愤怒地瞪着那个小伙子说："你没长眼睛啊？"
>
> 　　小伙子一听，立刻回击说："怎么怨我，你为什么不让道？""如果汽车来了，你也不让道吗？"两个人越吵越凶。
>
> 　　他们的争吵声引来了许多围观者，把路都堵塞了。我想，我是一名少先队员，应该维护交通秩序。于是，我挤进人群，说："你们别吵了。看，都挡住大家的路了。"可吵架的两个人好像没听见似的。
>
> 　　正在这时，一位警察叔叔挤进人群。他高声制止说："别吵了！"嘿，这一声真灵，他们立刻停止了争吵。警察叔叔批评他们说："人与人之间要互相谅解。如果人人都为一点小事而争吵，全国还不乱了套？你们看，连这个小同学都知道维护交通秩序，而你们呢……"一席话，说得两个人惭愧得低头不语。小伙子和姑娘各自不好意思地走了，人们也散去了，被堵塞的路又畅通了……

　　通过对习作主题的再提炼，作者突出了这是"我""亲身经历"的事，赞扬了警察叔叔善于调解纠纷，维护社会秩序，倡导和谐社会。由于有了更加具体的细节描写，习作的可读性增强了。

(三)表达与交流(习作)教学学业质量评价设计

　　作文质量评价一般可采用"内容、表达、特征"三类大的项目，各项又可有具体的细目指标划分。"内容"项分为题意、中心、内容、感情；"表达"项分为结构、语言、书写、文体；"特征"项分为深刻、丰富、文采、创意、个性、新颖等。

1. 表达与交流(习作)教学学业质量评价

　　表达与交流(习作)教学学业质量评价包括了过程性评价与终结性评价，过程性评价贯穿表达与交流(习作)实践活动全过程，终结性评价包括学业水平考试和过程性评价的综合结果。这种学业质量评价与标准化试题类学业质量评价最根本的不同是：作文更多具有主观成分，没有标准答案，每个学生的作文都不同。

　　统编版小学语文教材力争构建一个相对科学的习作训练系统。如五年级下册第七单元习作《中国的世界文化遗产》(图 6-6)，教师可以设计以习作过程三个环节指导体现学业质量评价要求。第一步，搜集资料：有目的地搜集相关资料，记录资料来源，积累习作素材，这是在强调素材的真实性。第二步，整理资料：首先对搜集到的介绍对象的资料进行分类整理，其次筛选资料，删减补充并完善资料，这是指导学生掌握整理资料的方法和步骤。第三步，撰写：可以用自己的话将整理的资料记录下来，也可以引用资料原文，但要注明出处，可以使用图片、表格等辅助形式，这是对文字撰写的指导。不管是对搜集资料还是引用资料提出的要求，目的都是培养学生严谨求真的治学态度，而整理资料、使用图片表格等辅助形式，更是小学高年段需掌握的为文技巧。

中国的世界文化遗产

你游览过宏伟的北京故宫吗？你知道美丽的敦煌莫高窟吗？你对秦始皇陵兵马俑感兴趣吗？这些令中国人骄傲的世界文化遗产，凝结着我们祖先的汗水和智慧。

从中国的世界文化遗产中，选择一处你感兴趣的介绍给别人。

搜集资料
- 有目的地搜集相关资料，如历史背景、基本现状。
- 把资料来源记录下来。

整理资料
- 根据要介绍的内容分类整理资料，如描绘外观和结构的，记录历史变化的，讲述相关故事的。
- 筛选资料，剔除无关信息。如果资料不够完善，可以继续搜集、补充。

撰写
- 将整理后的资料用自己的话写下来，也可以引用别人的话，但要注明资料来源。
- 可以使用图片、表格等辅助形式。

图 6-6　中国的世界文化遗产

又如六年级上册第二单元习作《多彩的活动》(图 6-7)，主要以日常生活中的活动参与和文学体验中的活动经历、见闻、心得体会以及习作修改体现学业质量评价要求。如活动参与，要求写清楚活动过程，突出印象深刻内容，点面结合，由场景到学生个人的动作、语言、神态描写。文学体验，要写出活动体会，写简单的记实作文，内容具体、感情真实，与同学分享习作内容，并接受修改建议，进一步完善自己的习作。

但如何进行习作教学学业质量评价仍是一个难题。究其原因，一是部分学生不明确习作教学学业质量评价标准，对如何达到这个标准缺乏实际操作经验；二是教师过于重视讲授写作技巧，忽视对学生写作的过程性指导。学生难以把写作的陈述性知识转化为可操作的程序性知识，教师的写作指导也基本呈“架空”状态。因此，设计出操作性强的习作教学学业质量评价方案就显得尤为重要。

2. 表达与交流(习作)教学学业质量评价方案设计

要设计出科学合理的习作教学学业质量评价方案，教师首先要清楚知道设计方案的目的，需要测试学生哪些方面的能力；其次，要根据习作要求、学生基础水平和能力等设置具体的评价指标，明确作文期待水平；最后，教师在设置不同等级分数段时，

多彩的活动

"祖国在我心中"朗诵会、学校运动会、"六一"儿童节演出，植树、端午节看赛龙舟、看望孤寡老人……这些校内外活动，你参加过哪些？

选一次活动写下来，和同学分享你的经历。

◇ 写清楚活动过程，把印象深刻的部分作为重点来写。

◇ 写活动的场面时，既要关注整个场景，也要注意同学的表现，写一写他们的动作、语言、神态。

◇ 把活动中的体会写下来。

写完后读给同学听，根据他们的建议，用修改符号修改自己的习作。

图 6-7　多彩的活动

要充分考虑分数区别的意义，是否可以通过可观察方式去定义分数。

(1)"作前"学习课：依据单元目标制定评价量表①

结合单元导语中的人文主题与语文要素，明确习作教学学业质量评价目标，确定训练中心。我们以六年级上册第五单元"围绕中心意思写"为例。第一步，引导学生回忆这一单元的课文《夏天里的成长》《盼》的中心思想，明确想写好一篇文章要"中心清楚"。第二步，结合《夏天里的成长》中动植物的生长、非生物的生长、人的生长三个方面，探究围绕"成长"这一中心的选材；从习作例文《爸爸的计划》学习用不同事例凸显中心

教学设计:《围绕中心意思写》②

意思的具体写法，强调选择能表达中心意思的材料，材料要为中心服务。第三步，以《盼》中的买酱油画面为例，从语言、动作、心理等方面来具体、生动地描写"我""盼穿雨衣"的心情，明确写好文章就要把重点内容写生动、写具体，即"具体生动"。教师逐步总结提炼出写好一篇文章的奥秘，即"中心清楚、材料关联、重点具体"，进而生成本次主题习作的"星级评价表"(表 6-5)。

---

① 姜彩美. 发展性评价量表为习作教学"导航"——以统编版语文六年级上册"围绕中心意思写"为例[J]. 小学教学研究，2022(6)：85-86.

② 作者：向文倩，湖南省长沙市岳麓区第二小学。

表 6-5 "作前"星级评价表

星级	"围绕中心意思写"评价标准
★	中心不清楚
★★	中心比较清楚；只有一个方面或者一件事能表达中心
★★★	中心清楚；能从不同的方面或者选取不同的事例突出中心；能将重要的部分写详细、写具体

(2)"作中"体验课：对照评价量表写一写、评一评

我们仍以六年级上册第五单元"围绕中心意思写"为例，可设计以下评价环节。

环节 1：阅读习作材料"围绕中心意思写"，根据写作要素研制分值量表(表 6-6)。

环节 2：对照分值量表，给一类文(例文略)评分，并归纳一类文高分特点。

环节 3：对照分值量表，给四类文(例文略)评分，师生讨论低分原因——中心不突出、事件不具体、详略不得当等。

环节 4：对照量表，升格作文。

(1)结合量表，选择和修改材料。

①概括病文中的材料，对照量表进行评价，并圈画出可用材料。

②对照量表，明确修改意见。

(2)基于量表，升格作文。

①对照量表，小组合作，当堂修改，制定小组最佳修改方案。

②全班展示讨论，制定班级最佳修改方案。

(3)基于量表，巩固成果。

①根据量表，再次给升格后的作文评分。

②组织讨论，分析量表各项分值，并思考：我们将量表中的哪些项目做了升格，使得这篇习作成为一篇优秀作文？

(4)给自己的作文评分，同伴互评，提出修改建议。

表 6-6 "作中"分值量表

项目	要求	很好	好	一般
基础项	基本符合题意、与中心意思关联的一件或几件事	5	4	3
发展项	详略得当、内容具体、表达清楚	2	1	0
	能通过描写、议论、抒情等表现手法突出中心	1	0.5	0
	能表达自己的真实感受	1	0.5	0
	字数、题目、书写等符合基本要求	1	0.5	0

(3)"作后"升级课：参考评价量表评一评、改一改

如果说"作中"体验课是聚焦重点段落，那么，"作后"升级课就是聚焦整篇作文。教师可以选取几篇例文让学生自己评估等级。参照评价量表，学生能够清楚地发现自己在写作上的不足，并有针对性地改进，进行一次次思维的爬坡，这不仅仅能提高作文修改的效率，还能提升学生的作文水平。不管是片段的聚焦，还是整篇文章的思考，学生都能通过"个体体验—小组碰撞—班级引领"三步骤，强化对评价量表、等级案例的认识，激发运用策略进行升级表达的愿望。

3. 习作教学学业质量评价设计案例分析

我们以统编版三年级上册第六单元的习作为例(图 6-8)。

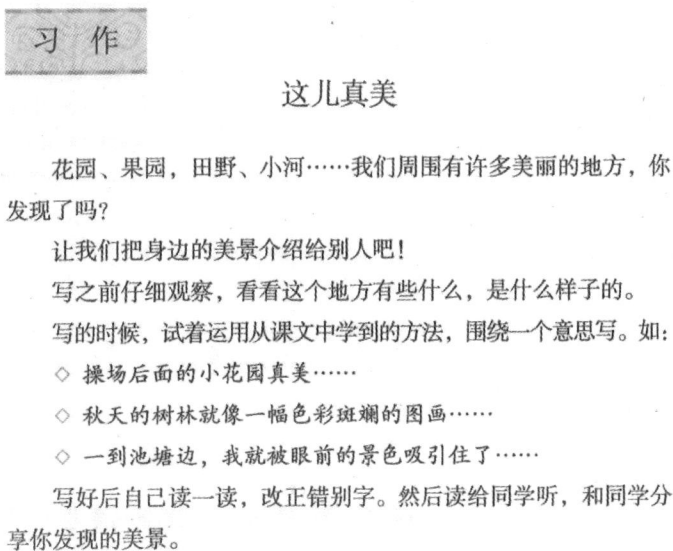

习 作

这儿真美

花园、果园、田野、小河……我们周围有许多美丽的地方，你发现了吗?

让我们把身边的美景介绍给别人吧!

写之前仔细观察，看看这个地方有些什么，是什么样子的。

写的时候，试着运用从课文中学到的方法，围绕一个意思写。如:

◇ 操场后面的小花园真美……

◇ 秋天的树林就像一幅色彩斑斓的图画……

◇ 一到池塘边，我就被眼前的景色吸引住了……

写好后自己读一读，改正错别字。然后读给同学听，和同学分享你发现的美景。

图 6-8　这儿真美

学生根据习作内容要求，拟写的习作如下:

新疆之美①

你知道吗? 新疆可是一个好地方。

它的草原一望无际像绿色的海洋。草地上开着各种颜色的野花，有红的、黄的、白的、粉的、紫的……真是美丽极了! 新疆还有一种非常有趣的房子——蒙古包。它是用羊皮做的，里面没有房间，也没有窗户，只有一张床。最有名的还要数葡萄。像一颗颗大珍珠一样挂在藤上，摸上去滑滑的。葡萄干的美名比葡萄传得远，酸甜可口，令人垂涎三尺。新疆还有很多美景，看不完说不尽，像一幅精美绝伦的画。

如何评价这篇学生作文呢? 按照惯例就是教师根据自己的教学经验和标准进行评

---

① 刘美治. 小学作文实践中看评价量表的积极作用[J]. 作文成功之路，2022，3(2)：56-58.

价。但是评价标准不一致，对文章的认知和理解就会不一样，就会出现相同的文章评价两极分化的情况，学生即使感觉有问题，也搞不清楚问题出在哪里，找不到努力方向。但如果设计出合理的评价标准，教师和学生就可以根据评价标准更有针对性地解决问题。

评价量表可以分为以下四个等级：

C级：①写作顺序混乱，写作思路不清晰。②有相关的描写和抒情。

B级：①写作顺序和写作思路相对清晰，部分内容经不起推敲。②有一定的描写和抒情。

A级：①内容表述清楚，能通过合适的叙述视角让读者感受到新疆的美。②写作思路和顺序比较清晰，条理分明，描写和抒情运用得较好。

A⁺级：①能根据主题、情感的表达需要，选择合适的写作角度。②写作顺序清晰，描写、抒情、修辞运用恰当。

根据这个参照标准，可以断定上文的等级为 B。

小作者从自己的视角对新疆的自然环境和人文环境进行了描写，但描写的内容比较单薄，语言表达不够准确。那么如何修改呢？学生可以结合评价标准修改。

下面是学生修改后的作文：

新疆之美

你知道吗？新疆可是一个好地方。

它的草原一望无际，就像绿色的大毯子，在微风的吹拂下，涌起层层的波浪。草地上开着各种颜色的野花，有红的、黄的、白的、粉的、紫的，这些花就像刺绣一样，真是美丽极了！

最有名的还要数葡萄。你看，葡萄藤多美啊，上面挂着一颗颗水晶一样的葡萄，摸上去滑滑的。虽然还没有成熟，但我仿佛闻到了它的甜香味儿。在新疆，葡萄干的美名比葡萄传得远，因为新疆昼夜温差大，日照时间长，有利于葡萄干的晒制，所以葡萄干酸甜可口，美名远扬。新疆还有很多特产，比如哈密瓜、小白杏、香梨，这些让你看也看不完，吃也吃不完。新疆真是个好地方呀！

修改后的作文达到了 A 级，这样的写作教学评价才是高效的。可见，习作教学学业质量评价既能帮助教师诊断作文教学中的问题，又能帮助学生准确定位自己的作文水平以及努力方向，还能有效反馈写作教学任务的完成情况，搭建学生习作思维、习作结构、习作内容"支架"，为提高作文教学效率打好基础。

▶第四节　国内表达与交流(习作)教学实验简介

一、情境习作教学实验

(一)情境习作教学的基本内涵

江苏南通师范第二附属小学特级教师李吉林,吸取了我国古代文论中有关"情""境"的理论,又借鉴了当代西方有关"启发"的教学理论,在全国首次提出了情境教学的主张。情境式习作教学是以情境创设为手段,教师有意创设一个具体的场景或境地,如让学生观察实物、欣赏表演、观看视频、收听广播等,在丰富多彩的形象观察中认识客观世界;在观察情境的基础上,再让学生思考、联想、想象,以此加深学生的情感体验,激发学生的情趣,从而产生写作的欲望。

(二)情境习作教学的基本方法

创设情境可以激发学生写作的兴趣,把学生带入与习作内容相应的氛围中,从而达到良好的教学效果。人的情感总是在一定的情境与场合中产生。创设习作情境,就要酝酿一个让学生可知可感的氛围,有效地产生情感共振,进入最佳的习作状态。当然,在教学过程中,教师要根据不同类型的作文,对症下药,创设出合情合理的情境,让学生在活动中通过自身体验,细致观察,在动口、动手、动脑、动笔中写出感情丰富的文章。

创设情境的方法很多,具体可以通过以下几种途径来实现。

1. 联系生活再现情境

即把习作训练的内容与学生的实际生活通过创设情境沟通起来,进而打开学生的生活库藏,强化对生活的体验,产生对情境的联想,加深对情境的感悟,达到运用或借助眼前再现的情境来表达的目的。无论是人物形象还是生活起居、日常琐事、人际交往等都可以拿来在课堂上再现。学生在观看到这一贴近自己生活实际的情境时,往往会比较兴奋,甚至会说:"我也遇到过这种事。"也可能会评论:"生活中的那种人太不受欢迎了,我绝不会像他那样自私。"还可能恍然大悟:"原来父母是那么辛苦呀!"

如果习作训练的内容与学生的生活实际有距离,教师则可以充分调动学生已有的生活感受和经验,使他们发表自己的看法。如指导学生写《我的烦恼》,可以让学生先回忆,说说自己在生活中有哪些烦恼,并引导他们从生活、学习等方面来说。学生大多会说成绩不好被父母骂,想要买的东西家长不给买,这些小事也的确是他们的烦恼,但是如果把这作为写作的素材,又感觉缺少新意,视野比较狭窄。因此,教师在进行指导时,可以播放相关网络影视新闻媒体视频,使学生产生身临其境的代入感,心中有话,笔下就有素材了。

2. 借助实物展示情境

实物是一种比较直观的教具，俗话说："百闻不如一见。"运用实物展示情境，能吸引学生的注意力，尤其适合低年级学生的写话训练，低年级学生的思维方式以具体形象思维为主，这就需要教师在教学时注意利用一切可利用的材料演示情境。

统编版教材六年级下册第一单元的习作主题是"家乡的风俗"。本单元课文有《北京的春节》《腊八粥》《古诗三首》《藏戏》等内容，教师可以在课堂上展示并介绍端午节的粽子、香囊、艾草与菖蒲以及春节的春联、福字等。这样的直观展示，可引导学生进入情境，激发想象，让习作的内容变得丰富多彩。

3. 选用音乐渲染情境

音乐是诉诸人的听觉，启动人的联想和想象的一门艺术。它激荡心灵，抚慰情绪，对渲染情境而言，确实不可多得。音乐也是用来反映社会生活、表情达意的，把音乐与习作教学连通起来，能调动学生的听觉、视觉等器官，为习作教学的展开起到推波助澜的作用。教师可以根据习作内容要表达的情感，选择相应的音乐来烘托气氛，从而使学生沉浸在音乐的美感中，体味其中蕴含的情感，加深理解。如在指导《写一种植物》习作时，先播放《红梅赞》歌曲，让学生一边听一边回想梅花的特点，并通过由表及里的方式展开来说它的精神，还可联系到其他的植物，让学生不仅写出这种植物的特点，还写出它的内在之美。

4. 在扮演角色中体会情境

小学生都有活泼、好动、喜欢玩的天性，如果能将这一特点在习作课上与有趣的表演结合起来，那么学生的兴趣自然很高，让学生主动积极参与，进行角色体验，就可以更深入地体会每个角色的动作、神态、心理活动等；同时通过扮演角色体会情境，重视了学生的主动积极参与，淡化了教师的说教、讲授，也减轻了知识技能的训练；淡化了教学的结果，关注了教学的愉悦过程，真正体现了新课程以情感人、以美育人的新理念。

教师在平时的训练中可以让学生进行各种角色体验，让他们体验人间的真情与关怀，体验劳动的艰辛与快乐，体验合作和交往的重要性，体验一次次成功后的幸福、失败后的悔恨沮丧等。如在家里，让他们当个好儿子、好女儿，好孙女、好孙子，给妈妈洗脚，给爸爸捶背，当奶奶的眼镜，当爷爷的拐杖，星期天让妈妈"下岗"休息等；在社会上，可以让学生当一次小记者，当一回小交警，做一回小调查员；在学校里，让他们做一天值日生，当一回主持人。由于小学生好奇心强，喜欢新奇的事物，又善于模仿，让他们进行多种角色体验，既满足了他们的这种心理，又解放了他们的手、脚、嘴等，符合学生爱说爱动的年龄特点，又不会带来作业压力，学生都乐于参与，结果是在角色体验中不知不觉地积累了丰富的写作素材。

(三)情境习作教学的实验价值

情境习作教学一直扣住"情境"二字，又注重语言的发展。实验证明，在一定情境里儿童会产生"情不自禁"的心理冲动，而在"情不自禁"之下又会产生"脱口而出"的语言表达需要，甚至产生具有儿童情趣的美妙的语言，如此发展学生的语言，也就提高了学生的习作能力。

此外，李吉林老师还把情境习作教学与审美教育结合起来，注重发掘课文在一定情境中的审美价值，有针对性地对学生进行审美教育。她从低年级开始，就在习作教学中引导学生不断感受美、鉴赏美、用语言表现美。显然，这对培养学生审美判断力和创造美的能力，形成健康的审美情趣和审美观，促进学生身心和谐地发展，有着十分重要的意义。

二、童话引路习作教学实验

(一)童话引路习作教学的基本内涵

1983年秋，湖南省凤凰县箭道坪小学的滕昭蓉老师开始进行"童话引路"实验。她在使用全国统编的小学语文教材的同时，针对小学一至三年级学生的心理特点，又使用了"童话引路"的补充教材，让学生听童话、读童话、说童话、写童话。这项"习作起步"实验，并不排斥写一般记叙文，它主要探索小学生的"习作起步"问题。

(二)童话引路习作教学的基本方法

1. 教给学生两套工具

这两套工具是：拼音工具——改拼读法为直呼法，让学生掌握400个基本音节，能用拼音写话；识字工具——教会学生查字典，扩大识字量，先拼音夹汉字，再汉字夹拼音，最后全用汉字。

2. 采用七种写童话的形式

第一，听童话，写童话。

第二，看图画，编童话。

第三，看实物，编童话。

第四，联系生活实际编童话。

第五，结合课文编童话。

第六，按提纲编童话。

第七，提供开头编童话。

3. 处理好四种关系

第一，处理好写与听、说、读的关系。即写好童话要以多听、多说、多读童话为前提。为此，滕昭蓉老师为低年段的每一学期编一册补充教材，一册选40篇左右的童话，并且篇篇注上拼音。

第二，处理好写童话与写一般记叙文的关系。由于"童话引路"的目的在于提高学生写作兴趣，发展他们的语言表达能力，使他们写好一般记叙文，所以要处理好写童话与写记叙文的双线训练关系。例如，一年级时以写童话为主，也写观察日记；三年级时写童话与写记叙文的训练量大体相当。此外，还要把写一般记叙文的要求渗入写童话的训练中，把写童话展开想象的特点融进写记叙文的训练中。

第三，处理好大胆想象与生活常理的关系。既让学生自由驰骋想象，又注意符合生活常理，使"物性"与"人性"统一起来。

第四，处理好模仿与创造的关系。由模仿开始，逐渐增加创造成分，最终达到能独立写作。

(三)童话引路习作教学的实验价值

"童话引路"作为小学生"习作起步"的实验是可行的，因为它符合儿童心理发展的特点，主要表现为以下几方面。

1. 儿童好奇，好幻想，而童话的基本特征在于幻想，"童话引路"符合儿童的心理特点，能引起儿童的习作兴趣。特别是儿童思维常常"视物为人"，赋予"物性"以"人性"，这恰好与童话的拟人特点合拍。正因为如此，让小学生的习作从听童话、说童话、读童话、写童话起步，能把他们导入"人造"的习作境地。

2. 中低年级的学龄儿童，虽然现实感增强了，但是仍有比较丰富的幻想，用"童话引路"训练中低年级学龄儿童的习作，正好可以使他们的思维和想象得到充分的开发，发挥他们特定学龄阶段的潜在能力。

3. 童话是用儿童语言创作的，儿童不但易于接受，而且易于掌握，"童话引路"有利于训练他们的语言，能使他们尽快地发展自己的内部语言、口头语言和书面语言，同时也可促进他们认识语言表达上的规范性和生动形象的特点。

滕昭蓉老师的实验证明，如果能充分考虑到学生的心理特征，就能最大限度地调动他们的积极性。实验也表明，"童话引路"具有起步早、形式新、见效快、负担轻的特点。

三、素描习作教学实验

(一)素描习作教学实验的基本内涵

素描习作一向为中外习作教学所重视。叶圣陶先生早在 20 世纪 30 年代就提出教学生多作小幅素描的意见。我国当代的素描习作教学的首倡和推动者是上海师范大学教科所的吴立岗老师，他还出版了《小学习作素描教学》专著。小学习作素描训练，以观察实物为途径，以片段和简短的篇章为形式，是一种将叙述与描写结合起来反映周围社会生活的记叙文训练，它有助于促进学生认识周围世界，培养他们的观察力、思维力以及语言表达力。

如果说"童话引路"是针对小学中低年级学生提出来的，那么，"素描习作"则是专门针对小学中年级学生提出来的。中年级是过渡阶段，划入命题习作训练阶段则要求过高，划入写话训练阶段则要求偏低，因此，中年级进行素描习作最为恰当。

(二)素描习作教学实验的基本方法

1. 三、四年级素描教学的内容

三年级：进行静物、小动物、房间陈设、大自然的一角以及人物的外貌、动作、对话等素描训练，培养学生的观察能力和想象能力，着重于片段的写作——掌握段的结构形式和写作技能。

四年级：进行叙事素描和命题素描训练，记叙自己生活和社会生活的简单经历，培养学生抓中心和突出重点的写作能力，由写片段向写篇章过渡。

2. 素描教学指导

第一，大体的指导步骤：①讲清要求；②观察实物或进行演示；③讨论观察所得，进行重点指导；④借鉴范文；⑤厘清思路，列出提纲；⑥口头习作；⑦书面写作。其中有的步骤也可以省略。

第二，指导原则：①认识第一，构思第二，即先要指导学生观察、感受、理解素描对象，然后再指导构思。②要求明确，同中有异，即明确要求学生或用不同方法观察同一对象，或从不同角度思考同一过程，或从不同侧面对同一内容展开想象和联想，或用不同语言描绘同一对象。③从扶到放，循序渐进，即从集体观察过渡到独立观察，从作前指导过渡到作后指导。

3. 素描训练的讲评

第一，教师当堂讲评：一般是十分钟观察指导，二十分钟写作，剩余时间交流讲评。

第二，学生当天修改：教师讲评后，学生当天要修改，以落实讲评要求，巩固练习成果。

四、基于言语交际需要的习作教学实验

(一)基于言语交际需要的习作教学实验的基本内涵

在中央教科所潘自由老师首倡下，江苏徐州于永正、湖北黄石赵班胜等部分地区的老师进行了按言语交际需要改革习作教学的实验。

实验是基于言语实际需要考虑的，因为这一需要存在于社会生活的各个领域、各个层次，是多方面的。就言语表达而言，有三种情况：第一，自己需要告诉别人一些什么，于是产生主动表达的需要。第二，别人需要向自己了解一些什么，自己要告诉对方，于是产生了半被动的表达。这种"半被动"中含有"主动"因素，因为自己知道多少可以告诉多少，不知道的可以先不说，甚至告诉对方时可以有所选择，采用不同的方式方法。第三，传达或转达别人的一些什么，如应别人之托传达别人的意思，接受某项任务而转达别人的意思或原话，代别人表达，这属于完全被动的表达。

该实验训练时所采用的内容，有具体叙述的，也有概括叙述的；采用的文体方式，有记叙文的，也有应用文的和说明文的。因而，根据实际言语交际的需要，可以灵活

训练学生记叙、描写、说明、抒情、议论几种表达方式。

在训练的方式方法上，实验者主张，要尽可能为学生创设言语实际交际的情境，把习作训练视为现实言语交际的活动，即让学生的习作有目的、有对象，说了或写了之后有一定用处。

（二）基于言语交际需要的习作教学实验的基本策略

1. 注重情境创设

开展言语交际训练必先创设言语交际的情境，为交际说话构建必要的环境与氛围，以此来激发学生交际的欲望，克服为作文而作文、作文没有目的和对象的弊端。如何创设课堂情境，使训练具有实践意义，是一个很有难度的问题。而于老师的创设情境之巧让人拍手叫好。于老师常采用"表演"的形式，根据发生在学生身边的事情、抓住生活提供的机会、创设口语交际的情境等方法进行说写训练。这种在一定环境中的说写训练，贴近学生的生活，大大激发了学生言语交际的积极性。

真切的生活体验是小学生习作的源泉。于老师习作课堂的内容都指向学生的生活，如《一块面包》《对话》《爱鸟》《四毛的故事》《大红花》《测试》等。通过这些课例，可以发现于老师善于以学生的原有生活经验为基点创设情境、确立习作话题，使学生有感而发，有话要说，有情想诉。

2. 注重生活应用

习作教学中存在的一个突出问题是没有交际对象，表达不问交际者双方的实际需要。学生不知道为什么要写这篇文章，也不知道写好后给谁看，只是为了应付老师，而言语交际表达训练的一个特点就是写文章有特定的目的，写了以后有用处。

［案例 6-3］　　　　于永正《写招领启事、采访、报道》的习作教学片段

在《写招领启事、采访、报道》一课中，于老师先让学生用一节课写招领启事，帮助邓刚同学寻找包的主人。失主找到后，感激不已，为邓刚买来了一个书包和一个装满文具的文具盒作为酬谢。下午，于老师拿着失主赠送给邓刚的书包和文具盒来到教室。

师：告诉大家一个好消息，失主找到了！他非常感谢邓刚，感谢我们同学，特地为邓刚买了一个书包，一个文具盒。校长说了，要我们了解了解邓刚拾包的事，写下来，要在红领巾广播站广播，在全校大会上表扬。现在，我把邓刚请来，咱们以红领巾广播站小记者的身份采访一下，再写下来。

这就是从交际应用的实际需要出发，从小学生的需要出发，密切联系生活实际，努力向生活回归，全力体现说写训练的工具价值，造成习作教学"实用"的气氛。

3. 注重多方训练

言语交际训练课不是单纯的某一项训练，而应采用多种交际手段。如：打电话、转述通知、口述消息，当导游、解说员，写说明书、保证书、广播稿、表扬稿，甚至写倡议书、备课等。形式多样的交际手段应用其中，孩子们喜闻乐用，交际兴趣会被大大激发。

以于老师设计、由中国教育电视台拍成了电视片的《认识苹果》为例。该课围绕苹果，先是写保证书(保证不摘果园的苹果)、转述通知(回家把参观果园和要带的东西告诉家长，取得家长的大力支持)；接着参观果园，听果园的师傅介绍苹果的知识，要求回家向家里人介绍这5种苹果，并写一篇日记；然后办展览，为苹果写"说明"，练习讲解；再是写海报；最后是写"照片说明"和报道。这一系列训练组成了层层紧扣的知识系统，全方位进行了听说读写做等多种技能的反复训练。

(三)基于言语交际需要的习作教学的实验价值

这一实验突破了传统的为习作而习作的框子，走出了一条像实践练兵一样的新路子。例如针对具体人的来信写回信，在参观或游览之前写通知，参观或游览之后，说明参观或游览的路线，向没有参观或游览的同学做介绍，写心得感受，向亲朋介绍学校，介绍某个人的先进事迹，转述班主任或校领导的讲话，还有打电话，买东西，问路，挂号看病，为某些商品写广告，写说明，当导游，主持会议，即席讲话，听报告做记录等，都密切结合了言语交际的实际需要。

五、本色作文导写实验

(一)本色作文导写实验的基本内涵

湖南第一师范学院刘济远教授于1992年起开始"导写"实验研究，其核心观点主要体现在《本色作文全程导写教与学》和《生命·生活·生态三本色作文导写评介》中。该实验在"人本教育""主体性教育""素质教育"等现代教育思想的指导下，遵循"本色作文导写"理念，根据儿童作文心理规律开展"导写"活动，针对网络背景下青少年习作的"三化"现象，引导他们回归习作的"三本色"，即针对习作主体"虚无化"的"无我"之文，还习作主体的生命本色；针对习作内容"空洞化"的"无物"之文，还习作内容的生活本色；针对习作形式"模式化"的"无特色"之文，还习作形式的生态本色。从而为培养儿童朴实清新的文风、发展青少年的创造力、塑造青少年的健康人格提供保障，为诚信社会、创造型社会的建设发挥积极作用。

(二)本色作文导写实验的基本策略

1. 习作教改的新理念——习作可"导"不可"教"

过去习作教学不成功的主要原因是教师把习作课当成其他学科课程一样去教。其实，习作是学生运用语言文字表情达意、交流思想感情的一种个人创造活动，学生自己的喜、怒、哀、乐，只能由他们自己去倾诉，为了使其倾诉能痛快淋漓，教师所能做的仅仅是根据儿童习作心理规律进行"导写"。导写分前导和后导。其中，"前导"开启真情实感的"闸门"和生活素材仓库的大门——让学生"想写""有写"；"后导"引导学生摸索写作的"窍门"——让学生"会写"。

2. 导写目标的"三本色"

导写目标的"三本色"是：针对"无我之文"还习作主体的生命本色；针对"无物之文"还习作内容的生活本色；针对"无特色之文"还习作形式的生态本色。

3. 导写手段的"三维度"

导写手段的"三维度"指以习作时间为纵向的前导、后导的全过程导写；以习作空间为横向的课内课外、校内校外的全方位导写；以写作技能培养为主攻目标兼顾听、说、读、评、改等多种技能培养的全因素导写。

4. 教师指导下的学生自主合作评改作文的操作系统

在多年来的"导改"实践活动中，刘济远教授引导创建了"七步骤导改"操作系统，操作要领如下。

第一步，自我欣赏与评价。初稿完成后，每位学生根据老师"导改"指导中列出的诊断与修改病文的基本方法，先自查自改，然后从写作起因（即交代写作缘由及过程，为同学互评互改提供依据）、得意之处（从习作的拟题、选材、构思甚至是选词炼句等方面写出自我感觉的成功之处，借以培养学生写作的自信心）、困惑之处（交代本次习作自己尚不满意的地方和困惑之处，以便在评改活动中得到老师与同学的帮助）三方面写出"自我欣赏与评价"附于篇末。

第二步，邻座交流。在同桌或邻座的两人之间相互评改作文。这要求在已有自评自改的基础上进行。教师尽可能鼓励学生充分发挥信息双向交流的效应，使"互评互改"在平等、友好的气氛中进行，同时予以适当指导并帮助解决疑难问题。

第三步，小组评议。为了扩大反馈面，让同类习作有相互交流学习的机会，"邻座交流"后便进入"小组评议"。教师将当次习作中选材、立意、构思等方面相近的习作归类分组，以小组为单位按"导改"教材中的评改标准先小组评议，再由组长分工相互批改。小组评改的关键在于发挥同类习作相互启发以达到群体优化的作用。

第四步，师生互动示范评改。小结各组评改情况后，教师按学段教学整体计划确定的专题，选取若干代表性习作采用引导、点拨的方式在全班进行示范性评改，有计划地为学生自主合作评改习作作出示范。

第五步，全班开放评改。教师示范评改后，开展小组与小组之间的全班开放评改，有步骤有重点地解决当次习作评改中的难点问题。

第六步，自主定稿。要求学生依据上述评改活动后各自所得的全部信息，对本次习作做一次全面的修改，定稿后誊写到作业本上。

第七步，总结激励。教师先总结评定习作等级，再分别采取适当的激励措施。如组织优秀习作朗诵会、出墙报、结集印发、网络上传、推荐发表等活动。有目标、有计划地创建学生习作口头发表与书面发表的园地，强化学生的发表意识，激发其创造动力。

（三）本色作文导写的实验价值①

作文不是"教"出来的，而是"导"出来的。"教"是由外到内，是教师外力强加给学生的。"导"是自内而外，是学生原来就有了的生活积累与体验，通过教师的外在引导，学生将其蓄积已久的内在个人情感和思想自由倾诉出来。"教"的对象是被动的，是教与学、授与受、给予与接收的关系；而"导"的教师与学生双方是同步互动的，教师只是引导者、参与者和平等对话中的首席。"本色作文"呈现出习作者的生命本色、习作内容的生活本色、习作形式的生态本色，揭示了作文教学的本质特征和基本规律，对传统作文教学的弊病有很强的批判性。

【资料链接】

1. 潘艳．真实语境下的小学习作教学［M］．重庆：西南大学出版社，2023.

全书共四个章节：第一章真实语境习作提出的背景，从习作教学的缺失与困惑、真实语境习作提出的背景两个方面进行阐述；第二章真实语境概述，对真实语境的概念、要素进行阐释；第三章真实语境的创设，从真实语境创设的途径和方法进行阐述；第四章真实语境下的习作教学实践，包含了教学目标的精准定位、习作教学支架的搭建、真实语境下的教学评一致的阐释和案例实践指导。本书着眼于当前小学语文习作教学的困惑，以近几年语文学科相关专家、一线名师等的研究理论为依据，进行了"创设习作的真实语境，为读者而写"的习作教学实践，对小学习作教学具有一定的参考、借鉴价值。

2.《小学语文教学》杂志社．跟着名师教习作［M］．南昌：江西教育出版社，2022.

本书结集了小学语文界名师们发表在《小学语文教学》期刊上关于习作教学研究的专栏文章，聚焦习作本质、习作教材、习作实践策略、习作难点四个方面，探讨了学生学习习作的真正价值、如何用统编教材教习作、习作教学的艺术等问题。本书不仅有习作教学理论研究，而且还渗透了一些习作范例的分析，创生出了很多既慧意玲珑又极为实用的习作策略与方法，兼具理论价值与实践价值，能为一线语文教师合理地使用统编小学语文教材，开展习作教学提供参考和启发。

3. 吴勇．吴勇用教材—小学教材习作教学探索［M］．福州：福建教育出版社，2017.

作者试图在从习作教材走向写作课程和教学的漫长而曲折的征程中，探索和建构这样的实践路径：以整体而开阔的课程建设为视角，从习作教材走向习作课程；以真实而具体的语体知识开发为抓手，从习作课程走向习作教学；以适合儿童的教学设计为途径，从习作教学走向儿童的言语发展。

---

① 周庆元．"本色作文导写"的开拓与创新［A］．刘济远．本色作文全程导写教与学［M］．北京：北京师范大学出版社，2012，序言.

4. 李玉勤．小学习作教学的突围与实践［M］．芜湖：安徽师范大学出版社，2017.

本书分为理论与实践上下两编，分别介绍了当前小学习作教学面临的困境及其突围方式，以及如何培养读者意识和指导二次习作，并辅以课堂教学实录或案例分析，帮助学生掌握写作知识与方法，最终突破"为习作而习作"的藩篱，走出一条充满活力的习作教学之路。

5. 吴忠豪．小学语文教学内容指要——写话习作［M］．北京：高等教育出版社，2015.

本书根据小学生语文学习心理特点，结合《语文课程标准》的教学目标有关小学语文课程"写话"和"习作"的教学内容，参照年段教学目标分别整理出小学 1—6 年级"写话"和"习作"的教学内容。在相关概念界定的基础上，提出了比较具体的写话习作评价指标和教学建议。本书可作为语文教学工作者案头的工具书，在很大程度上化解了教师因语文课程缺乏结构化教学内容而产生的困惑。

【思考·训练】

1. 在你熟悉的小学中选取一个班级，就当前我国小学作文教学存在的问题进行问卷调查。

"思考·训练"解题思路

2. 请结合本章"习作教学目标与策略"的学习，认真分析统编教材小学中段习作教学训练内容，为三年级上册"写日记"与四年级上册"写信"进行习作教学目标设计(图 6-9)。

建议：要体现同一学段不同年级习作教学目标的梯度；要加强对"写日记"与"写信"这类应用文内容及格式的指导与训练。

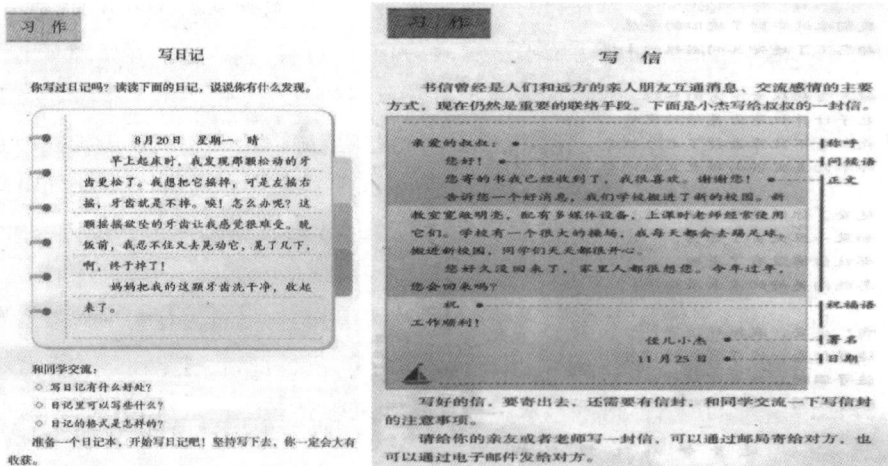

图 6-9　写日记、写信

3. 结合《语文课程标准》要求，分别为统编版教材五年级下册“神奇的探险之旅”和六年级下册“插上科学的翅膀飞”进行习作教学设计(图 6-10)。

建议：要体现五年级下册和六年级下册想象文习作教学训练侧重点；要结合图片与文字内容进行教学设计。

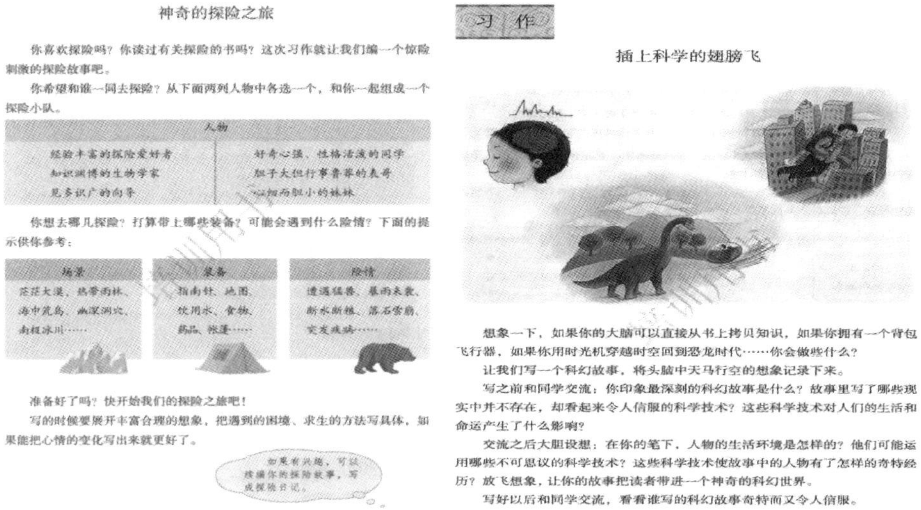
神奇的探险之旅

你喜欢探险吗？你读过有关探险的书吗？这次习作就让我们编一个惊险刺激的探险故事吧。

你希望和谁一同去探险？从下面两列人物中各选一个，和你一起组成一个探险小队。

人物	
经验丰富的探险爱好者	好奇心强、性格活泼的同学
知识渊博的生物学家	胆子大但行事鲁莽的表哥
见多识广的向导	心细而胆小的妹妹

你想去哪儿探险？打算带上哪些装备？可能会遇到什么险情？下面的提示供你参考：

场景	装备	险情
茫茫大漠、热带雨林、海中荒岛、幽深洞穴、南极冰川……	指南针、地图、饮用水、食物、药品、帐篷……	遭遇猛兽、暴雨来袭、断水断粮、落石雪崩、突发疾病……

准备好了吗？快开始我们的探险之旅吧！

写的时候要展开丰富合理的想象，把遇到的困境、求生的方法写具体，如果能把心情的变化写出来就更好了。

习作

插上科学的翅膀飞

想象一下，如果你的大脑可以直接从书上拷贝知识，如果你拥有一个背包飞行器，如果你用时光机穿越时空回到恐龙时代……你会做些什么？

让我们写一个科幻故事，将头脑中天马行空的想象记录下来。

写之前和同学交流：你印象最深刻的科幻故事是什么？故事里写了哪些现实中并不存在，却看起来令人信服的科学技术？这些科学技术对人们的生活和命运产生了什么影响？

交流之后大胆设想：在你的笔下，人物的生活环境是怎样的？他们可能运用哪些不可思议的科学技术？这些科学技术使故事中的人物有了怎样的奇特经历？放飞想象，让你的故事把读者带进一个神奇的科幻世界。

写好以后和同学交流，看看谁写的科幻故事奇特而又令人信服。

图 6-10 习作

【研究选题】

1. 小学生习作态度的调查与归因分析
2. 儿童写作动机调研与写作兴趣培养
3. 统编版教材儿童看图说话写话能力训练体系研究
4. 统编版教材小学中段习作教学目标与内容研究
5. 统编版教材小学高段习作教学训练侧重点研究
6. 统编版教材小学习作单元编排体系研究
7. 统编版教材小学习作教学策略研究
8. 小学作文评价标准体系的思考与探索
9. 小学生自主修改习作的习惯与能力培养

【参考文献】

1. 刘济远. 本色作文导教导写(小学卷)[M]. 长沙：湖南教育出版社，2012.
2. 宋道晔. 小学习作教学文体序列与主题设计[M]. 北京：语文出版社，2016.
3. 吴勇. 统编小学语文怎么教习作[M]. 上海：华东师范大学出版社，2023.
4. 吴江君. 习作单元教学我有招 [M]. 杭州：浙江工商大学出版社，2024.
5. 余闻婧. 回归素养：小学习作教学过程重建[J]. 课程·教材·教法. 2025(3).

6. 夏静洁. 大单元视角下的小学习作教学策略探析[J]. 语文建设. 2025(6).

7. 张晓东. 重建习作教学新生态——"互联网＋"时代背景下小学习作教学的探索与实践[J]. 中国电化教育. 2018(3).

8. 荣维东. 写作任务的情境化设计[J]. 语文学习，2022(1).

9. 荣维东，周胜华."表达与交流"教学应走向能力进阶和统整实践:《义务教育语文课程标准(2022年版)》"表达与交流"解读[J]. 福建教育，2022(27).

10. 吴勇. 基于核心素养的小学写作教学重构——2022年版《义务教育语文课程标准》表达层面的热词解读及实施建议[J]. 语文教学通讯，2022(18).

11. 李作芳，张凤英. 支架理论下"教—学—练—评"一致的小学习作教学研究与实践[J]. 语文建设，2022(20).

12. 巫新秋."双减"背景下小学习作教学的"增"与"减"[J]. 语文建设，2023(10).

13. 朱红甫. 小学项目化习作教学中"有用的知识"建构策略[J]. 语文建设，2023(16).

14. 王晓会. AI技术背景下小学习作教学的贯通与实施[J]. 中小学信息技术教育，2024(1).

15. 张婷. 核心素养导向下小学语文习作大单元整体教学优化路径研究[J]. 辽宁教育，2024(13).

16. 洪岳. 小学项目化习作教学中"评价可见"的策略探析[J]. 语文建设，2024(14).

第七章　梳理与探究教学

学习目标

1. 明确梳理与探究的目标、内容和基本类型。
2. 了解梳理与探究的基本策略与方法。
3. 学会设计梳理与探究的一般活动，具有初步指导小学生梳理与探究的能力。

20世纪八九十年代，德国、美国、英国、法国、日本以及我国台湾、香港等地区都倡导课程向儿童经验和生活回归，提出实行课程的综合化、网状化、互动化及多样化。我国21世纪初启动的基础教育课程改革也提倡"课程的综合"。这些理念渗透到语文课程中后，就产生了"语文综合性学习"。2022年义务教育课程标准迎来大变革，《语文课程标准》的一个重要变化是将综合性学习改为"梳理与探究"。"梳理与探究"在综合性学习的基础上，增加了语文知识和语言材料的积累、整理、归类与探究。梳理是建构知识，由散到聚，找联系，成体系；探究是发现问题，分析问题，并力求解决问题。将综合性学习改为"梳理与探究"，体现了《语文课程标准》进一步重视语文的综合性、实践性，同时又关注语文核心素养尤其是思维能力的提升。本模块基于统编版教材中的"综合性学习"内容，立足小学语文梳理与探究的指导，着重探讨梳理与探究的目标、内容、基本类型、基本策略与方法等。

▶第一节　梳理与探究教学的目标与策略

一、梳理与探究的含义

（一）梳理与探究的内涵

小学语文梳理与探究是以语文课程的整合为基点，注重学科内部知识、能力及相关素养的整合，加强语文课程与其他课程的联系，强调语文学习与生活的结合，以促进学生语文素养的整体推进和协调发展，在全面整体提高小学生语文素养的同时，提高他们综合运用所学知识解决实际问题的能力，培养主动探究、团结合作、勇于创新的精神，并通过接触自然、深

"梳理与探究"的内涵、应用场景与实践策略①

---

① 何必钻. "梳理与探究"的内涵、应用场景与实践策略. 语文建设，2024(12).

入社会，增强学生的社会责任感和使命感。它注重学生的参与体验，改变了标准化、模式化的学习方式，把以前彼此孤立的、缺乏生机的听、说、读、写环节，转变为充满活力的学生言语生命实践，使语文学习从封闭的讲授式教学课堂走向开放的家庭、自然、社会大课堂。

(二)梳理与探究的意义

1. 适应人才发展的需要

时代的发展、社会的变化对人才提出了全新的要求。21世纪不仅仅需要专业化、专家型人才，更需要创造型、复合型、合作型、个性化的人才。新世纪的人才必须具备主体适应能力、主体创造能力与主体实践能力。在这样一个快速变革的时代，教育的时间、空间、内容、方式都正在发生革命性的变化。教育目标由专一、专学、专业、专才，发展到博学、广智、多能、通才；教育手段从单纯依靠教师言传身教走向集教师、教材、课堂讲授与电子传媒、信息高速公路等于一体……中国工程院院士秦伯益表示：中国需要"诺贝尔"，需要发明家、企业家和文学家，需要精通一门到精通多门的人。的确，迅速变化的社会呼唤综合性学习，呼唤复合型、创造型人才，综合性学习的意识必须加强。

旧的课程设置与迅速发展的社会不相适应。从20世纪80年代起，世界各国纷纷进行了教育改革，改革的焦点之一就是要实现课程功能的改革，改变课程过于注重知识传授的倾向，强调形成积极主动的学习态度，使获得知识与技能的过程成为学习和形成正确价值观的过程，而综合性学习则是实现这样三位一体课程功能的理想载体。当前，美国、英国、德国、日本等国家已分别实行了各种形式的综合性学习，我国2001年开始的新一轮课程改革也明确了"小学阶段以综合课程为主""初中阶段设置分科与综合相结合的课程"的课改思路。《语文课程标准》无论从课程理念还是课程内容与方式，以及课程的评价都指向了课程的综合化，指向学生在真实任务情境下解决问题的能力，也就是说，在核心素养的背景下，语文课程的综合性、实践性、情境性无处不在、无时不有。这是课程改革的需要，更是适应迅速变化的社会需要。

2. 适应信息化社会的需要

传统语文教学侧重知识传承，学生无需主动收集、运用信息，导致相关意识与能力薄弱。当今社会是高度发达的信息化社会，新事物、新观点、新数据每时每刻都在涌现，知识的更新速度远超以往。如果学生仍停留在被动接收既定信息的层面，缺乏自主获取、辨别和运用信息的能力，不仅难以适应快速变化的社会环境，更无法满足终身学习的长远需求。学生们不但要知道"是什么""为什么"，而且还要知道"到哪里找""怎么找"。在全球都在呼唤"让学生学会学习"的信息化时代，旧的课程设置已不适应这一要求，梳理与探究式"综合性学习"必然要进入语文教学中来。

《语文课程标准》在总目标中提出"学生能借助不同媒介表达自己的见闻和感受"，关注互联网时代语文生活的变化，积极利用网络资源平台拓展学习空间，丰富学习资源，整合多种媒介的学习内容。

在梳理与探究的过程中，学生为了深入研究某一课题，或调查访问，或实地考察，或上网查询，需要利用多种手段，通过多种途径来获取信息，并根据学习的需要科学处理这些信息，恰当地利用信息和已有语文知识与各种能力完成自己的课题。在这一过程中，学生收集和处理信息的能力得以逐步提高。

3. 落实"自主、合作、探究"学习方式的需要

先进的教育思想来自社会对人才的需要，来自对学习规律的认识和把握。《语文课程标准》提出"增强课程实施的情境性和实践性，促进学习方式变革"，从学生生活实际出发，创造丰富多样的学习情境，设计富有挑战性的学习任务，激发学生的好奇心、想象力、求知欲，促进学生自主、合作、探究学习。所谓"自主"，就是主动学习，在学习中表现出良好的学习自觉性和强烈的求知欲望，从而形成自我导向、激励和监控；所谓"合作"，就是在学生群体中为完成共同任务，进行有明确责任分工的互助性学习；所谓"探究"，就是创设一种类似学术研究的情境，学生在这种情境中去发现和解决问题，培养创新精神和探索能力。应该说，自主、合作、探究是基础教育阶段促进学生个体发展的的不可忽视的重要目标，是一种新的教学思想的体现。而长期以来，由于课程实施过于强调"接受性学习"，学生习惯于死记硬背和机械训练，形成了较强的被动性和依赖性。要改变这种状况，使学生主动运用"自主、合作、探究"的学习方式，就必须设置一种全新的课程。这种课程要充满活力与魅力，能充分激发学生学习兴趣和好奇心理，变"要我学"为"我要学"，变被动的容器为主动的探求者，变只懂得个体学习为既懂得个体自主学习又懂得群体合作学习。[①]

4. 提升语文课程价值的需要

梳理与探究活动因其丰富多彩、有声有色，明显地表现出更丰富的课程价值。

首先是情感价值和鉴赏美、创造美的价值。开展有关服饰文化、饮食文化、体育文化、戏剧文化、绘画文化、音乐文化等多种活动，可为学生提供多角度、多方面的情感体验，使学生获得健康的审美情趣，达到人格的提升和心灵的净化，并培养鉴赏美、创造美的能力。

其次是智能价值。综合性语文学习活动通过多方面的综合与联系，全方位培养学生视听能力、实践能力、语言综合运用能力、认识自我与表现自我的能力，在涉及联想、想象、推理、分析、综合等活动中，学生形象思维和抽象思维得到协调发展，智力和创新能力得到提高。

最后是应用价值。梳理与探究活动使学生有机会接触丰富的文化信息和社会信息，提升人文素养，使学生语文知识得到综合运用，听说读写能力得到整体发展，语文课程与音乐、美术、艺术、科学等课程得到沟通，书本学习与实践活动得到紧密结合，从而使学生获得全面的语文能力和经验，使他们的学习生活变得丰富多彩、富有

---

① 周立群，庞车养. 语文新课程教学论[M]. 广州：华南理工大学出版社，2005：258－259.

情趣。[1]

（三）梳理与探究与综合实践活动、课外活动的区别

1. 梳理与探究与综合实践活动

从所属体系看，梳理与探究是在语文课程体系学习中展开的，所有的活动内容都与语文相关，"综合"和"活动"都是手段，它的出发点和落脚点均为"应致力于学生语文素养的形成与发展"。而综合实践活动课程是新开设的一门独立的、跨学科的课程，它可以独立于其他学科课程之外。

从教学目标看，梳理与探究重在学科内外的联系，重在学习过程，注重激发学生的创造潜能，能较好地整合知识和能力，尤其有利于在实践中培养学生的观察感受能力、综合表达能力、人际交往能力、搜集信息能力、组织策划能力、互助合作和团队精神等，最终达到整体提升语文综合素养的目的。而综合实践活动要求学生获得亲身参与实践的积极体验和丰富经验；形成对自然、社会、自我之间内在联系的整体认识，发展对自我的关爱和对社会的责任感；形成从自己的周围生活中主动发现问题并独立地解决问题的态度和能力；发展实践能力，发展对知识的综合应用和创新能力；养成合作、分享、积极进取等良好的个性品质。

从学习内容看，梳理与探究主要体现为语文知识的综合运用、听说读写能力的整体发展、语文课程与其他课程的沟通、书本学习与生活实践的紧密结合。综合实践活动内容则主要包括信息技术教育、研究性学习、社区服务与社会实践、劳动与技术教育等。

2. 梳理与探究与课外活动

梳理与探究强调语文知识的综合运用和自主探究，课外活动则注重拓展语文学习的空间和形式。在内容上二者可以互补，梳理与探究的一些内容可以在课外活动中得到进一步拓展和深化，如学生在课堂上对字词进行分类整理，在课外活动中可通过创办手抄报、开展汉字听写大赛等形式，巩固和运用所学字词知识。反之，课外活动中获取的知识和经验也能为梳理与探究提供丰富素材，二者共同致力于提升学生的语文素养。但二者确实存在诸多区别，表现如下。

从归属性质上看，梳理与探究是语文课程内容的重要组成部分，具有明确的课程目标和教学要求，贯穿于语文学习的各个领域，体现了语文课程的整体性、综合性、实践性特征。而课外活动是语文教学的有机组成部分，是在课堂教学之外开展的辅助性学习活动。

从内容侧重看，梳理与探究侧重于对语文知识和方法技能的分类、整理、探究，如对学过的字词句篇进行梳理，探究语文知识的规律和特点，解决与语文学习相关的问题等。课外活动的内容则更广泛，更注重与生活实际的联系，如参加社会实践活动、进行课外阅读、开展语文兴趣小组活动等，其内容可能涉及语文知识的运用，但不一定以系统的语文知识梳理和探究为重点。

---

[1] 黄朝霞. 语文教学转型论[M]. 长沙：湖南科学技术出版社，2011：193.

从组织形式上看，梳理与探究通常由语文教师组织和引导，按照语文课程的教学目标和要求进行设计和实施，教学过程相对较为严谨。课外活动的组织形式则更加多样化，可以由学校组织，如举办语文竞赛、文化节等；也可以由学生自发组织，如成立文学社团、读书小组等；还可以由家庭和社会机构组织，如参加社区的文化活动、参观文化展览等。

二、梳理与探究教学的主要目标

《语文课程标准》中的梳理与探究主要以"梳理与探究"的形式提出，在三个层次的"学习任务群"中都有所体现，尤其是"整本书阅读""跨学科阅读"任务群。综合起来看，主要强调如下几个方面。

第一，强调学生整体素质的培养。梳理与探究的目标中蕴含着识字与写字、阅读与鉴赏、表达与交流、梳理与探究这四个方面的目标。如"用口头或图文等方式整理、表达自己在生活中的见闻和想法""运用书面或口头方式，并可尝试用表格、图像、音频等多种媒介，呈现自己的观察和探究所得""利用图书馆、网络等渠道获取资料，解决与学习和生活相关的问题"等就是这些目标的表述，也是"知识与能力""过程与方法""情感态度与价值观"等目标的具体体现。可见，这些目标的设置，体现了梳理与探究的价值所在，那就是尽量从多方面促进学生的发展，使学生的整体素质得到提高，成为一个全面发展的人。[①]

第二，强调自主学习的能力。《语文课程标准》从学生学习主体的特点和需要出发考虑并设计"梳理与探究"的目标，给学生比较多的选择余地，活动内容和方式通常可以自主选择确定。体现学生学习自主性的目标，如："对周围事物有好奇心，能就感兴趣的内容提出问题"，学习"组织有趣味的语文实践活动""尝试写简单的研究报告"等。强调学生自主学习能力，改变以往教师讲学生听的被动局面，尽可能让学生在一定的情境中、在兴趣盎然中、在不知不觉中主动参与学习，从而提升学生的整体语文素养。

第三，强调提出问题和解决问题的能力培养。在三个学段梳理与探究的目标中，第一、第二学段都提出要有提出问题的能力要求，第三学段提出"解决与学习和生活相关问题"的能力要求，强调对自己身边的、大家共同关注的问题，开展专题探究活动，学习辨别是非、善恶、美丑。这些都充分体现对提出问题和解决问题能力培养的重视。

第四，强调校内外多种课程资源的开发与利用。在梳理与探究学习的目标中，要求学生参加校园、社区活动，利用图书馆、网络等信息渠道去查找资料，关心学校、本地区和国内外大事，利用报刊、书籍或其他媒体获取有关资料，尝试用语文知识和能力去解决家庭与社会生活中遭遇的简单问题。这些活动、媒体、生活在梳理与探究目标中出现，表明梳理与探究不是把语文教科书作为语文课程的唯一资源，而是强调多种课程资源的开发与利用。

---

① 钱加清. 语文课程与教学论[J]. 济南：山东人民出版社，2008：336－337.

第五，强调合作能力的培养。具有合作意识和合作能力是现代人必须具有的素养，然而多年来我们的语文教育在该方面一直有所欠缺，梳理与探究学习板块的设置，正好弥补了这方面的不足，它强调"共同讨论""在活动中学会合作""合作写出简单的研究报告""体验成功与合作的喜悦"，为合作提供了广阔的空间，能够促进学生学会与他人沟通与协作，学会同他人相处。

第六，强调亲力亲为的实践体验。在梳理与探究的目标表述中，使用"组织、讨论、利用、尝试、策划、观察、收集、查找"等行为动词，强调学生的亲力亲为。正是这些亲力亲为的实践行动，使得学生产生丰富的内心体验，为帮助学生成为一个活生生的人而不是知识的容器奠定了基础。[①]

三、梳理与探究的教材分析

(一)教科书中梳理与探究学习内容分析与运用

梳理与探究学习目前已成为统编版教材中一个崭新的内容。语文课程资源的整合、语文知识应用的综合以及活动过程中合作探究等，既是梳理与探究学习的重要内涵，也是语文学习不可或缺的手段与途径。不可否认，经典阅读和选文教学在过去、现在乃至将来都是语文学习的主要方式，但绝不是唯一方式；语文学习要重视文本文化，但也要重视植根于生活与实践的非文本文化。梳理与探究与选文教学有所不同，主要在于，前者以儿童的经验为宗旨，后者以文字符号为本，不过两者也存在相通的领域，即经验是符号的本源。因此，比较而言，教材中的梳理与探究内容的编排设计非常不易。[②]

统编版小学语文教材梳理与探究学习内容的编排，呈现出"人文性"选题和学习目标"螺旋上升"的特点。低年级教材中的梳理与探究内容主要渗透在课后练习和语文园地中。中年级和高年级则在教材中设置了独立的学习单元，中年级为"小综合"单元，梳理与探究的一系列活动分解到课文学习中。同时，设置了"活动提示"，引导学生明确不同阶段活动的内容和具体要求，并在单元末的梳理与探究学习中提出本次学习活动成果的展示方式。高年级为"大综合"单元，完全以活动的形式呈现，先用导语点明活动主题，接着安排两个有内在逻辑关系的活动，分别编有"活动建议"和"阅读材料"，确保活动的有序开展。

下面以统编版教材为例，谈谈教材中的梳理与探究。

1. 设计理念：避繁就简，突出重点

统编版小学语文教材梳理与探究领域的编写，在遵循语文学习规律和儿童身心发展规律、完成各阶段目标的前提下，力求抓住重点，在内容和形式上倡导简约。各年

---

① 钱加清. 语文课程与教学论[M]. 济南：山东人民出版社，2008：337-338.

② 陈尚达. 语文综合性学习的教材设计特征及问题[J]. 教育科学研究，2005(11)：44.

级都有"梳理与探究"的内容，低年级每组都有，如课文后的建议（图 7-1），"语文园地"中的"展示台"（图 7-2）。

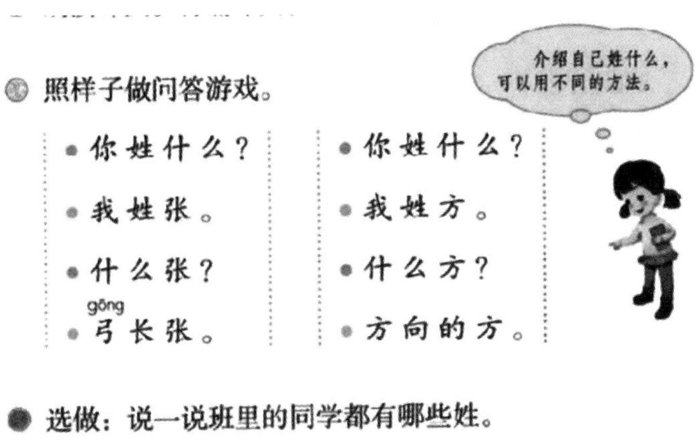

图 7-1　建议

图 7-2　展示台

系统的梳理与探究共有 4 次，主要安排在 3～6 年级下册，中年级为"小综合"，以"课后安排"和"活动建议"方式呈现，如"综合性学习：中华传统节日"（图 7-3）。高年级为单元整体编排的"大综合"，以"活动建议"和"材料阅读"方式呈现，如"综合性学习：遨游汉字王国"（图 7-4）。

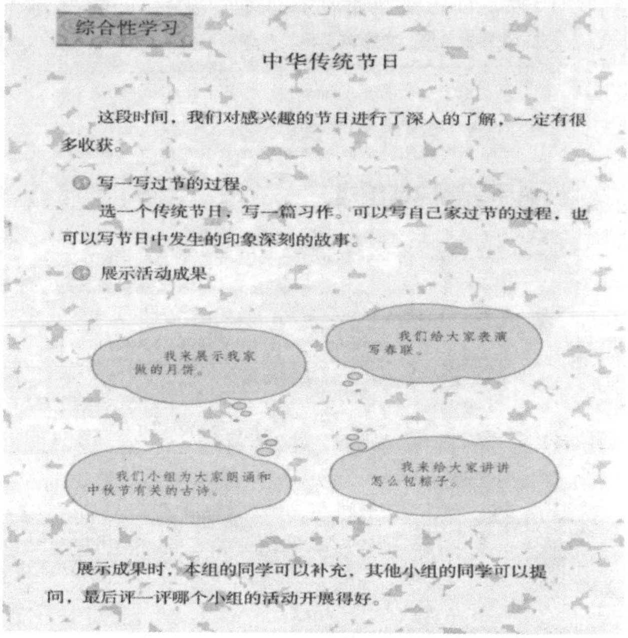

综合性学习

中华传统节日

这段时间，我们对感兴趣的节日进行了深入的了解，一定有很多收获。

① 写一写过节的过程。

选一个传统节日，写一篇习作。可以写自己家过节的过程，也可以写节日中发生的印象深刻的故事。

② 展示活动成果。

我来展示我家做的月饼。

我们给大家表演写春联。

我们小组为大家朗诵和中秋节有关的古诗。

我来给大家讲讲怎么包粽子。

展示成果时，本组的同学可以补充，其他小组的同学可以提问，最后评一评哪个小组的活动开展得好。

图 7-3　中华传统节日

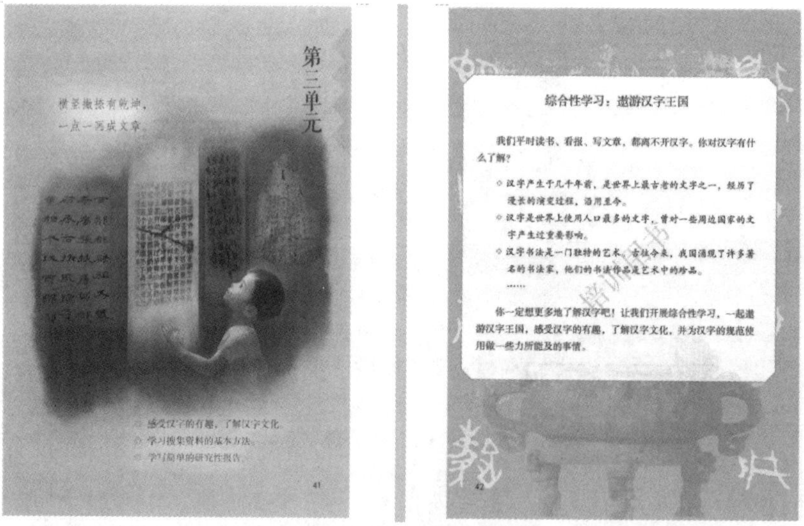

图 7-4　遨游汉字王国

梳理与探究为教师和学生开展活动留下充足的开发和选择空间，以期培养学生的合作精神，培养策划、组织、协调和实施的能力以及语文综合运用能力。听说读写能力的培养贯穿所有梳理与探究活动中。

2. 选题内容：丰富多彩，彰显人文

统编版教材在综合性学习选题内容上，满足了《语文课程标准》中所提出的目标，思想性、科学性兼顾，又表现出独特的风格。

表 7-1　统编版综合性学习领域选题概况

册次	活动内容	学习要求
三下	中华传统节日	了解、记录传统节日的基本情况，展示传统节日的文化
四下	轻叩诗歌大门	收集诗歌，创作诗歌，制作小诗集，举办诗歌朗诵会，感受诗歌的魅力
五下	遨游汉字王国	初步学习查找资料的基本方法，尝试写简单的研究性报告，了解汉字文化
六下	难忘小学生活	制作成长纪念册，策划毕业联欢会，写毕业赠言和书信纪念小学生活

从表 7-1 可以看出，统编版教材综合性学习领域的选题富有浓厚的人文气息，在体现语文的工具性、注重给予学生系统的语文知识、全面提高学生听说读写能力的基础上，关注语言文字背后蕴含的人文精神，选材主题面向自我（记录自己的小学生活）、自然（搜集、阅读、描写自然景观的诗歌等，了解自然、走进田园）、社会（了解生活中的传统文化、成长的故事、热爱祖国）展开。

当然语文学习要掌握和积累知识，没有一定的知识和能力积淀，梳理与探究就无从开展，学生的语文素养也无从提高。统编版教科书在梳理与探究领域中强调语文本身知识运用的相关内容，如"读童话·讲童话·编童话·演童话""我爱阅读""遨游汉字王国""语言的艺术""轻叩诗歌的大门"，让学生在一定的语境里，通过倾听、模仿、实践，学习正确、明白地说话，而不是事先学习语法知识然后根据规则遣词造句，通过对文本的学习、感受、模仿、迁移学习写作，而不是事先学习抽象的写作方法，再依照这些方法下笔成文。除了通过开展梳理与探究让学生接触大量感性的语文材料外，教材梳理与探究的主题选择和材料运用也不忘用古今中外优秀文化为学生全面和谐的健康发展打下精神的底子，例如"轻叩诗歌的大门"，就旨在让他们感受到在经典诗文中，还有那么广阔的天地，心灵的选择是那么多元，思想的空间是那么广袤，个性的色彩是那么丰富。①

3. 编排体例：由隐到显，大小结合

统编版小学语文教材在梳理与探究的编写上突出语文本体，注重言语实践体验，梳理与探究穿插在主题单元中，编排由隐到显，由小到大，富有新意。在低年级阶段，结合课文或专题，安排少量语文实践活动，以体现学习语文同生活的联系以及学科间

---

① 宋彦. 人教版与长春版小学语文教科书综合性学习领域比较研究[D]. 长春：东北师范大学硕士论文，2010：26－27.

的沟通与融合。如：实践体验——植树；观察发现——春天里，还有什么醒了呢？你在生活中看到过水在变化吗？展示台——鼓励学生运用写日记、绘画、查资料、讲故事、做贺卡等形式，展示学习成果。

到了中年级，则在上述做法的基础上将综合性学习进一步加强。三、四年级下册各安排了一组综合性学习内容，要求围绕单元主题，分步骤开展学习活动。首先是单元"导语"明确要求(图 7-5)。

图 7-5　导语

单元系列综合性语文活动分解到课文学习中，学生边学课文边进行实践活动，逐步适应活动过程及难度，提升自主学习、合作探究的能力(图 7-6)。

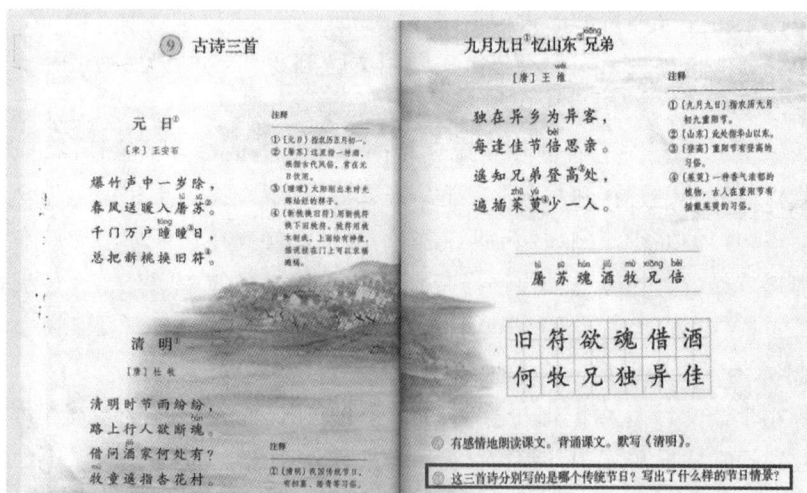

图 7-6　古诗二首

同时，设置了“活动提示”，引导学生明确不同阶段活动的内容和具体要求(图 7-7)，并在单元末的综合性学习中提出本次学习活动成果的展示方式(图 7-8)。

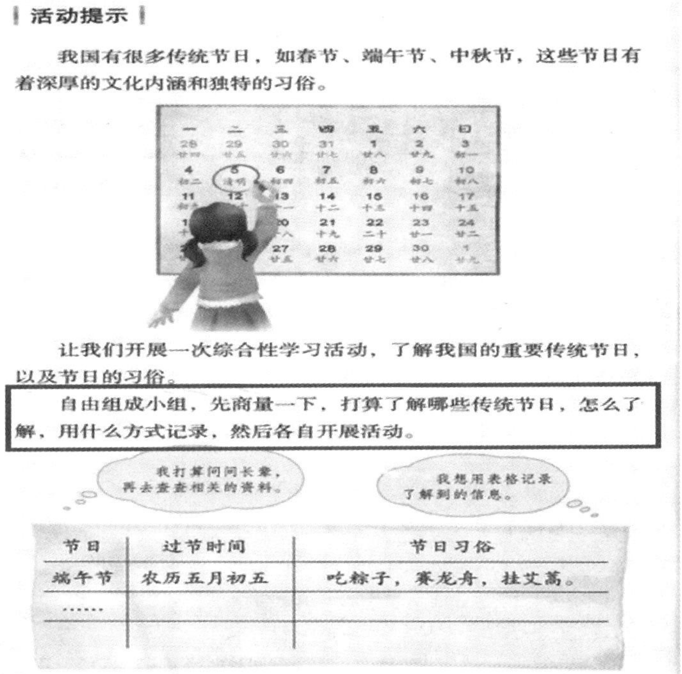

活动提示

我国有很多传统节日，如春节、端午节、中秋节，这些节日有着深厚的文化内涵和独特的习俗。

让我们开展一次综合性学习活动，了解我国的重要传统节日，以及节日的习俗。

自由组成小组，先商量一下，打算了解哪些传统节日，怎么了解，用什么方式记录，然后各自开展活动。

我打算问问长辈，再去查查相关的资料。

我想用表格记录了解到的信息。

节日	过节时间	节日习俗
端午节	农历五月初五	吃粽子，赛龙舟，挂艾蒿。
……		

图 7-7　活动提示

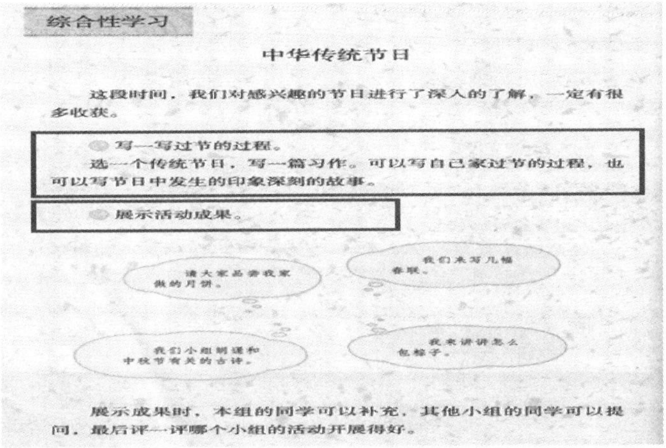

综合性学习

中华传统节日

这段时间，我们对感兴趣的节日进行了深入的了解，一定有很多收获。

写一写过节的过程。

选一个传统节日，写一篇习作。可以写自己家过节的过程，也可以写节日中发生的印象深刻的故事。

展示活动成果。

请大家品尝我家做的月饼。

我们来写几幅春联。

我们小组朗诵和中秋节有关的古诗。

我来讲讲怎么包粽子。

展示成果时，本组的同学可以补充，其他小组的同学可以提问，最后评一评哪个小组的活动开展得好。

图 7-8　综合性学习

把习作和口语交际训练融入系列活动中(图 7-9)。

图 7-9　习作和口语交际

　　语文园地中通过"交流平台""识字加油站""词句段运用"等栏目对相应的梳理与探究内容加以检查、巩固、运用，把学习引向深入（图 7-10、图 7-11）。

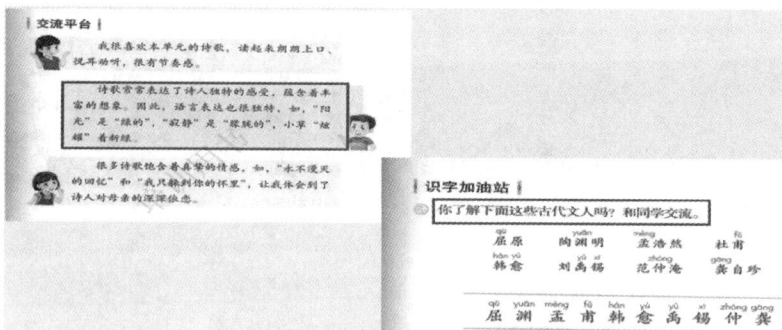

图 7-10　交流平台和识字加油站

图 7-11　词句段运用

五年级下册和六年级下册以单元整组的形式，编排了"遨游汉字王国"和"难忘小学生活"。以单元整组的形式编排的综合性学习主要由前言和具体活动板块组成。具体活动板块又分为"活动建议"和"阅读材料"两部分。"前言"主要揭示活动主题，把学生带入综合性学习情境。"活动建议"提示具体的活动任务，包括活动内容和方式，目的在于通过任务驱动的方式，带动整个单元的学习。"阅读材料"围绕活动主题从多个角度编排若干篇文章，辅助学生完成综合性学习活动任务。由于"阅读材料"以选文的方式呈现，类似阅读单元的课文。因此，教师要根据内容需要，在学习活动的准备、开展、展示交流等不同阶段，灵活使用"阅读材料"。

(二)对教科书以外内容的开发与运用

梳理与探究具有开放性、自主性、实践性等特征，它留给我们的空间是巨大的，因此，除了合理利用教科书中的内容外，可以根据学生的实际情况和当地已有的特色资源自主开发主题，学会选择和设计梳理与探究的内容。

下面是各地语文教师自主开发、设计的一部分梳理与探究的内容：

我和电话交朋友	植物妈妈有办法
模拟新闻联播	班级事件评论
花草与古诗	家乡巨变
小邮票——大世界	黄河——母亲河
小小一支烟	爸爸妈妈的儿时游戏
国画的渊源	伟人的足迹
伟人的风采	名人的故事
探索月球的奥秘	我爱我家
编辑自己的作文	追寻人类起源
文学采风	社会用字情况调查
对联文化	调查迷人的风光
家乡旅游资源	别致的民居
古老的建筑	环保小课题研究
戏曲大舞台	秋游计划

……

从上面内容不难看出，梳理与探究的开放性和综合性决定了它的课程资源是极其丰富的，它突破了教科书和课堂教学资源的限制，打破了语文课程与其他学科课程之间以及书本知识与实践活动之间人为的"割裂"，将语文课程的视角伸向了广阔的、丰富多彩的自然和社会的空间。

一般地，梳理与探究的内容大致有以下三种。

1. 语文学科自身体系知能的综合

这类课题基本上是在语言、文字、文学的学习和阅读与鉴赏、表达与交流的范围内，将"听、说、读、写、书"整合在一个题目之下，开展多种学习活动。如：成语故事会；办小报，迎国庆；搜集春联，书写春联；选编自己的作文集等。

2. 语文学科和其他学科的融合

这类课题打破了学科的细化和封闭，加强了学科之间的横向联系，架起了各学科之间的桥梁，从语文学科延伸到数学、自然、社会、艺术等学科，实现了"学科间融合"。这种融合强调运用各学科知识来探寻知识，注重学生知识视野的开拓，真正实现语文知识的综合运用和听说读写能力的发展，从而全面提高学生的语文素养。如：搞小发明，写小发明论文；"我们周围的环境"调查；某某（国家）印象记；探索月球奥秘；追寻人类起源等。

3. 语文学科与社会生活的结合

社会生活是语文的内容，语文是社会生活的工具。梳理与探究尤其要扩大语文学习的外延，拓宽语文运用的时空领域，立足于语文学习与社会生活之间的天然联系，让学生走进生活、走进大自然，在"做""考察""实验""探究""体验""创造"等一系列活动中观察生活、体悟人生。如：搜集家乡变化的材料；我爱我家等。

统编版五年级下册"遨游汉字王国"梳理与探究内容，老师可借助汉字"星"字的演变与文化解读视频，带着学生从"星"中了解到神奇的汉字与中国文化一脉相承；也可通过呈现建筑、饮食、姓氏、战争等相关的汉字，打开学生的视野，激发学生的探究欲望，让学生认识到汉字发展演变的过程就是中华文明发展的过程。再组织学生搜集、展示体现汉字趣味的古诗、歇后语、对联、小故事、书法等活动，以此达到"语文生活化，生活语言化"的效果，提高学生的语文实践能力。

四、梳理与探究的突出特点

(一)体现综合性

梳理与探究立足于全体学生的全面和谐发展，它不是单纯的知识传递与能力建构，不追求片面的知识和能力目标，而是追求包括知性、感性和社会性在内的整体发展目标。为此，梳理与探究指导应强调以学习者的经验、社会需求和问题为核心，强调对语文知识和能力的综合运用，软化学科边缘，注意学科的整合，为学生开辟一条持续发展的渠道，使学生在体验与探究自然中不断成长，在参与和融入社会中不断成熟，在认识自我中不断完善，推进学生对自我、社会和自然之间内在联系的整体认识与体验。①

(二)强化实践性

梳理与探究超越了传统语文学习只重视书本学习的做法，充分发挥了语文学科的实践性特征。梳理与探究淡化学科知识的逻辑序列，以学生的现实生活和社会生活为基础，以实践活动为主要途径。开发和利用各种课程资源，在实践中综合运用语文知

① 余文森，郑金洲. 新课程语文教与学[M]. 福州：福建教育出版社，2005：145.

识，多渠道发展语文能力，体验生活，发展个性，是语文课程综合性、实践性的重要表现。因此，实践的过程中，应不仅要求学生认真阅读课外书籍，还要求学生通过观察、调查访问等实践活动亲身去体验语文，学习语文，提高运用语文知识解决实际问题的能力；实践的方式上，要指导学生根据自身实际和学习内容，选择自主探究、合作交流等灵活多样的学习方式。

(三)凸显开放性

梳理与探究是一种动态发展的学习形态，这种动态发展需要面对千变万化的环境，需要不断接纳、吸收、调整多元的学习内容与方式。在进行综合性学习策划与指导时，我们要注意一些策略，如：个性化策略、兴趣性策略、开放性策略等。其中，个性化策略运用上要根据语文课程或社会生活中学生感兴趣的内容，确定一些专题作业，让学生在完成作业时充分地表现自己的个性特征，展示各自的特点。兴趣性策略采用的主要方法是游戏式学习，在生动活泼的游戏中，给学生以充分展现自我的机会，使他们获得知识、发展技能，培养创造能力和应变能力。开放性策略要求我们从时间、空间、内容、形式、评价上全面开放，为每个学生的智力强项和特殊才能的发展开辟广阔的天地。

(四)增强自主性

梳理与探究强调学生通过实践，自行设计和组织活动，特别注重探索和研究的过程。为此，梳理与探究应充分发展学生的主动性、独立性和创造性，使他们根据自己的兴趣、爱好与知识经验进行自主活动，进行自我教育。同时，活动应由学生自愿参加，自主选择形式，自己组织，独立完成，使学生"用自己的头脑来想，用自己的眼睛来看，用自己的双手来做"，让他们享受做学习主人的权利和欢乐，在活动中成长。在梳理与探究中，学生应该是梳理与探究的设计者、实施者和自我评价者，教师应扮演好学生学习的激励者、带有特定任务的观察者、活动方案的咨询者、特殊疑难问题的处理者和活动效果的评价者等角色，而不应该越俎代庖，过多地干预。

▶第二节　梳理与探究的类型与教学方法

一、梳理与探究的类型

内容丰富、形式多样的梳理与探究，具体而言，其实施类型主要有以下几种。

(一)延伸关联式

1. 课文阅读延伸型

通过阅读可以延伸出多种梳理与探究的形式，包括：第一，阅读与写作相联系，即通过课文阅读引发学生展开想象、表演课本剧或根据课文写倡议书、进行广告设计等；第二，阅读成果交流，就是从阅读中概括出学生感兴趣的主题，分小组搜集资料，进行交流；第三，文本阅读与网上阅读相结合等。

2. 学科关联型

这类梳理与探究让语文教学的"触角"伸进其他学科，主题来自各学科。如学习了《海底世界》一课后，学生们可能会对海洋鱼类产生兴趣。我们就可以开展"海洋鱼家族"的梳理与探究，通过参观海洋世界，写观察日记，请教科学教师和查资料，解决生活中的实际问题。

（二）自主体验式

自主体验式是指以丰富学生的社会阅历、生活积累为目标，通过动手操作、角色扮演、想象等体验性活动，达到情感和行为的内省体察，最终掌握知识，形成技能，养成行为习惯乃至形成特有的情感、态度与价值观。角色置换是自主体验的重要方面。学生在阅读、感悟、交往等生活中，从对方的角度去思考一下，都能将心比心地换位感受一番，从而获得新的感受与启迪。课文中有许多寓言、童话等文学作品，如《狐假虎威》《小公鸡和小鸭子》《我变成了一棵树》等，这些作品故事性强，情节生动，很适合学生表演，可以将学生分成几个"剧组"，让他们自编自演课本剧。这种自编自演，能将学生暂时置身于另一角色之中，增进对自我之外的其他社会角色的理解。

（三）应用设计式

应用设计式要求学生综合应用所学的各科知识和技能，围绕一定目的提出问题的解决方法或实施方案，能够锻炼综合运用所学知识解决实际问题的能力。应用设计型学习重点在于根据问题情境提出解决的方法、思路及过程，设计一种产品、一项服务、一个系统、一项活动、一次会议、一场演出等都是其常见形式。例如，可将"创作叶画，编故事"的梳理与探究教学程序设计为：捡一捡（到校内外捡不同类型的树叶，并试着认识它们）；贴一贴（在老师的指导下进行贴画设计）；说一说（展示作品的同时，根据落叶画编故事）。

（四）实地观察式

实地观察式就是让学生实地了解社会，接触自然，增进学生对社会生活和自然环境的认识，积累丰富人生经验，并获得社会文化和自然环境的认知、理解、体验和感悟。这类活动主要以丰富学生的社会阅历、生活经验和文化积累为目的。主要形式有观察家庭、学校、自然、社会，参观名胜古迹和科技活动场所等。

（五）课题研究式

课题研究式主要指课题研究或主题探究，是以学生感兴趣的问题或主题为中心，遵循科学研究的最基本的规范和步骤展开的研究性学习活动。确定适当的研究专题，通过调查、分析、文献资料搜集等研究手段，对课题展开研究，解决问题，并撰写研究报告或研究文章。如，目前教材中有很多内容都涉及人与动物，就可以根据这些内容开展以"人与动物"为主题的研究专题。"人与动物"这一专题选题较大，所以又可以按层次分出这样几个小课题：①"蚂蚁（或其他常见小动物）生活习性探秘"（实地观察、交流介绍）；②"生物的进化、人类的起源"（搜集资料、汇报成果）；③"动物知识知多少"（知识竞赛）；④编一个童话故事，想象人和动物之间可能发生的故事（写作）等。开展课题研究式的综合性学习，可以是全班同学一起参与，也可以小组为单位，这样，组织形式灵活，学生参与积极性高。①

二、梳理与探究的教学方法

(一)组织方式和学习形式

开展梳理与探究的组织方式是多种多样的，概括起来可以分为独立探究与合作研究两部分。这里的独立探究是指学生个体独立思考，自主探讨。合作研究则指学生之间的合作研究、相互交流，也包括师生间、学生与家长之间的共同研究与学习。独立探究与合作研究是双向互动、相辅相成的。梳理与探究的学习形式有观察、阅读、参观、调查、摄影、实验、活动等。为了呈现学习的成果，学生可以根据学习的内容，选择不同的方式，可以是口头表达，可以是文字说明，可以是实物呈现，可以是数据列举，更鼓励多种方式方法的合理综合运用，完成美观、实际、有创意的作品。

变被动做题为主动做事——"梳理与探究"融入小学语文教学的尝试②

(二)梳理与探究的主要教学模式

1."观察—表达"模式

在小学低中年级，要求学生能结合语文学习观察自然，观察社会，运用语文知识和能力表达自己的观察所得，这是梳理与探究的重要目标。围绕目标结合语文学习的需要，在老师的指导下，让学生个体或群体自主观察自然，观察社会，表达观察所得。例如，教完统编版语文二年级下册第2课《找春天》后，可组织学生到田野、河边、公园、校园等处观察春天，并开展以下活动：搜集写春天的诗、词语、与春天有关的故事；仔细观察，寻找春天的美丽；自己选养一种小动物，仔细观察，完成观察记录(表7-2)；说说搜集到的有关春天的故事，编一编表现春天的童话故事。

表 7-2　××动物观察记录

二年级(　　)班　　姓名(　　　)

日期	我的工作	它的变化	我的想法
我想告诉大家			

① 肖玉芹，王妍平. 小学语文综合性学习的多样化实施类型研究[J]. 时代教育，2012(11)：136.

② 刘春. 变被动做题为主动做事——"梳理与探究"融入小学语文教学的尝试. 语文建设，2019(18).

2."问题—解决"模式

培养学生具有提出问题、发现问题、分析问题和解决问题的能力,是梳理与探究的重要目标。问题可以多种多样,有身边的,有自然的,有生活的,有社会的;有家庭的小事,也有学校、社区、国家的大事。解决问题的方法也是多种多样的,可以通过查找资料、调查访问、相互讨论等方法去解决;可以合作完成,也可以独立完成。主要分如下几个步骤:

第一,感悟问题阶段。在开展梳理与探究之前,可以特邀专家做有关专题报告,听教师介绍有关资料和书籍等。例如,统编版四年级下册第八单元《宝葫芦的秘密(节选)》,学完课文后可追问:当王葆真的得到了一个宝葫芦时,他逐渐认识到靠宝葫芦不劳而获,带给他的不是幸福,而是烦恼,这是怎么回事呢?以此激发学生的好奇心,引导他们阅读《宝葫芦的秘密》整本书,让学生在发现问题、探究问题、解决问题的过程中完成听说读写活动,提高语文综合素养。

第二,发现问题阶段。在这一阶段中,教师要做的是帮助学生发现自己想要解决的问题,并引导学生提出解决问题的假设与预测问题的解决途径,同时根据问题的性质,将研究同一问题或近似问题的学生组织起来,建立共同的研究小组。

第三,解决问题阶段。这是"问题—解决"模式梳理与探究的核心阶段,即开展问题解决和体验活动的阶段。主要内容有:引导学生通过访谈、上网、查阅书报杂志、问卷等方式获取资料,收集和分析有关家乡的信息资料,根据收集的资料进行有条理、有逻辑的整理、归纳与判断,得出相应的结论;组织学生根据问题解决方案,按照预定的研究方法,选择合适的地方进行调查,获取调查结果;将通过收集资料、调查研究得到的初步研究成果在小组内充分交流,学会客观认识事物,认真对待他人意见和建议,并逐步丰富个人的研究成果,培养科学精神与科学态度。

第四,归纳结果阶段。这一阶段的学习活动是将问题解决的研究结果通过图、表、照片等形式进行展示,并将其汇总成报告,最后采取开辩论会、指导教师主持的答辩会、研讨会、搞展板、出墙报、编刊物(包括电子刊物)等方式进行发表和交流。①

3."活动—探究"模式

语文活动充满探究色彩,语文活动的过程就是学习探究的过程。培养学生自主组织丰富多彩的语文活动的能力,培养综合运用语文知识和探究事物的能力,是梳理与探究的重要目标。在落实研究性学习的有关内容时,可由学生确定探究的问题,提出开展实验活动的假设,制订探究的活动计划,调控活动过程,写出探究的结果,使梳理与探究的过程成为学生"自主、合作、探究"的过程。

例如,在小学中高年级,针对独生子女生活条件好、平时自觉不自觉地会以自我为中心的现象,设计旨在开阔学生的视野、丰富他们内心情感的"关爱:生命里的阳

---

① 蒋蓉. 小学语文教学论[M]. 长沙:湖南教育出版社,2012:221-222.

光"梳理与探究活动，就是典型的探究式活动模式。在课前准备环节，让学生搜集有关"关爱"的资料，与几个好朋友组织一次"春风行动"，到敬老院做一天"爱心天使"，同时，自己设计一份"你最喜欢什么样的朋友"问卷，在同学、老师、家长以及邻居中做一次简单的调查。其中，课堂教学的环节主要设计如下：其一，谈话引入，进入情境。采取让学生说一说、想一想、忆一忆、谈一谈等方式，回忆人生阅历当中得到的关爱及感受。其二，合作探索，实践体验。首先请同学讲最让自己感动的有关"关爱"的故事以及朗诵有关"关爱"的诗歌；然后要求学生根据好朋友的需要，为他做一件事，课堂不能展示的事情，用写纸条的方式告知好朋友。其三，表达交流，应用拓展。要求学生将自己或者小组经过实践、体验得到的收获进行归纳、整理、总结、提炼，之后相互交流、研讨。最后环节是教师引导学生共同评价。①

▶ 第三节　梳理与探究教学设计

教学设计：《轻叩诗歌大门》②

一、梳理与探究教学的一般过程

(一)引导学生确定学习主题

主题是梳理与探究活动的灵魂，没有主题，活动就会失去方向，活动的内容就会零散，不利于提高学生的语文素养。梳理与探究是以学生为主体的学习，主题设计要基于学生已经具备的知识和能力储备，要来源于学生的实际生活，要帮助他们了解自己所处的世界，充分利用现实生活中的语文教育资源，并将其提升为有意义、有价值的主题。

除了日常生活可以是梳理与探究的主题选择源泉之外，学生的学习过程更是主题的主要来源：第一，从课前预习中选题。如教学统编版教材五年级下册《金字塔》一文前，就可让学生搜集、整理有关金字塔的文章、图片等资料，并做成小卡片准备上课时汇报展示。第二，从课堂争论中选题。第三，从课堂教学的延伸处选题。如学习统编版课文《只有一个地球》后，可以就环境保护问题组织学生开展社会调查活动。第四，从语文学科与其他学科的联结处选题。如学习《草原》一课后，可引导学生开展"走进草原"的梳理与探究活动。③

(二)引导学生制订活动方案

梳理与探究的主题一旦确定下来，教师就要指导学生学会制订学习方案。这样可以增强活动的目的性和计划性。梳理与探究方案的制订，根据各学段学生的认知特点，

---

① 蒋蓉. 小学语文教学论[M]. 长沙：湖南教育出版社，2012：225-226.
② 作者：罗敏敏，湖北省宜昌市夷陵区实验小学。
③ 周志军，吴晓平. 语文综合性学习研究课题从哪里来[J]. 教学与管理，2003(2)：33.

一般要经历一个由扶到放的过程。第一、第二学段的学生主要以扶为主，第三学段主要以放为主，扶放结合。在梳理与探究的第三阶段，教师应该让学生学习制订梳理与探究的方案，方案内容大致包括：课题名称、研究人员、研究目的、研究的内容与方法、研究的步骤及时间安排、预期的研究结果等内容(表 7-3)。

表 7-3　梳理与探究方案表①

研究课题名称：	
指导教师：	
组长：	小组成员：
课题研究的目的：	
获取资源的途径：	
课题要解决的问题：	
小组成员的分工：	
课题研究活动的计划： 1. 时间的安排： 2. 实施步骤： 3. 研究策略与方法：	
课题研究的可行性分析(资源分析、可能遇到的困难等分析)：	
预期的研究成果及展现形式(论文、调查报告、实验报告、制作模型等)：	

①　余文森，郑金洲. 新课程语文教与学[M]. 福州：福建教育出版社，2005：153.

(三)引导学生开展学习活动

梳理与探究是一项充满个性化和创造性的学习活动，体现了语文知识的综合运用和听说读写能力的整体发展，体现了语文课程与其他课程的沟通，体现了书本学习与实践活动的紧密结合，有助于学生自主、合作、探究学习方式的形成。这是一种非常有效的语文学习活动。正因为如此，《语文课程标准》的总体目标提出"能乐于探究，勤于思考"，强调了"有理有据、负责任地表达自己的观点"。在"实施建议"中，特别要求教师"创设真实而富有意义的学习情境，凸显语文学习的实践性"。在教材的编排上，各个年段也特别安排了一定数量的"综合性学习"内容，小学高年级还特别安排了综合性学习主题单元。因此，教师对梳理与探究活动应高度重视，可根据不同年段学生的特点，组织学生认真策划、指导活动的开展。遇到综合性学习的主题单元，更要全盘考虑，认真计划、细致指导，切莫敷衍而过。

有的教师虽然开展了梳理与探究活动，但在活动的设计上还比较粗糙，未能很好地达到梳理与探究的目的。要开展好小学梳理与探究活动，除了教师应提高对梳理与探究的认识之外，还应注意活动的组织要充分地让学生自主与合作，开展的方式上要开放而多元。

教学设计：《走进中国传统节日——端午节》①

[案例7-1]　　　　《遨游汉字王国》教学设计(五年级下册)

长沙市高新区明华小学　陈佳

【教学目标】

1. 学写活动计划，根据计划开展活动，利用图书、网络、请教别人等方法获取汉字资源，学习搜集、查找、整理资料的方法，感受汉字的趣味，了解汉字文化。

2. 以"身边的招牌文化"活动为切入点，开展汉字字体演变、汉字的规范使用等活动，写一份简单的研究报告，学习有关汉字知识。

【教学重点】

学会制订活动计划；了解汉字文化，学习搜集资料的基本方法。

【教学难点】

学会撰写简单的研究报告。

【教学准备】

课件、活动计划表。

【教学过程】

板块一：搜集资料，走近汉字，感受汉字的趣味

---

① 作者：张静，山东省枣庄市实验学校。

(一)检查预习，走近汉字

1. 神奇的汉字有趣，还有着悠久的历史，蕴含着丰富的文化，这节课让我们走近汉字，研究汉字，感受汉字的缤纷世界。

2. 检查预习情况，根据预习所获，师生、生生交流对汉字文化的初步理解。

3. 小结：以上的交流仅仅是对汉字的初步了解。中国的汉字博大精深，这节课让我们一起遨游汉字王国，开展梳理与探究活动，感受汉字的有趣和神奇，了解汉字文化吧。(板书：遨游汉字王国)

(二)整体阅读，感受汉字的有趣

1. 请同学们一起走进课本，阅读第 44～46 页的阅读材料，感受汉字的趣味。

(板书：汉字真有趣)

2. 出示阅读要求：

(1)认真阅读第 44～46 页的阅读材料，思考：这五则材料分别从哪个方面说明汉字是有趣的？为什么说汉字是有趣的？

(2)阅读后，将自己的想法在小组内进行交流。

(3)除了上述五种有趣的汉字现象外，你还知道哪些有趣的汉字现象？

3. 学生分组汇报。

(三)合作讨论，制订活动计划

1. 小组交流：可以通过哪些途径搜集有关资料？

2. 根据拟订的计划，搜集体现汉字趣味的资料，小组合作进行相关资料的整理工作，各组进行活动计划反馈。

"汉字真有趣"活动计划

时间：

地点：

活动内容：

活动过程：

搜集体现汉字趣味的古诗

搜集体现汉字趣味的歇后语

搜集体现汉字趣味的对联

搜集体现汉字趣味的小故事

搜集体现汉字趣味的书法

整理材料

汇报展示

制订计划时间：

(四)展示交流，汇报成果

1. 字谜大擂台：课件出示谜语，全班抢答，并说说自己猜字的理由，交流猜字谜的方法。

2. 谐音大舞台：课件出示歇后语，再次感受汉字给我们带来的快乐。

3. 有趣的形声字：自由阅读课本上的阅读材料《有趣的形声字》，小组交流。

小结：字谜、谐音歇后语、谐音笑话、形声字是中国文化不可缺少的一部分，我们应该好好地继承和发扬。

板块二：解密汉字文化，学习汉字知识

汉字经历了几千年的历史，人类在揭开汉字神秘面纱的过程中，有很多动人的故事，让我们一起穿越历史的时空，寻找汉字最初的源头。

活动一：了解汉字的起源，寻找汉字源头

学生交流查找的资料，分享汉字的"五种起源说"：结绳说、八卦说、河图洛书说、仓颉造字说、图画说。

活动二：了解汉字演变，体会汉字之奇

1. 寻找最早的文字——甲骨文，阅读第49页材料。

2. 播放汉字演变视频，了解汉字的演变过程。

3. 课件介绍各种字体，了解不同字体。

(1)甲骨文是殷商时期的文字。

(2)金文又叫钟鼎文，盛行于西周。

(3)大篆是西周晚期周宣王时的一种文字，小篆是秦代实行书同文政策时颁行的统一字体。

(4)隶书产生于秦代，盛行于汉代。

(5)楷书又名真书、正书，产生于汉末，盛于魏、晋、南北朝，成熟于唐代，楷书和草书、行书也一直沿用到今天。

4. 讨论：从这些演变过程你发现了什么规律？

5. 小结：从以上汉字的演变过程，我们看到汉字字形的总变化是由繁到简；同时，汉字不断趋于定型化、规范化。汉字的发展是逐步从象形走向符号化，从笔画较多走向笔画简单，使书写更加快速便捷。

活动三：读懂汉字文化，感受汉字力量

1. 借助汉字"日"的演变与文化解读，带着学生体悟神奇的汉字与中国文化。

2. 书法作品赏析：欣赏课本上提供的优秀书法作品，说说自己为什么喜欢。

3. 小结：汉字书法为中国文化的独特表现艺术，被誉为——无言的诗，无形的舞；无图的画，无声的乐。

板块三：开展"身边的招牌文化"活动，学写研究报告

(一)学习研究报告撰写方法

1. 阅读《关于"李"姓的历史和现状的研究报告》。

2. 交流：从材料中总结怎样写研究报告，提炼出写研究报告的步骤。

(1)问题的提出，也就是需要解决和研究的问题。

(2)研究方法，介绍研究是怎样进行的。(包括文献调查法、观察法、思辨法、历史研究法、比较研究法等)

(3)调查研究情况和整理资料，可以根据资料的实际情况采用合适的方法，比如表格形式罗列出来。

(4)研究结果，将研究结果作为客观事实呈现给读者。

(二)开展"身边的招牌文化"活动

1. 解读名字，走近招牌文化

(1)同学们，从大家呱呱坠地起，父母就为我们取了一个响亮的名字。谁知道自己的名字是什么意思？

其实每一个简简单单的名字，都凝聚了父母的一番心血和殷切希望。同样，招牌也跟人名一样，凝聚了店主的许多智慧！最近，老师在街上看到一家羽绒服专卖店，名为"千仞岗"，猜猜看，是什么用意？

(2)"仞"是高度单位，陆游有诗句曰"三万里河东入海，五千仞岳上摩天"。我们不是学过"海纳百川，有容乃大，壁立千仞，无欲则刚"这样的对偶句吗？取名为"千仞岗"的用意大概是在非常高的山岗之上，穿上这样的羽绒服也丝毫不感觉到冷。

(3)走在大街上，各种各样的招牌随处可见，每一个招牌都具有一定的文化内涵，如果深入探究，你一定能体会到招牌文化的博大精深。让我们来开展一次关于招牌的综合性学习，好吗？

2. 讨论

(1)从哪些方面来品味招牌文化？

可以从招牌的语言魅力、美学价值、灯光文化、营造的商业氛围等方面品味招牌文化，但要明确这次活动的重点是品味招牌的语言艺术。

(2)怎样获取资料？

首先，上街搜集招牌名称。同学们上街抄招牌名称，或用数码相机拍下招牌，每人至少收集20个招牌。其次，遇到你觉得有意思但又琢磨不透的招牌，可以走进店里问问店主。最后，遇到一些有典故的招牌，还可以上网查阅相关的资料。

(3)如何整理资料？

小组分工，作好记录，可以尝试按照招牌涉及的不同行业、取名的不同意义等对招牌进行分类整理，可以办一期有关招牌的手抄报，可以写有关招牌与经营情况的调查报告等，最后每组形成一份研究报告。

3. 走上大街，品味招牌文化

(1)以小组为单位，走上大街，搜集招牌，注意深入了解招牌的深层含义。

(2)用1~2周时间准备，各小组可以按照老师的提示有侧重地搜集。要求学生按照商场招牌、美容美发店招牌、餐饮酒楼招牌、旅店招牌、广告招牌、楼盘招牌等进行分类搜集。

4．交流收获，解读招牌文化

(1)将学生办的招牌手抄报和自己设计的招牌(要求制成PPT)在班内展出、交流，并评出"最佳设计奖"和"最具创意奖"。

(2)以学生搜集的招牌作载体，上一节品味招牌语言特色的汇报课，充分展示学生对招牌的诠释。(每个组派一名代表上台交流展示，组员可以补充。)

如：这是开发区的一家花店，名叫"花花世界"，店主借用成语"花花世界"暗示店里的花不但鲜艳夺目，而且品种很多，是花的世界。

又如：我看见一家餐馆叫"碟碟不休"。店主巧妙地将成语"喋喋不休"中的"喋"偷梁换柱，换成了"碟子"的"碟"，意思是：这家餐馆的菜肴味道很美，顾客吃完一碟又要一碟，一碟一碟不停地端上来，这就叫"碟碟不休"!

……

(3)大家对搜集的招牌品味得真好，老师知道每个小组对招牌都进行了分类整理，下面我们分组交流，看看招牌取名有些什么规律。

(学生有的将搜集的招牌依葫芦画瓢制成展板，有的用数码相机拍下制成PPT……先小组讨论，然后全班交流。)

妙用典故：如五斗米、水帘洞茶楼、景阳冈风味食府……

巧用成语：有的借用整个成语，有的则只借用一半。如余味无穷餐馆；万代商城(千秋万代)、五洲宾馆(五洲四海)……

正话反说：如怪难吃包子店、狗不理包子、歪鱼庄……

地名人名：如郑胖子萝卜爪、中山路花店、霍仁林酒楼……

(4)招牌的命名，不管运用的是哪种方式，目的只有一个：吸引大家眼球，招揽四方宾客。当然，也不是大街上的每一块招牌都给人以美感，同学们在品味招牌的同时，有没有发现有些招牌也需要改进？

(以小组为单位进行交流，然后全班总结出了以下招牌需要改进。)

平淡无味："夜稀饭""黄毛烧烤"……

俗气："财富大厦"、"大富豪"迪吧……

……

5．回归生活，延伸招牌文化

设计一：

(1)若干年后，你长大了。假如你成了一名创业者，你准备开一家什么样的店铺？(出示：饭店、旅馆、服装店、文具店、理发店……)请你为自己的店铺设计一块有创意的招牌吧！

(2)通过招牌"拍卖"活动，让学生展示、解读自己创编的招牌。

如："奔向未来"(汽车加油站)；"颈上添花"(项链专卖店)

......

设计二：留意大街上的招牌，看看哪些店铺的招牌还不抢眼，请你为它重新设计一个新颖独特的名字。

（三）撰写简单的研究报告

1. 以"身边的招牌文化"活动为内容，小组讨论如何撰写研究报告问题。

2. 运用教材中《关于"李"姓的历史和现状的研究报告》方法撰写报告。

总结：我们又一次经历了综合性学习，大家通过认真拟订计划，积极参与实践活动，在活动中不仅增长了知识，培养了能力，而且受到了情感熏陶。希望大家将综合性学习活动中学到的本领应用到日常的学习中去。

[案例评析]

在核心素养背景下，梳理与探究可以是一种潜在的课程。统编版教材整个五年级都只安排了一个单元的综合性学习内容。教师在设计时安排了三大板块的学习活动，引导学生在较长的时间段里有计划地开展相关语文综合性实践活动，以实现提高语文能力、发展思维、增强审美情趣、传承中华优秀传统文化等目标。该设计主要特色如下。

1. 学习内容的生活化。小学梳理与探究是让学生在专题性的实践活动中提升听、说、读、写综合能力为主的课型。因此，小学梳理与探究活动的实施，要面向学生完整的生活领域，从整体上把握活动的内容结构、层次和过程，关注学生现实和未来需要，为学生的发展提供开放的空间。本单元活动，教师从激发学生对汉字的兴趣入手，在学习有关汉字知识的同时学习搜集整理资料、设计活动计划的方法，最后让学生走出课堂，走上街头，收集形形色色的招牌，理解它们的含义，撰写研究报告。学生的学习不再被封闭在书本中，禁锢在学校里；学生的语文学习从教室走向社会，从封闭走向开放，从而体会到了"语文与生活同在"。

2. 学习活动的自主性。梳理与探究重参与、重体验、重合作，强调学生是活动的主体。因此，教师让学生分小组讨论、展示所学所感，如分门别类搜集和整理招牌，小组合作办小报，自己设计招牌等，这些都是让学生在活动中学会合作，习得方法，形成能力。

3. 多种方式的融合性。学生以小组为单位，走出课堂，实现学科间的沟通，开阔视野。在整个活动中，学生始终都是自己阅读材料、搜集资料、调查走访、展示成果、撰写报告等，自主性很强；教师的作用主要体现在告诉学生获取素材的方法，启迪学生的思维，组织学生讨论研究。生生合作、师生相互促进，取得了令人满意的效果。

综观本次学习，教师巧妙地利用教材、图书、网络与现实生活中的多种资源，学生在品味汉字文化的同时，不仅学习了语言，还开阔了视野，培养了思维能力与审美情趣。同时，学生主动参与意识和团队合作能力也在活动中得到了提升。

(四)引导学生交流学习成果

教师要引导学生用多种方式呈现学习的过程和结果，可以是一幅剪画、一份报告、一块展板，也可以是一场主题演讲、一张相片、一份小报，还可以是一盒录音带，只要能够呈现学生活动的过程和结果，教师可以灵活把握，不必拘泥于单一、固定的形式。每次活动结束后，教师要对活动目标的达成情况、存在的问题与不足提出自己的建议与看法，并反思自己在学生活动当中的指导情况，及时与学生进行交流与反馈。

探究活动告一段落之后，教师要趁热打铁，及时引导学生交流与分享综合性学习的成果。交流的目的不是评判综合性学习成果的多少与优劣，而是创造一个真诚倾诉和启迪思维碰撞的机会，通过倾听，分享他人的成果和心得感受。交流和分享的成果内容，不仅包括物化的研究报告、改革建议、图片资料等，还包括实践活动的过程和内心体验。例如在探究过程中曾遇到过哪些困难，这些困难是如何克服的，克服困难后感受如何等。另外，在交流与分享时，可以在某小组发言的基础上，让其他同学对他们的发言内容提问或提出建议，使交流的过程成为全班同学共同探究、学习、反思的过程。通过这种交流和自省，一方面为学生的成长提供重要契机，另一方面也培养了学生互相帮助和自我教育的习惯。

二、梳理与探究教学应注意的问题

梳理与探究是语文课程改革的热点、亮点，更是语文课程改革的难点，其中有许多问题还亟待深入研究、切实解决。根据目前梳理与探究的实施情况，在实施中应注意以下几点。

第一，梳理与探究是语文课程的重要组成部分，不能认为仅仅是课余的活动，或是学生假期的作业，应安排一定的课时组织学习。语文教师一定要有组织学生进行梳理与探究的意识。

第二，从本质上讲，梳理与探究的内容和方式都是十分个性化的，不同地区、学校、学生，开展梳理与探究的内容和方式应自有特点，切不可人云亦云，生硬模仿。

第三，梳理与探究作为语文课程的基本内容，要求所有学生都必须参与完成。教师不应有功利思想，将其变为少数优秀生的专利。教师的重要工作之一，就是思考如何将所有学生都引导到活动的过程中来。

第四，开展梳理与探究要循序渐进地进行，由浅入深、由简单到复杂，注意对学生进行及时激励，帮助学生获得成功并保护其成功感。

第五，要防止梳理与探究"唯语文"的倾向。梳理与探究强调的就是综合，要力避梳理与探究活动中的唯智主义，要突破传统狭隘的语文学科课程观，防止梳理与探究"唯语文"的倾向。不必担心"非语文"内容过多地介入，担心梳理与探究"不像语文课"，而要多从综合性学习活动中发掘和利用语文教育的因素。

第六，不要用旧思路指导梳理与探究。有些梳理与探究还没有摆脱"语文课外活动"的思维框架和活动模式，还局限于对某一技能的活动演练，只在提高学生某项语文能力上下功夫。有些教师没有认清"梳理与探究"与阅读教学的区别，将教材中的"综合专题"处理成"讲读课文"而按部就班地进行教学。有些教师指导学生开展梳理与探究只是为写作收集资料、积累素材，这些都是不正确的。

第七，不要画地为牢、越俎代庖，以教师的规划思考阻碍学生的自主探究。梳理与探究注重自主性、实践性、开放性，教师要引导学生自主设计、自主探究，发掘利用校内外语文学习资源，让学生自主开展实践活动。语文教师在指导学生开展梳理与探究时，切忌束缚学生的手脚，或以自己的设计代替学生的思考和自主探究。

【资料链接】

1. 陈隆升. 语文综合性学习论[M]. 北京：语文出版社，2020.

本书主要研究语文综合性学习的理论与实践，在系统梳理古今中外语文综合性学习研究文献的基础上，提出了从经验活动视角重构语文综合性学习的有效教学体系。全书内容包括引论(被开拓的学科课程的经验世界)、语文综合性学习概述、中国古代语文综合性学习、国外语文综合性学习、语文综合性学习活动的设计、语文综合性学习活动的实施、语文综合性学习活动的评价。全书通过大量一线教师教学案例的分析来阐释语文综合性学习的学理，与中小学语文教学实践紧密结合，深入浅出、通俗易懂，研究的结论和改进的路径可资借鉴。

2. 张祉耘，吴欣歆. 语文课程视野下的"梳理与探究"[J]. 语文建设，2025(6).

"梳理与探究"指向学生对语言材料的筛选与提炼、归整与分类、比较与抽象、收集与组合、发现与再造，是学生主动建构语言经验的实践活动。设置"梳理与探究"活动与我国语文教材的组织特点、学生语言经验建构的过程和认知图式的形成与优化等密切相关。该文基于《义务教育语文课程标准(2022年版)》解析了"梳理与探究"的对象、"梳理与探究"的实践指向与活动形态，指出"梳理与探究"的教学应关注多样化的语言材料，组织多种类型的实践活动，促进学生学习经验的进阶发展。

【思考·训练】

1.《语文课程标准》强调"核心素养导向"，结合"梳理与探究"的教学目标，在新课标理念背景下，你认为一线的语文教学该如何落实梳理与探究学习内容？

"思考·训练"
答题思路

2. 以本章梳理与探究"身边的招牌文化"活动为依据，以小组为单位进行讨论，并完成下表的填写：

身边的招牌文化

活动名称：	
指导教师：	
组长：	小组成员：
活动目的：	
获取资源的途径：	
活动要解决的问题：	
小组成员的分工：	
活动计划：	
1. 时间的安排：	
2. 实施步骤：	
3. 研究策略与方法：	
活动成果呈现方式（论文、调查报告、实验报告、制作模型等）：	

3. 请以下面一段话为依据，试着设计一个梳理与探究活动方案。

音响世界真是太丰富、太迷人了。雷声、风声、动物的叫声，人的说话声、脚步声、物体的撞击声、摩擦声……

4. 到小学做调查和访谈，归纳当前梳理与探究教学在设计组织、操作过程、目标达成、效率提升等方面存在的问题。

【研究选题】

1. 梳理与探究与整体提升学生语文素养的关系研究

2. 梳理与探究与阅读与鉴赏/表达与交流间的关系研究

3. 小学低年级梳理与探究设计艺术与思考

4. 小学语文梳理与探究活动开展现状调查研究

【参考文献】

1. 林晖，陈建武. 语文综合性学习教学技能训练[M]. 广州：暨南大学出版社，2010.

2. 陆志平. 语文课程新探：新课程理念与语文课程改革[M]. 长春：东北师范大学出版社，2002.

3. 王荣生. 语文综合性学习教什么[M]. 上海：华东师范大学出版社，2014.

4. 孔凡成. 小学语文"梳理与探究"课程目标解读与实施策略[J]. 中小学课堂教学研究. 2023(1).

5. 解光穆. 语文课程特征散论[M]. 北京：商务印书馆，2022.

6. 张祉耘，吴欣歆. 语文课程视野下的"梳理与探究"[J]. 语文建设，2025(6).

7. 杨静. "梳理与探究"怎么教——基于SECI知识转化模型的探索[J]. 江苏教育研究. 2025(4).

8. 朱绍禹. 中学语文课程与教学论[M]. 北京：高等教育出版社，2005.

9. 陈隆升. 语文综合性学习论[M]. 北京：语文出版社，2020.

10. 朱秀瑛. 如何开发语文综合性学习主题[J]. 宁夏教育科研，2012(1).

11. 郭根福. 试论语文综合性学习的有效教学策略[J]. 课程·教材·教法，2003(3).

12. 黄伟. 语文综合性学习教学实践中的误区[J]. 中小学教材教学，2002(17).

13. 孙菊霞. 由"语文综合性学习"这一概念引起的思考[J]. 课程·教材·教法，2007(1).

14. 巢宗祺. 语文综合性学习的价值与目标定位[J]. 人民教育，2005(5).

15. 张丽. 聚焦单元人文主题，培育汉字文化：以五年级下册语文综合性学习单元为例[J]. 小学教学参考，2021(2).

16. 王韬. 语文综合性学习教学尝试：以"遨游汉字王国"为例[J]. 教育研究与评论，2020(12).

17. 卢淳. 辩证的否定：从萌发独立到整合跨界：百年语文综合性学习述评[J]. 语文建设，2022(9).

18. 乔佳. 小学语文综合性学习评价量表的设计与应用[J]. 当代教研论丛，2022(5).

第八章　小学语文教学评价

1. 了解小学语文教学评价的意义、功能和原则。
2. 掌握小学语文学业评价的内容与方法，焕发对小学语文教育的热情。
3. 掌握小学语文教师课堂教学评价的内容与方法，增强小学语文教学的研究意识。

　　小学语文教学评价是教学评价理论、方法、技术在小学语文教学领域的具体运用，它对小学语文教学起着重要的导向和质量监控作用，直接影响着小学语文课程目标的实现与小学语文课程功能的落实。作为小学语文教师，既要掌握教学评价的一般理论、方法，又要结合语文学科的特点、针对学生语文学习的实际，对小学语文教学进行科学的评价。

▶第一节　小学语文教学评价概述

　　小学语文教学评价是以国家的教育方针和《语文课程标准》为依据，以一定的评价方法和技术为手段，对小学语文教学过程及其结果进行测量与价值判断的活动。教学评价一般包括对教学过程中教师、学生、教学内容、教学方法手段、教学环境、教学管理诸因素的评价，但主要是对学生学习效果的评价和对教师教学工作的评价。《语文课程标准》注重实现"教—学—评"一致性，强化科学选择评价方式、合理使用评价工具、妥善运用评价语言、激发学生学习积极性。

[案例8-1]　　　　　　　　《荷花》阅读教学片段(三年级下册)

　　师：现在请你把第2自然段中自己认为最美的句子读给大家听，把快乐与大家分享，好吗？

　　生1：我认为"荷叶挨挨挤挤的，像一个个碧绿的大圆盘。白荷花在这些大圆盘之间冒出来"这句最美！

　　师：你突出了"冒"字，能说说为什么吗？

　　生1：我从"荷叶挨挨挤挤的……白荷花在这些大圆盘之间冒出来"可以联想电视上看到的一大片绿荷叶，白荷花星星点点在微风中摇摆的样子！那景色，很美！

　　生2：你说得真好，我同意你的意见，我一直幻想着有一天，能到那样一个地方去亲眼看看。

　　生3：我还要补充一点，"白荷花冒出来"好像荷花是活的一样！"像一个个碧绿的大圆盘"这句作者采用了比喻。

师：同学们，你们说得更流利了，能从不同的角度体会事物的美。刚才×××读得特别好，那谁再来读一读，用语气语调读出荷花的美呢？（一学生朗读）

生：（鼓掌）你真棒！

师：你们俩读得更流利了，让老师也仿佛看到了一大片美丽的荷塘！

生1：老师，我也想读一读，和他们比一比。

生2：你的朗读水平进步了许多，把句子中的几个重点词语读出不同语气了。

师：同学们不但读得好，而且评得也很到位，你们都很了不起！那同学们再看看其他段落有没有你觉得美的句子？

生3："一阵微风吹来，我就翩翩起舞，雪白的衣裳随风飘动。"这句话也写得好。

师：你的眼力不错，我也认为这句话写得好。可好在哪里呢？

生4：我说不清楚……

师：说不清楚是正常的，那谁来帮帮他，说说好在哪儿。

（学生争先恐后想要帮忙）……

师：你们的小脑瓜里是不是又蹦出新画面了？

（就这样你来我往的，在师生互动评价过程中愉快地结束了此课的内容。）

以上案例中，显然教师通过"你读出了……""你的眼力不错……"等评价，充分激发了孩子的阅读兴趣，师生、生生对话中，教师多次运用"能说说为什么吗？""好在哪里呢？"追问的方式，引发学生的深度思考。

一、小学语文教学评价的主要功能

（一）导向功能

所谓导向功能是指小学语文教学评价具有引导评价对象朝着理想目标迈进的功效与能力。可以说，基本上只有那些在学生和教师评价中得到反映的教学评价指标才能对学生和对教师的发展产生引导作用。在小学语文教学评价中，评价者可参照《语文课程标准》中"学业质量"板块中的评价标准，设计评价方案，编制评价内容，确定评价方法，实施评价行为等，其中任何一个环节的变更都会产生不同的评价信息，从而影响小学语文教学的发展方向。

教学设计：《肥皂泡》第一课时①

（二）调节功能

所谓调节功能是指通过小学语文教学评价结果的反馈，可以发现学生语文学习上的优缺点，发现语文教师教学上的长处与不足等，从而有针对性地调节各自的行为，使语文教学达到尽可能完善的程度。小学语文教学实施是处于不断调整过程之中的，要想让调整科学有效，除了需要诊断出教学实施中的问题外，还必须把诊断的结果及时反馈给被评价者，以促使其对自己的行为作出调整，否则，诊断的结果就没有任何

---

① 作者：王文燕，宁夏回族自治区吴忠市朝阳小学。

意义和价值。

(三)激励功能

所谓激励功能是指小学语文教学评价对被评价者具有一种激发情感、鼓舞斗志、力求上进的功效与能力。在小学语文教学评价中，积极的评价可以增强学生的自信心、教师的责任心，而适度的否定评价往往能引发他们一定的焦虑感，促进他们更加勤奋努力。此外，《语文课程标准》倡导的小学语文教学评价还特别强调把评价活动和过程当作是为被评价者提供一个自我展示的平台和机会，鼓励被评价者展示自己的努力和成绩，让被评价者通过他人的赞赏而受到激励。

(四)反思功能

所谓反思功能是指小学语文教学评价可以通过被评价者的主动参与，促进被评价者的自我反思，从而更深刻地发现问题和更有效地改进活动，并在此过程中发展被评价者的自我反思能力。参与评价通常会对评价对象产生不同程度的压力，使其成为自觉的内省与反思者，认真总结前期行为，思考下一步计划，随着反思性评价的日常化，被评价者个体可能会逐步建立良好的反思与总结习惯。

(五)交流功能

所谓交流功能是指在小学语文教学评价中，评价者与被评价者之间应进行接触、交流，既要给被评价者以发展性的建议，又要给被评价者以发表自己意见的机会，使评价双方通过交流来对自己的所作所为达到一个更清晰、更深刻的理解。小学语文教学是一个开放的不断发展变化的系统，语文教学评价不是高高在上的只有评价者单方面参与的活动，评价者不是法官，被评价者也不是等待宣判的对象，评价结果更不是神秘兮兮的秘不可宣的东西。如果只凭学生的语文成绩评价学生的语文水平优劣，或只凭少数领导、专家听课的印象就对语文教师的教学妄加判断，那就会影响评价结果的准确性，也会打击被评价对象的积极性，教学评价的信度和效度就会降低。只有通过充分恰当的交流，才能互相学习，取长补短，共同进步。可以说，小学语文教学评价就是评价的诸因素不断作用、不断交流的过程。

二、小学语文教学评价的常用方式

小学语文教学评价的方式是多种多样的。按照评价的量化程度，可以分为定量评价和定性评价；按照评价的功能，可以分为形成性评价、诊断性评价和终结性评价；按照评价的参照系，可以分为相对评价与绝对评价；按照评价的参与主体，可以分为自我评价和他人评价等。

这里主要介绍根据量化程度和功能进行分类的几种评价方式。

(一)定量评价和定性评价

定量评价，又称为量化评价或数量化评价，就是力图将语文教学现象简化为数量，进而从数量的分析与比较中对语文教学的成效作出定量的评价结论。如用分数来表示学生语文成绩、根据课堂教学量化评价表为教师的课堂教学打分等都属于定量评价。

定量评价具有简明、精确、客观的特点，它能够加强评价的区分度，降低评价的主观性和模糊性。定量评价从它诞生之日起就占据了评价领域的主导地位，一度成为世界范围内风靡的评价方式。在我国小学语文教学评价中，定量评价所占比例较大，对学生语文学习质量的评价，对语文教师课堂教学质量的评价常用定量评价的方式，有些定性评价也要在定量评价的基础上才能完成。然而，定量评价将复杂的教学现象加以简单化或只评简单的教学现象，很难从本质上保证对教学评价的客观性，有时还会丢失教学中最有意义、最根本的内容。语文教学是一种非常复杂的教育现象，纯粹的、过分的量化描述，容易把教师和学生那种丰富的个性表现泯灭在一组组抽象的数字中，把问题简单化、表面化，甚至引导到庸俗的功利追求。语文教学丰富的人文内涵，语文学习注重情感体验和语言感悟的特点，也很难全部量化。

定性评价，又称为描述性评价，就是力图通过自然的调查，全面充分地揭示和描述语文教学的各种特质，以彰显其中的意义。它不片面追求数量化的方法，而是在评价过程中，注重对语文评价对象平时的表现、现实的状态或文献资料的观察与分析，力求全面深刻地说明被评价对象的性质。定性评价方法具有全面、深刻、形象的特点，能对不宜、不能量化的对象作出质的分析。在某种程度上，它是评价者对教学现象的某种解读，更适用于对复杂的语文教学现象的评价。它无须制定详细烦琐的评价指标和标准，不会因为量化的不科学性而造成偏差，也会减少唯量化给被评价对象带来的心理负担和精神压力。与定量评价相比，虽然定性评价不如定量评价精确具体，有时也有不可靠性和对所得出的结论表述不确定性的缺点，但定性评价更多地关注内在的、过程性的东西，重视教学的整个运行过程，能全面评价被评价对象的发展，在充分肯定进步的同时又能提出问题，在鼓励和表扬的同时，又能看到缺陷，是一种蕴含着现代教育教学思想的发展性评价。定性评价以其较全面、深入、真实地再现被评价对象的特点和发展趋势的人性化的优点，受到越来越多教育界人士的欢迎。个人成长记录、语文学习档案资料、观察描述、作业、课题研究等都是定性评价的一些方式。

但无论采用定量还是定性的评价方式，都要从促进个体发展、促进教学发展的角度出发，要让被评价者最大限度地接受评价结果，切实从小学语文教学评价中受益，发挥评价的"导航功能"。

(二)形成性评价、诊断性评价与终结性评价

形成性评价与终结性评价是美国教学评价专家斯克瑞文于 1967 年提出的两种评价类型。

形成性评价，又叫过程性评价，是指在教育教学活动计划实施的过程中，对计划、方案执行的情况进行的评价。形成性评价的目的在于及时了解小学语文教学的动态过程，反馈有关信息，作为进一步修订和完善小

教学设计：《我不能失信》第一课时①

---

① 作者：杨娟，宁夏回族自治区吴忠市利通街第一小学。

学语文教学的根据。它直接指向正在进行的教育教学活动，并可以在小学语文教学的各个方面、各个阶段进行。它重视质的分析，使评价者和被评价者及时发现问题，适时调节控制，促使被评价者获得充分发展。

终结性评价又叫总结性评价，是指某一教育教学活动项目告一段落或完成以后进行的评价。其目的在于了解小学语文教学达到预期目标的程度，并对小学语文教学活动的成效优劣进行甄别。

诊断性评价，又叫准备性评价，是在语文教学活动开始之前实施的预测性评价，其目的在于了解评价对象的基础和存在的问题，使语文教学活动的安排更具有针对性。诊断，并不仅仅是找出被评价者的薄弱环节和病根，也包括发现被评价者的长处和特殊才能，以便扬长避短，设计出能够发挥其长处弥补其不足的教学活动方式。

我国以往的小学语文教学评价比较重视终结性评价，如每学期、每学年都要进行各种考试，以区分学生语文成绩的优劣，并进行分等、选拔等。终结性评价具有事后检验的性质，对被评价者在语文教学活动中的行为的调节和改进作用不大；如果只重视评价的最终结果，无法了解这个结果形成的原因和过程，也容易出现虚假现象。而且终结性评价的标准是预先设定的，如果这个标准不够科学或难以检测，也会影响评价的可靠性。因此，应淡化终结性评价，重视诊断性评价和形成性评价的运用，构建一个动态的、发展的、开放的小学语文教学评价体系。

三、小学语文教学评价的基本原则

(一)发展性原则

发展性原则即用发展变化的观点看待小学语文教学评价的对象，既要看到被评价者的过去，又要看到其现在乃至未来的发展变化。发展性原则要求小学语文教学评价必须把作为评价对象的人(包括学生、教师)的发展作为根本目的，使之贯穿于语文教育教学过程的始终。

1. 促进学生的发展

传统的语文教学评价关注的仅仅是学生学习语文的效果如何，而真正的小学语文教学评价应着眼于促进学生的发展。学生学习语文的过程也是实现自我成长的过程，因此评价的着眼点在于学生的语文知识是怎样获得的，语文能力是怎样培养的，语文素养是怎样形成与提高的。在小学语文教学评价的内容和技术手段上也要有利于学生的全面发展，如，要从注重读写能力的评价转向注重语文综合素养的评价；从注重语文知识的评价转向注重语文实践能力的评价；从面向学生过去的评价转向面向学生现在和未来的评价；从注重认知领域的评价转向注重对认知领域和情感领域的综合评价等。

2. 促进教师的发展

传统的语文教学评价(听课、检查教案、学生评议等)，教师常处于被动接受检查的地位，很难主动发展。教育部颁布的《基础教育课程改革纲要（试行）》指出："建立以教师自评为主，校长、教师、学生、家长共同参与的评价制度，使教师从多种渠道获得信息，不断提高教学水平"。小学语文教学评价重视语文教师在自我教育和自我发展中的主体地位，评价语文教师的工作业绩，不唯学生的语文成绩，而是考虑学生语文综合素养的状况和教师多方面的表现；评价语文教师的课堂教学，关注的不是教师传授知识的多少，而是教师与学生在语文课堂上的多方面综合表现；评价语文教师，注意激发教师的上进心，一切从有利于教师的成长发展出发。

3. 促进教学的发展

语文教学是师生共同探求知识、培养语文素养的过程和平台。小学语文教学评价不仅要关注对小学语文教学实施结果的考查，还要重视对语文教学本身进行诊断、比较、修订、完善，不断调整完善教学内容，改进教学方式方法，形成语文教学不断革新的机制。

(二) 全面性原则

全面性原则是指应尽可能对评价对象的诸多方面进行评价，不宜过分地突出某一项目或某一过程。语文教学目标的多元性，语文教学资源的丰富性，语文教学手段与方法的多样性，语文教师素质的综合性，语文教学环境的复杂性等，表明了语文教学的效果是由多种因素决定的，使用任何一种单一的评价方法或指标都是不全面的。

1. 评价指标要全面

小学语文教学评价指标要注意面向学生语文综合素养的各个方面，面向教师综合素质的各个方面，面向语文教学的各个方面。如果过分地强调某些因素，不能全面地分析问题，很难得出准确的价值判断。如小学语文学习评价的内容应该包括识字与写字、阅读与鉴赏、表达与交流、梳理与探究四大板块的语文实践活动，而不能像以往语文学习评价那样只重视阅读和习作的评价。语文学习评价的领域也不能仅局限于知识与能力，还要从过程与方法、情感态度与价值观方面进行全面评价。

2. 评价过程要全面

小学语文教学的组织和实施是一个由时间和空间的诸多要素纵横交错、立体交叉的复杂过程，语文教学评价是由设计评价方案、组织实施评价、分析评价结果、进行信息反馈等若干操作步骤构成的动态系统。教学过程和评价过程的每个较大的环节又包括许多小的步骤，任何一个环节或步骤的疏忽都会影响语文教学评价的信度和效度。

(三) 合作性原则

合作性原则是指在小学语文教学评价中，参与评价的各方面力量（个人或组织）应加强合作与交流。语文教学评价是管理者、教师、学生、家长、专家共同参与的交互活动。合作，是多个群体共同关注语文教学的体现。

1. 加强自我评价

传统的语文教学评价比较重视外部机构、组织对学校的语文教学的评价，重视领导、专家对语文教师教学效果的评价，重视语文教师对学生的语文学习质量的评价，却比较忽视个人尤其是学生、教师的自我评价。当前语文教学评价主张给被评价者以宽松的环境，倡导自我评价。自我评价是语文教学最重要的也是最实用的评价手段，教师加强自评，可以反思语文教学的得失，自觉寻求发展。学生加强自评，可以形成自学能力、参与能力和自我评价能力，主动获得发展。师生双方通过自评，可以激发自尊和自信，从而共同进步。

2. 建立生生互动、师生互动、家校互动的开放性合作

教学评价的效益在于让被评价者最大限度地接受评价的结果，而要"最大限度"地接受，必须将自评与互评结合起来，通过师生互动、生生互动、家校互动，多渠道交流语文教学的有关信息，建立学生、教师、家长、管理者、专家等共同参与、交互作用的评价机制。

(四) 多样性原则

多样性原则是指在语文教学评价的手段和方法上，要注意多样化和灵活性，要从不同的角度、不同的层次将多种评价手段结合起来。

1. 方式多样

传统语文教学评价重定量评价轻定性评价，当前小学语文教学评价倡导定性评价和定量评价相结合，应更重视定性评价。语文核心素养是文化自信、语言运用、思维能力和审美创造的综合。其中有很多无法用定量评价来代替定性评价的因素。语文学习具有重情感体验和重语言积累的特点，更适宜于定性评价。小学语文课堂教学评价中也有许多无法量化的因素。因此，将质的方面和量的方面结合起来才能正确全面地反映语文教学的真实情况，并为促进学生、教师、教学发展提供可靠的根据。传统语文教学评价重终结性评价，轻形成性评价。当前小学语文教学评价则认为形成性评价和终结性评价都是必要的，应更重视形成性评价。这体现了重结果、更重过程的评价新理念。形成性评价和终结性评价相结合，既有利于及时了解语文教学的效果，又有利于在语文教学实施的各个阶段改进语文教学，促进语文教学的完善与发展。

2. 方法多样

任何一种单一的评价方法都有一定的适应性和局限性，不同的评价目的和评价内容，需要不同的评价方法；不同的评价方法，获得的可能是不同的评价结果。传统语文教学评价主要采用考试法、考查法。当前教学评价改革要求多元化、主体性、开放性，评价的方法也需要推陈出新。提倡在小学语文教学评价实践中使用多样化的评价方法，如成长记录袋、教学档案袋、学习日记、情境测验、行为观察和开放性的考试等。语文课程应将多种评价方法有机结合起来，以获得更全面、更完整的信息。

(五)差异性原则

差异性原则是指在语文教学评价的过程中要尊重被评价者的个体差异，促进被评价者的健康发展。

1. 针对不同对象

语文教师是活生生的个体，每个教师都有自己的优势与特色，他们的个性心理、学历经验与教学风格等表现出差异性。学生是个体的人，不同年龄阶段的学生表现出差异性，同一年龄阶段的学生心理、学习特征也各不相同。小学语文教学评价要从思想上、情感上、行动上接纳并尊重不同的教师与学生。

2. 针对不同情境

传统语文教学评价不太注意被评价者的个体差异，当前语文教学评价则强调尊重被评价者的认知差异、人格差异、性别差异，并注意在不同情境中依据被评价者的不同背景和特点，判断其发展潜力，采取有针对性的改进措施。如：把语文教师过去与现在的教学进行比较，以发现其教学水平的前后差异；将学生原来的语文学习情况和现在的语文学习情况进行比较，以考查其进步的幅度；把学生的写作能力和阅读能力以及对语文基础知识的把握能力进行比较，找出其语文学习中的优势和不足，以改进和提高其语文学习的效果等。

[案例8-2]　　　　　　　《荷花》教学片段实录(三年级下册)①

师：同学们，假如你就是一朵白荷花，白荷花就是你，你在这些大圆盘之间冒出来，那么急切，那么激动，你最想说些什么，做些什么呢？

生1：我是一朵亭亭玉立的荷花，从这些大圆盘之间冒出来，我变成了一个美丽的小姑娘，穿着洁白美丽的衣裳，穿着碧绿的裙子，在随风飘舞。

师：荷花仙子来了！真是三生有幸啊！(笑声)

生2：我是一朵招人喜欢的荷花，从这些大圆盘之间冒出来，我想要跟别的荷花比美，你们谁也没有我这样美丽动人。

师：我欣赏你的自信！自信的荷花才是美丽的荷花。

生3：(沮丧地)我是一朵孤独的荷花，从这些大圆盘之间冒出来，我多想找几个小伙伴跟我一起捉迷藏啊！

师：谁想跟这朵荷花交朋友？

生：(纷纷举手)

师：不孤独，孩子，不孤独。你有朋友，瞧！他们都是你的朋友。

[案例分析]这位教师遵循小学语文教学评价的发展性、差异性、多样性等原则，用激励性评语从不同方面去评价每个学生，帮助每个学生获得学习的乐趣和自信，让每个学生的个性得以发展，很好地发挥了评价的导向、激励、促进成长的功能。

---

① 王崧舟. 语文的生命意蕴[M]. 武汉：长江文艺出版社，2019：82－83.

[案例8-3]　　　　　　　　小学语文学习质量评价操作实录

师：同学们，这个学期语文学习质量评价表中的每一项内容是什么意思，要求大家怎么做，我在开学初就和大家讲清了，你们已经明白了吧？

生：明白了！

师：好。现在我们就按照这个表中的各项要求对每位同学进行一次客观的评价。请同学们对照表格逐项进行自评。

（每个学生都认真地自评）

师：现在前后两张课桌的四位同学组成一个互评小组，先自己讲述自评的结果及理由，再由其他同学进行评价，并说出理由。

生1：在"参与"这一项，我做到基本能发言，但还不主动。

生2：我认为生1在课堂学习活动中还是比较主动的，比如在前两天学习《小白兔和小灰兔》时，他是第一个说出喜欢小灰兔的，大家都很佩服他的勇敢。

生3：我不同意生2的看法，生1有时不主动发言，比如今天第一节课老师提出的那个问题，他会，但没有主动举手发言。

生4：咱们大致算一下生1有多少次主动发言，有多少次不主动发言，然后我们综合起来，给他一个评价。（其他三位同学最后达成共识，对生1的评价结果是：能发言，有时也很主动。）

生1：没想到我在大家心中有这么好的印象，以后我会继续努力的！

……

师：大家评得很认真，现在把评价表收上来。课后我要给予评价，在表中"师评"这栏里会给出评价结果，并把这个评价表放在你们的档案袋里。到期末时，我们再进行综合评定。希望大家发扬优点，改进不足，继续努力！

[案例分析]本案例充分体现了评价的合作性原则。小学生是小学语文学习评价的主体，学习评价应引导每一个主体增强对自己行为的"反省意识和能力"。在本案例中，教师要求每个学生对照评价表逐项进行自评，根据自己的实际表现进行回顾、反省，同时重视同学的相互评价。整个评价过程既很好地发挥了互评的作用，又凸显了被评价者的主体地位，将评价变成了主动参与、自我反思、自我教育、自我发展的过程。

▶第二节　小学语文学业质量评价

小学语文学业质量评价是对小学生语文学习情况进行的价值判断。它以小学生语文学习过程及其结果为对象，对小学生通过语文学习所产生的发展变化做出综合性评价。小学语文学业质量评价的范围不能仅局限于知识与能力，还要从过程与方法、情感态度与价值观等方面进行全面评价；既要对语文学习的结果进行描述和判断，又要对产生这一学习结果的多种因素和动态过程进行描述和判断；既要看到学生智力发展的一面，也要看到他们的动机、兴趣、情感、态度、意志、性格等非智力因素作用的一面，以全面考查学生的语文素养。

小学语文学业质量评价的主要目的是全面了解小学生的语文学习历程与效果，激励小学生的语文学习和改进教师的教学。具体包括以下几个方面：反映小学生的语文学习成就和进步，激励小学生的语文学习；诊断小学生在语文学习中存在的困难，及时调整和改善教学过程；全面了解小学生语文学习的历程，帮助小学生认识到自己在学习策略、思维或习惯上的长处和不足，帮助小学生认识自我，树立信心，不断进步。

一、小学语文学习评价的基本体系

实施小学语文学习评价，需要将语文教学目标分解为便于测评的指标体系。我国以往的小学语文学习评价比较注重学生的语文"双基"评价，甚至将学生的语文考试成绩作为衡量语文学习效果、评价语文教学的唯一指标。随着社会的多元化发展，网络与信息时代的来临，仅仅掌握知识与技能已远远不能适应社会对人的发展的要求。我国开始在小学语文学习评价中关注个体发展的其他方面，如积极的学习态度、创新精神、分析与解决问题的能力以及正确的人生观、价值观等。《语文课程标准》倡导课程评价的过程性和整体性，重视评价的导向作用，单独设置了学业质量板块，力求完整描述核心素养的基本表现，满足不同类型评价和测量的要求，清晰刻画语文学业发展的进阶水平，关注学生情感态度、品质在教学影响下的积极变化。结合学业质量的内涵描述，可以发现其内在的逻辑关系和基本框架，即按照学生学习中的日常生活、文学文化、跨学科三类情境描述，呈现"识字与写字、阅读与鉴赏、表达与交流、梳理与探究"四个维度的关键学业表现，凸显情境性、整体性、进阶性特点。小学各学段学业质量主要内容安排如表8-1。

教学设计：《田忌赛马》①

表 8-1　《语文课程标准》学业质量评价内容框架

	第一学段(1～2年级)	第二学段(3～4年级)	第三学段(5～6年级)
识字与写字	1. 借助汉语拼音和偏旁部首主动识字，在生活场景中认识简单汉字，学习推测字音字义。 2. 累计认识1600个左右常用汉字，能正确书写800个左右常用汉字。 3. 有识字兴趣，能对所识汉字、词语尝试分类。 4. 愿意整理自己的学习成果，并向他人展示。	1. 能借助汉语拼音、工具书在阅读中识字，主动识字。 2. 辨析多音多义字的读音和字义，辨析、纠正常见错别字。 3. 累计认识2500个左右常用汉字，能使用硬笔规范、端正、整洁地书写1600个左右常用汉字。 4. 能把具有相同或相似特征的汉字进行分类，交流分类理由。	1. 能独立识字，借助工具书准确理解不同语境汉字的意思，能辨析同音字、形近字，纠正错别字。 2. 累计认识3000个左右常用汉字，能用硬笔规范、端正、整洁地书写2500个左右常用汉字。 3. 有自觉识字意识，对不认识的字能根据字形推断字音字义，借助语境和工具书验证推断。

---

① 作者：贺勋，湖南省长沙市望城区长郡月亮岛第三小学。

续表

	第一学段(1~2年级)	第二学段(3~4年级)	第三学段(5~6年级)
阅读与鉴赏	1. 对图画书、儿歌、童话等作品有阅读兴趣,能提取文本的显性信息。 2. 能借助关键词句复述简单故事,尝试提出问题。 3. 运用普通话朗读自己喜欢的语段,交流朗读体验。 4. 对部分适宜的经典作品熟读成诵,喜欢与他人交流讨论。	1. 对童话、寓言、神话等作品有阅读兴趣,能提取主要信息。 2. 能结合关键词句简单分析、评价作品。 3. 在阅读中能发现作品中的优美语句,说出表达的作用。 4. 复述读过的故事主要内容,提出问题,乐于分享。 5. 诵读学过的优秀诗文,尝试用不同语气、语调表达理解。	1. 独立阅读能力提高,获取主要内容,能用朗读、复述等方式加深对作品的理解。 2. 运用圈点、批注等方式记录阅读感受和体验,主动与他人分享。 3. 能用文字、结构图等方式梳理作品思路,品味富有表现力的语言,体会感情色彩。 4. 能通过诵读、表演等方式表达对作品的理解与审美体验。 5. 借助文本材料,评价文本主要事件和人物,表达观点或看法。 6. 能发现不同作品的结构方式与语言特点,积极向他人推荐。
表达与交流	1. 能描述一幅图画的主要内容,说出多幅图画之间的联系。 2. 留心观察周围事物,对写话有兴趣,尝试用口头和书面语言表达。 3. 与人讨论交流,注意倾听,主动用礼貌用语回应。 4. 乐于表达自己的想法,在主动参与中说清楚。 5. 愿意用普通话朗读,展示自己喜欢的语段,交流、评价朗读体验;诵读喜欢的作品,与他人讨论。	1. 能用有新鲜感的词句描述事物特征和想象到的画面,能把观察到的觉得有趣或印象深刻的周围事物写清楚。 2. 参加文学体验活动,记录过程,表达感受。 3. 运用联想、想象续讲或续写故事,学写日记、便条、简短书信。 4. 根据表达需要正确使用句号、感叹号、问号、冒号、引号等标点符号。 5. 尝试用流程图和文字记录学习活动的主要过程,并向他人展示学习成果。	1. 主动梳理与积累素材,写简单的记实作文,内容具体、感情真实。 2. 写想象作文,想象丰富、生动有趣;能写读书笔记、常见应用文。 3. 乐于参与讨论,敢于发表意见,认真倾听,抓住要点并简要转述,能根据对象和场合作简单发言。 4. 能概括说明性文字的主要内容或简单的非连续性文本的关键信息。 5. 能用准确的语言清楚介绍说明事物或程序,解决现实生活中简单问题。 6. 养成观察习惯,乐于表达独特感受;能用多种媒介方式表达交流,根据表达需要,准确使用常用的标点符号。
梳理与探究	1. 对日常生活中的字词进行梳理与分类整理,并向他人展示。 2. 喜欢在学校、社区组织的朗诵会、课本剧等活动中展示成果。 3. 在文学体验活动中愿意用文字、图画等方式记录见闻和想法。 4. 在跨学科学习和探究活动中有好奇心和求知欲,喜欢观察、提问。	1. 能分类梳理日常生活中学到的语句,在活动中将整理的成果进行展示。 2. 参加跨学科学习活动,在观察、提问、交流中策划、组织活动。 3. 能根据主题搜集、整理资料,提出感兴趣的问题。 4. 能用照片、图表、视频、文字等展示与分享学习成果。	1. 能发现有表现力的词句和段落,自觉记录、整理,分享与交流。 2. 能积极参与活动的策划与组织,搜集材料、提供简单的活动方案。 3. 能围绕学习活动展开调查,获取材料,记录过程,发现问题,表达感受。 4. 积极参加跨学科活动,能利用多种信息渠道获取资料,开展简单的调查。

　　各学段的学业质量内容分别从"识字与写字、阅读与鉴赏、表达与交流、梳理与探究"四个方面呈现，清晰地表现了小学各学段四类语文实践活动的内在联系，同时，它包含了"日常生活、文化文学、跨学科"语言实践活动情境。学业质量既是学生语文学习中学什么、学到什么程度的标准，也是过程性评价、终结性评价的依据。四个学段"学业质量"标准按照一致的活动类型呈现水平特征，学业水平进阶表现为情境复杂程度的增加，以及学生完成不同类型任务时关键能力的发展。如"阅读与鉴赏"部分的问题意识，低、中、高三个学段分别表述为"尝试提出问题""提出问题""解决主要问题"三个层次；"表达与交流"板块中观察能力的培养，低学段提出"留心观察周围事物，对写话有兴趣"，中学段为"能把观察到的觉得有趣或印象深刻的周围事物写清楚"，高学段则为"养成观察习惯，乐于表达独特感受"。显然，这种安排重视各年级综合素养的提高，要求一步步提升，体现了语文学习的过程性与整体性。

　　总之，学业质量不但为语文学习终结性评价提供了标准，更为教师在日常教学中实施形成性评价提供了基础。教师进一步明晰课程评价功能，以学业质量监测为载体，把握教学导向，树立"学为中心"的理念，精准指向"教—学—评"一致性，实现课程评价对学生学习的支持。

二、小学语文学业评价的常用方法

　　同一种评价方式，其具体的评价方法又是多种多样的。定量评价常用测验法、统计分析法等，定性评价有观察法、评语法、档案袋法等，还有综合运用了定性评价方式和定量评价方式的学生成长手册等。下面主要介绍几种常用的小学语文学业评价的方法。

（一）考试法

　　考试法是指在一个阶段的学习结束时对小学生的语文学习成效所进行的数量化评价。一般由教师预先出好试卷，学生用笔答或口答的方式解答试卷上的试题，考试成绩用分数体现。考试按不同的标准可分为口试和笔试、开卷和闭卷、单项考试和综合考试、常模参照考试和标准参照考试等。

　　考试是小学语文学习评价的一种重要方法。从国内外小学成绩测验中可以看到，学业成绩的考核和评定对调动小学生语文学习的积极性有一定作用。但是，传统的考试存在着次数多、小学生疲于应付、题目死板、片面强化考试的甄别和选拔功能等问题。改革语文考试已成为小学语文教学评价改革的当务之急。改革语文考试可以从以下几方面着手。

1. 树立先进的语文考试观

　　说到考试，曾有不少人误认为评价就是考试。其实评价和考试是两个既有联系又有区别的概念。考试作为一种测量的结果，是评价的一种重要依据和重要组成部分。前者是后者的手段；前者是局部，后者是整体，把考试作为评价小学生语文学习成效的唯一手段是片面的。语文学习评价不仅是为了考查学生达到学习目标的程度，更是为了促进学生的发展。因此，必须改变以分数为中心，以考试为目的的现实状况，让考试真正成为推进语文教学发展的有效手段。在语文考试结果处理上，一般不公布小学生的考试成绩，尤其不得按考试成绩排队，而是要作出具体的分析指导，为小学生提供建设性的学习改进意见。

2. 明确语文考试命题的原则

语文考试命题要符合语文学科特点，遵循小学生语文学习的规律，突出语文考试的个性。其基本原则是：①依"标"据"本"的原则。即以语文课程标准和小学语文教材为依据。②以能力为中心的原则。知识与能力相结合，而又以能力为主，语法、修辞知识不作为小学生的考试内容。③难易适度的原则。针对不同目的的考试应确定不同的难易比例和难易程度。

3. 改革小学语文考试的内容

小学语文考试的内容逐渐注意到了加强社会实际和小学生生活经验的联系，重视考查分析问题和解决问题的能力。在阅读和写作方面，更是加大了改革的力度，努力拓展试题的维度，摒弃强调答案唯一性的要求，给小学生较大的自由作答和个性思维的空间。例如，让学生自读一篇短文后，让他说说自己最喜欢或最不喜欢的地方（或词、或句、或段、或人物、或事件），并说出一定的理由；或者就短文的事件或人物发表自己的意见。在写作方面，注意设计一些贴近小学生生活、便于发挥他们的想象力的题目。

4. 语文考试的形式要多样化

考试的形式应多样化，如笔试和口试相结合，闭卷、开卷、半开卷形式相结合，这逐渐成为小学语文学习考试评价的发展趋势；甚至还可以让小学生自主命题，自选考试的方式，允许多次考试等。

(二) 考查法

考查法是通过口试、笔试、调查和日常观察等方式，对学生参与小学语文教学实施的情况进行评价的方法。考查通常也含有考试的性质，但在成绩的评定上以等级制为主，多用于难以量化评分的检测内容，如观察能力、思维能力和非智力因素之类。对小学生语文学习的考查通常分为两种。

1. 过程性考查

过程性考查主要是指平时在教学过程中对小学生语文学习的情况进行的考查。课堂提问与课堂观察是常用的日常考查的方式。它便于语文教师直接了解小学生的语文学习情况，也便于教师根据需要，有针对性地进行启发或提问，督促小学生巩固所学知识，树立正确的语文学习态度和方法。检查作业也是过程性考查常用的方式，它可以使教师确切了解学生掌握语文知识、技能等的情况，并能就较广泛的问题对全班每个学生进行考查。

2. 总结性考查

总结性考查通常在单元、学期、学年终结时进行，主要考查学生实现课程目标的程度。总结性考查有口试和笔试两种。口试就是要求学生口头作答或表现，如考查学生的朗读能力、背诵能力、口语交际能力等。笔试就是要求学生按试题的要求书面作答，通常采用开卷的形式，用等级制评价，考查小学生运用语文的能力，题型灵活，测试范围广，能较好地反映小学生语文学习的真实情况。

要注意将过程性考查和总结性考查结合起来，以全面、及时地反映学生的语文学习情况。

(三)评语法

评语法指运用口头语言或书面文字，对小学生参与语文教学实施的表现作出价值判断，并得出相应的评价结论的方法。评语法是我国传统的评价方法，评价学生常用的评语有两种。

1. 课堂教学中的即时口头评语

语文课堂教学中的即时口头评语是语文教学评价中最直接、最快捷、对小学生影响最大的一种过程性评价方法。它具有即时性、针对性的特点，重视不同学生的差异性，能培养学生良好的语文学习习惯，形成正确的情感态度与价值观，也有利于从单一化的评价主体向多元化的评价主体转化，将自评、互评、师评有效结合起来。如在学生朗读之后，教师可以让其他学生谈谈"他读得怎么样?""如果你来读，你会怎样读?"等，教师要注意使用激励性评语对学生予以鼓励，如："你读得这么动情，老师都听得入迷了""这次读得好多了"等。

2. 作业、习作中的书面评语

书面评语过去多用于习作评语中，其实在平时的作业中也可以适当运用。还可以使用一些师生合作的有效评语，如"作业中有两个错别字，请找出来并改正，相信你一定行""这次作业有进步，谈谈你的想法"等。书面评语的要求：一是准确性。准确、恰当，符合小学生的实际，有较强的针对性，通过评语能给小学生以具体的方向性指导。二是规范化。行文规范，用词恰当，字体工整，无错别字，无病句，给小学生以行文的榜样。最好能用儿童化、散文般的语言，使小学生感到亲切而温暖。三是激励性。《语文课程标准》指出"应以鼓励、表扬等积极的评价为主，采用激励性的评语，从正面加以引导"。教师的评语应充满期待与关心，让小学生能通过教师鼓励性的话语找到自信，获得前进的动力和勇气。只有这样，评语才具有可接受性，才能引起学生的积极反应。

(四)情境测验

情境测验，即给小学生提供一定的活动情境或创设一定的问题情境，让小学生参与其中，进而根据学生的表现来评价小学生某些方面的语文素养的方法。主要有以下两种：

1. 问题情境测验

就是在提出问题之前给学生提供某些必要的材料，创设有利于学生思考的情境，然后要求学生回答问题，以考查小学生运用语文知识解决问题的能力。设计情境性试题所选用的材料必须适合学生已有的知识经验和解读能力。这类试题重在解决现实生活中的语文问题，考查小学生的语文迁移能力，因而显得更有现实意义，更符合当今社会对人才培养的要求。它的缺点是编制良好的分析判断情境题难度较大，评价易受主观因素影响。

[案例 8-4]

请根据以下情境完成对话。

1. 奶奶生病住院了。妈妈怕告诉你影响你的学习，骗你说奶奶去姑姑家做客了，你知道真相后会对妈妈说：＿＿＿＿＿＿＿＿＿＿＿＿＿＿＿＿＿

2. 上语文课时，你的同桌不听老师讲课，在看一本侦探小说，你发现后会悄悄对他说：＿＿＿＿＿＿＿＿＿＿＿＿＿＿＿＿＿＿

3. 爸爸的同事打电话来找爸爸。爸爸陪奶奶去医院看病了，你接了电话，会对爸爸的同事说：＿＿＿＿＿＿＿＿＿＿＿＿＿＿＿＿

2. 情境活动考察

即由教师提供一定的活动情境，让小学生参与其中以测定小学生某些方面的语文素养。如开展朗诵比赛，评定学生的普通话水平；组织演讲、辩论活动，评定学生语言表达能力及思维的逻辑性和敏捷性；进行课本剧表演，让学生根据课文内容自编自演，从中考查学生对课文理解的深度和广度以及表现出来的想象能力和创新意识等；还可以模拟组织接待来访、招聘面谈、新闻发布、法庭审判、商业谈判、社会用字调查等活动。情境活动考察可以帮助教师了解小学生在真实或近似真实的情境下所表现出的语文素养，真实地评价小学生的语文学习效果。它的局限性在于评价的主观性较强，信度较低，而且费时费力。但适当采用，仍不失为其他评价方法的较好补充。

(五)成长记录袋

成长记录袋又称"档案袋"，是近年来颇受欢迎的一种定性评价方法。语文成长记录袋主要收集的是学生在语文学习过程中生成的各种作品，用以展示学生的语文学习和进步的状况。它具有以下特点：

1. 学科性与主题性

语文成长记录袋评价打破了仅仅局限于语文书本的局面，将评价的触角延伸到课外、社会、家庭，甚至与其他学科相联系。但语文成长记录袋必须根据语文课程目标来设计，即使是探究性的学习或个性化的表达，其目的首先也是为了提高学生的语文素养。如"花卉与古诗的研究记录"，其目的在于让小学生了解语文与生活的联系，而不是让学生学习种花；"小记者成长录"的目的是培养小学生自主表达、搜集和处理信息的能力，而不是让学生都去当记者；学生为课文编课本剧、画插图，是为了表达阅读后的独特感受，而不是将语文课改成美术课。语文成长记录袋一般有明确的主题，可以是学生的"笔耕袋"或"阅读袋"，可以是学生富有个性的作品或某项才能的展示，还可以是自己就某个感兴趣的问题所进行的专题研究。例如，以"语文学习中最得意作品汇集"为主题，学生可以根据自己的特点搜集不同的材料：一篇精美的习作，一页漂亮的书法，一个动人的故事，一段精彩的演讲，一出好看的课本剧等。

2. 目标性与计划性

语文成长记录袋不是简单的文件夹，而是小学生在教师的指导下，有目的、有计划、有组织地收集学生迈向语文课程目标、与成长和发展相关的作品样本。《语文课程标准》对识字与写字、阅读与鉴赏、表达与交流、梳理与探究都提出了目标要求，无论是为了考查小学生识字情况而建立的"生字袋"、为了表现小学生表达水平而建立的"习作袋"，还是为了反映小学生课堂表现而建立的"语文随堂记录卡"、为复习目的而建立的"语文反思记录卡"等，都必须考虑一定的课程目标要求。在语文成长记录袋的制作过程中，小学生还要有目的、有计划、有组织地参与到内容选择、收集资料、整理资料、美化档案设计、自我评价与交流等活动之中。

3. 反思性与成长性

语文成长记录袋评价的价值，体现在允许小学生对自己的语文学习进行反思和自我评价中。成长记录袋不仅记录小学生学习过程中所取得的成就，还要包括小学生对"成长""作品"以及对制作成长记录袋历程进行自我反省或评论的分析，如，我为什么选择这件作品，我哪方面做得好，我还要提高什么，我通过制作这件作品学到了什么，我对我的表现感觉怎样等。评价的过程实质上就是小学生自我认识、自我分析、自我提高的过程。同时，语文成长记录袋是一个可以随时间进程不断生长的语文学习作品集，小学生在创建语文成长记录袋的过程中能清晰地看到自己的成长足迹，感受到自己的持续进步，减轻了纸笔测验常有的个人之间横向比较带给人的竞争焦虑感，更能显示出小学生语文素养提高的情况。

4. 主体性与多元性

语文成长记录袋评价重视被评价者的主体地位，小学生成了选择成长记录袋内容的一个决策者甚至是主要决策者，同时成为自己语文学习与进步的积极评定者，通过小学生积极主动的参与，促进他们更全面地认识自我、更明智地发展自我。语文成长记录袋评价的主体是多元的，不仅小学生是评价的主体，教师也是评价的主体。提倡把学生评价、教师评价、家长评价结合起来，通过生生互动、师生互动、家校互动的开放性合作，以多渠道的反馈信息促进小学生语文素养的提高。语文成长记录袋评价的内容也具有多元性，它要求既体现共性，又凸显个性；既关心结果，又关注过程；既考查知识技能，又重视态度习惯；能以多维视角的评价内容和结果，综合衡量小学生的语文学业水平和发展状况。

5. 灵活性与多样性

语文成长记录袋评价是一种极为灵活的评价方法。其评价内容灵活，智力因素评价与非智力因素评价相结合；其评价手段灵活，定性评价为主，定量评价相结合；其制作过程、评价标准与评价形式可以根据小学生实际和语文教学需要随时调整。语文成长记录袋的作品内容与形式、资料呈现方式具有灵活性与多样性。档案资料的内容可以是语文作业、习作、语文学习记录、语文测验以及成绩、语文竞赛结果、语文活动记录、他人评语等。资料呈现方式也可以各式各样，如文字材料、手稿、照片、图画、剪报、手抄报、读书笔记、证书、录像、报纸杂志等。

可见，语文成长记录袋评价不是对小学生是否达到语文课程目标的阶段性考核，而是对其进步的持续性考查，实质上就是动态考查小学生的语文综合素养。小学生语文成长记录袋通常由以下几部分构成：①设计说明。它是对语文学习档案袋产生和编制过程的记录说明。②系列作品。这是小学生在完成某一学习计划的过程中创作的各种类型的作品集，它应该能表明小学生在学习语文过程中取得成就的广度和范围，例如在习作方面，档案袋中可以包含平时的写话、习作，获奖证书，被杂志录用的文章、诗歌等。③反思记录。在不同阶段，可引导小学生描述自己作品的特征、自己在成长过程中所取得的进步、已经实现的目标、尚存在的不足等，并把这些记录收入语文成长记录袋。

语文成长记录袋对于小学生语文学习上的成长十分重要，很有意义，但也存在工作量大、有时标准难以确定等不足。因此，在小学语文教学实施的过程中应注意与其他评价方法结合使用。

三、小学语文学业评价的内容要求与设计

《语文课程标准》倡导评价的导向作用，通过评价促进学生学习，改进教师教学，全面落实语文课程目标。为此，《语文课程标准》新增了"学业质量"内容板块，而其他板块，无论是课程理念，还是课程内容中基础性任务群、发展性任务群和拓展性任务群三个层级六大学习任务群，以及教学建议等都强调评价的价值与对教学的"杠杆"作用，这种作用主要体现在课堂上教师不仅知道教什么、怎么教，还应清楚教到什么程度；让各学段学生明白，通过学习"我要到哪儿去，我现在在哪儿，用怎样的方式到达"等问题。教学评价对教学目标、教学内容、教学过程和教学方法起着重要的调节作用。学生通过自我评价、相互评价和教师评价，判断自己的学习成效，积累学习经验，发现学习中存在的问题，不断提高自己的学习质量，促进自己更有效地学习。

《语文课程标准》在教学建议中提出，过程性评价和终结性评价有机结合，重视过程性评价。重点考查学生在语文学习过程中表现出来的学习态度、参与程度和核心素养的发展水平，树立"教—学—评"一致性意识，科学选择评价方式，合理使用评价工具，妥善运用评价语言，注重鼓励学生，激发学习积极性。学生可通过日常写字、读

清晰、简明扼要地刻画出了学生的学业水平表现。在阅读文本的选择上，根据不同学段对阅读目的的要求不同，对阅读能力的考查侧重也不同。根据《语文课程标准》中的规定，中段的学生主要侧重考查初步了解文章大致内容，在理解和感受文本语言使用的基础上进行总结表达；对高学段的学生来说，在理解文本和具体词、句中，建立在使用经验基础上，体会阅读文本中词句的运用，学会阅读，并且有欣赏评价的能力。在阅读能力考查

教学设计：《西门豹治邺》①

要求上，根据不同学段学生，检索并提取信息以及直接推论这两个板块是否关注到文本信息，评估与评价判断文本要素，对文本的思考是否有高层次阅读能力展示。

如上面提到的三年级《大自然的声音》一课教学中，学生运用朗读，表现出音乐家"风"演奏的"微风曲""狂风曲"的效果等。在学习中，学生画出了自己喜欢的句子，通过多种形式的朗读，过了一把"我们也来当音乐家"的瘾。整个过程学生玩中学，学中玩，兴趣盎然，在反复品读的过程中，也感受到了课文语言生动的表达。运用"说清楚看到的画面，说清楚听到的画面，说清楚感受到的画面"评价工具检验学生把握文本的主要信息及依据朗读中的感情推测文本所表现的意象。

在统编版六年级上册《桥》一课教学中，教师设计了两个任务情境：一是读小说，制作人物名片；二是创编故事，塑造人物形象。首先引导学生整体感知文本信息，在制作人物名片的真实任务情境中，学生主要通过"绘制情节波动图"和"艰难指数选择"两个活动完成阅读的理解阐释、推理探究任务；其次讨论为什么以"桥"命名以及观看生活中老支书带领村民在悬崖峭壁上修建公路的视频。学生创意表达中，有学生就发出了"老汉，你真是一座生命之桥，你无私奉献，你抢救了人民的生命，就算桥要塌了，也要让村民安全过河"的心声。

如何通过评价助推学生到达目的地，教师设计了如下评价任务（表8-5）。

表8-5　《桥》一课制作人物名片活动评价表

	不合格	合格	良好	优秀
小说阅读	读完小说，没有整体印象，只存留支离破碎的片段。	能整体感知小说内容，关注主要人物。	能关注主要人物的言谈举止，所思所想。	能关注主要人物的言谈举止，所思所想，故事情节的跌宕起伏，环境的变化与人物的关系。
人物名片	提取主要人物的基本信息。不能概括主要人物的特点。	提取主要人物的基本信息。用概括性的词或简短句子概括人物特点。	提取主要人物的基本信息。用具体的语言抓住人物典型的行为，描述人物的特点。	提取主要人物的基本信息。能抓住人物的典型行为或关键情节等，有创意地表达人物的特点。

———————————

① 作者：梁娟，湖南第一师范学院望城区斑马湖小学。

(三)"表达与交流"评价设计

核心素养是学生在积极的语文实践活动中积累、建构，并在真实的语言运用情境中表现出来的正确价值观、必备品格和关键能力。"表达与交流"在学业质量中主要指向"陈述与叙述、描绘与表现、解释与分析、介绍与说明、应对与调整"五个维度。依据义务教育不同学段学业质量标准的具体要求，努力实现从静态知识点考查向动态多维的素养测评的转变。如统编版三年级下册"想象"单元习作，教师以"走进想象岛"为任务情境，设计了以下表达活动：人类的进步离不开想象与创造，在想象的世界里我们可以完成许多现实中不能实现的事情，请你以"假如我_____"为题，写一篇想象作文，大胆想象，描绘出属于你的想象世界。教师依据以下评价标准(表8-6)考查学生的想象力、语言表达能力，以及审美鉴赏等综合能力。

表8-6　统编版三年级下册想象类习作评价表

目标	水平一	水平二	水平三	自评	互评	师评
想象大胆	能抓住题目的好奇点朝前想，或者朝后想故事展开的原因或者故事的经过。想象的故事内容和本单元例文相似。	能运用本单元所学的两种想象思维方式"变身了""颠倒了"想象故事内容。	能创造性展开想象，故事内容让人意想不到。			
想象奇妙	发生的故事是合理的。	发生的故事是让人感觉有意思的。	发生的故事让人感受到美好。			
表达清楚	能较通顺、直白地写出自己想象的故事。	能用上积累的词句，通顺、正确地写出自己想象的故事。	能用上积累的有新鲜感的词句把故事中人物做的、看到的、想到的等内容写清楚。			

上例主要表现了"陈述与叙述""描绘与表现""应对与调整"等维度的要求，呈现出学生不同维度的关键学业表现，凸显了情境性、整体性、进阶性的特点。

统编版四年级上册四单元阅读教学在保持"教—学—评"一致性理念的前提下，对学生提出"谁是神话大王"的学习要求，这既是任务又是情境。"讲故事"是社会生活中的实际需要，它存在于学生真实生活中，存在于"谁是神话大王"的任务情境中，并将此情境贯串单元阅读教学的始终。在大情境背景下的整个单元教学，小情境也无处不在，如给《女娲补天》设计一个运用想象与联想的参与式活动；各"剪"取《山海经》中5个以上怪物身体的一个部件，重新组合成一个新的神话角色；运用思维导图讲述普罗米修斯"盗"火的故事等。本单元教学通过多个活动使单元课程与课外阅读立体交融，学生始终在"谁是神话大王"这一真实的言语任务驱动下自主参与学习活动。活动中学生能用有新鲜感的词句描述事物特征和想象到的画面，能把观察到的觉得有趣或印象深刻的周围事物说写清楚，在系列文学体验活动中记录过程，表达感受……这一切其实都在达成中年段"表达与交流"内容板块的质量标准，每个环节的评价验收工具也伴随其中，如下表中的语言表达评价标准(表 8-7)。

表 8-7 讲述(编写)神话故事语言维度评价标准

类别	水平一	水平二	水平三	水平四
内容新奇 表达精准	内容新奇，有起因、经过、结果。	内容新奇，有起因、经过、结果，有符合神话人物的特点的语言和动作。	内容新奇，有起因、经过、结果，有符合神话人物的特点的语言和动作，有我的想法。	内容新奇，有起因、经过、结果，有符合神话人物的特点的语言和动作，有我的想法，有神奇的想象。

(四)"梳理与探究"评价设计

现实中有许多教师只关注知识、技能、习题、分数等，而忽视学生能力、品格与观念的培养，导致"高分低能、有分无德、唯分是图"的问题，设计"梳理与探究"实践活动有利于教师改变着眼点过小过细"见书不见人"的习惯做法，明白"大处着眼易见人"的道理。"梳理与探究"活动可从"筛选与提炼、规整与分类、比较与抽象、收集与组合、发现与再造"等维度展开，它承载着《语文课程标准》中"整本书任务群""跨学科任务群"等学习的重任。可以说，"梳理与探究"实践活动板块内容贯穿于义务教育阶段语文课程所有言语实践活动中。各学段的学业质量标准同样呈现阶梯状，如跨学科学习，低、中、高学段的主要要求分别为"在活动中有好奇心、求知欲，喜欢观察、提问""在观察、提问、交流中策划、组织活动""能利用多种信息渠道获取资料，开展简单的调查"，要求一年年提高，难度一步步增加。设计活动时应尽可能以学生真实生活为背景，引导学生在真实任务情境中进行知识的梳理与探究，将知识转化为素养，解决实际问题，设计相应的评价标准。运用一定的评价工具对各环节活动效果加以验证。下面以六年级"助力教师减肥"跨学科活动为例加以说明。

一位六年级女教师体检报告单显示，她的体重已严重超标，医生建议她必须减肥，才能避免各种疾病。可减肥计划总是落空，教师很苦恼，她希望学生帮忙出出主意。学生围绕此真实情境需完成两个任务，一是帮老师拟订一份减肥失败的原因分析报告；二是为老师制订一份私人的减肥计划。撰写报告的过程中需要关注以下问题：

(1)从各类减肥方法的文本中获取该方法减肥的原理，结合老师减肥的记录文本，思考老师减肥失败的原因。

(2)如何避免再次出现减肥失败。

(3)减肥计划如何撰写。

教师可以设计并运用"阅读能力，小组合作中的交际能力，计划书的有效性，分析报告的准确性"等方面的评价标准引导、督促学生完成各环节学习任务，并对照评价标准验证效果。

学生"文本阅读能力"的评价标准主要从"是否带着问题阅读文本，阅读时能勾画与问题相关的关键信息，根据提取的信息分析问题"三个方面设计。"小组讨论参与度"评价标准可从"参与小组讨论的程度，讨论内容的有效性"等方面设计。

减肥失败分析报告和减肥计划书是本主题活动的核心任务，可分别设计如下评价标准(表 8-8、表 8-9)。

表 8-8　《减肥失败分析报告》评价标准

类别	不合格	合格	良好	优秀
内容	所写的内容与失败的原因分析无关。	分析了两点失败的原因。	分析了三点失败的原因。	分析了四点失败的原因。
表达	原因与结论表述混乱，用词无法表达意义。	原因与结论分开写，用词不准确，但不妨碍意义的表达。	原因支持结论，用词基本准确，能表达意思。	原因逻辑清楚，结论简洁，用词能准确表达意思。
结构	不能分点写，结构混乱。	能分点写。	能分点写，最后有总的结论。	能分点写，最后总结论与分点对应。

表 8-9　《减肥计划书》评价标准

类别	不合格	合格	良好	优秀
内容	计划的内容与实现减肥没有关系。	计划的内容与减肥有关系，但针对性不强。	内容基本能针对老师个体特征，能实现减肥。	计划的内容能针对老师个体特征，能有效实现减肥。
表达	没有分条表述，用词无法表达意义。	能分条表述，但条与条杂糅。用词不准确，但不妨碍意义的表达。	能分条表述，每条意思独立。用词基本准确，能表达意思。	能分条表述，每条意思独立。用词准确，能表达意思。
结构	不能按计划的板块写。(目标、时间节点、方式、注意事项。)	计划书有目标、时间节点、减肥方式三个板块。	计划书能分阶段写，每一阶段有目标、时间节点、方式、注意事项四个板块。	计划书有总目标，还能分阶段写，每一阶段有目标、时间节点、方式、注意事项四个板块。

从上面的案例中我们发现，本活动的开展比较充分体现了"梳理与探究"所对应的如下学业质量要求：学生在日常生活中能根据主题利用多种信息渠道搜集、整理资料，记录过程，发现问题，开展简单的调查，提供简单的活动方案，通过小组合作等方式分享学习成果等。对于活动中的各环节任务完成情况能够运用相应的评价标准进行检查验收，有了这样的评价工具，教师很清楚学生是否达到目标，学生也清楚各自的任

务是否完成与达标。

《语文课程标准》提出：学业质量是学生在完成课程阶段性学习后的学业成就表现，反映核心素养要求。《语文课程标准》是以核心素养为主要维度，结合课程内容，对学生语文学业成就具体表现特征的整体刻画。依据义务教育四个学段，按照日常生活、文学体验、跨学科学习三类语言文字运用情境，整合识字与写字、阅读与鉴赏、表达与交流、梳理与探究等语文实践活动，描述学生语文学业成就的关键表现，体现学段结束时学生核心素养应达到的水平。

《语文课程标准》实现了学业质量从无到有的飞跃，完善了课程标准的内在结构，使评价更加科学和规范。学业评价是改革的重点，也是一大亮点。在核心素养理念倡导下，《语文课程标准》从评价目标的发展性、评价取向的过程性、评价主体的多元性以及评价内容的整体性等方面做了比较科学的规划。在课堂教学评价、学生作业评价、阶段性评价中加大过程性评价力度；在重视过程性评价的综合结果和学业质量的科学测评中完善终结性评价，全面促进学生综合素养的提高。

▶第三节　小学语文教师课堂教学评价

一、小学语文教师课堂教学评价的基本含义

学校工作以教学为中心，课堂教学是关键。课堂教学是目前我国小学教育教学的基本组织形式，是教师教育教学活动的基本阵地，课堂教学质量的高低在很大程度上决定了学校教育教学的水平。课堂教学评价的含义是指按照一定的标准对课堂教学活动各要素（教师、学生、教学内容、教学方法、教学过程和教学环境等）及其发展变化和效果作出价值判断。可见，课堂教学评价的对象是由诸多要素构成的，但核心要素是教师、学生在课堂教学中的活动。这里的小学语文教师课堂教学评价是指小学语文教师授课质量的评价。小学语文教师课堂教学评价是小学语文教学评价的重要组成部分，对教师课堂教学进行科学的评价是实现小学语文课程目标的重要保障。

小学语文教师课堂教学评价应根据语文课程标准的目标和要求，实施对教学全过程和结果的有效监控。通过评价，使教师获取教学反馈信息，对自己的语文教学行为进行反思和调整，促进教师提高教育教学水平；通过评价，使教师了解小学语文课堂教学中存在的问题及不足，从而有针对性地开展小学语文教研和教改，达到促进学生的发展、提高语文教学质量的目的；通过评价，还可以使学校及时了解《语文课程标准》的执行情况，改进教学管理，促进语文课程不断发展和完善。

二、小学语文教师课堂教学评价的主要形式、内容与方法

小学语文教师课堂教学评价一般由学生评价、同行评价、领导评价、自我评价、家长评价等方面组成。"学生喜欢""家长满意""同行佩服""领导信赖""自我认同"应该是新时期小学语文教师的教学追求。

(一)领导、同行评价

领导评价是指学校的领导班子对被评价教师所进行的评价。这种评价具有一定的权威性。它是由学校领导通过听课、检查教案、召开师生座谈会等形式了解教师的课堂教学质量并作出评价。它应该是自评和学生、家长、同行评价的补充、参照。同行评价即由教研室(年级组)同行或学校的其他教师对被评价教师的教学进行评价。由于同行教师相互之间比较了解,对语文课程的教学目标、内容、方法以及对师生的背景情况(如教师的专业水平、责任心、工作习惯、学生的基本学力、总体水平、学习热情等)较为熟悉,因此,同行评价易于作出恰如其分的判断,同时也有利于教师之间的相互学习、相互交流,提高教师的整体水平。

无论是领导评价还是同行评价,都需要用到听课法。听课法是评价者根据评价对象和评价指标的要求,有目的、有计划地获取课堂教学评价信息资料的方法。它以"听"和"看"为基本手段,是评价语文教师教学水平最常用、最简便易行的一种方法。语文教师的文化功底、教学能力、教学风格和人格魅力等可以通过听课获得直接的教学评价信息。听课法至今没有一个公认的客观一致的评价标准,我国以往的听课法侧重在评教,通常从教学思想、教学目标、教学内容、教学过程、教学方法、教学素质等方面评价语文教师的课堂教学。评价新理念认为,听课法应坚持评教与评学相结合,打破只关注教师的行为表现、忽视学生参与学习过程的传统的课堂教学评价模式,强调以学生在课堂学习中呈现的状态为参照来评价语文课堂教学质量。一堂好课的标准应该是看教师是否创造了学生发展的良好环境氛围,是否提高了学生的参与度和思维度,是否激发了学生的自主性和创造性,是否注意了教学的规范性和创新性,是否落实了知识、情感、思维、技能等目标。

表 8-10　小学语文教师课堂教学评价表

授课教师：_____　班级：_____　课题：_____

评价项目		评价要素	评分
教学理念 10分		以学生为主体，让每个学生都能得到发展和提高	
		语文学习的过程中渗透人文因素，实现工具性与人文性的统一	
		加强语言训练，促进学生语文素养形成和发展	
		有机整合学科知识，恰当运用现代教育技术	
教学过程 50分	教学目标 10分	能依据课标、教材学情准确定位目标，目标表述精准	
		明确具体，年段特点突出，贯穿教学全过程	
		难易适度，学生经过努力能够达到目标	
	教学内容 10分	准确把握教材，落实语言训练点	
		抓住重点，突破难点；删繁就简，取舍恰当；实现学科知识的有机整合	
		沟通课内外学习，引导学生在生活中学语文、用语文，灵活地、创造性地使用教材	
	教学环节 10分	环节清晰紧凑，简约适用；恰当有效地运用资料和多媒体课件	
		自读自悟与相机指导结合，突出与文本对话，理解、积累和运用文本语言	
		问题设计整合，有价值；朗读有目的，有层次，有质量	
	教学方法 10分	根据教学内容的特点采用恰当的教学方法和教学模式	
		体现学习过程，引导学生自主、合作、探究学习。尊重学生独特体验	
		顺学而导，开发和利用课堂教学的生成资源，增强课堂教学的鲜活力	
	学生状态 10分	全体学生积极参与学习，课堂气氛活跃	
		学生对教学内容和形式感兴趣，学习主动，方法灵活	
		每个学生都得到语言训练的机会，有充分思考的时间和空间	
教学效果 20分		达成教学目标，体现学习过程，学生能力得到发展，师生与作者情感产生共鸣	
教师素质 10分		教态自然亲切，尊重和关注每一个学生；教学的氛围平等宽松和谐；具有较为扎实的语文教学基本功（包括课堂教学的语言、朗读课文的能力、使用教具的能力、板书水平）	
教学特色 10分		对文本理解有独到见解，文本处理有创意；能突破教学模式，教学过程在科学合理的基础上有创新；具有艺术化的教学设计、教学手段、教学语言等	
总　　分			
点　　评			

（二）学生评价

学生评价教师的课堂教学又称学生评教，是指学生根据教师的课堂表现、授课效果及自己的学习收获和体会等对教师课堂教学进行评价的一种活动。学生评教的意义在于：一是激发学生参与教学的积极性和创造性；二是能反映出学生对教师的认可程度和教师水平的高低，促使教师不断提高与发展；三是有利于培养学生主人翁意识和民主意识，是提高学生评价能力的有效途径。小学生是语文教学活动的主体，参与了语文教学全过程，他们在小学语文教师课堂教学评价中具有很大的发言权。小学语文教师在学生中的威信、受欢迎程度、师生关系以及教师的教学方法、教学艺术是否符合学生的要求等都可以通过学生评价反映出来。

学生评教一般采用问卷调查与学生座谈相结合的方法。学生评价具有客观公正性，但由于小学生年龄较小，有些学生对教师的一些教学行为还不能理解，他们主要是从个人角度评价教师，缺乏对教学目标、内容和方法上的总体了解，他们的学习方法、学习成绩甚至师生关系都可能使他们的评价产生一定的误差。因此，实施学生评教应注意以下几点：①学校应当客观地分析、看待学生评价教师的结果，将学生评价当作促进教师自我反思和提高的手段，不宜将学生评教与教师奖惩直接挂钩。②学校应当综合评价每位教师，学生评教应与其他评价方法结合使用。③学校应对学生进行评教指导，使学生的评价更公正、客观，提高评价的信度和效度。④教师应该有"有则改之，无则加勉"的胸怀，并善于从学生提供的信息中分析自己语文教学中存在的不足，在反思和实践中不断提高自己的教学水平。

表 8-11　教师课堂教学质量学生评价表

授课教师：_____

项　目　　　　　　　　　　　　　　　　评　价	是	一般	不是
1. 该教师讲课能激发我们的兴趣，并注意我们良好学习习惯的养成			
2. 该教师在每堂课都能给我们提供独立思考、自主探索的时间和机会			
3. 该教师善于发现我们不懂的地方，并能和我们讨论问题，提供帮助			
4. 该教师对我们真诚、热情			
5. 该教师每一堂课我们都有较大收获			
6. 该教师布置、批改的作业，我们满意			
7. 该教师上课无迟到、早退、拖堂、无故缺课现象			
8. 欢迎该教师继续给我们上课			

(三)自我评价

小学语文课程改革非常强调教师对自己教学行为的分析与反思,倡导教师评价以自评为主。小学语文教师课堂教学自评,要求教师依据评价原则,对照评价标准,对自己的课堂教学表现主动作出评价。鼓励教师积极参与评价过程,有助于弘扬民主气氛,密切校方与教师的关系,提高教师评价结果的客观性、可信性。近年来,教师自我反思能力成为世界各国备受关注的影响教师专业成长的核心因素。它改变了教师原来消极被动的被评价地位,极大地激发教师的主体意识,使广大教师能以一种主人翁的方式主动、自觉地研究自己的教育教学,重视自己行为的转变和学生学习活动、学习行为之间的关系,注重教育教学观念和技巧的内化,促进自己的专业化发展。教师自我评价成为一个连续不断的自我反思、自我教育、自我成长的过程。

小学语文教师课堂教学自评的一般操作方法是:一是利用对比和分析进行自我评价。教师把他人对自己的评价作为参照系来评价自己,也通过与他人的对比来评价自己,同时更通过对自己课堂教学行为的分析来评价自己,多渠道获得的信息可以最大限度地帮助教师发现被自身定式和习惯遮掩的"盲点",可以更好地帮助教师公正、客观地认识自己,这是教师自我评价上升到较高层次的反映。二是借助一定的工具进行自我评价。教师可以通过教学日记、课堂教学笔记、教学录音录像、调查表、事件记录表、自我反思表、教学档案袋等方式,比较系统地记下自己对某堂课或某个教学环节的设计、实施情况,使教师及时发现自己的成绩、优势、长处,同时找出存在的问题,明确今后的努力方向。

表 8-12 "家长进课堂"听课情况反馈表

教师姓名:_____   课题:_____   时间:_____

评价项目	成功经验	有待改进之处
教学设计		
课堂实施		
教学素养		
教学效果		

(四)家长评价

家长是学校教育中不可忽视的群体。家长作为学生的父母和教育的投资者之一,自然十分关心学生在校的发展和受到了什么样的教育;同时,促进家校协同也是学校教育的重要职责。因此,家长评价教师课堂教学,一方面是家长应有的权利,另一方面也是促使家长了解学校和教师、形成家校教育合力的有效途径。此外,家长参与教师课堂教学评价，也增强了对教师教育教学活动的监控，有助于促进教师反思习惯的形成、反思能力的提高。在实施家长评价的过程中，一方面要以一种诚恳、开放、民主的态度，将信任的信息传递给家长，使其敢讲真话、敢讲实话，并以一种客观公正、严肃负责的态度参与到教师评价中来；另一方面对于家长的评价结果，教师要端正心态，勇于面对问题，不要纠缠于结果的公平性问题，而要反思隐藏在这些问题背后的深层次需求，考虑自己的语文教学哪些方面需要改进。这样，学校和教师会因此赢得更多来自家长的尊重、支持和信任，从而更有效地开展各项工作。

"家长进课堂"听课情况反馈表

亲爱的家长：

您好！

欢迎您参加我校的"家长进课堂"听课、评课活动，相信这将是一次我们彼此之间加强沟通、增强了解的机会。希望借此机会，您能对我们的教育教学提出宝贵的意见，同时架起我们协同教育的桥梁，共同为孩子创造出健康成长的家校环境。期待您能本着客观、公正、严肃、负责的态度如实填写下表：

对教师教学的评价	通过听课，您认为该教师教学上比较成功的做法有	
	通过听课，您认为教师在哪些方面还需要改进	
	您对该教师教学的整体评价是	优（ ）；良（ ）；中（ ）；差（ ）
对孩子们学习的评价	通过听课，您认为孩子们学习表现上的主要优点是	
	通过听课，您认为孩子们在哪些方面还需要改进	
	您对孩子们学习的整体评价是	优（ ）；良（ ）；中（ ）；差（ ）
通过听课，您希望学校、教师应怎样与家长加强配合		

【资料链接】

1. 王先云. 小学语文学习评价研究[M]. 吉林教育出版社，2022.

该书是作者基于小学语文教学实践和研究经验，对"以学为本"的评价体系的探索与呈现。全书通过对评价目的、评价作用、评价类型、评价方法等维度展开的现状调查与数据分析，呈现了现有评价体系在评价价值导向、评价主体素养、评价工具、评价内容、评价反馈等方面存在的问题，并在此基础上，围绕"以学为本"的理念，构建了一个较为系统、全面的评价体系，倡导在评价过程中更加关注学生的主体性、差异性和发展性。

2. 孙素英，柏春庆，张娜. 小学语文有效学习评价[M]. 北京：北京师范大学出版社，2017.

这本书充分吸纳课程改革多年来语文学科课堂教学创生的新成果、新经验，注重结合一线教学的实际问题，对如何开展有效语文学习评价进行了理论阐述，并分别探析了识字写字教学、阅读教学、习作教学中促进有效学习评价的问题与策略，对于师范生而言，阅读本书可以了解小学语文学习评价的相关理论知识和实操方法。

3. 张登林. 小学语文有效学习评价[M]. 合肥：安徽大学出版社，2015.

该书内容包括"有效学习评价的基本理论""学生学业评价""学生学习技能评价""学生学习情感态度评价""学生学习综合素质评价""新课程教学评价与教师的自我反思"几个专题，其理论依据包括多元智能理论、建构主义思想以及后现代主义理论。该书既有理论的介绍，也包括贴合小学语文教学实际的可操作性强的评价方法，有较强的应用价值。

4. 魏本亚. 语文教育评价[M]. 上海：华东师范大学出版社，2012.

该书由"原理篇""范式篇"和"应用篇"三篇组成。主要内容是：语文教育评价的性质、对象和价值，语文教育评价的理念与原则，语文教育评价发展与范式转变，经验型语文教育评价范式，定量型语文评价范式，质性语文教育评价范式，语文教师评价，语文课程评价，语文教学评价，学生评价。

【思考·训练】

1. 请联系当前小学语文教学改革实际，谈谈小学语文教学评价的主要功能。

2. 请结合特级教师窦桂梅老师的下面这篇短文，谈谈语文教学评价应该遵循哪些基本原则。

"思考·训练"答题思路

何为好课？其标准往往指向公开课。如果把公开课看成是教研活动的名门闺秀，那么，我们给她所附加的框框还真有点"三从四德"的味道。有时我们的导向像过于灵活的风向标，这边刚倡导"合作"，课堂上了就旋起了合作风；那边刚鼓励多媒体教学，全国便铺开了课件花……一个个风行的理念，成为评委、教师对公开课和优质课的一道道"紧箍咒"。在如此多的束缚和摇摆下，公开课如何把握学科本质，引领和指导教师们每日的课堂行为，已成为广大教师的一个重要话题。

好课涉及的因素很多，课堂评价尺度也已走向多元——《语文课程标准》是尺度，学生接受程度是尺度，动态生成的效果是尺度，听课教师的主观感受也是一个潜在的尺度。那么，透过这些表象的"尺度"，《语文课程标准》理念下的语文课堂是否还应该具备某些本质性的价值追求？丢开一切"三从四德"式的条条框框，只以课堂前后学生知识、能力、思想、情感等方面（或某方面）的落差为依据，来评价课堂是否成功，是有益于学生的真真切切的学习活动而不是演出。这样的课堂真正着陆于学生的真实境况，教师视野关注的是学生，而不是听课的专家们，这样的课堂也许不美但很实在、实用，也许磕磕绊绊，但很有启示、借鉴……因此，公开课也应该有"家常课"的心

态——"一切为着孩子的发展"。

3. 小学语文学习评价指标体系由哪些因素构成？请任选一个学段，拟定一份学生阅读质量的评价方案。

4. 考试命题的原则是什么？请自选小学某册语文教材试拟一份期末考试试卷。

5. 什么是成长记录袋？语文成长记录袋评价具有什么特点？

6. 到小学听一节语文课或观看一节小学语文教学录像课，试着对其进行全面评价。

【研究选题】

1. 小学生语文学习评价的实践与探究

2. 小学语文阅读能力评价系统构建研究

3. 小学生习作能力评价的实践与研究

4. 小学语文课外作业的有效设计与评价研究

5. 小学语文课堂教学评价有效性策略研究

6. 小学语文教学中学生发展性评价个案研究

7. 小学语文课堂表扬性言语评价行为研究

【参考文献】

1. 刘锦华，吴欣歆. 小学语文课堂教学评价：现实困境、原因分析与改进策略[J]. 语文建设，2023(16).

2. 陈慧娟. 基于"教—学—评"一致性的小学课堂教学评价指标体系建构[J]. 天津师范大学学报（基础教育版），2025(1).

3. 刘旭，李文星. 义务教育阶段基于新课标的语文评价研究[M]. 天津：南开大学出版社，2014.

4. 魏本亚. 语文教育评价[M]. 上海：华东师范大学出版社，2012.

5. 王雅萍，司亚飞. 语文学习评价论[M]. 北京：语文出版社，2018.

6. 李英杰. 义务教育阶段学业标准与评价：小学语文[M]. 北京：北京师范大学出版社，2017.

7. 孙素英，柏春庆，张娜. 小学语文有效学习评价[M]. 北京：北京师范大学出版社，2017.

8. 李家栋. 小学生语文能力评价研究新探[M]. 济南：齐鲁书社，2007.

9. 郭俊奇. 语文学业成就评价：标准建构与实践反思[M]. 成都：四川大学出版社，2018.

10. 张伟. 语文学习质量评价论纲[M]. 南宁：广西教育出版社，2018.

11. 李琼. 小学生语文核心素养评价[M]. 合肥：黄山书社，2018.

12. 崔允漷. 如何开展指向学科核心素养的大单元设计[J]. 北京教育，2019(2).

13. 郭蕾. 基于语文要素的评价量规设计[J]. 小学语文，2021(6).

第九章　小学语文教师专业发展

学习目标

1. 了解小学语文教师的素养结构。
2. 了解小学语文教师专业成长的内涵。
3. 深入认识小学语文教师成长的途径，激发专业成长愿望。
4. 体悟小学语文名师成长历程，厚植语文教育情怀。

教师是人类灵魂的工程师，是人类文明的传承者，承载着传播知识、传播思想、传播真理，塑造灵魂、塑造生命、塑造新人的时代重任。[①] 20 世纪 80 年代以来，教师专业化成为世界教育改革的普遍认知，促进教师专业成长成为世界各国的共同举措。作为语文课程改革的直接承担者和实践者，语文教师的素养结构、专业发展水平等直接影响着基础教育课程改革的成效。因此，深入了解小学语文教师的素养构成，把握其专业发展的内涵和途径，是当前推进基础教育改革发展和促进小学语文教师专业发展亟待解决的问题。

第一节　小学语文教师的素养构成

"国家的希望在教育，教育的希望在教师"，教师的素养和水平直接决定和影响教育的质量，而小学语文教师的素养状况则直接影响小学语文教育的改革和发展水平。小学语文教师的素养结构包括专业情意、专业知识、专业技能三个方面。专业情意是小学语文教师素养结构发展的动力，专业知识是基础，专业技能是核心。

一、专业情意

[案例 9-1]　　　　　　　　一生追求"让学生喜欢"的于永正

于永正老师 1962 年从徐州师范学校毕业后，在小学语文教学这片土地上耕耘了五十多年。他始终以"做一名学生喜欢的教师"为目标，提出了"儿童的语文"教学思想，倡导"五重教学"（重情趣、重感悟、重积累、重迁移、重习惯）的教育理念，对我国的语文教学及课程改革产生巨大影响。

他始终保持着四个习惯一个爱好。四个习惯是读的习惯、看和听的习惯、观察和

---

① 习近平. 论教育[M]. 北京：中央文献出版社，2024：1.

思考的习惯、操笔为文的习惯，一个爱好是唱京戏。在他的成长过程中，孔子、马卡连柯、苏霍姆林斯基、叶圣陶等教育家对他影响最大，他每天必阅读，而且恪守"不动笔墨不读书"的古训，读到精彩处必记之。他还是一位爱思考的人，用他自己的话说叫爱"琢磨"。他读书看报爱琢磨，备课爱琢磨，上完了课爱琢磨，听别人讲话爱琢磨，听别人上课也爱琢磨，有时真是思得食不甘味，卧不安席。但是，琢磨出智慧，琢磨出思想。于永正老师还有操笔为文的习惯，天天记日记，坚持了很多年，每年保存七八本日记。从一节课写起，从点滴小事写起。

儿童的语文成长，是于永正语文教育思想的核心所在，他毕其一生关注儿童的成长，这个成长不是空洞的说教，而是在语文学习环境中熏陶渐染，让儿童健康快乐地成长。于老师说："教了五十多年的书，最终把自己教成了孩子。"他在课堂上"装猫变狗"，和孩子们一起游戏，想学生之所想，做学生之所做；节假日和孩子们踏青、钓鱼、划船、野炊……始终保留着一颗赤子之心。他还说："岁月的刻刀可以在我脸上刻上深深的、密密的皱纹，却刻不到我的心上。"

教师的专业情意是指"教师在教育教学实践过程中所形成和沉淀的一种情感倾向，它包括教师对待教育的意识、态度和专业精神"[1]。从选择师范专业的那一刻起，师范生就应怀着对教育事业的执着与热情，秉持共同的教育理想和信念，在自己的专业成长之路上倾洒自己的汗水，奉献自己的青春，在教育事业中追寻自己的人生价值与生命意义。专业情意是小学语文教师成长和发展的动力源泉，缺少专业情意的语文教师往往容易在未来的职业生涯中遭遇职业倦怠，降低自我的生命质量，而专业情意浓厚的教师，则能像于永正老师一样，始终怀着心中的教育信念，在自己的教师职业中找到生命的意义和价值。

其实，无数有成就的名师都有着坚定不移的职业理想和专业情意：贾志敏老师七十多岁时仍笔耕不辍，各地奔波传扬"真语文"教育理论；张化万老师用一颗不老的童心引领学生在活动中快乐地作文，快乐地成长；支玉恒老师身体瘫痪仍从容乐观地读书、研究；于永正老师一步一个脚印践行着"让每一节课艺术化"……这些名师们让我们感受到的，是一种矢志不移的职业理想和事业境界。夸美纽斯曾说过：教师是太阳底下最光辉的事业。教师应深入学习习近平新时代中国特色社会主义思想，不断提升自己对教育的认识，要自觉认识到教育事业的伟大意义，热爱并忠诚于教育事业，通过炼造专业情意，形成发展小学语文教师素养的不竭动力。

---

[1] 文雪. 教师的教育信念及其养成[J]. 当代教育科学，2010(9)：30.

二、专业知识

[案例 9-2] 　　　　　　　　《夸父逐日》教学片段

　　　　　　　　　　　　贵州省贵阳市海嘉学校　　张聪

【观点之争】

师：同学们，我们读了很多遍了，老师产生了一个疑惑，夸父为什么要追太阳呢？

生1：因为他不喜欢黑暗，他想拥有光明。

生2：是不是他觉得太阳很热，照得不舒服，如果把太阳抓住了，就能凉快。

生3：太阳像个烧饼，夸父可能是想尝一尝它的味道。

师：我们来总结一下三位同学的原因。第一位同学是说渴望光明，第二位同学的意思大概是说想通过驱逐太阳，获得凉爽，渴望得到幸福的生活。第三位同学呢？

生3：他追逐太阳取得食物。

师：如果是想得到食物，可以有更简单的方式。

生4：他觉得好奇。

师：嗯，对未知的事物感到好奇。好的，那故事的结局呢？

生：夸父死了！

师：你觉得他这样做，值得还是不值得呢？

生1：不值得。他明知太阳很热，还非要去接近它，他的做法不明智。

师：嗯，观点很清楚，理由也很充分。

生2：不值得的。他难道为了得到光明、幸福，或者是满足好奇，把自己命都搭上吗？

师：哦，你认为生命是最重要的！

生3：我认为值得。因为夸父是不知道太阳有危险的，他这样做是用生命为族人打开对太阳的新的认知。

师：哦，可能没有夸父的追，就永远不知道追不追得上。失败也有失败的意义！

生4：我觉得是值得的。因为人有梦想，就必须去追，不能放弃。

师：嗯，这是你的观点，在这个过程中哪怕牺牲生命也是有价值的。

生5：我认为是值得的。因为如果夸父真的追日成功了，那么他追求的光明、幸福和好奇心就都得到满足了。我很佩服他有胆量去尝试。

师：可他最终失败了呀！

生5：虽然失败了，但是他经历了这个过程，寻找太阳的这个过程很重要。

师：你认为重要的不是结果，而是过程。好，认为值得的人很多啊，咱们请出一位大师，听听他的观点。这个大师是谁呢？皎然。

我们一起来读一读。想一想：皎然的观点是什么？

【资料拓展】

效古(天宝十四年)

（唐）皎然

日出天地正，煌煌辟晨曦。

六龙驱群动，古今无尽时。

夸父亦何愚，竟走先自疲。

饮干咸池水，折尽扶桑枝。

渴死化燔火，嗟嗟徒尔为。

空留邓林在，折尽令人嗤。

生：皎然的观点是，人应该去追求自己能够做到的事情，而不是盲目追求做不到的事情。

师：用一个成语就是？

生：不自量力。

师：不仅仅《山海经》上记录这个故事。在另一本古籍《列子》中也记述了这个故事，开头的第一句就是"夸父不量力，欲追日影"。说的是夸父不自量力，决定要去追太阳。说的是夸父很愚蠢，不自量力，同学们，你们同不同意皎然的观点？有哪些同学同意？

师：哇，只有几个同学，为他们鼓鼓掌。那不同观点的派代表来说一说理由。

生6：我认为皎然是正确的，我们在地上就能感受到太阳很热，那接近太阳肯定更加清楚。这本来是无法实现的，但夸父还要去做，最后也没有达到目的，所以是不自量力的。

生7：太阳在天上，夸父奔跑在地上，他不可能追到太阳，所以是不自量力。

生8：如果单从这件事情来看，是不值得的，但是夸父为整个部落着想，为了人类的幸福，他尽了自己的一份力。

生9：我觉得追日的结果并不重要，最重要的是他为后人留下了光辉的形象。还有他勇于探索的精神值得我们学习。

【思维分析】

师：其他同学有没有发现，刚刚发言的几位同学的观点背后有哪些思维方式的不同呢，我觉得支持皎然的一方，他们关注的是事情的结果。而不支持的一方，关注的则是事情的动机或者过程或者精神价值。当我们的思维不同，聚焦于事情的不同环节，得出的观点就不同了。那么到底是事情的结果更重要还是过程或者是无形的精神价值更重要？

生10：我觉得结果更重要，不论做什么都是为了达到结果，你是为了这个结果，才会有这个过程的。所以，结果更重要。

生11：我觉得过程更重要。理由是，如果你没有这个过程，你如何得到这个结果呢？

生 12：我认为过程更重要，因为假如他完成这个愿望，在他老的时候回想起来，他会庆幸没有放弃。

师：那临死前他会不会悔恨呢？（生：不知道）

生 13：过程更重要。即便死在路上他也不会后悔，因为他做了一件有意义的事情。

师：这个意义在哪里呢？

生 14：他知道这太阳是追不到的。

师：哦，他毕竟给了自己一个答案。

生 15：我觉得结果更重要。无论多么努力，最终的目的并没有达到，他失去了生命。

【价值观引导】

师：同学们，这个问题在中国至少已经争论了两千年，没有一个人拿出一个必然的答案。

这个已经不是思维方式之争了，其实是价值观的不同。不同的价值观，彼此之间不能靠争论得出结果，也争不出结果。需要什么呢？需要我们互相倾听，互相理解，互相包容。明朝文学家张岱，说过两句话，或许能够涵盖咱们同学们的观点。

【资料拓展】

知其不可为而不为，贤人也；知其不可为而为之，圣人也。

师：第一句什么意思？

生：知道不可以成功于是就不去做，这样的人是聪明的人。

师：生活中不乏这样的聪明人。第二句话呢？

生：知道不太可能成功，但是仍然要去做。

师：这不是傻子吗，怎么还成了圣人？你怎么理解张岱的这句话。

生 1：圣人是比贤人高一等的。圣人有这个胆量，有自己的思考和想法，这样人以后的发展空间会更大一些。

生 2：圣人是为了整个民族着想，不会像贤人一样为了生命或利益就不做。

师：好，同学们，在咱们的神话当中，有一个与夸父相对应的人物：夸父是巨人，这个人是矮人，身高不过一尺，很矮，他听说夸父在追日的过程中渴死了，高兴得不得了，发表了一番言论。发表了什么言论呢？我们来一起读一读唐代诗人柳宗元《行路难》，看一看北方矮人是怎样说的。

【资料拓展】

君不见夸父逐日窥虞渊，跳踉北海超昆仑。

披霄决汉出沆漭，瞥裂左右遗星辰。

须臾力尽道渴死，狐鼠蜂蚁争噬吞。

北方矮人长九寸，开口抵掌更笑喧。

啾啾饮食滴与粒，生死亦足终天年。

睢盱大志小成遂，坐使儿女相悲怜。

师：北方诤人说什么呢？你看人活这一辈子，每天吃点好的喝点好的就过得很幸福，有必要去做追太阳这样的事情吗？如果你是夸父，你想怎样回答诤人的提问？

生1：人不只是自己幸福地过下去，而是要对民族、社会有贡献，这才是真正的好的生活。

生2：站在现在的角度来看，为什么世界上有那么多有成就的人，因为他们并不满足于所谓幸福，他们认为的幸福就是一种精神力量。

师：嗯，就是说，人要有一种对现有生命的超越，不是活在自我的小世界里，要让自己的生命有更大的格局和体量。

生3：北方诤人认为平平庸庸过一辈子满足自己就可以了，而夸父是用有限的生命，尽可能地创造美好的生活给世人，让千古铭记。

师：是的，更好地运用自己的生命。

师：同学们，夸父可能死了，而诤人可能长久地活着。但夸父在追太阳这一路上看到的风景是诤人永远也看不到的。其实，在中国的神话体系当中，不仅有追日的夸父，还有发誓衔石子填平东海的精卫，还有战败了一头撞倒不周山的共工，还有被砍去头颅继续作战的刑天。正是因为有了他们对世界的勇敢追寻、不懈探索，明知有可能失败却仍然一直努力追求，才有了我们现在美好的世界。孩子们，你们知道吗？2014年的时候，我国发射了一颗太阳监测卫星，它的名字就叫作夸父卫星。在神话当中，夸父或许已经死了，但是在现实生活之中，夸父仍然奔跑在追赶太阳的道路上。

通晓所教学科的专业知识，是教师教好功课的前提。同时，语文相关学科的专业知识也是构成小学语文教师素养结构中的基础部分。小学语文教师首先应该对语文学科的专业知识有比较系统而透彻的理解，应该具备扎实的、广博的、精深的语文学科专业知识，这是"看家本领"。语文学科的专业知识极其广泛，它包括了语言文字、文章读写、文学鉴赏评论、文学创作和中外母语以及母语教育发展的基础性知识。教师只有在准确熟练掌握所教学科知识的基础上，才有可能花更多的精力去设计教学，才有可能在课堂上关注学生心智的反映和活动。案例9-2中，教师的专业知识功底非常深厚，在教学中不断引经据典，拓展资料，不同材料的适时呈现，为学生的理解提供了支架，最后在千年争辩而未有结论的话题上，将学生的情感、态度、价值观升华到爱国主义、奋斗拼搏、执着追求的精神信念上。

三、专业技能

专业技能体现了一个小学语文教师从教的素质和能力，具体表现在独立备课技能、教学组织技能、语言表达技能、媒体运用技能、教研教改技能等。

教学设计：《手指》

（一）独立备课技能

独立备课能力是小学语文教师教学能力的重要表现，指的是小学语文教师了解学情、钻研教材、搜集信息、设计教学思路和教学方法、撰写教案等方面的能力，其中钻研教材最为重要。钻研教材时，首先要理解编者的编写理念和编写意图，这有助于教师理解教材内容，把握教学重点与难点，并运用适宜的教学方法，帮助学生完成学习目标；其次要

预学单:《手指》①

从整体上把握语文知识体系、课文体系、练习体系，这样才能使教学更为系统和清晰；最后，吃透教材，细心揣摩作者匠心，做到对教材了然于心，娴熟于口。

[案例9-3]　　　　　　　　于永正的备课经验②

备课分为显性和隐性备课两部分。写教案是显性的，钻研教材、查阅资料、搜集信息、备学生、思考教法则是隐性的。隐性备课最彰显教师的"内功"，也更为重要。

第一步：理解字词句

一篇课文摆在案头，先做什么？先理解字词句在课文中的意思。边读边画出生字、新词及含义深刻的句子。随着悟性的提高，有些关键词语，写得精彩之处，以及课文的重点、难点，也会很快抓住。抓住了，便做上记号。凡是生字、拿不准读音的字，我都一一查字典，把拼音写在字的上面。

第二步：朗读课文

备课时，我力求把课文读活。朗读《卖火柴的小女孩》，学生听了不潸然泪下，朗读《小稻秧脱险记》，学生听了不手舞足蹈，朗读《桂林山水》，学生听了没有身临其境的感觉，我便认为范读失败，因为我没有把文章读活。朗读好了，钻研教材也就成功了一大半。

备朗读，第一是多读，用心揣摩课文的意境、思想感情（包括课文人物的思想感情）。第二多听别人朗读，听录音。平时，我特别喜欢听广播电台的小说朗读、诗歌朗诵，这对朗读能力的提高大有裨益。第三是要提高自己的艺术修养（尤其是音乐修养），丰富自己的情感。艺术修养高了，情感丰富了，才容易和课文中的思想情感"对接"。

第三步：揣摩作者匠心

教材中所选文章都是精品，一定要细心琢磨、体会作者推敲、锤炼文字的匠心。比如郑振铎在《燕子》中描写燕子用尾尖或翼尖点水形成的水圈儿，为什么说成"小圆晕"？"燕子飞倦了，落在远处的几痕电线上"，为什么不用"根"而用"痕"？别看只是一个字，却意趣无穷！每篇课文都有不同的谋篇布局方法，也要把握好，以便引导学生去感悟，去学习，去运用。

第四步：思考课后练习

认真思考课后练习题的要求，甚至需要自己做一做。比如，要求学生背诵的部分，

---

① 作者：蔡小玲、缪丹，湖南省长沙市湘江新区金桥小学。

② 肖川. 名师备课经验：语文卷[M]. 北京：教育科学出版社，2006：2-5.

我先背下来；要求学生正确、流利、有感情地朗读课文，我先努力去做；要求学生回答的问题，我先答一答；要求学生写的字和词语，我一定先写一写，每个要求写的字应注意什么，特别是每一笔在哪儿起笔，在哪儿收笔，一定把握准，否则就写不规范。

第五步：查阅资料

我书架上放着《现代汉语通用字笔顺规则》《成语词典》《汉语大词典》《中国少年儿童百科全书》《中国通史》《中国大百科全书》《世界通史》等工具书，书案上有电脑。在备《圆明园的毁灭》时，我专门翻看了《中国通史》中有关鸦片战争的章节；教《海洋——21世纪的希望》，我在网上搜集到了不少有关海洋方面的资料(如潮汐发电站等)，受益不浅。《现代汉语通用字笔顺规范》更是离不开，老师板书时把笔顺搞错是很要不得的。我有读书读报的习惯，喜欢读书、报、杂志，这对我来说，也是备课。

特级教师张化万老师在谈到自己的备课经验时说："每次拿到课本，我先不看教学参考和备课资料，而是先独立去钻研教材，研究学生，思考教学目标和基本的教学方法与过程，进行初步的但却是十分重要的具有个性的备课思考，并写下预设的提纲和要点。然后尽可能地寻找相关资料，点击网络，参照比较，寻找他人亮点为我所用，丰富和完善方案，将备课稿写下来。在上课前，重读预设方案，并根据前面上课的实际情况，适当修改预设。上课结束，根据反思再度作调整修改的建议，为第二次的教学提供蓝本。"[1]可以说，独立备课能力是一个教师综合素养的集中体现，它需要将自己的知识储备、良好的学习习惯和能力、信息搜集能力、教学设计能力等综合运用，以有效实现优质教学的前期准备工作。

(二)教学组织技能

课堂是教学的主要场所，语文教师组织教学的能力直接影响语文教学的质量。教学组织技能指语文教师要能在课堂中控制与调节教学中的各种因素，创造课堂气氛，创设教学情境，调动学生学习语文知识和言语作品的热情。小学语文教师组织教学时可注意以下几方面，确保课堂教学生动有趣。首先要善于"察言观色"，关注学生的注意力、兴趣和学习积极性的变化，及时有效地调整教学内容或教学方法。其次，语言要亲切幽默、抑扬顿挫、富有激励性，面部表情富于变化，并通过敲桌子、点头、直视、提问、转移主题、画红旗(五角星)等多种方式表扬或提醒学生，集中学生注意力。最后，通过儿歌、个性化口令、课中操等方式组织课堂。如"毛毛虫——嗡嗡嗡""小眼睛看黑板""小耳朵听仔细"之类个性化口令，还有手、脚、眼、耳、口并用的2~3分钟的课中操，在低年级课堂教学中行之有效，既能活跃气氛锻炼学生，又能有效组织课堂。另外，教师还要具备一定的机智应变能力。教学不可能完全按照课前预设的状况按部就班地进行，相反，往往存在许多的变量，因此，语文教师要能对随时发生的意外情况迅速作出反应，并采取合理的处理方式解决问题。

---

① 肖川. 名师备课经验：语文卷[M]. 北京：教育科学出版社，2006：20.

我们来看一个关于教学机智的例子：

[案例9-4]   小扣还是猛扣？

一位教师正在教《游园不值》，突然一位迟到的学生"砰"的一声推门而入，径直走到自己座位上，同学们惊诧不已。老师却不动声色，照样上课，并请学生思考：诗人拜访友人为何小扣门扉而不是猛扣门扉呢？同学们说："因为那样不礼貌。"老师此时正好走到了迟到的学生面前，就轻声地问这个学生："你赞成小扣还是猛扣呢？"该生立时羞愧不已。

在这个案例中，教师面对调皮的学生，并没有大发脾气，也没有严厉批评，而是巧妙地灵活处理，既不动声色批评教育了学生，使学生认识到自己的错误，同时又保证了教学的顺利进行。

(三)语言表达技能

语言是教师表达思想、传授知识、交流对话、塑造学生心灵的最基本的工具，它在教师的能力结构中具有特殊的地位，而语文教师更应具备良好的语言表达能力，因为它直接影响小学语文的教学效果和小学生语言、语感的训练。苏霍姆林斯基就说过，教师的语言修养在极大程度上决定着学生在课堂上脑力劳动的效率。小学语文教师良好的语言表达能力主要包括口头语言表达能力和书面语言表达能力。口头表达要求做到语言清晰、准确、通俗、简洁、生动，感情真挚自然，语速快慢适中，语调抑扬顿挫，这样才具有感染力；小学语文教师也必须具备良好的写作能力，要能够准确、鲜明、生动、简练地运用书面语言给学生写评语、辅导学生写作，写"下水"作文；另外，教师的体态语也是一种表达方式，教师在运用口头语言的同时，往往需要辅之以手势、眼神、表情等态势语言，从而加强语言的表达效果。

[案例9-5]   《慈母情深》导语

教《慈母情深》时，老师问："同学们，母爱是什么？"接着动情地说："母爱啊，是早上出门前的一句叮嘱'好好学习'；母爱是回家之后一顿香喷喷的饭菜；母爱是早上穿在身上的带有阳光味道的衣服；母爱是冬天穿在身上暖暖的棉衣；母爱是一句句关心的问候；母爱同样还是严厉的责备……同学们，我们每个人都有母亲，我们都很爱自己的母亲，每个同学对母爱都有自己独特的理解。学完《慈母情深》这一课后，相信同学们对母爱会有更深的理解，也会更爱自己的母亲。"

这位老师具有较强的语言表达技能，他以情诱情，用声情并茂的语言把孩子们带到平常的生活当中，所有被忽略的母爱细节全部涌上心头，导语虽短，却激发了孩子们内心的情感，让孩子们获得了美好的情感体验。

（四）媒体运用技能

随着现代教育技术的不断发展，教育教学发生巨大变革，教学空间的虚拟化、学习场所的泛在性、学习时间的灵活性、学习资源的数字化使当前小学语文教学出现许多新的形态，深度融合小学语文教学与现代教育技术的能力成为语文教师的重要素养。

说课设计：《祖父的园子》①

教学媒体以其广阔的知识信息存储、"声色像"元素的高度融合、跨越学习时空界限等特点而在现代小学语文教学中广泛应用。《语文课程标准》也明确提出，在语文教学中"应加强对跨媒介阅读与交流的指导，充分利用数字资源和信息化平台，引导学生提高语言理解与运用能力，逐步增强语言表达的准确性、规范性""应鼓励学生借助现代信息技术，自主搜集和利用学习资源，拓展思路，支持自己的思考和论说"。小学语文教师必须掌握现代化教学技术，熟练操作智慧教育设备，熟练运用信息

说课视频：《祖父的园子》

化技术手段，根据实际需要、切合教学内容特点，充分且有效地运用教学媒体开展小学语文教学。

（五）教研教改技能

一名合格的语文教师，不仅要掌握教什么、怎么教，还要懂得为什么要这样教，懂得怎样教，才可能提高教学质量。这些需要小学语文教师积极参与教学改革，开展教育教学研究，具备一定的教研教改能力。这不仅是教师劳动极具创造性和灵活性所决定的，也是教师专业化大背景对教师提出的现实要求。《基础教育课程改革纲要（试行）》指出：教师应是教育教学的研究者，如果教师的教育教学没有一定的理论指导，没有以研究为依托的深化和提高，就容易在固守旧经验、照搬老方法的窠臼里不能自拔。因此，积极参与教育教学研究是小学语文教师发展的必然要求。尤其在当前基础教育课程改革的背景下，小学语文教师在教学过程中要"以研究者的心态置身于教学情境中，以研究者的眼光审视和分析教学的理论和教学实践中的各种问题，比如对课程的研究，对各种教材进行评鉴，对课程实施的状况进行分析，对学生学习的过程和结果进行研究、评定。同时对自身的行为进行反思，对出现的问题进行探究，对积累的经验进行总结"②。只有这样，才能将课改理念深深扎根于教学实践的土壤，并在实践中不断得到完善和发展。

---

① 作者：田正钢，吉首大学师范学院附小教育集团砂子坳小学。
② 周庆元. 语文教育研究概论[M]. 长沙：湖南人民出版社，2005：451.

▶第二节 小学语文教师的专业成长

一、小学语文教师专业成长的内涵

小学语文教师是专门从事小学语文教育教学的专业人员，其专业成长是指小学语文教师步入教师岗位工作后，内在结构不断更新、演进和丰富的过程，也即小学语文教师专业情意、专业知识、专业技能不断成熟、不断提升的过程。这个概念包含三层含义。

(一)小学语文教师是专业人员

长期以来，教师并没有获得应有的学术声誉和地位。1966年国际劳工组织和联合国教科文组织在官方性文件《关于教师地位的建议》中提出："应把教育工作视为专门的职业。"经过各国政府及教育界的共同努力，教师专业化逐渐成为世界各国的共识。小学语文教师专业化即顺应了教育职业专业化的趋势。专业，一般意义上是指"专门从事某种学业或职业的专门的学问"，在"专业成长"的概念里指以特有的知识技能进行专门化活动的职业，如律师、医生、会计师等。小学语文教师的专业成长所表达的最基本的内涵即小学语文教师是专业人员。

传统观念认为只要有知识、有学问就可以做教师，而没有意识到一个合格的教师不仅要有知识和学问，还要有与教师职业相应的品格和技能，有对教育规律和小学生成长规律的深刻认识，有不断思考和改进教育工作的意识和能力。把小学语文教师定位于专业人员，才能真正确立小学语文教师的主体意识，自觉、自主地为自身发展开创广阔的空间。而且广大小学语文教师只有以专业人员自我期许，并不断向这个目标努力，才能真正实现小学教师专业化和教师自身的成长，切实提高自己的专业地位。

(二)小学语文教师的专业成长具有阶段性和连续性

小学语文教师的专业成长绝不可能一蹴而就，它是教师不断学习、不断进取、不断创新、不断提升的循序渐进的进程。这一过程呈现出阶段性与连续性的特点。我们将小学语文教师的专业成长分为以下几个阶段。

1. 探索适应期。这一阶段是新教师的摸索、试验、适应和发现期，是其职前所学理论与教学实践的"磨合期"。教师通常在这一时期确立自身的专业情感倾向，对自身职业是热爱还是冷漠，是倾注生命还是应付敷衍在这一时期初步定型。探索适应阶段的教师可称之为"新手型教师"。

2. 成熟稳定期。教师专业结构诸方面趋于合理、稳定，有了一定的教学风格和行之有效的经验，是事业发展的重要时期。这一时期的教师教学技能逐步成熟，因此这一阶段的教师可称之为"技艺型教师"。

3. 创新发展期。这是教师自我专业成长的定型期。这一期间的教师经长期教学实践形成自己独特的专业见解，能创新并尝试新的教学理论，具备较强的科研能力。该阶段的教师称之为"创新型教师"，我们提倡教师要突破发展瓶颈，向创新发展期成长。

不难看出，每一阶段都有特定的发展核心和问题，前一阶段是后一阶段成长发展的基础和前提，前一阶段问题解决程度和发展状况，直接影响后一阶段的成长。须明确的是，通常情况下，"探索适应期"是教师专业成长的关键时期。因为这一时期的教学工作经历是影响教师专业倾向的关键期，它不仅决定了新教师是否乐于终身从教，而且决定其专业成长的水平与方向。

(三)小学语文教师专业成长包括专业情意、专业知识、专业技能三方面的成熟与完善

教师工作涉及观察记录学生、创设教学情境、组织教学活动、培养训练学生、评价指导学生、开展教改教研等多种活动。教师专业成长自然体现在这些不同的活动之中。一般而言，教师专业成长包括专业情意、专业知识、专业技能三方面的成熟与完善。小学语文教师的专业情意指教师在语文教学活动中所表现的对教育、对学生、对自身发展的意识、态度和专业精神；小学语文教师的专业知识包括小学语文学科的专业知识、文化科学知识以及教育学科知识三个方面；小学语文教师的专业技能包括独立备课技能、教学组织技能、语言表达技能、媒体运用技能、教研教改技能等。一个优秀的教师必然是从这三个方面达成专业要求，实现自我专业成长的。小学语文教师要通过进修、培训、自身的不断学习，完善自身的专业知识体系，提升自身的教育教学能力与教育科研能力，实现自身人格、品质的升华。

二、小学语文教师专业成长的途径

教师专业成长离不开教师主体意识的觉醒与和谐外部环境的营造这两个方面，而教师主体意识的觉醒是教师专业成长的关键。这种自我主体意识包括对教育事业和学生的热爱，成长为专业化教师的强烈愿望以及对专业成长目标的执着追求。当然，和谐的外部环境也是促进教师专业化不可或缺的条件。它包括领导的期待、鼓励和严格要求，志同道合者的互助共进，宽松、多元、发展性的评价等。具体来看，在上述内因与外因的共同影响下，小学语文教师专业成长的途径包括以下几个主要方面。

(一)进修培训

一位教师接受了职前完整的师范教育，并取得了教师资格证，并不意味着教师的专业成长已经完结，事实上，这仅仅是开始。教师仍然需要持续学习、持续发展。特别是当前学习化社会，每个人都必须终身不断地学习。教师应关注自身的发展，在完成职前教育的基础上，注重职后教育，要不断地接受教育并进行自我教育，脱产进修、业务进修、业务学习、经验交流、教师培训等则是教师进修培训的主要方式。近几年开展的中西部小学骨干教师国培项目，其中有针对小学语文教师实施的长期和短期相结合的培训，为小学语文教师的成长和发展提供了良好的发展机遇，有利于小学语文教师加深对小学语文课程理念的解读，夯实专业知识，提升教学技能，陶冶专业情意，同时也能有效发挥其良好的辐射作用，整体推进小学语文教师队伍的素质提升。

(二)广泛阅读

语文不仅是我们学习、工作和生活的工具，而且还负载着丰富的情感、绵远的人文精神和深邃的思想。语文学科本身的特点决定了语文教师必须具有扎实而广博的知识，语文教师必须广泛阅读。怎么读呢？不应"为读书而读书"，要超功利地只为追求读书中的趣味而读书。如果读书总是带着某种被动性、被迫性，功利性太强，长久以往，必然一见书就心烦，一见书就头痛。至于读什么，很多学者提出建立三个阅读圈，一是中文专业层面的阅读，在这方面，钱理群先生提出，要阅读有着丰富民族资源的经典作品，比如《论语》《庄子》《诗经》《楚辞》《红楼梦》，唐诗、鲁迅作品等；二是教育学、心理学层面的阅读；三是非专业层面的阅读。前一方面做到"精而深"，后两方面实现"广而博"。除了读书之外，刘良华教授提出，教师也应"读图"，包括"教育电影""教育电视""教育录像"等，它同样可以让老师们在阅读图像的过程中获得精神陶冶和思想升华。总之，广泛阅读是教师专业成长的必经途径，通过阅读可以丰富知识，开阔视野，净化心灵，让教师的生命世界变得丰盈而充实。

(三)教育科研

参与教育教学研究是提高教师自身素质、促进专业成长的有效途径。教育科研能帮助教师深化对理论知识的理解，还能在现实教育教学问题的解决中探索新的规律，提升自己的教育教学能力和水平。教育科研有多种研究方法，其中，叙事研究和行动研究是最具有教育特质的两种。叙事研究又叫案例研究，是将整个教育问题的提出与解决过程完整地叙述出来，

教育叙事：《用爱浇灌 静待花开》[1]

作为教育研究的一份完整的研究报告。教师可以针对教育实践中出现的各种现象，选取典型事例进行分析研究，使叙事研究成为沟通教育理论与实践的桥梁。它通常是将教师日常生活、课堂教学、研究实践等活动中曾经发生或正在发生的事件叙述出来。叙事研究需要注意三个方面：其一，事件一定是真实的、具有情境性的；其二，需要细笔刻绘教师的内心体验，激发读者的情感共鸣；此外，要能在事件的背后感悟、凝练教育的真谛。近些年，叙事研究越来越被一线教师所重视。行动研究是指针对教学实践中难以解决的问题，运用观察、谈话、测验、调查问卷、查阅文献等多种手段，了解分析问题产生的原因，设计一个研究方案并加以实施，以求得问题解决的方法。

[案例9-6]　　　　　叙事研究案例《走到孩子的背后去》

山东省济南市历城区韩仓小学　侯登强

骑着自行车走在乡间的柏油路上，路旁的玉米即将收获，一眼望不到边。

今天家访的是个男孩子，叫新伟。学期初，我就跟孩子们约法三章：作业如果不按时完成三次，就要被家访。两个星期刚过，他就"赢得"了这样的机会。狭长的街道蜿蜒通向村子的深处，几经周转，眼前是靠着路边开的一家烧饼店。这就是新伟家的烧饼店，

---

① 作者：李海洋，湖南省郴州市桂阳县蓉峰完全小学。

他的爸妈都在这儿。

　　我停好自行车，踏进门去，还没站稳脚，就被热气笼罩。看看屋内，两间不大的旧屋，屋顶的蜘蛛网沾满厚厚的灰尘，失修的农具倒在一旁，坐个人都很困难。一对夫妇正娴熟地揉面烙饼，那个子并不高的汉子，肩上搭一毛巾，头上渗出汗珠。先是女主人看见我，"你买烧饼？"一口外地口音。"哦，我是新伟的语文老师，我想和你们谈谈……"打扰了他们，一时也感到歉意。两个人忙乱起来，赶忙找凳子，把我往屋里让。于是，我们坐下来开始谈新伟的事情。

　　这是外地来的一家人，几年以前，他们从莱芜来到这里租房子干起小买卖。一天到晚，两个人都忙着做生意，劳累一天，根本没有时间顾及新伟。新伟回家后，都是一个人待在家里写作业，一会儿就往外跑，父母问他，就说作业做完了。我委婉地告诉他们：新伟的作业其实并不理想，很多时候，孩子的作业并没有完成。这样的情况反映是不是有告状的嫌疑，我也很困惑。只是想让家长了解一些孩子在学校的真实表现，就像今天我的到来，只是想跟他们谈谈家庭教育的事情，希望他们能够在忙完一天之后，也可以坐下来和孩子沟通一下，督促一下他的作业。说到这，孩子母亲埋怨起来，"他爸爸经常打他，依然不管事……"这是多么简单而粗暴的教育方式，或许在中国都把它当作了一种负责任的表现。想起了新伟的眼神：站在老师面前的时候，总是充满恐惧，对外界保持着足够的警惕。当孩子没有了一个安全的心理环境，成长不会水到渠成。如今，"沟通"离我们的众多家庭还是那么遥远，"管制"依然是家庭教育的"主旋律"。想到这些，不禁对新伟有一种爱怜。我试着告诉他们，多和孩子在一起，多陪着孩子说说话，多和孩子出去走走……在一起，不责骂不责打，就是对孩子最好的爱。似懂非懂的样子，两个人都表示会好好对孩子，也希望我能够对孩子严格要求……

　　随后，我征求他们的意见：为保证"语文课规定"的实施，下一步对不完成作业的孩子实施中午留校的"惩罚"，希望他们支持。他们满口答应，一再嘱咐要对新伟多关照。可怜天下父母心，面对淳朴的两个人，一下子感觉自己的责任愈发沉重。

　　骑车返回，一路并不轻松，设想着下午如何面对这个孩子，他一定期待着老师的反应……

　　下课铃响，把新伟叫到跟前。他很紧张，估计做好了挨批的准备，眼睛四下张望着，不敢看我。"新伟，我到你家去了……"停下，看看他。他愈发地紧张，开始揉搓衣角。"你妈妈和你爸爸都在房子里，满头大汗地做着烧饼。"只想陈述这样的事实，唤醒他内心深处的责任。新伟眼圈红了，我依然在讲："你妈妈说要努力攒钱，将来给你盖座楼……"他哭了，泪水滑落脸颊，我装作没有看见，这样的泪应该自己品味。"你妈妈夸你在家很听话，你不要辜负你的父母啊。"我不再说什么，拍拍他肩，轻轻一声"加油"，此刻他已经有了一个新的开始……

　　每个孩子都是带着故事走进学校的——美国年度教师的话语沁人心脾。是的，每个孩子都有故事，正如每个表情都蕴含着情意。当我们站在孩子的对面，或许只会看到他们的顽劣，看到他们的懒散甚至绝望。到他们的背后去，试着解读每个孩子的故事，你会萌生更多教育的情愫，从中你一定会变得更有责任感，更有爱的欲望和行动。

(四)教学反思

教学反思就是教师在教学中能事事以研究者的眼光审视、分析和解决自己在教学实践中遇到的问题，把日常教学工作与教学研究自然地融为一体，时时处处反思自己的教学过程、教学行为和教学结果。教学反思是教师专业发展的重要途径，善于反思是决定教师成长的重要因素。

教学设计与反思：《学弈》①

教师在反思中发现教学问题、思考课堂教学实践、提炼教学理念，越是懂得反思就越懂得教学的真谛，也才能更促进自己思想认识的进步、教学行为的科学和教学生活的充实。因此，小学语文教师应养成经常自我反思的习惯和能力，在个人反思与集体反思的过程中，不断拓宽专业视野，并激发不断追求超越的动机，逐渐成长为富有创新精神和创造能力的反思型教师。

[案例 9-7]　　《升国旗》(第一课时)教学设计与教学反思(一年级上册)

湖南省长沙市麓山国际实验小学　周桂平

【教学目标】

1. 认识"升、国"等六个生字，读准字音，理解字义，认识字形。认识国字框、绞丝旁 2 个偏旁，会写"中、五"2 个生字。

2. 正确朗读课文，初步理解国旗的含义。

【教学重点】

通过归类、对等识记方法识记生字，会写"中、五"2 个生字。

【教学难点】

懂得要尊敬国旗、热爱国旗。

【教学准备】

生字卡片、课件、视频。

【教学过程】

一、创设情境，导入新课

1. 谈话：同学们，每周一早晨，我们都要举行庄严的升旗仪式，你还记得升国旗的情景吗？

2. 播放视频：在我国首都北京，每天清晨太阳即将升起的时候，解放军叔叔都要在天安门广场升起国旗，我们的国旗，和太阳一同升起！今天我们要学习的课文，名字就叫作——(齐读)。

3. 板书课题。

---

① 作者：李小牧，湖南省长沙市望城区长郡月亮岛第二小学。

二、初读课文，整体感知

1. 范读课文，学生一边看图一边听教师朗读，注意自己不认识的生字的读音。

2. 请同学们借助拼音仔细轻声读课文。

3. 同桌互相读一读课文，互相纠正字音。

4. 请同学当小老师带领大家读课文，注意要读准字音，适当停顿。

三、指导写字，规范书写

1. 课件出示要求会写的字："中、五"2个字。

2. 指导书写"中"。（书写要点："中"字的"口"要写得扁一些，宽一些，最后一笔竖写在竖中线上，穿过扁口，上短下长。）

3. 指导书写"五"。

(1)引导学生观察生字在田字格中的位置。

(2)学生描红，临写，教师巡视指导。

(3)投影展示，师生评议。

四、随文识字，朗读课文

(一)学习第一句。

1. 认真地读一读课文的第一句，思考：我们的国旗是什么样子的？

2. 认识"国旗"。

(1)（课件出示五星红旗）这就是我们中国的国旗。（出示词卡：国旗）请同学们一起读一读这个词。同学们，请仔细观察我们的国旗，看看有什么发现。

(2)说说自己是怎样记住"国""旗"这两个字的。

预设：出示中国地图，地图上的边界线就像是"国"的外框；出示世界地图，尝试用"国"组词，标注大概范围。

(3)学习新部首：国字框。

3. 学习"五星红旗"。

(1)"国旗"还有另外一个好听的名字，你知道吗？（五星红旗）

出示词卡：五星红旗。

(2)课件出示"旗"字字源演变。

(3)相机学习"五""红"。

认识新偏旁"纟"，说说带有这个偏旁的生字。

预设：早期的染色工艺多用于丝织品中，所以这个偏旁就是"绞丝旁"。可以用加一加的方法记住"红"字。

4. 创设情境，指导朗读。

下面，就让我们来看看奥运会上中国体育健儿获得金牌后升起国旗的情景吧！（播放视频）提问：奥运会上，我国运动员获得金牌，看到五星红旗升起时，他们的心情是怎样的？你的心情又是怎样的？

小结：是呀！多么让人自豪啊！国旗代表着国家，它每一次升起，都让我们激动不已。谁能把这句话读一读，表达出自豪、激动的心情？

（二）学习第二句。

升国旗的时候，我们还会听到什么？

1. 课件出示第二句：国歌声中，徐徐升起。（学习生字："升""中""歌""起"）自由交流识字方法。

点拨：

（1）"升"：翘舌音。

动作：我们一起来做做"升"这个动作，把手当作太阳，做一做太阳升起来的样子。做动作可以帮助我们识记生字。

（2）口令助记：像开不是开，帽子斜着戴。

（3）"中"：采用"数笔画"或"加一加"的方法来记"中"。

（4）"歌"：采用生活识字法。我们在电视中经常见到这个字，可以组词：唱歌、歌曲。

2. 播放国歌，全体起立跟唱国歌，引导学生感受国歌的雄壮与激昂。

3. 指导朗读。

（1）理解"徐徐"一词。同学们回忆一下，国旗升起来时的速度是快还是慢？

小结：是呀，国旗是慢慢地升起来的，用文中的一个词语来形容，是什么？（徐徐）

（2）创设情境：雄壮的国歌声中，国旗慢慢地升起，通过朗读，我们一起来感受一下当时的情景吧！（指名读，男女生赛读。）

（三）朗读第三、第四、第五句。

升国旗的时候，我们小朋友应该怎么做呢？（课件出示：向着国旗，我们立正。）我们望着鲜艳的五星红旗，为了表达心中的自豪与尊敬，我们还要——"望着国旗，我们敬礼"。

1. 指导学生观察课文插图，理解"敬礼"。

小结方法：学会看课文插图，可以借助课文插图理解课文的内容。

2. 升国旗时，我们应该怎么做呢？谁愿意把这个句子加上动作表演给大家看呢？

3. 指导朗读第五句：向国旗敬礼，表示小朋友们尊敬国旗、热爱祖国，带着这样的感受有感情地读一读第五句。（指名读，男女生分读，齐读。）

五、说话训练，拓展延伸

1. 说一说。

同学们，学了这篇课文，面对庄严的五星红旗，你一定有许多话想对国旗说，你想说什么？

2. 带着这一份感情，齐读课文。

【教学反思】

本课是一年级上册识字单元的最后一篇课文，教学重难点是通过归类识记等方法识记生字，总结识字方法，以及让学生在知道五星红旗是我国的国旗的基础上，激发学生热爱祖国的思想感情。如何让识字课变得生动有趣呢？如何不牵强附会地强化爱国教育而又使学生内心升腾起热爱之情呢？根据学生的特点和课文内容，我在教学中注意了以下几个方面的处理。

一、联系日常生活，切入课文

课堂初始，我让学生们回想每周一早上的升旗仪式，联系日常生活中升旗的庄严一刻，激活学生已有的生活经验；接着，又借助天安门广场的升旗视频，让学生直观地感受升旗时的庄严肃穆，迅速地感知到课文的情感，也为进一步学好课文打下基础。

二、自主拼读字词，突破识字关

教学从课文出发，一开始就进入课文，整体感知，再到字词学习，顺势而为。在识记生字的过程中，我将更多的主动权交给学生，让学生思考、发言、补充，总结提炼他们在前几课学习到的识字方法，萌生他们自己的识字创意，我只需要从中相机点拨。例如，在"升"的识记过程中，有学生提到：这个字像"开"，"开"字帽子斜着戴，就变成"升"啦。我由此总结：像开不是开，帽子斜着戴。孩子们很快就记住了这个新字，并迅速与"开"做了区分。同时，在识字过程中，我进行了一定的拓展，对训练学生的思维与表达力、激发兴趣有一定的帮助。比如：在学习"国"字时出示地图，让孩子们用国字组词成各个国家，然后从地图上大概找到相应的地理位置；学习"旗"，运用字理识字的方式，通过字形演变让孩子们感知汉字历史，感受国旗飘飘的形象……在这一系列的过程中，以课文为载体，在识字过程中训练学生的说话，又采用拓展方式，对开阔学生思路和视野很有帮助。

三、适当"示弱"，启发畅所欲言

"魅力"是让语文吸引学生的法宝，我用微笑、尊重和亲切感给学生营造一个相对舒适的课堂，让学生处于轻松自在的氛围之中，能够自如地表达；又弱化手段和技法，适当"示弱"，征求学生的意见，极大地激起学生的斗志与信心——学生补充学生的发言，学生评价学生的发言，老师"笨"一点，学生的脑筋就转得多一点，思维训练量也就多一点。在学生的表达依据上，适时调控引导，推进课堂，把更多的时间交给了孩子，去思考、去表达、去倾听。

但是课堂也有很多不足，让我深有感触的是今后的语文教学还有许多需要研究实践的地方。

1. 教学的最后要回到课文中来，以课文为载体，从课文出发，最后也要回归课文，以课题、画面或其他形式，收束课堂。学习课文之后，趁学生的情感浓厚时抛出问题"你想对国旗说什么"，学生畅所欲言后，我可以让学生带着感情再读一遍课文，或者是带着感情再读一遍课题。可惜因为时间的关系，没有做到。

2. 要重视学生学习习惯的养成。本节课上我着重突出学生听说读写习惯的训练，如说一句完整的话，专心倾听别人的发言并学习评价，读书时注意节奏和重音，写字时注意姿势和基本笔画的训练等。这些习惯的养成和技能的训练不是一朝一夕的事，在平时的教学中更要持之以恒地强化。

这次上课让我深深感到，精彩和遗憾都是一种幸福的收获，教师正是在这样的幸福中才能得到提高。

(五)团队合作

教师的成长发展需要在合作的文化下进行。众所周知，教师之间在知识结构、智慧水平、思维方式、认知风格等方面存在巨大的差异，即使教授同一课，不同教师在教学内容处理、教学方法选择、教学整体设计等方面必然存在差异。而事实上，这种差异是宝贵的教学资源。教师之间通过良性互动，相互启发，相互补充，完全有可能产生新的思想，使原有的思路、设计、观念更加完善科学，有益于教师自身素质的发展和能力的提升。因此，各地围绕名师、教研员而聚集的许多语文工作室不断涌现，如浙江王崧舟特级教师工作室、湖南的朱爱朝语文工作室等。另外，还有很多依托教师群体而形成的网站，例如"教育在线""教育1+1博客""国家中小学智慧教育平台"等。这些网络平台，形成了一个个教师学习共同体，为教师寻找同路人、精神支柱、思想资源提供了良好的空间和平台。

教师的专业成长，是提高教师素质、改善教师社会地位、重新树立教师职业的社会形象、实现教育改革的途径。因此，我们要努力营造教师专业成长的良好和谐的外部环境，同时教师自身要树立专业成长的意识，努力成为一名创新型教师。

三、我国优秀小学语文教师成长选录

习近平总书记指出广大教师应以教育家为榜样，大力弘扬教育家精神。要具有心有大我、至诚报国的理想信念，言为士则、行为世范的道德情操，启智润心、因材施教的育人智慧，勤学笃行、求是创新的躬耕态度，乐教爱生、甘于奉献的仁爱之心，胸怀天下、以文化人的弘道追求。[①] 新中国成立到现在，我国涌现了一大批优秀的小学语文教师，他们有着先进的教育理念、丰富的教育经验、崇高的教育理想和奉献精神，培养了无数栋梁之材。这些优秀教师的成长历程是我们学习的榜样和前进的动力，为此，我们选取了几位有代表性的优秀小学语文教师，希望通过他们的成长经历，大家能从中有所领悟，获得启迪。

(一)一代名师教育楷模斯霞

1. 名师简介

斯霞(1910—2004)，浙江诸暨人，小学特级教师，全国劳动模范，第五届宋庆龄

---

① 习近平总书记2023年9月9日致全国优秀教师代表的信。

樟树奖获得者，教育部中小学教材审定委员会委员，被誉为"小学讲台上的梅兰芳"。20 世纪 50 年代，她创造出"字不离词、词不离句、句不离文"的小学语文随课文分散识字教学法，大面积、高效率地提高了识字教学的质量。她所教的学生两年内就能认识2000 多个汉字，学习 174 篇课文，在当时国内小学教育界首屈一指。

2. 名师语录

▲我从事教育工作 55 年了！当看到我的学生一批批地走向生活，为社会作出贡献时，我的内心是多么高兴啊！我在长期的教学生涯中，深深地感到，教师工作不仅是一个光荣重要的岗位，而且是一种崇高而愉快的事业。它对国家人才的培养，文化科学教育事业的发展，以及后一代的成长，起着重大作用。我越教就越热爱自己的事业。

▲我们的工作对象是活泼的人，是有思想有感情的人。工人能掌握机器，农民能掌握土地，可是机器和土地都是死的；而人是活的，有他自己的思想感情。要很好地掌握儿童的思想感情，不是一件简单的工作。

▲作为一名教师，不仅要掌握知识，更要有童心、有母爱。与孩子打成一片，这叫有童心；要把学生当作自己的孩子一样看待，这就叫对学生的母爱。

▲我备课的基本方法是：先反复阅读教材，仔细体会作者的写作意图，吃透课文，掌握重点、难点，考虑相应的教学措施。在此基础上，再翻阅有关参考资料，写出教案。有了参考资料就不去研读课文了，这不好。教学参考书写得再具体，也不能代替自己钻研教材。

3. 成长掠影①

斯霞老师毕生从事小学教育，为教书育人倾尽心血，贡献卓著。从 1927 年到绍兴五中附小任教开始，她先后辗转于浙江、湖南、四川、西康、贵州等地，担任过语文、体育、音乐、算术等多门学科的教学。这期间，她结婚、生子，为避战乱而流浪颠簸东奔西走。但，不管生活多么艰难，斯霞始终没有离开学校。

在旧社会，小学教师的地位是很低下的。有一年暑假，斯霞回到家乡，有家乡人当着她的面说："好端端的一个姑娘，怎么去当小学教师呢?"这样的惋惜反倒更坚定了她做一名小学教师的决心。她认识到，是愚昧无知导致了人们对小学教师的偏见，要改变人们的愚昧无知只有依赖于教育的普及，而这恰恰需要有志之士献身教育事业，从事小学教师工作。

新中国成立后斯霞迎来了事业的春天。1958 年 9 月，斯霞承担了江苏省教育厅的小学五年制的学制改革试验。没有教学大纲，没有教材，没有参考资料，一切都需要自己摸索。而就在这时，她的爱人和二儿子又同时重病住院。她一方面照顾病人，一方面开展试验，精神压力之大、工作之艰苦可想而知。不久，她的爱人病危，医院来送信的人从家里到学校却怎么也找不到斯霞，原来此时她还在家访。当她赶到病床前，

---

① 李振树. 讲台上的梅兰芳[J]. 基础教育，2004(2)：10－12.

爱人已不能讲话。斯霞丈夫逝世后,家务的重担都落在斯霞一人肩上,但斯霞无怨无悔,默默地承受一切。她挺起腰杆,坚定地走在教改的道路上,她在日记中写道:"当我在党的教育下,逐步树立了一切为着孩子的成长,一切为着祖国的未来这样的信念时,我千方百计地去钻研我的工作,如饥似渴地去补充我的知识,再苦、再累也心甘情愿,有了这个信念,个人的安逸、家庭的幸福,如有必要,我都能牺牲;有了这个信念,什么样的屈辱我都能忍受,什么样的磨难我都不怕;有了这个信念,所有那些瞧不起'孩子王'、瞧不起小学教师的世俗观念,都不能使我动摇,有了对所从事的工作的执着的热爱,再平凡的岗位也可以作出不平凡的贡献。"

斯霞一生都在和学生打交道。因为斯霞爱学生,发自内心地爱。连斯霞的女儿都说:妈妈对自己的学生比对儿女还要亲。很多学生这样回忆:斯老师爱我们,那是一种发自内心的爱。几十年来斯老师一直住在校园 8 平方米的小屋里,就是这样一间小屋,不知有多少身体不舒服的同学在老师的床上睡过觉;老师不知道给多少同学缝过扣子、穿过衣服。平时谁的鼻子出血了,谁的牙齿松动了,谁不小心划伤了手、磕破了腿,同学们的第一反应就是:"快找斯老师去!"我们都把她看作自己的母亲。

一切的教育都必须基于爱、来自于爱、归结于爱,这是教育的灵魂,这是教育的真谛!

正因为斯霞发自内心地爱学生,所以她能尊重学生的人格,引导学生自尊自爱,自我教育。

(二)树起农村教学改革旗帜的丁有宽

1. 名师简介

丁有宽,1929 年 6 月生,广东省潮州人,语文特级教师。长期坚持在农村进行小学教育和语文教学改革试验。代表论著有:《我与顽童》《小学语文读写结合法》。曾获"全国劳动模范""全国先进工作者""香港柏宁顿(中国)首届孺子牛金球奖"等荣誉,被誉为"中国传统教育的现代奇葩"。他创下了中国教坛数个"第一":全国中小学教师中第一位"国家级有突出贡献的专家";第一位受省政府通令嘉奖、重奖的小学教师;新中国第一位荣获"香港柏宁顿(中国)首届孺子牛金球奖(杰出奖)"的小学教师。

2. 名师语录

▲我是一名普通的农村小学教师,出生于农村,成长于农村。在教书育人这口深井中,我找到了两个自己为之终身开拓的泉眼——转化顽童与语文教改。

▲我的幸福,就是一辈子尽力当好一名农村小学教师。

▲教文和教做人是统一的,练语言和练思想感情也是统一的。语文教学中练思想感情主要在以情感人,以理育人。而情和理又是寓于文章之中。

▲务必把课堂教学的时间和空间还给学生,保证把充分的时间让给每一个学生去认真地识字、读书、交流、作文;把教学中花在多余的分析、谈话、提问、表演的时间省下来,还给学生,由他们支配;科学、合理地安排教学的节奏和容量,根据学生

的参与状态、思维状态、发展状态做好调控。

3. 成长掠影①

丁有宽老师每天清晨五点半左右，就起床开始一天的工作，经常一天工作十几小时，没有双休日，没有节假日，有时就连除夕之夜，也放不下手中的工作。忙得实在太累了，他就走到走廊，朝面向校园的窗外一望：活蹦乱跳的小学生，正在打球、做操、嬉戏……这时，什么烦恼、郁闷、劳累都烟消云散，他也像重新变成了小孩子一样，充满青春的活力。

在多年的艰难岁月中，丁有宽为了教改事业，走过了坎坷、曲折的路，尝尽了人间苦难，付出了血与泪的代价，但也换来了丰硕的成果：探索和提炼了"没有爱就没有教育""面向全体，偏爱差生"等教育思想，完成了"读写结合"的初试阶段和过渡阶段的实验，先后转变 20 个乱班为先进班，转化了几百名后进生为优秀生，总结出"练好记叙文的 17 个基本功"和"寻美作文，练文炼人"的经验，撰写了几十万字的教学札记。

有人说，对丁有宽来说，教改是一种"以血为墨"的生命需求和终身事业。为了给专程来听教改试验课的外县老师上课，他未能及时回家送孩子去医院，结果延误了孩子的治疗，永远失去了第一个孩子；为了专心继续搞教改实验，当孩子们失去母亲时，一心扑在教改实验上的他将年幼的孩子送给他人寄养；为了赶在国庆 35 周年时将总结自己教改实验的书写出向国庆献礼，他白天黑夜地写，结果，眼睛一度失明……这位质朴的农村小学教师呕心沥血，历经磨难，半个世纪如一日，致力于"教书育人，转化差生"和"读写结合系列训练"两项教育科研实践，坚持"没有爱就没有教育"的教育思想，创立了独具一格的"读写同步、一年起步、系列训练、整体型训练教学体系"。这些年来，他的读写结合教学实验效果显著，已成为我国最有影响的小学语文教学流派之一。

1999 年，在第二届"全国丁有宽教材教法研讨会"上，时任全国小学语文学会理事长高惠莹称丁有宽的读写结合教学经验为"高远的境界、执着的追求、科学的依据、突出的贡献"。她认为，这个教改实验的丰硕成果，不仅凝聚了丁有宽同志 40 多年上下求索的全部心血，而且是广东省对于全国教改的一份独特贡献，更是反映全国小学语文教改盛况的一面镜子。它不仅是广东教育的一面旗帜，而且是全国小学语文教改的一面旗帜，具有全国性的重要意义和重大影响。

(三)情境教育创始人李吉林

1. 名师简介

李吉林(1938—2019)，著名儿童教育家，情境教育创始人，江苏省首批特级教师，江苏省荣誉教授。50 余年坚守在小学教育岗位，一直在南通师范第二附属小学辛勤耕耘。她在教育实践基础上开展情境教学的

论文：《**40 年情境教育创新之路带来的 6 个甜果子**》②

---

① 雷玲. 故事里有你的梦想[M]. 上海：华东师范大学出版社，2007：122－126.
② 作者：李吉林，江苏情境教育研究所。

探索，吸纳中华民族文化"意境说"精髓，从中概括出"真、美、情、思"四大元素，创造性地运用于基础教育中。历经三十年之久，构建了具有中国特色的情境教育理论体系及操作体系。

2. 名师语录

▲儿童，是我心灵的寄托。一切为了儿童，是我教育理念的核心。正是"为了儿童"，使我成为一个执着的探索者，不倦的学习者，多情的诗人。

▲儿童是我的挚爱，儿童是有情之人。他们生来爱美，更为重要的是，他们潜藏着智慧。这是一种沉睡的力量，我们要把它唤醒。

▲教育需要激情和想象！

▲情境教育，就是给孩子添翼，用情感扇动想象的翅膀，让孩子的思维飞起来，让孩子的心儿飞起来，快乐地飞向美丽的、智慧的、无限光明的童话般的王国。这是我心中的小鸟之歌。

3. 成长掠影[①]

1956年，刚满18岁，扎着两条小辫子的李吉林，以22门"5"分的全优成绩走出江苏南通女子师范学校，快乐地走进了当时的女师附小，即现在的南通师范第二附属小学，走上漫漫教师之路。童年贫苦的李吉林，常常幻想着当一个教师是多么快乐而有趣！充满诗意的憧憬，使她选择了教师这个职业。

初登讲台，她把课堂上要说的话一句句默诵于心，甚至连语调、手势也尽量构想得美妙妥帖。可是，当她在讲台上兴致勃勃时，学生却叽叽喳喳，根本不听，吵闹不休。夜晚，李吉林坐在灯下，从这些调皮捣蛋的孩子想到选择到大学读书的同学，泪水就止不住往下淌。痛苦中她陷入久久地深思：生活是不可能风平浪静的，追逐涌浪的人，首先应是勇敢的人，不能后退，不能畏缩。

李吉林开始琢磨学生的心理，了解他们的兴趣爱好，进一步亲近他们。操场上，她和班上的男孩子一起踢足球，做游戏。班上一个男孩子没能和大伙儿一起戴上红领巾，伤心地哭了，李吉林也哭了……这一年，学生考试时，作文题目是《我的班主任》，想不到很多学生写了李吉林，表达了对她的热爱。心与心的交融，使她第一次品尝了当教师的幸福，这是人生一大快乐，是其他任何职业都无法比拟的。这种独特的感受，让她刻骨铭心。

1978年，已至不惑之年的李吉林开始了情境教学的探索。在情境教学中，李吉林将学生引入"形真、情切，意远、理蕴"的情境，极大地激起了学生的学习愿望，促进了学生主动、创造性的学习。在她的课堂上，每个学生都是那样欣喜、兴奋，在美的活泼生动的学习过程和学习情境中，他们感受、体验、表达，语言能力、想象能力和创造能力得到自由、充分的发展。

---

① 参见邢晔. 李吉林的情境教育人生［EB/OL］. http://www.qjjy.cn/ljl/ShowArticle.asp?ArticleID=1152，2007-04-18.

她的学生二年级时人均识字数为 2680 多个，达到四年级的识字水平，课堂阅读量是一般班级的 6 倍！五年下来，李吉林实验班的 43 个学生，在报刊上发表文章的有 33 人，作品达 75 篇，升学考试时，55.8％的学生作文成绩优秀。这个比例是当时整个区的优秀率的 12 倍。

(四)半路出家的名师支玉恒

1. 名师简介

支玉恒，1939 年生于河北省张家口市，多年来致力于小学语文教学与研究工作，其教学以新、实、活、深、巧见长；课堂教学设计富有创意，风格清新独特。1959 年于河北体育学校毕业后在小学上体育课。1977 年，近 40 岁时改教语文课。当时他连汉语拼音都认不全，于是虚心向低年级老教师求教。踢球多年脚很灵活，而用手写字却很费劲，于是苦练三年，无论写教案、改作业、批作文、写总结等，均用小楷毛笔书写。语文教学起步较晚，然而他以勤补缺，刻苦钻研，终于天道酬勤，他走出了张家口，走出了河北省，成为全国著名的特级教师。

2. 名师语录

▲作为一个教师，要想把每一节课都教好，教到精彩，不是一件容易的事情，但要想让每一个学生都学得简单、实在，则是我们可以追求的目标。

▲争取多听课。不管怎样的课，只要善于分析，科学总结，就能把别人的经验和教训变成自己的财富。

▲不但要备课，而且要"背"课。不是死背课文，是"背"课程。只有能"背"课了，在课堂上才不会总是关注教案，而是关注学生，随时调控，舒卷有余。

▲我在力争教学上的"不为而为之"。不去刻意地做什么，实际上却已经做了，不加斧凿，不露痕迹。要努力追寻"道法自然，无为而治"。

3. 成长掠影①

支玉恒不是科班出身的语文教师。河北体育学校毕业后，大部分时间任体育教师。年近四十，才开始教语文。但是，凡是听过他上课的教师，都众口一词，说他的课上得好。他面对教材，能找到与众不同的切入点，设计出独特的教学过程，选择到新颖的教学方法，取得良好的教学效果。他应邀到全国各地讲学讲课，长盛不衰，有口皆碑；他出版了教学专著和音像专辑等十几部，深受广大教师喜爱。

1994 年他就买了计算机，但计算机只是他的打字机，不会上网；见过许多次面的人，再见了仍然叫不出人家的名字；初教语文，他花了三个晚上，突击掌握了汉语拼音，但英语字母他却背不出几个。这样一个似乎有着很大智力反差的人物，怎么就成长为名师了呢？

他之所以取得这些意想不到的成果，其原因，除了具有一定的天赋之外，最重要

---

① 于永正. 老师眼中的支玉恒[J]. 福建论坛，2008(11)：7－8.

的是他对语文教学所特有的浓厚兴趣和忘我的勤奋。在当语文教师之初，为了练好写字，三四年练写毛笔字，一切书写行文概不例外；为了练好朗读，他对着录音机自读自录，录了再听，听了再改，改了再录；为了掌握拼音，他拜低年级老师为师；为了学他人之长，他听了无数老师的课；为了上好课，他每节课后都要做课后笔记，写下心得或教训；为了多读多学，他的个人购书能够开办一个小阅览室。就是到了如今，他的课早已脍炙人口，但他仍然不懈地追求探索。他给自己立下一条规矩：绝不在同一个地方讲同一课。因此，他的课就不断地推陈出新，不断地涌现新的精彩；也因此，他常常为设计一节课精益求精而彻夜不眠。

(五)追寻诗意语文的王崧舟

1. 名师简介

王崧舟，1966 年 10 月出生，浙江上虞人。中学高级教师，特级教师，小语名师，诗意语文的积极倡导者和实践者，中央电视台"百家讲坛"栏目主讲专家；醉心于小学语文教学艺术的追求，主张以发展学生的语感素养为核心，从生命成长的高度观照和深化语文教学改革，促进学生语言和精神的协同发展。

2. 名师语录

▲我有一个梦，"让语文教育成为生命的诗意存在"。

▲在流转不息的生命之轮中，我为语文而来！是语文滋润我粗糙的感觉，是语文放飞我稚嫩的幻想，是语文点燃我喷涌的激情，是语文唤醒我沉醉的智慧。我平庸的生命，因为语文而精彩！

▲语文教学的过程，是学生精神享受的过程，是为学生的精神生命铺垫底子的过程。

▲语文是折射五千年中华文明的一滴水珠，应该从这滴水珠中，使学生体悟到中华文明的博大与精深，于己打好人生的底色，于国传承民族的精神。

▲一个优秀的语文教师，必得有四大支柱的坚固支撑。丰厚的文化底蕴支撑起语文教师的人性，高超的教育智慧支撑起语文教师的灵性，宏阔的课程视野支撑起语文教师的活性，远大的职业境界支撑起语文教师的诗性。

3. 成长掠影①

1998 年，32 岁的王崧舟被评为浙江省最年轻的小学语文特级教师。之后，他应邀在全国小学语文特级教师课堂教学艺术观摩会上讲课《万里长城》。这一课成为那次活动 12 堂课中最受欢迎的课，他一举成名。没有人知道，这称为他"成名课"的背后，王崧舟像一头掉进枯井的驴子，不断抖落着身上的"泥土"：

《万里长城》的导入最早是这样设计的：先让学生欣赏一组长城的照片，然后说说自己的感受。经过多次修改后成为：老师动情地朗读英国女王伊丽莎白、西班牙首相

---

① 雷玲. 故事里有你的梦想[M]. 上海：华东师范大学出版社，2007：267－270.

阿斯纳尔、美国总统克林顿游览长城后留下的题词，然后请学生说说自己的感受。《万里长城》的结课，原先的设计是这样的：让学生有感情地朗诵一首赞美长城的小诗。经过多次修改后成为：启发学生为长城题词。王崧舟自己说，"放下""上升"，再"放下"再"上升"。每一次"放下"都是痛苦的，每一次"上升"都是快乐的。

磨出的精彩，不仅是这一堂课。此后不久，王崧舟举办了"王崧舟语文教学艺术展示周活动"，并应邀做了一堂公开课《一夜的工作》。"上完课，台上台下一片哭声。我也是哭着走下讲台的。这一课，让我真切体会到精神生命的永恒存在，也让我真正走进了诗意语文、诗意人生的殿堂。人课合一、高峰体验、全然进入、融为一体，语文从此成了我精神生命的图腾。"王崧舟凭着自己独特的教育理念、过硬的教学功夫，成为我国小学语文界举足轻重的名师。

2005年，王崧舟在全国首届中华经典诗文诵读观摩研讨会上做课《长相思》，引起全场热烈反响。这一课被人们誉为"诗意语文"的经典之作，王崧舟设计时磨了整整三个月。写文本细读、研究纳兰性德生平、查找大量的参考资料、认真研读朱光潜先生的《诗论》和朱自清先生的《诗论》，在做了大量案头工作后，王崧舟感到材料很多、想法很多、思路很多，但就是苦苦梳理不出一个清晰的、可行的思路来。带着尚未形成完整、连贯、一气呵成的思路的尴尬，他走上了讲台。"没想到，就在课的行进过程中，我的思路竟然自然、悄然地在课中流淌出来。这一次奇妙的教学体验，使我惊喜地发现，我的课堂教学正在由必然王国走向自由王国。"

《长相思》一课的教学，成为他思想境界升华的台阶。"我突然清晰地看见，我过去许多刻意的、需要强有力的意志去驾驭的教学行为、教学策略、教学模式、教学构架已经内化为自己深层的、潜意识的、融入整体生命中的自然行为了。我的教学风格在灵动的、嬗变的课堂实践中宣告形成。由教学习性走向了教学率性，我进入了一种新的教学境界。"

感慨之间，一种使命感油然而生：王崧舟由此对语文有了庄重的承诺，有了道义的担当，有了价值的坚守，有了浪漫的追寻。

（六）为生命奠基不断超越的窦桂梅

1. 名师简介

窦桂梅，1967年4月出生，吉林省蛟河市人。全国语文特级教师，先后获得"全国模范教师""全国师德先进个人""全国教育系统劳动模范"等称号，被评为"建国十年来从课堂里走出来的教育专家"之一。出版《窦桂梅与主题教学》《做有专业尊严的教师》《窦桂梅的阅读课堂》等多个个人著作。1998年作为科教界优秀代表之一，在人民大会堂受到国家领导的亲切接见，2001年作为教育部"更新教育观念"报告团的主讲人在人民大会堂做《为生命奠基——语文教改的三个超越》专题报告。

访谈：《为生命奠基——访清华附小校长窦桂梅》①

---

① 作者：胡玉枝，《中关村》特约记者。

2. 名师语录

▲教师成长固然有赖于好的环境，但更重要的取决于自己的心态和作为。只要务实肯干、积极进取、开拓创新，就会在现实生存的土壤中找到自己的生长点，并以自己的成长影响周围。从这个意义上说，谁来给教师良好的成长环境？是教师自己。

▲教师的专业追求、专业探索，到专业提升，说到底就是不断反思的过程。

▲让读书成为我的生活，必须成为我的生活。我们不要为校长读，不要为新课程读，不要为学生读，而为你自己！只要你心静，有一双慧眼，真正地读书，就能内化成我们内在的东西。

▲作为语文教师，要冲破以教材为中心，以课堂为中心，以教师为中心的樊篱，超越教材，超越课堂，超越教师，引导学生进行语言的积累，生活的积累，情感的积累。为学生的生命成长奠基，为中华民族的文化复兴奠基，是语文教师的历史使命。

3. 成长掠影[①]

1967年窦桂梅出生在吉林省蛟河市一个小山村的普通农民家庭。姐弟4人中她是老大，从懂事起，就承担起家庭的担子，帮助父母带好弟妹，料理繁重家务。童年时代和少年时代的清苦生活孕育了她坚韧的个性。也许是受父亲曾有两年教书经历的影响，窦桂梅从小就想当一名教师。1982年7月，以优异成绩考入了吉林师范学校，她高兴得好几天都没睡着。四年后，她凭着优异学习成绩，留校做文书工作。对这份令同学们羡慕不已的工作，她并不感兴趣，因为她唯一的愿望就是当一个真正的教师，站在讲台上，站在孩子们的笑脸中间。她觉得，只有那种生活，才是属于她真正的人生。谈起那段日子，窦桂梅骄傲地说，我那时年轻，什么也不怕，那时就是想当个老师，就是这种愿望支撑着我一步一步地走到今天的。之后，窦桂梅被安排到吉林市第一实验小学。窦桂梅清晰地记得，报到后，她一个人偷偷地哭了。走在吉林市的大街上，北方10月的艳阳就那样热热地照着她脚下的路，照着一个年轻女孩的小小的梦想。"我终于要当一个站在讲台上的真正的老师了！"

可是窦桂梅做梦也没想到，命运之神又一次和她开了一个不大不小的玩笑。当时，吉林市第一实验小学刚刚进行完教师定岗定编改革，因为教学岗位已满，窦桂梅报到太晚了，于是被分配在教务处，还是做行政工作！这样的工作，一干就是将近五年！小小的教师之梦，漫漫的期待之路。在那五年中，代课成了她最大的奢望，她先后代过音乐课、数学课、美术课、自然常识课、思想品德课。对这一次次争取来的机遇，窦桂梅都分外珍爱。在别人看来，她是个招之即来、挥之即去的替补队员，很没名，也很没劲，但她自我感觉却良好，她把自己当成了全能的主力队员。学校让她教语文，她就全身心地投入语文教学研究；让她教四、五年级的音乐，她就全身心地投入音乐教学之中，即使是代课，她还做过吉林地区的音乐欣赏观摩课；让她教一年级的数学，她就全身心地投入数学教研，使所教的班级成绩名列前茅；让她教一、二年级的思想

---

① 窦桂梅. 激情与思想——我一生的追求[J]. 人民教育，2003(1)：42—43.

品德，她就全身心地投入思想品德课研究之中，进行晓之以理、动之以情、以理导行的教育。可以说，她是教一科，爱一科，钻研一科，综合业务素质不断地提高。

1991年，窦桂梅执着的追求和强烈的事业心终于感动了校领导，学校把一年级的语文课兼班主任两副重担同时交给了她。凭着那份与生俱来的自信，她一步步地走进教师的队伍；凭着一股勤劲儿，窦桂梅向书本学习，几年中她的阅读量达300多万字，记下了20多万字的读书笔记，500多万字的文摘卡片；凭着一股恒劲儿，窦桂梅向实践学习，几年中她写下了10余万字的教后记；凭着一股韧劲儿，窦桂梅向名师学习，几年中她竟听了校内外1000多节课……

1992年5月，吉林省教育学院要在吉林市召开德育渗透各科教学现场会，会上要做六节观摩课。那次公开课，窦桂梅选的是《王二小》。一次次教学设计，一次次试讲；一次次推翻，一次次再来……在家里试讲，她让爱人和孩子当学生，近20天里，她说上句，不到四岁的孩子就能说出下句；放学后试讲，她对着空桌椅练，她把那一排排空空的座位当成她的可爱的学生。那段时间，她几乎总是全校最后一个离开教室，讲着讲着，常常忘了去只隔几十米的托儿所接孩子。托儿所阿姨等不及了，把孩子送来，她就一手抱着孩子，一手拿着粉笔继续练习……那天，听公开课的全省各地的教育专家及教师一千多人，窦桂梅站在那里，她镇定、从容的教态，她投入而忘我的真情，深深地打动了与会的每一位代表。当讲到王二小机智地把敌人带入埋伏圈，自己却被敌人杀害时，由于她巧妙的情境创设，生动的语言描述，感人的配音朗诵，使学生仿佛置身于王二小被敌人残忍杀害的场景中，孩子们哭了，听课人哭了，窦桂梅自己也哭了。《王二小》一炮打响，窦桂梅由此一鸣惊人。

【资料链接】

1. 黄朝霞，熊社昕. 小学语文教师成长指导与实践案例[M]. 武汉：武汉大学出版社，2018.

这本书的价值体现在：一是从小学语文的教育现状进行分析，结合技术、艺术、学术开展实践研习，系统而周全地设计教师培训课程；二是书中引入了丰富的实践教学案例，实现理论与实践的融合，同时大量的教学活动，能为广大师范生未来的教学工作提供有益的参考。

2. 池红梅. 让青春的岁月留痕：一位小学教师的成长手记[M]. 北京：北京师范大学出版社，2015.

该书对于师范生来说非常有价值。作者以日记的方式叙述了自己在乡村小学教育教学的成长故事，内容涉及课堂教学、班主任工作、去乡村支教、阅读教育名师专著、参加教师专业培训等，从中师范生可以了解到小学教师的专业成长历程，从而为师范生树立成长的榜样。

3. 吴田荣，宋浩志. 扬帆起航：小学语文青年教师成长之路[M]. 北京：现代教育出版社，2017.

这本书记录了北京市一些小学语文入职教师五年内的成长历程，内容涉及青年教师听课反思、课堂实践教学设计、教学改革论文、师徒共成长教育叙事等。该书为师范生的成长提供了丰富的实践资源，有利于师范生从中获取成长的力量。

4. 雷玲. 故事里有你的梦想：18 位名师的精神档案[M]. 上海：华东师范大学出版社，2007.

该书由资深教育记者雷玲编著。雷玲以"原生态"的方式走近、触摸吕型伟、钱梦龙、于永正、丁有宽、程红兵、窦桂梅、孙双金、王崧舟、张万祥、曹永鸣、吴乐琴等 18 位一线名师的心路历程和教育智慧。名师们曾经的青涩、成长的阵痛、失败的反思、执着的追求、成功的喜悦，都在这本书里得到一一展示。

【思考·训练】

1. 在当前基础教育课程改革背景下，怎样才能当好小学语文教师？请结合当前教育改革发展趋势和小学语文课程改革，谈谈你的看法。

2. 阅读下列案例，结合小学语文教师的素养结构试对教师的教学进行评价。

"思考·训练"
答题思路

《燕子》教学片段①

师：请同学们自读第二自然段，读后说说这个自然段讲了什么。

（学生自读，读后交流）

师：现在谁来说一说？

生：这个自然段讲了小燕子飞回来了。

生：这个自然段讲了春天很美，小燕子从南方飞回来，为春光增添生趣。

师：是呀，春天很美引来了小燕子。那课文是怎么写春天的美呢？请同学们再读这段，画出文中描写春天的景物以及景物的特点的词句。

（课堂上，大家正在兴致勃勃地讨论着春天的美景。这时，班中响起一声惊呼："一只燕子！你们看它正停在对面的电线上！"）

（这叫声，打乱了教学秩序，吸引了同学们的目光。大家都朝窗外望去，去搜寻那只燕子，更有甚者还跑到了窗前，高兴地指点着。这可怎么办？课不能继续上了！看看眼前兴奋的学生，再望望外面可爱的燕子，老师做出了这样的决定："你们都想看燕子吗？那我们就去看一会儿吧。"学生欢呼雀跃，刚才强按捺住激动心情坐在座位上的孩子们一哄而起，纷纷奔到窗前，加入欣赏小燕子的队伍。尽兴后，教学继续着。）

师：同学们，你们都看到燕子了吗？

生：看到了。

师：你能说说看到的小燕子吗？

---

① 王培勤，许红琴. 经典教学案例与创新课堂设计[M]. 北京：世界知识出版社，2006：193—194.

生：它虽然穿着黑衣，但黑得发亮，很可爱。

生：它的尾巴像剪刀，尾翼尖尖的。

生：它停在电线上，真像一个音符。

生：我想对小燕子说："小燕子，你是不是来跟我玩的？"

生：我也想说："小燕子，是不是春天来了，你们回家了？我们欢迎你！"

生：我想说："小燕子，谢谢你加入这春天的盛会，为春光增添了生趣。"

……

师：是呀，小燕子看到这么美的春天就赶回来了。你喜欢它吗？

生（齐声欢呼）：喜欢！

师：那我们就一起再来读读书上的描写，读出你的喜爱之情，好吗？

（学生有感情地朗读课文）

3. 写教学反思是提高语文教师理论水平和实践能力的有效的途径之一。请阅读窦桂梅老师下面这篇《圆明园的毁灭》的教学反思，对比案例9-7在写作教学反思上的不同，评一评窦桂梅老师的教学理念，并结合自己的语文教学实习活动写一篇教学反思。

用理性而非仇恨的光照耀孩子（节选）①

教学到最后的环节时，我让学生"走出圆明园"，做一个小小的体验——让他们选择其中的一个角色，比如：把握国家前途命运的皇帝、辅佐国家的大臣、保卫圆明园的士兵、生活在圆明园附近的老百姓。如果自己就是其中的一个角色，看到圆明园被烧，会怎么做。目的是在进行口语训练的同时提高学生的思想认识。

为了让学生留下的不仅仅是情感，而是沉甸甸的思考，上这节课时，我是压着感情来讲的。更多是从理性的角度出发，想办法引领学生走进思考的空间，而不是停留在很多老师期待的"恨"，以及"雪我国耻，振兴中华"的空洞誓言中。中华的复兴不是靠非理性的仇恨所能够完成的，必须让学生明白，除了耻辱和仇恨，我们更要保持理性的反思。对老师而言，我们要捍卫真相和历史的尊严，无论对我们来说是羞愧、耻辱还是光荣。我们不需要替谁掩盖，也没有权力掩盖什么。

后来，再讲这节课时，我在课的结尾更加沉着冷静地说道："圆明园的大火早已熄灭，可是我们思考的脚步不能停止。有着五千年文明的强大的中国为什么会被几千个强盗杀到京城？圆明园烧掉的究竟是什么？毁灭的究竟是什么？永远也毁灭不了的是什么？也许，今天的学习只是给学生打开了一扇小小的门，让他们能有更多的视角，怀着更多的思考走向未来的人生。这才是这两节课学习的真正目的。"

4. 课后阅读名师李吉林、贾志敏、于永正、王崧舟、薛法根等老师的成长历程，从中归纳名师成长路径中的共同点。

5. 给自己规划一下未来职业人生，制定一份自己作为小学语文教师专业成长的长期计划。

----

① 窦桂梅. 听窦桂梅老师讲课［M］. 上海：华东师范大学出版社，2006：72—74.

【研究选题】

1. 核心素养视域下小学语文教师的素养结构

2. 基于"生命共同体"理念的小学语文教师成长路径研究

3. 小学语文教师专业成长路径的个案研究

4. 校本研究推进乡村小学语文教师专业成长的策略研究

【参考文献】

1. 苏霍姆林斯基. 给教师的建议[M]. 武汉：长江文艺出版社，2014.

2. 任勇. 觉者为师：好教师成长之新境[M]. 上海：华东师范大学出版社，2019.

3. 管建刚. 教师成长的秘密[M]. 福州：福建教育出版社，2017.

4. 于漪. 教育魅力：青年教师成长钥匙[M]. 上海：华东师范大学出版社，2013.

5. 蔡润圃，王晓波. 教师成长的关键困惑与对策[M]. 天津：天津教育出版社，2018.

6. 罗树庚. 教师如何快速成长：专业发展必备的六大素养[M]. 上海：华东师范大学出版社，2018.

7. 陈大伟. 教育科研与教师成长[M]. 上海：华东师范大学出版社，2009.

8. 雷玲. 故事里有你的梦想[M]. 上海：华东师范大学出版社，2007.

9. 李付晓等. 名师成长的密码[M]. 郑州：大象出版社，2022.

10. 郝晓东，王小龙. 教师成长的奥妙：榜样教师这样做[M]. 上海：华东师范大学出版社，2025.

11. 李志欣. 教师成长进阶之道[M]. 上海：华东师范大学出版社，2025.